GERMANISCHE GÖTTERSAGEN
GÖTTER- NORDMÄNNER- UND HELDENGESÄNGE

Germanische Göttersagen

Götter- Nordmänner- und Heldengesänge

Magnus Verlag

Zusammengetragen von Felix Dahn.
In Versen formuliert, wie es ein Dichter des
13. Jahrhunderts getan hätte.
Als Vorlage diente eine Ausgabe von 1892.

Bearbeitet und dem heutigen Sprachgebrauch angepaßt
von Bodo von Petersdorf

Herstellung: SVS, Stuttgart
Einbandgestaltung: Aab-Design, Stuttgart
Satz: Typobauer Filmsatz GmbH, Ostfildern 3
Druck und Bindung: May + Co., Darmstadt

Wilze

König Wilze besiegt und unterwirft die Reußen Hertnid und Herder. Die Meerfrau Waghild gebiert ihm den Wate. Sein anderer Sohn Nordian wird König nach seinem Tod; dieser wird mit seinen Söhnen von Hertnid besiegt und unterworfen. Hertnids Söhne Oserich, Waldemar und Ilias teilen das Reich.

Wilze hieß ein König, durch Tapferkeit bekannt,
Der herrschte gar gewaltig über das Wilzenland;
Denn Schweden, Gotland, Schonen, Seeland, Jütland, Windland,
All diese Lande waren nach Wilze zubenannt.

In Östreich aber herrschte über das Reußenland
Ein König, der hieß Hertnid, ein Kriegsmann weit bekannt.
Ein Teil von Ungarn, Griechenland und fast ganz Österreich,
War sein und seines Bruders, der Herder hieß, zugleich.
Doch Unfriede erhub sich zu jener Zeit gar bald
Zwischen dem König Hertnid und König Wilzes Gewalt.
Denn als der König Wilze sein Reich beherrschte so hehr,
Da ward sein Mut unruhig; er rüstete ein Heer
Und ritt mit seinen Mannen hinein ins Polenland.
Als nun dem König Hertnid der Unfriede ward bekannt,
Da kam er ihm entgegen mit großer Heeresmacht;
Sie hatten dort in Polen gar manche große Schlacht.
Doch König Wilze siegte stets ob dem Reußenheer,
Verwüstete ganz Polen und alles bis ans Meer.
Drauf führte er die Heere hinauf nach Rußland da,
Eroberte Burg Smolensk, Kiew, Palteskia,
Und ehe daß er abließ, ritt er vor Holmgard gar,
Allwo die große Hauptstadt des Königs Hertnid war.
Dort hub sich großes Kämpfen, es kam zu diesem Ziel,
Daß Hertnid fliehen mußte, und König Herder fiel.

Da nahm auch König Wilze die Burg mit Gold und Gut,
Mehr als er je errungen; befriedigt war sein Mut,
So daß er Frieden schenkte dem König Hertnid bald;
Doch mußt er Schatzung geben und dienen seiner Gewalt.
Darauf fuhr König Wilze noch durch ganz Reußenland,
Nahm Schatzung von dem Lande und machte sich's bekannt.

Nun wollte König Wilze heimfahren in sein Land.
Einst lagen seine Schiffe dort an der Ostsee Strand;
Da ging er von dem Kiele hinein in einen Wald,
So daß er ganz allein war; dort traf er alsobald
Die schöne Meerfrau Waghild; von ungeheurem Leib
War sie im wilden Meere, am Land ein schönes Weib.
Als man den König vermißte, da suchte man ihn im Wald;
Da kam aber schon der König zu seinem Schiff gewallt.
Sie segelten von dannen ins Meer bei günstigem Wind,
Der Kiel mit dem Drachenschnabel schoß vorwärts gar geschwind;
Da stieg ein Weib aus dem Meere empor an des Königs Schiff,
Das nahm das Steuerruder mit also festem Griff,
Daß gleich das Schiff stockstill stand und nicht mehr vorwärts lief.
Da merkte König Wilze in seinem Sinn alsbald,
Das sei dieselbe Fraue, die er im tiefen Wald
Am Meer gefunden hätte; er sprach zu ihr das Wort:
»Weib, laß uns unsre Wege von dannen ziehn sofort!
Hast du mit mir zu reden, so komm hin in mein Land;
Dort will ich dich empfangen, dort bleib' mir zugewandt!«
Sie ließ das Schiff da fahren und sank zurück ins Meer.
Nach Wilzenland gelangte der König und sein Heer.
Und als er heim gewesen über ein halbes Jahr,
Da kam zu ihm Waghilde; der König hieß fürwahr
Die Meerfrau hoch willkommen; bei Wilze dort im Land
Gebar sie einen Knaben, der Wate ward genannt.
Da wollte sie nicht mehr bleiben und schwang sich schnell hinweg,
Doch niemand hat erfahren und weiß, auf welchem Weg.
Und als der Knabe aufwuchs, sah man, wie groß er ward;
Er wurde fast ein Riese nach seiner Mutter Art.
Auch liebt ihn sein Vater nicht sehr; bei seinem Leben
Wollt' er ihm nur zwölf Höfe im fernen Seeland geben.

Der König aber hatte noch manchen andern Sohn;
Der älteste war Nordian, ein wackrer Degen schon.
Lieb war er seinem Vater, er war ein schöner Mann;
Doch grimm und hart und geizig war leider Nordian.
Wie seine Ahnen waren, also war er nicht mehr.
Des Lobs erwarb er weniger, als einst sein Vater hehr.
Nun wurde König Wilze krank. Bei seinem Sterben

Ließ er so Reich wie Krone den Sohn Nordian erben.
Er nahm Gewalt und Herrschaft über ganz Wilzenland.

Als dies der König Hertnid vernahm in Reußenland,
Sprach er zu seinen Mannen: »Nun gelobt sei Gott,
Daß ich auf meinem Hochsitz erlebe Wilzes Tod!
Und ich will darauf schwören, daß ich nun nimmermehr
Den Wilzen Schatzung gebe, wie einst dem Könige hehr;
Drum höret, meine Mannen, mein streng Gebot sofort!
Und all ihr Reußenmänner, vernehmet nun mein Wort!
Jeder in meinem Reiche, der ein Roß zu reiten vermag,
Der seinen Schild zu tragen, das Schwert zu schwingen wag',
Der nehme Roß und Waffen und komme nun zu mir;
Wir wollen uns jetzo rächen an jenen Wilzen schier.
Da König Wilze tot ist, ist hin die Friedenszeit
Zwischen Reußen und Wilzen; frei sind wir nun vom Eid!«

Darauf zog König Hertnid von Holmgard alsogleich
Mit seinem Heere nordwärts gegen das Wilzenreich.
Er brannte und verwüstete gewaltiglich das Land,
Bis er den König Nordian mit seinem Heere fand.
Und da geschah eine große, harte und lange Schlacht,
Da wurde in beiden Heeren des Todes Ernte gemacht,
Zumeist doch bei den Wilzen; viel kleiner war ihr Heer,
Denn König Nordian sparte des Vaters Schatz zu sehr.
Nichts nützten ihm die Helden, die da blieben zu Haus,
Und nichts die großen Schätze, die er nicht teilte aus.
Der Streit der Reußen und Wilzen nahm nun ein Ende so,
Daß König Hertnid siegte und König Nordian floh.
Nun blieb dem König Nordian nur zwischen zweien die Wahl,
Entweder sein Land zu fliehen oder unrühmlicher Fall;
Drum faßte er den Entschluß, mit seinem ganzen Heer
Die Gnade anzuflehen des Königs Hertnid hehr.
Und als der König Hertnid mit seiner Macht erschien,
Da kam der König Nordian, fiel ihm zu Füßen hin,
Gab sich und seine Reiche ganz in seine Gewalt.
Der König Hertnid aber erwiderte alsbald:
»Der mächtige König Wilze besiegte unser Reich;
Nun ist euch so geschehen, und unser Los ist gleich.
Doch weil uns Wilze Frieden einst gab zu seiner Zeit,
Bin ich auch dir den Frieden zu geben jetzo bereit;
Doch bist du unterworfen meiner Schatzung und Obergewalt;
Ihr sollt mir Treue halten und Eide schwören alsbald!«
So ward der Vertrag geschlossen zwischen Hertnid und Nordian.
Hertnid unterwarf sich ganz Wilzenland sodann.
Er ließ Nordian als Häuptling in Schweden an dem Meer;
Von seinem ganzen Reiche blieb ihm sonst gar nichts mehr.

Auf diese Art stand Hertnids Gewalt gar fest und gut.
Er hatte mit seiner Gemahlin zwei Söhne hochgemut;
Der ältere hieß Oserich, der jüngere Waldemar,
Doch Ilias hieß der dritte, der von einem Kebsweib war.
Als nun der König Hertnid war schwer geworden und alt,
Verlieh er nun dem Oserich, dem Sohne, die Gewalt
Über das Reich der Wilzen, den Königsnamen dazu.
Dies Reich beherrschte Oserich lange Zeit in Ruh.
Es war sein Unterkönig der König Nordian.
Und wenig später machte Herr Hertnid lobesan
Den Ilias zum Häuptling über der Griechen Land
Und gab ihm Herzogsnamen; er ward als Held bekannt.
Dann gab er Königswürde dem Sohne Waldemar
Und machte ihn zum Herren in Reußenland alldar
Und Polenland, desgleichen im ganzen Österreich.
Darauf starb König Hertnid, an vollen Ehren reich,
Und seine Söhne herrschten noch lange Zeit ihm gleich.

Vier Söhne hatte Nordian auf Seeland bei seinem Tod.
Der erste der hieß Edger, der andre Abendrot,
Der dritte der hieß Widolf, Aspilian kam zuletzt;
Die waren an Kraft und Größe Riesen gleich geschätzt.
Und als nun Nordian krank ward und endlich auch erblich,
Da rief der König Oserich die viere gleich zu sich,
Und ließ sie Treue schwören und machte Aspilian
Zum König über die Lande seines Vaters Nordian.
Des waren auch zufrieden die andern Brüder drei;
Nur Widolf mit der Stange war nicht so gern dabei.
Er war weitaus der Stärkste und also böse schier,
Daß er gar nichts verschonte, weder Mensch noch Tier.
Als dies Aspilian merkte, daß er so unbändig war,
Und sah, daß er ihm würde gehorchen nimmerdar,
Wenn er der Bande ledig ging überall umher,
Ließ er ihm Eisenringe um Hals und Arme schwer
Und um die Beine schlagen, dran eine Kette war,
Die sollten seine Brüder ihm halten immerdar,
Und niemals frei ihn lassen, es ginge denn zum Streit.
Er hatte eine Stange von Eisen lang und breit;
Als »Widolf mit der Stange« war er deshalb bekannt.
Edger besaß eine Hacke, die »Atger« wird genannt,
Davon ward ihm der Name, sonst hieß auch Grimm der Mann;
All diese Brüder waren Herrn Oserich untertan.

Oserich und Oda

König Oserich wirbt nach dem Tode seiner ersten Gattin Juliana um Oda, die Tochter des Königs Melias von Heunenland. Seine Boten werden eingekerkert. Er befreit sie und gewinnt die Braut, nachdem sie ihm wieder abgelistet worden. Nach Melias' Tode wird er König von Heunenland. Oda gebiert ihm die Tochter Helke.

So saß der König Oserich als Herr in Wilzenland;
Zweiundsiebzig Könige dienten seiner Hand.
Frau Juliana wurde sein Weib, die Fraue klar,
Deren Vater Iran König der Schotten und Britten war.
Bald aber starb Juliana in König Oserichs Land.
Ihm blieb die Tochter Berta, die Adliche genannt.
Da wollten Oserichs Mannen, daß er ein neues Weib
Sich wähle, reich an Adel, dazu auch schön von Leib.
Nun herrschte zu den Zeiten über das Heunenland
Der stolzeste der Könige, Herr Melias genannt.
Er hatte eine Tochter, die man jung Oda hieß,
Die schönste aller Frauen und sittigste gewiß.
Es hatten sie umworben die größten Könige hehr;
Ihr Vater Melias aber liebte sie also sehr,
Daß er sie aus den Augen nicht ließ bei seinem Leben
Und keinem Manne wollte die Maid zur Ehe geben.
Als aber König Oserich von dieser Maid vernahm,
So sandte er als Boten zwölf Ritter lobesam
Dahin zu König Melias und gab in ihre Hand
Einen Brief mit seinem Siegel, darin geschrieben stand:
»Oserich, der König über das Wilzenland,
Schickt Gruß an König Melias, den Herrn von Heunenland.
Uns ist gekündet worden von eurem großen Reich,
Auch haben wir vernommen von eurer Maid zugleich,
Daß sie die allerschönste der Königsjungfraun seie;

Drum dulde, daß ich diese zu meiner Gattin freie!
Und sende mit der Tochter auch also großes Gut,
Wie es sich ziemt zu geben so edlem Königsblut!
Und wenn ihr dies gewähret, so habet Dank von mir;
Wenn nicht, sollt ihr erfahren, wer stärker ist, ihr oder wir!«

Die edlen Ritter kamen nunmehr nach Heunenland
Zur Burg, wo sich der König, Herr Melias befand.
Sie faßten sich bei Handen, nie sah man Boten so hold,
Ihr Kleid war voll Jachanden mit Drachen schier von Gold.
Sie traten vor den König und reichten ihm den Brief.
Der nahm sogleich die Nachricht, als er sie hörte, schief,
Daß ihm der König Oserich hätt' einen Brief gesandt,
Da sonst nicht eben Freundschaft zwischen den beiden bestand.
Er las den Brief und sagte den Boten zorniglich:
»Ich wundre mich der Botschaft des Königs Oserich,
Daß ich ihm meine Tochter jung Oda senden sollte,
Die ich den reichsten Königen doch niemals geben wollte.
Obwohl ihr Reich geringer nicht als das meine war,
So hielten sie bescheiden drum an und höflich gar.
Und doch versagt ich's ihnen. Nun fordert Oserich
Dasselbe gar mit Dreuen; denkt er, das schrecke mich?
Doch dünkt mich, daß es jenem viel besser würde frommen,
Wenn er sich etwas anderes als solches vorgenommen.«
Hierauf ließ er die Boten in den Kerker werfen und sprach:
»Hier harrt auf König Oserich! Ihm droht die gleiche Schmach!«

In diesen Zeiten kamen zu König Oserich
Des Königs Brudersöhne, zwei Knaben lobelich,
Die Söhne Herzogs Ilias aus fernem Griechenland;
Hertnid und Osid waren die beiden Herren genannt.
Hertnid war nur elf Winter, Osid zehn Winter alt;
Der adlichste der Männer schien Ritter Hertnid bald.
Ihn machte König Oserich zum Häuptling an der Stätte,
Und gab ihm Herzogsnamen, wie schon sein Vater hätte.
Nun hörte König Oserich, wie dort in Heunenland
Die Boten schmachten mußten in Ketten und in Band;
Da rief er seine Helden und sagte ihnen an,
Wie schimpflich König Melias den Boten habe getan,
Und daß den Schimpf man rächen an König Melias solle,
Daß er die Jungfrau haben oder eh' sterben wolle.

Da antwortete dem König ein alter weiser Mann:
»Herr König, nimm doch andre und weisere Räte an!
Kann sein, daß wohl dem Könige die Boten nicht genug

Edel und würdig schienen nach Königsrecht und Fug.
So sende deinen Neffen, den Herzog Hertnid, doch,
Und mit ihm seinen Bruder und andre Ritter noch
Mit Kleinoden und Schätzen an Silber und an Gold:
So wird sie wohl der König aufnehmen mild und hold.«
Herrn Oserich, dem König, gefiel wohl dieser Rat,
So daß er seinen Neffen, ihn auszuführen, bat.
Es war auch Herzog Hertnid zur Reise gern bereit.
Da ließ die Fahrt zurüsten der Herr in kurzer Zeit.
Auch ließ er Briefe schreiben, darin zu lesen stand:
»Oserich, der König über das Wilzenland,
Schickt Gruß an König Melias, den Herrn von Heunenland.
Übel habt ihr und schimpflich an unsern Boten getan!
Wir hätten wahrlich beide mehr Preis gehabt daran,
Wenn ihr den Frieden hättet nicht gar so arg verletzt
Und nicht in das Gefängnis die Mannen mir gesetzt.
Jetzt send' ich Herzog Hertnid, den eignen Neffen, euch,
Und mit ihm seinen Bruder, Herrn Osid, auch zugleich,
Mit ganz derselben Werbung, die wir zuvor getan.
Nehmt sie nun auf mit Güte und Huld; entlasset dann
Aus ihrem dunklen Kerker die Mannen, die getreuen,
Und sendet uns die Jungfrau; es wird euch nicht gereuen.
Doch laßt ihr es dran fehlen, so räch' ich mich aufs Blut;
Dann seht euch vor, befestigt Burgen und Schlösser gut!«

Die Schiffe wurden gerüstet mit allen reichen Dingen;
Da ließ sich König Oserich noch seine Harfe bringen.
Er dachte einer Sache, die einst noch sollte ergehn,
Er hieß die Herren alle auf ihre Schiffe stehn,
Drei Weisen sang er ihnen und sprach: »Kommt ihr in Not,
So fürchtet nicht, daß Oserich euch gäbe in den Tod!
Vernehmt ihr die drei Weisen, so sollt ihr sicher sein;
Dann bin ich in der Nähe mit den Gesellen mein!«

Sie fuhren nun und kamen zu König Melias hin,
Und Herzog Hertnid brachte die Werbung treu vor ihn.
Er hielt eine lange Rede mit manchem zierlichem Wort,
Doch Melias saß verdrießlich auf seinem Throne dort.
Da nahm der Herzog Hertnid ein Purpurkleid voll Pracht
Und zween Trinkbecher, köstlich von rotem Gold gemacht,
Dazu ein Zelt, von Seide geschnitten, goldgestickt,
Und sagte: »König Oserich, der hat dir dies geschickt,
Auf daß erfüllet werde die Werbung recht und wohl.«
Da sprach Melias der König, des grimmen Zornes voll:
»Für diese Gaben send' ich ihm meine Magd vielleicht,
Doch nimmer sollt ihr wähnen, daß Oserich so leicht

Mein Töchterlein durch Gaben erkauft, wie er gedacht!
Undank hab' er der Werbung und du, der sie gebracht!«
Er ließ den Herzog Hertnid und seinen Bruder schnelle
Samt seinem Volk ergreifen und ließ sie auf der Stelle
In Eisen legen und Banden, so wie die Ersten, und sprach:
»Hier harrt auf König Oserich! Ihm droht die gleiche Schmach!«

Als nun der König Oserich der Zeitung inne ward,
Da ließ er schleunig rüsten die größte Heeresfahrt.
Er saß auf einem Steine – wie traurig war sein Herz!
Drei Tage und drei Nächte sprach er kein Wort vor Schmerz.
Nun war bei König Oserich Berchther, der treue Mann,
Am Hof, der Sohn des Berchtung, des Herzogs von Meran.
Der sprach: »Zwölf wackre Söhne bracht' ich dir in das Land;
Der zwölfte der hieß Helfrich, den hast du ausgesandt
Mit Rittern über die Elbe, das Leben dort zu wagen,
Er wurde von den Heiden im Gottesdienst erschlagen.
Nun hast du sieben andre gesandt zu dieser Fahrt,
Leupold und Erwin waren dabei, die Knaben zart;
Die muß ich nun befreien von allen Heunenscharen;
In Reckenweise will ich noch selbst zum Streite fahren!«
Ein alter Herzog aber riet von der Reise ab,
Wofür ihm Herzog Berchther solch einen Faustschlag gab,
Daß ihm das Blut das rote aus seinem Halse sprang,
Und er ohne Besinnung dalag drei Nächte lang.

Nun sandte König Oserich zu Herrn Aspilian
Nach Seeland schnelle Boten, die sagen jenem an,
Daß er ihm senden solle all seine Brüder drei,
Abendrot und Edger und Widolf auch dabei.
Darauf zog König Oserich hinaus mit seinem Heer,
Da kamen die drei Brüder mit Aspilian daher.
Den Widolf führten Edger und Abendrot gemach
Und trugen ihm die Stange und Kette überall nach.

Als nun der König Oserich mit dieser großen Schar
Ins Heunenland in hohem Mute gekommen war,
Sprach er zu seinen Mannen: »Wir müssen wohl mit Listen
Im unbekannten Lande das liebe Leben fristen.
Ihr sollt mich nicht mehr nennen den König Oserich;
Ich will nunmehr hier heißen: Rother Dieterich.«
Da schwuren alle Helden zu tun nach dem Gebot.
Er fuhr nun friedsam weiter, er hatte keine Not.
Wohin er sich nur wandte, brachte man Speise und Wein,
Und er gab jedem zweimal, was es wert mochte sein.

So kam er vor die Burg hin, die Walsburg ist genannt,
Es war daselbst die Hauptstadt von König Melias Land.
Da sandte König Oserich an König Melias,
Und ließ ihn also fragen: »Erlaubst du, König, das,
Daß in die Stadt wir reiten? Ich bin mit diesem Heer
Aus Spanien gekommen zu König Melias hehr.
Ich will dem König huldigen und dienen, wenn er will.
Nicht Furcht braucht er zu hegen, daß unser sind so viel;
Denn ich und meine Mannen sind gern dazu bereit,
Das Leben für den König zu wagen allezeit.«
Der König Melias hörte dies alles schweigend an,
Und zeigte sich mißtrauisch gegen den fremden Mann.
Doch nach dem Rate der Bürger geschah der Einzug da.
Als aber König Melias das große Kriegsvolk sah,
Da fürchtete er sich mächtig und wünschte schon vielmehr,
Er hätte nie gesehen den Fremden und sein Heer.

Doch Oserich der König ging in den Saal hierauf
Und mit ihm viele Ritter; und als er kam hinauf
Vor König Melias' Hochsitz, da sprach er also schier:
»Heil, König, dir und allen den edlen Mannen hier!«
Da antwortete diesem Herr Melias lobesan:
»Gott grüß auch euch! Wer bist du, sag mir die Wahrheit an!
Sag an, wie ist dein Name und dein Geschlecht und Art?
Und wo bist du geboren? Wohin geht deine Fahrt?«
Da antwortete jenem Held Oserich zuhand:
»Ich heiße Rotherdietrich, geboren in Wilzenland.
Ich war dort Herzog, ehe mich Oseriches Macht
Hat aus dem Reich vertrieben und so elend gemacht.
Ich kann vor ihm nicht bleiben; drum bitt' ich dich, o Herr,
Daß du mich nehmst zum Manne samt allem meinem Heer.
So wollen wir dir dienen, wie einst dem Oserich.«
So sprach auf seinen Knien der falsche Dieterich.
Da antwortete diesem der König Melias:
»Du guter edler Degen, ich glaub' es ohne Haß,
Daß du ein mächtiger Recke einst warst in deinem Land.
Warum hast deinem König du dich nicht zugewandt?
Ihm hast du nur zu dienen; fahr wieder in dein Reich,
Versöhne dich mit jenem, das rat' ich dir, sogleich!«
Da sprach der König Oserich, von vielem Bitten matt:
»Mit Erlaub deiner Bürger so ritt ich in die Stadt.
Nicht wähnt' ich, unser Einzug würd' euch verdächtig sein.
Hätt' ich's gewußt, in Treuen, so kam ich nicht herein.
Nicht will ich, daß es komme zum Unheil oder Kriege;
Drum nimm mich auf, o König, wie ich so vor dir liege.«
Da sprach der König Melias zu König Oserich:
»Ich kann dich nicht aufnehmen, denn wisse sicherlich,
Wenn wir uns einst entzweiten, zu groß wär' eure Macht;
Drum kann ich euch nicht trauen, was du auch vorgebracht.«

Da sprach zum Vater Oda, die Königstochter licht:
»Warum gabst du mich Oserich, dem großen König, nicht,
Der ein so mächtger Mann ist, daß diesen er vertrieb?
Er könnte dich bezwingen, wenn es ihm nur belieb'.«
Noch wollte nicht der König den Helden ihm zu Füßen
Vom Boden endlich heben und gastfreundlich begrüßen.
Als dies die Riesen sahen, hei, wie das Widolf grollte,
Daß er sogleich den König Melias erschlagen wollte!
Doch fest in Banden hielten die Brüder seine Glieder;
Da stampfte bis zum Knöchel er in die Erde nieder
Mit seinen beiden Füßen und rief gar laut das Wort:
»Was liegst du auf den Knien, o Herr, vor Melias dort?«
Nicht länger auch ertrug es Aspilian nunmehr;
Er wurde also zornig, daß immer noch sein Herr
Kniend zu den Füßen des Königs Melias lag,
So daß er rasch in den Saal trat, die Faust aufhub zum Schlag,
Und König Melias also ans Ohr schlug mit Gewalt,
Daß er sinnlos hinstürzte zu Boden alsobald.
Nun sprang auch König Oserich empor und zog sein Schwert,
Und mit ihm alle Wilzen, die drinnen waren bewehrt.
Als Widolf mit der Stange der Sache ward gewahr,
Daß Aspilian sein Bruder in Zorn geraten war,
Da sprengte er auf einmal die Eisenketten entzwei,
Womit man ihn gebunden; er machte schnell sich frei
Und nahm die Eisenstange. Hei, wie er diese schwang!
Wohl vierundzwanzig Ellen war sie in Wahrheit lang.
Er lief herum in der Feste und schlug unaufhaltsam
Mensch und Vieh und alles, was ihm nur unterkam.

Da rief der König Melias, als nah ihm war der Tod:
»Nun haltet, wackre Helden; ihr zürnet ohne Not!
Mich haben meine Mannen beim Mahle trunken gemacht;
Drum hab' ich diese Reden geführt so unbedacht.«
Die fremden Recken hörten nunmehr zu kämpfen auf;
Man schloß nun Frieden und Sühne und setzte sich darauf
Zu Tische in dem Saale; die Königin aber sprach:
»Fürwahr, o König Melias, du hättest nicht die Schmach,
Wenn du nicht Oserichs Boten so schmählich hättest gefangen
Und Oserich den König zum Eidam wolltest erlangen.
Der hat die fremden Gäste vertrieben aus dem Land,
Er könnte dich auch schützen mit seiner starken Hand.«

Man zog dort vor dem Tische des Königs einen Leun,
Der fing den edlen Gästen gar grimmig an zu dreun.
Er nahm den guten Knechten von ihren Schüsseln das Brot;
Er tat ober dem Tische den Gästen große Not.

Aspilian der starke ergriff ihn mit der Hand
Und warf ihn so gewaltig an des Saales Wand,
Daß ihm die Glieder zerbrachen. Wie leid's dem König war,
So wagte er doch nimmer ein einzig Wort fürwahr.
Da sagte wieder klagend die edle Königin:
»Ach, Melias, edler König, wenn nicht dein stolzer Sinn
Die Tochter hätte verweigert dem mächtigen Oserich,
So müßtest du nicht dulden die Schande sicherlich.«

Oda, des Königs Tochter, die edele begann
Gefallen bald zu finden an jenem fremden Mann.
Drum als das Mahl vorüber, da sagte sie geschwind
Zu ihrer treuen Jungfrau, der Dienerin Herlind:
»Dem böt ich wohl fünf Ringe von Golde oder mehr,
Der in die Kemenate mir brächte den Fremden her.«
Da ging die gute Herlind aus dem Gemach hervor
Zum Helden Rotherdietrich und sagte ihm ins Ohr:
»Die Königstochter Oda bescheidet dich zu sich.«
Da sprach zur Jungfrau Herlind der König Oserich:
»Weh, du willst meiner spotten, du säuberliche Magd!«
Da sagte wieder Herlind: »Nein, ich hab' dir gesagt,
Was mir die Königinne hat selber aufgetragen;
Sie möchte neue Märe von dir, o Held, erfragen.«
Da sagte Rotherdietrich: »Hier sind der Merker viel;
Der seh' sich vor, der Ehre und Leib bewahren will.
Ich fürchte, daß mir Melias verbieten möge das Land;
Dann wär ich nirgends sicher vor Oseriches Hand.«
Herlinde wollte gehen, da er zu furchtsam schien;
Doch bat sie noch der Herre, ein wenig zu verziehn.
Aspilian der kluge, der riet dem Herrn dazu.
So nahm er einen Goldschuh und einen Silberschuh –
Die beiden aber gingen nur auf denselben Fuß –
Und gab sie der Maid Herlind mit sittlichem Gruß.
Auch einen guten Mantel und zwölf Goldringe rot
Gab er der schönen Botin, wie ihm sein Mut gebot.

Da sprang Herlinde fröhlich zu Jungfrau Oda hin
Und sagte diese Märe der jungen Königin.
Da sprach die Jungfrau Oda: »Will er mich denn nicht sehn.
So sollen mir die Schuhe doch nimmermehr entgehn.
Giebst du mir diese Schuhe, bin ich dir immer hold,
Ich fülle dir sie beide vollauf mit rotem Gold.«
Da ward der Kauf geschlossen, sie zog den goldnen an,
Darauf nahm den von Silber die Jungfrau wohlgetan
Doch der ging leider wieder nur an den selben Fuß.
»O weh«, sprach da jung Oda, »wie ich mich grämen muß!

Es ist mit diesen Schuhen ein Mißgriff wohl geschehn;
Die beiden wollen nimmer auf meine Füße gehn.
Du mußt nun wieder springen zu Rotherdieterich
Und mußt den Helden bitten gar hold und züchtiglich,
Daß er dir auch den andern, den rechten geben wolle,
Und daß er mich zu sehen auch sicher kommen solle!«

Da hub die Jungfrau Herlind ihr Kleid bis an die Knie;
So schnell lief sie in Wahrheit über den Hof noch nie.
Gar schön empfing sie dorten der König lobesam.
Er wußte wohl, der listige, warum sie wieder kam.
Herlinde sprach zum Herren: »Ich mußte zu dir gehn,
Dieweil mit deinen Schuhen ein Mißgriff ist geschehn
Ich habe sie gegeben der jungen Königin.
Doch fehlet ihr der rechte; drum geh du selber hin,
Um ihn der Frau zu geben; denn dazu schickt sie mich.«
Da sprach zur Maid Herlinde der König Oserich:
»Ich tät es wahrlich gerne, doch merken es wohl bald
Die Kämmerer an dem Hofe. Ich fürchte des Königs Gewalt!«
»Nein«, sprach die gute Herlind; »komm nur mit mir geschwind,
Dieweil die Ritter alle dort in dem Hofe sind!
Dort ist ein großes Schallen, sie schießen dort den Schaft,
Sie spielen manche Spiele und zeigen ihre Kraft.«
Da ließ der König Oserich durch Herrn Aspilian
Der Magd die Schuhe geben und einen Mantel dann
Und zwölf allgoldne Ringe. Da ging sie heimlich fort,
Und kündete die Märe der lieben Herrin dort.
Nun schickte König Oserich den treuen Berchther aus,
Mit den vier Riesen sollte er vor des Königs Haus
Gar starke Spiele machen; so sollte es geschehn,
Daß da der Merker keiner möcht König Oserich sehn.

Es stand in ihrem Fenster die schöne Königin.
Da kam der junge Recke über den Hof dahin.
Er ward gar wohl empfangen von der Jungfrauen rein,
In ihrer Kammer hieß sie ihn hochwillkommen sein.
Sie sprach: »Ich hab' dich gerne, du guter Held, gesehn!
Nun zieh' mir diesen Schuh an, es kann nicht anders geschehn.«
Herr Oserich tat es gerne; der Herre niedersaß
Da zu der Jungfrau Füßen, der Zucht er nicht vergaß.
Da setzte sie das Füßlein dem Helden auf sein Bein.
Es ward nie baß beschuhet ein edles Jungfräulein.
Da sprach der listige Helde: »Nun sag' mir, edle Magd:
Nun hat um dich zu werben so mancher Mann gewagt;
Stünd' es an deinem Willen, wer hat dir unter allen,
Das sag' mir auf die Treue, wohl als der Beste gefallen?«

Da sprach die edle Jungfrau: »Das sag' ich dir gar gern;
Aus allen fremden Landen gefiel von allen Herrn
Mir keiner, der sich mochte setzen neben dich.
Du bist in aller Tugend erlesen sicherlich.
Doch sollt' ich wählen dürfen, so nähm' ich jenen Mann,
Der dich vertreiben konnte, du Recke lobesan.
Des Boten kamen neulich daher in unser Land
Und liegen hier im Kerker in Fesseln und in Band.
Stets will ich Jungfrau bleiben, das wisse sicherlich,
Wenn mir nicht wird zu Manne der König Oserich.
Wann wirst du, Gott im Himmel, einmal so gnädig sein,
Daß ich den Tag erlebe, daß ich die Füße mein
Auf König Oserichs Hochsitz also schmücken soll?«
Da lachte König Oserich und sprach, der Freude voll:
»Der Tag, der ist schon heute, den Gott so hold gesandt.
Du sitzest auf dem Hochsitz des Herrn vom Wilzenland.
Was du dir hast erbeten, es wurde dein, das Los:
Es stehen deine Füße in König Oserichs Schoß.«

Die Maid erschrak da heftig, sie zuckte auf den Fuß
Und sprach: »Wie ungezogen ich dir erscheinen muß,
Bist du der König wirklich! Doch kann ich dir nicht traun;
Du mußt mir sichere Zeichen der Wahrheit lassen schaun!«
Da sprach der König Oserich: »Nun hab' ich Freunde noch
Hier in dem Kerker selber. Sähn die mich einmal doch,
Daß ich die Wahrheit sagte, könntest du dann verstehn.«
Da sprach die schöne Oda: »Das soll auch so geschehn!«
Von dannen schied mit Ehren der König Oserich.
Wie leise er sich wieder zu seiner Herberg schlich!
Als das Herr Berchther merkte, ließ er enden das Spiel.
Er hörte da mit Freuden der neuen Mären viel.

In mannigen Gedanken lag Oda über Nacht;
Und als der Morgen ankam, da schloff sie wohlbedacht
In schwarze Kleider, legte über die Achsel auch
Einen Zweig der Palme nach frommer Waller Brauch.
So ging sie vor den Vater und sprach zu ihm das Wort:
»Lebt wohl, Vater und Mutter; ich muß ins Elend fort.
Mir hat heut' Nacht geträumet, verloren sei meine Seele,
Wenn ich nicht strenge Buße für meine Sünden wähle.«
Gar traurig sprach ihr Vater: »Nein, liebe Tochter mein,
Wähl' eine andre Buße, laß den Gedanken sein!«
Da sprach jung Oda wieder: »Vater, es muß geschehn,
Du ließest denn die Boten aus ihrem Kerker gehn,
Daß ich sie speise und bade, und sei es nur drei Tage,
Damit mir Gott verzeihe die Sünden, die ich trage.«

Da sprach der König wieder: »Das tu' ich dir ja gern,
Wenn du zum Bürgen findest hier einen mächtigen Herrn,
Der es auf seinen Leib nimmt, daß sie mir nicht entrinnen.«
Da ging die schöne Oda mit listiglichen Sinnen
Ringsum zu allen Helden; doch keiner durft es wagen,
Für die elenden Boten die Bürgschaft selbst zu tragen.
Da ging sie hin zu Oserich und sprach: »Hilf mir, durch Gott,
Und bürge für die Boten, zu enden meine Not!«
»Gar gerne«, sprach der König, »geht mir's auch an den Leib,
Doch will ich sein dein Bürge, du wunderschönes Weib.«

Wie schnell man da die Boten aus ihrem Kerker nahm!
Herr Erwin war der erste, der aus dem Loche kam.
Als ihn sein Vater Berchther so jämmerlich ersah,
Wie groß war seine Trauer und seine Klage da.
Er kehrte sich um, die Tränen verbarg er noch mit Fug,
Ihm wurde nie so leide, seit ihn die Mutter trug.
Mißfarbig und zerschunden kamen sie all ans Licht.
Herr Oserich stand in Trauer, doch weinen durft' er nicht.
Berchther, der alte Jüngling, schaute der Boten Pein,
Doch reut' ihn keiner härter, als seine Kindelein.

Da sprach Erwin zu Leupold, dem Bruder lobesan:
»Leupold, mein lieber Bruder, siehst du den grauen Mann
Dort mit dem schönen Barte? Als er uns kommen sah,
Da rang er seine Hände, die Tränen kamen ihm da.
Vielleicht daß Gott der gute ein großes Zeichen tut!
Es ist vielleicht unser Vater; das giebt mir neuen Mut.«
Die elendigen Gäste wurden nun gespeist
Bei Oserich dem Bürgen. Da diente ihnen zumeist
Die edle Jungfrau Oda. Truchseß mußt' Berchther sein,
Dieweil am Tische saßen die armen Kindelein.

Als so die Helden aßen, nahm König Oserich
Die Harfe in die Hände; hinter den Vorhang schlich
Der Recke kühn und bieder; wie bald seine Weise erklang!
Wer da begann zu trinken, der ließ bei diesem Sang
Den Becher wieder sinken und vergoß des Weines viel;
Und wer das Brot sich abschnitt, das Messer dem entfiel.
Wie mancher da sein Trauern verlor! Sie saßen all
Und horchten auf, von wannen herkam des Spieles Schall.
Leupold und Erwin sprangen über den Tisch zu zwein,
Den reichen Harfner hießen sie gottwillkommen sein.
Sie küßten ihn zum Munde. Wie recht Frau Oda sah,
Daß wirklich König Oserich war in dem Saale da!

Nach dreien Tagen mußten die Helden loblich
In ihren Kerker wieder. Doch König Oserich
Ließ nach der Jungfrau Rate einen Gang zum Kerker graben;
Da brachte man den Recken, was sie nur wollten haben.

Nun aber hob indessen sich großes Kriegesdrohn
Von zweiundsiebzig Königen aus dem wüsten Babylon.
Imelot war dort König, Simelin hieß sein Weib;
Der gehrte, daß ihm diene des Königs Melias Leib.
Schwer fielen diese Mären dem König Melias gut.
Doch Oserich der kühne tröstete seinen Mut.
Er sprach: »Gieb aus dem Kerker mir die Gefangenen wieder;
Es ist darunter wahrlich manch Geld getreu und bieder.
Besende deine Mannen sodann; den Heidenscharen
Magst du mit gutem Mute alsdann entgegenfahren.«
Und so geschah's; die Boten ließ König Melias frei;
So groß war seine Sorge, daß er der schwächere sei.
Es sammelte der König wohl fünfzigtausend Mann;
Herr Oserich der führte zwanzigtausend an.
Mit den gefangnen Helden ging er dem Feind entgegen
Und fing an, in die Vorhut sich auf das Feld zu legen.
Als nun die Nacht herbeikam, drang Oserich der Held
Mit seinen kühnen Recken bis an Imelots Zelt.
Die Heiden hielten jene für Freunde, die dem Herrn
Wohl neue Hilfe brächten aus fremden Landen fern.
Doch als im Zelt sie waren, da zuckte Aspilian
Das Schwert und hieß ihn stillstehn, den argen Heidenmann.
Als der die Recken schaute, da sprach er traun kein Wort.
So war der Herr gefangen, man führte ihn gleich fort.

Nun sprach der listige Oserich: »Wir sollten zu der Stunde
Hin zu den Frauen schicken mit dieser guten Kunde.«
Da sprach der König Melias: »Der Bote sollst du sein,
Und sag der edlen Königin und allen Frauen rein,
Daß ich bald kommen wolle mit allen meinen Mannen.«
Da ritt der listige Recke gleich also schnell von dannen
Mit allen seinen Helden nach König Melias' Schloß
Und rief dem Volk entgegen: »Ich künd' euch Unheil groß!
Der König ist erschlagen mit allem seinen Heer.
Ich selber bin entronnen; die Heiden ziehn daher!«
Da bat die alte Königin den listevollen Mann:
»So rette meine Tochter und mich, Held lobesan,
Daß uns die üblich Heiden nicht fangen mit Gewalt!«
Da nahm der list'ge Recke Oda die Maid alsbald
Zu sich aufs Roß und sagte zur alten Königin,
Indem er schon von dannen ritt in die Ferne hin:

»Ihr mögt euch wohl gehaben, Frau, es ist wohl ergangen!
Melias ist nicht erschlagen, Imelot ist gefangen.
Nach dreien Tagen kommt auch euer Gemahl hierher,
Dann sagt, daß seine Tochter bei König Oserich wär!«
Da sprach die edle Königin: »Nun wohl mir, tapfrer Degen,
Daß du bist König Oserich! Gott möge deiner pflegen!
Lang magst du meine Tochter besitzen als Gemahl!«
Und lachend ging die Fraue zurück in Melias' Saal.

Als Melias heimkehrte und alles das erfuhr,
Fiel er vor Leid in Ohnmacht. In diesem Irrsal fuhr
Herr Imelot gar heimlich von dannen aus der Stadt,
Und er entkam auch glücklich, wie man vernommen hat.
Als Melias der König wieder zu Sinnen kam,
Da sprach zu ihm mit Listen ein Spielmann lobesam:
»Du sollst dich wohl gehaben, o Herr; lohnst du es mir,
So bringe ich in Treuen die Tochter wieder zu dir.
Doch mußt du mir beladen ein Schiff mit Gold und Gestein,
Mit Scharlach und mit Kleidern, mit Wasserperlen klein
Und sonstigem reichen Kaufschatz. Doch sechzig Ritter gut
Die sollen drin verstohlen halten gute Hut.
Daß auf das Schiff sie gehe, verlock' ich Oserichs Weib;
So schaff' ich sie dir wieder oder ich lasse den Leib.«
Und nach des Spielmanns Worten ward alsobald getan.
Mit reichem Kaufschatz langte er bald zu Lande an.
Herr Oserich der König war damals nicht zu Haus.
Nach Rifland zu Gerichte war er gezogen aus.
Denn der von Tengelingen, der Große Amelger,
Dem alles Land in seinem Absein befohlen wär,
War unterdes gestorben, und sein Sohn Wolferat
Hatte sich kaum zu wehren vermocht, weil auf den Rat
Von sechs untreuen Grafen den Herzogen von Dießen
Die ungetreuen Grafen zum König krönen ließen.
Oda war da geblieben in des treuen Leupold Hut.
Nun schauten alle Bürger das reiche Kaufmannsgut,
Allwo der list'ge Spielmann die allerbeste Hab',
Die man nur schauen konnte, um einen Pfennig gab,
Die Kieselsteine aber, die er vom Strande holte,
Auch nicht um tausend Pfunde des Goldes geben wollte.
Er sprach: »Wenn eine Königin anfasset diesen Stein,
So leuchtet über die Lande weithin sein heller Schein.
Berührt sie einen Toten, so lebt er wieder auf,
Bestreicht sie einen Lahmen, wird er gesund hierauf.«

Da bat ein Ritter, welchem zwei Kinder krank dalagen,
Die Königin, hinzugehen und den Versuch zu wagen.
Doch kaum trat sie ins Schifflein, so rief der Spielmann laut:
»Wohlauf, wohlauf nach Hause! Wir haben wieder die Braut!«

So brachte er die Tochter dem Vater wieder zurücke.
Als Leupold aber hörte des Spielmanns arge Tücke,
Da forcht er gar gewaltig des Herren Oserich Zorn.
Die Bürger wollten fliehen, sie glaubten sich verlorn.
Herr Leupold sprach, sie tröstend: »Ich nehm' die ganze Schuld
Auf mich allein. Verzweifelt nicht an des Königs Huld!

Nach sieben Tagen kehrte Herr Oserich zurück.
Da sagte Leupold traurig ihm all das Unglück:
»Ich hab' mich schlecht gehalten, o Herre, wider dich;
Dein Weib ist fortgestohlen. Das haben listiglich
Gethan des Melias Mannen. Nun fürcht' ich deinen Zorn.
Wenn es geschäh' nach Rechten, hab' ich den Leib verlorn.
Laß nur das Volk nicht büßen; es hat dran keine Schuld.
Sie wollten schon entfliehen. Laß ihnen deine Huld!
Richte nur mich alleine! Das ist billig und recht!
Behält er Treu' und Ehre, was braucht ein guter Knecht!
Muß ich nun Treu' und Ehre, beides verloren sehn,
So mag es mir, o Herre, nun an mein Leben gehn!«

Da nahm der König Oserich Herrn Leupold an der Hand,
Er küßte ihn zum Munde und sagte unverwandt:
»Gehab dich wohl, mein Neffe! Warum quälst du den Leib?
Es lebt auf aller Erde noch mannig schönes Weib.
Nun schweige, edler Degen! Fürchtest du meinen Zorn,
So wären deine Dienste vergebens und verlorn,
Die du mir oft getan hast. Du lebtest dritthalb Jahr
In König Melias' Kerker für deinen Herrn fürwahr
Mit manchem treuen Ritter. Erzürnt' ich gegen dich,
Thät' ich wie ein Verräter, das wisse sicherlich.«

Da hörte mannig Helde des Königs Landrecht da.
Herr Berchther ging zum König, vor Liebe lachte er da:
»Nun laß dich's Gott verdienen, was du dem Sohn getan,
Oserich, edler Herre, an mir viel armem Mann!
Heute hat deine Treue die alte Zucht erneut,
Der schon dein Vater pflegte all seines Lebens Zeit.
Und wär' mein Leib, der alte, noch wie vor fünfzig Jahren,
So wollt' ich dir zu Ehren noch manche Heerfahrt fahren.«
Da sprach der Recke Wolfrat: »Wir sollen über Meer,
Die Frau wieder zu bringen mit einem großen Heer!
Leupold zu Ehren führ' ich aus meinem eignen Land
Zwölftausend gute Ritter, weil er mir ist verwandt,
Auch weil an meinem Vater Herr Berchther tat so bieder:
Als er vertrieben wurde, gewann er das Land ihm wieder
Und schlug den grimmen Elbwin, den Herzog an dem Rhein;
Der tat uns großen Schaden, drum will ich dankbar sein.«

Wohl dreißigtausend Mannen versammelten sich dort.
Mit diesen zog Herr Oserich nach Heunenland sofort.
Als er nun kam vor Walsburg, so sprach der König reich:
»Ich will in Wallers Weise zu Melias gehn sogleich
Mit Berchther und mit Leupold, und neue Mär erfahren.
Wenn ihr mein Hörnlein höret, so kommt in hellen Scharen!«
So ging in Wallers Weise selbdritt der Recke hin;
Da sah er einen Ritter über die Heide ziehn.
Den fragte er um Märe. Der gab zur Antwort bald:
»Ich kann euch Wunder sagen: mit großer Heeresgewalt
Ist Imelot nun wieder ins Heunenland gefallen,
Hat Melias gefangen mit seinen Mannen allen.
Um seinen Leib zu lösen, hat Melias nun sein Kind
Dem Heiden übergeben. Der läßt auch gar geschwind
Frau Oda Hochzeit halten mit seinem üblen Sohn
Basilist; heute abend ist auch die Hochzeit schon.«

Da schlich sich König Oserich hin in den Königssaal,
Wo Melias mit den Heiden schon saß beim Hochzeitsmahl.
Frau Oda saß in Trauer neben Herrn Basilist.
Da schlüpfte König Oserich unter den Tisch mit List,
So daß es niemand wahrnahm, und gab der Frauen klar
Ein Ringlein, drauf sein Name deutlich gebuchstabt war.
Frau Oda las die Zeichen und sah, daß ihr Gemahl
Im Saale war; da lachte die Gute auf einmal
Und reichte den Ring der Mutter. Da sagte Melias:
»Wohl dir, du traute Tochter! Wie freu' ich mich fürbaß,
Daß du dein Trauern ließest und wieder fröhlich ist.«
Da sagte aber Imelot, er merkte wohl die List:
»Mich dünkt, Frau Odas Lachen, das wird uns wenig frommen;
Ein Späher König Oserichs ist in den Saal gekommen.«
Da sprach Herr Basilistium, Frau Odas Bräutigam:
»Ich sah ein goldnes Ringlein, das deine Tochter nahm
Und ihrer Mutter reichte; ich glaube, Oserich,
Der König, ist hier innen, das wisset sicherlich.«
Da sprach der König Melias: »So sollen denn zwölf Mann
Des Saales Pforte hüten! Ist König Oserich dann
Im Saal, so wird er wahrlich uns nimmermehr entgehn.
Doch eh' ihm diese Schande vor allen sollte geschehn,
Daß wir ihn jetzo fingen wie einen flüchtigen Dieb,
Soll er sich selber zeigen, ist seine Ehr' ihm lieb.«
Gar schnell beriet der König sich da mit seinem Mann.
Der sprach: »So laß uns gehen, in Gottes Namen dann!«

Da trat hervor vom Tische der König Oserich:
»Wohlan, hier bin ich wahrlich; wer will, der schaue mich!«
Die Heiden und die Heunen drohten ihm nun den Tod.
Da sprach der listige Herre in seiner höchsten Not:
»Hab ich verwirkt das Leben, so wünsch ich eines jetzt,
Daß mir mein Galgen werde vor jenen Wald gesetzt,
Den ihr an dem Gebirge dort ferne stehen seht.
Dort will ich gerne hangen, wenn es nicht anders geht.
Das ist in meinem Lande so recht in aller Not,
Daß, wenn ein Fürst soll sterben, er sich erwähle den Tod.«
Das war aus List gesprochen; denn dort bei jenem Wald
Lagen seine Krieger mit großer Heeresgewalt.

So führten denn die Heiden den kühnen König hin
Zu jenem Waldgebirge; er konnte nicht entfliehn.
Ein Grafe Arnold hörte, dem König drohe der Tod.
Ihm hatte König Oserich dereinst in großer Not
Wohl tausend Marken Goldes gegeben. Diese That
Wollt er an ihm verdienen nach seiner Tugend Rat.
Er hieb nun in die Menge mit seinem Schwerte, Mal';
Da mußte alles brechen, war's auch vom härtesten Stahl.
Er drang mit seinen Mannen zum König Oserich,
Zerschnitt ihm seine Bande. Der Degen lobelich
Blies da sein gutes Heerhorn; das hört Aspilian,
Der mit dem ganzen Heere dort lagerte im Tann.
Sie kamen wie ein Wetter aus dem Gebirg herfür
Und lösten den König vom Galgen. Dran hing man aber dafür
Den Heiden Basilistium. Herr Imelot entfloh.
Man ließ ihn gerne laufen, befreit ward Oserich so.
Hundert Spielleute ließ man nun peitschen zu der Frist,
Um damit schwer zu rächen des einen Spielmanns List.
Ein Spielmann war entflohen. Der lief zu Melias
Und sagte ihm die Kunde. Der König, er vergaß
Da alle seine Feindschaft und schickte seine Fraun
Herrn Oserich entgegen. Da mochte man Freude schaun,
Als Oserich Frau Oda nach solchem Leide sah!
Mit ihrem Vater schloß er auch stäten Frieden da.
Als aber Riese Widolf den König Melias schaute,
Da biß er in die Stange, so daß es alle graute
Zu sehn, wie Feuerflammen hell aus dem Eisen schossen;
Mit Mühe nur bezwangen ihn seine Eidgenossen.

Der König Melias wollte nun gern sein halbes Reich
Dem Schwäher übergeben zur Sühnung alsogleich;
Doch Oserich der milde wollte des Königs Gut,
So lang er selber lebte, mit tugendlichem Mut

Nicht gern vermindern lassen; nach König Melias' Sterben
Erst wollte er das ganze für seine Gattin erben.
Auf diese Weise wurde versühnt der Könige Streit;
Da wurde zugerichtet die hehrste Hochgezeit.

Da wurde Arnold König zum Lohn in Griechenland;
Die Riesen aber bekamen Lothringen und Brabant.
Herr Oserich gab Türingen und Sachsen dem Erwin,
Den treuen Boten wurde das Sorbenland verliehn.
Wolfrat von Tengelingen erhielt das Osterreich,
Auch Böhmen so wie Polen, das gab man ihm zugleich.
Als Oserich mit Oda nach Hause wieder kam,
Gebar die edle Fraue ein Mägdlein wonnesam:
Das war die schöne Helke, die anmutigste Maid,
In allen magdlichen Dingen berühmt zu ihrer Zeit.

Etzel und Helke

Der Botelung Etzel, Sohn des Königs von Friesland, besiegt den König Melias von Heunenland und erobert sein Reich. Er wirbt dann vergeblich um Helke, die Tochter des Oserich; er gewinnt sie endlich durch die List seines Herzogs Rudolf. Helkes Schwester Berta wird Rudolfs Gattin.

Halbdan der alte hatte neun Söhne weit bekannt.
Einer davon war Botel; von diesem ist genannt
Der Stamm der Botelungen. Botel war kühn und stark;
Er unterwarf sich Friesland. Von gleichem Heldenmark
War sein Sohn, Etzel der alte. Wifel war dessen Sohn.
Von diesem stammte Läfe; der erbte seinen Thron
An Botelung den reichen; der hatte der Söhne zwei:
Blödel und Etzel den jungen, und eine Tochter dabei,
Brünhild, die weitberühmte, so klug wie wonnesam.
Das ist all miteinander der Botelungen Stamm.

Schon früh war Etzel der junge groß an Gestalt und Kraft,
Ein guter Ritter zu Rosse, mild und tugendhaft,
Gar weise und habgierig, in Kämpfen der tüchtigste Held.
Als er zwölf Winter alt war, ward er zum Ritter bestellt.
Herr Etzel ritt nun oftmals hinaus mit seinem Heer
Ins Reich des Königs Melias, der war schon altersschwer
Und hatte keine Söhne, zu wehren Reich und Land.
Da ward ihm großer Schade getan von Etzels Hand.
In dieser Zeit ward Melias von Siechtum schwer befallen;
Da rief er seine Ritter und sprach zu ihnen allen:
»Wie sehr muß es mich härmen, daß nicht ein eigner Sohn
Das Reich nach mir beherrschet! Ward auch die Tochter schon
Nach Wilzenland im Norden vermählt dem starken Herrn,
Ist Oserich, mein Schwäher, zum Schutz mir doch zu fern.

Der junge Etzel aber, der Sohn des Botelung,
Bedroht mein Reich mit Kriege und mit Eroberung.
Drum fürcht' ich, daß die Herrschaft über das Heunenland
Aus meinem Stamme gehe in eine fremde Hand.«
So starb der König Melias vor Siechtum und vor Leid.
Er ward in Heunenlanden betrauert weit und breit,
Dieweil er mild und gut war und seine starke Hand
Das Reich erhalten hatte im ganzen Heunenland.

Als aber König Etzel, Botelungs Sohn, vernahm,
Daß nun der Heunenkönig Melias zum Tode kam,
Berief er eine Versammlung, ließ seine Freunde alle
Dabei zusammenkommen und sprach mit großem Schalle:
»Wie glücklich fuhren wir oftmals schon gegen Heunenland!
Wie manche Burg da draußen gewann nicht unsre Hand!
Nun schwör' ich, daß wir nimmer nach Hause kommen wollen,
Bevor wir nicht ganz Heunenland gewonnen haben sollen!«
Sein Wort fand großen Beifall; man war zum Kampfe bereit,
Und sie lobten alle des Recken Tapferkeit,
Weil er von seinem Stamme am weitesten gekommen.
Da ward zum Heeresführer Herr Etzel angenommen,
Und ihm der Königsname von seinen Mannen gegeben.
Er schwur ihnen dagegen, nach Recht und Gesetz zu leben.
Zugleich schwur er, nicht eher zu sehn des Vaters Land,
Als bis er hätte erobert das ganze Heunenland.

Hierauf fuhr König Etzel mit seinem Heeresschild
Durch alle Heunenlande und hatte Stürme wild
Und Kämpfe zu bestehen, bis daß er mit dem Schwerte
Das ganze Reich gewonnen, das Melias gehörte,
Und dazu seine Hauptstadt, die Walsburg war genannt.
Als aber Etzel hatte besiegt das ganze Land,
Versetzte er die Hauptstadt zur Feste Sisseck dort;
Da wohnte er noch lange; noch heute steht der Ort.

So war denn König Etzel König von Heunenreich.
Als aber König Oserich vernahm den kühnen Streich,
Gefiel ihm solches übel und er verlangte fürwahr
Sein Recht auf Odas Erbland, die Melias' Tochter war.
So kamen denn in Unfried Etzel und Oserich,
Und große Schlachten schlugen die Helden lobelich.
Behauptet ward am Ende von Etzel doch das Land,
Wie er's gewonnen hatte, das Schwert in kühner Hand.
Er sprach: »Mir hat mein Vater kein solches Reich zu geben;
Nein, er bedarf es selber, so lang er ist am Leben;

Auch würde meinem Bruder es schaffen arge Not,
Wenn ich die Hälfte wollte nach meines Vaters Tod.
Vom Heunenreich zu lassen, dünkt mir auch selber hart,
Weil es mit solcher Mühe von mir erobert ward;
Und nur mit meinem Leben, wie es auch mag ergehn,
Will ich das Reich verlassen.« So sollt es auch geschehn.

Darnach starb Etzels Vater, der König Botelung;
Da ward sein Erbe Blödel; Friesland war ihm genug.
Er hatte einen Sprossen, der war Osid genannt,
Der adligste der Männer, in Kühnheit weit bekannt.
Als der zum Mann erwachsen, gelüstete ihn gleich
Zu Etzel, seinem Ohme, ins große Heunenreich.
Er zog dahin; der König nahm wohl den Neffen auf
Und machte ihn zum Ritter; dort blieb er lang darauf.

Nun war es eines Tages, daß Etzel ins Gemach
Den Neffen sich ließ kommen und zu Herrn Osid sprach:
»Osid, ich will dich senden dahin nach Wilzenland,
Bei Oserich zu werben um seiner Tochter Hand.«
Die Fahrt ward wohl gerüstet, und er ritt allzuhand
Mit zwanzig edlen Rittern gar stolz nach Wilzenland.
Die Boten König Etzels empfing dort Oserich.
Obgleich er nicht sein Freund war, so dacht er doch bei sich,
Daß es nicht würdig wäre der königlichen Huld,
Die Boten eines Fürsten zu kränken ohne Schuld.
Auch wollt er gerne wissen, was Etzel von ihm wollte,
Daß er so schöne Männer nun zu ihm senden sollte.
Drauf sagte sein Gewerbe Herr Osid also an,
Daß Etzel auf jung Helke nur hätte Wunsch und Wahn.
Da gab zur Antwort dieses der König Oserich:
»Nicht unser Freund ist Etzel, das wisset sicherlich!
Nein, er hat uns befehdet und großen Schaden getan.
Drum ist nicht dran zu denken; er lebt in falschem Wahn.
Doch ihr seid uns willkommen, so lang ihr bei uns weilt.«
Da fuhr Osid von hinnen und sagte unverweilt
Dem König diese Botschaft, wie nicht zu hoffen wäre,
Daß Etzel mög' erhalten Helke, die schöne hehre.
Doch dies gestand Herr Osid, daß er mit Augen da
Nie eine schönre Jungfrau als Jungfrau Helke sah,
Und demnächst ihre Schwester, die Berta war genannt.
Das war gar üble Botschaft, die Etzeln ward bekannt.

Eine Burg heißt Bechelaren, dort saß ein Markgraf gut,
Herr Rüdeger geheißen, ein Ritter hochgemut
Und Freund des Königs Etzel. Der König sandte schnell
Nach diesem, daß er komme, und Rüdeger kam zur Stell'
Da sagte König Etzel: »Ich will nach Wilzenland
Zu Oserich dich senden, mein Recke auserkannt,
Mit ganz derselben Werbung, womit ich erst gesandt
Den eignen Neffen Osid; es gilt jung Helkes Hand.
Wenn Oserich dem Antrag Gehör will geben nicht,
Nein, wieder ihn verschmähet, so sag ihm kurz und schlicht,
Daß er sich rüsten solle zum Kampf nach Heldensitte!
Dann will ich ihm das nehmen, warum ich jetzo bitte.«
Der Markgraf war gerüstet alsbald zu dieser Fahrt.
Im ganzen Heunenlande war von so edler Art,
So hochgelobt kein Ritter an Zucht und edlem Mut.
Er fuhr mit sechzig Rittern und vielen Knappen gut
Und kam zum Wilzenlande. Da wrad er überall
Gar wohl empfangen. Oserich lud ihn zu seinem Mahl,
Um würdiglich zu ehren den auserwählten Mann,
Und Rüdeger nahm dies Gastmahl mit großem Danke an.
Nach dreien Tagen machte er sein Gewerbe bekannt:
»Mich hat der mächtige König Herr Etzel hergesandt:
Er schickt dir seine Grüße, Gott helfe deinem Reich!
Und damit wünscht der Herre dein Töchterlein zugleich.
Er will, daß ihm zum Weibe werd' Helke zugeführt
Mit all dem Heiratsgute, das ihr nach Recht gebührt.
Das will er dir auch lohnen mit Gold und Ritterschaft;
Denn fest ist seine Herrschaft ob Heunenland in Kraft.
König Ethel sorgte, daß ich mit rechtem Fug
Die Botschaft nicht anbrächte und schwerlich Mut genug
Zum Worte haben möchte; das soll jedoch nicht sein.
Denn so spricht noch der König: Sagst du auf alles nein,
So würd er zu dir kommen mit seinem ganzen Heer.
Schon viel hat er erobert und große Macht hat er.
Drum ist es wahrlich besser, mit ihm in Frieden zu leben,
Als ihm die Bitte zu weigern und Feindschaft zu erheben.«

Zur Antwort gab auf dieses der König Oserich:
»Ein mächtiger Markgraf bist du, o Rüdeger, sicherlich,
Und deines Herren Werbung richtest du höflich aus.
Doch dünkt mich Etzels Botschaft befremdlich überaus
Und seltsam, daß er waget die Werbung nun, obgleich
Er sich doch unberechtigt hat angemaßt das Reich,
Worauf ich Anspruch habe. Durch das nur ward er groß,
Was einst mein Schmäher hatte, mein Freund und Blutsgenoß.
Obwohl wir feindlich waren einander eine Zeit,
So bin ich, ihn zu rächen, doch, wenn ich kann, bereit.

Dazu ist König Etzel auch nicht so weit bekannt,
Noch von so hohem Stamme wie wir von Reußenland.
Daß mir und meinen Mannen des Königs Fehde droht,
Das fürchte ich mit nichten. Warum denn wäre mir Not,
Ihn also groß zu ehren und ihm die Tochter gleich
Zu geben, die ich liebe mehr als mein ganzes Reich?
Drum möget ihr in Frieden heimfahren! Doch er soll
Nicht hoffen, zu gewinnen die Jungfrau züchtevoll.«

Dem König gab zur Antwort der Markgraf Rüdeger:
»Der König Etzel dachte, als er uns sandte her,
Daß sein Gewerbe endlich erfüllet werden soll;
Und so muß es geschehen. Er hat viel Ritter wohl
Und ist ein großer Kriegsheld, daß er sich wohl getraut
Zu streiten. Wenn du Etzeln nicht geben willst die Braut,
So sei fürwahr versichert, daß er in deinem Reich
Wird großen Schaden wirken an Land und Volk zugleich,
Und daß mit allen Rittern er noch versuchen wird,
Ob dir oder ihm selber der Siegespreis gebührt!«

Lachend gab zur Antwort Herr Oserich sodann:
»Du edler Markgraf Rüdeger, du bist ein guter Mann
Und hast erfüllt den Auftrag, wie dir geboten war,
Und keine Schuld soll treffen dein eignes Haupt fürwahr!
Doch ob dein König Etzel auch gleich mit seinem Heer
Nach Wilzenland herkäme, wir fürchten ihn nicht sehr.
Er soll, bevor er heimkommt, noch von den Wilzen sagen,
Daß sie gar scharfe Schwerter und gute Schilde tragen!«

Der Markgraf fuhr von hinnen und König Oserich
Gab ihm noch schöne Gaben mit auf den Weg für sich.
Er ritt nun seine Straße, bis er nach Sisseck kam,
Und sagte König Etzeln die üble Werbung an,
Und daß nicht Hoffnung wäre, daß König Oserich
Ihm seine Tochter gäbe, die Jungfrau minniglich.

Da sprach der König Etzel mit Lachen allbereit:
»So soll das Kind denn haben, wonach es also schreit!
Hört, alle meine Mannen, nicht scheut euch ängstiglich,
Ins Wilzenland zu kommen! Ein jeder rüste sich;
Denn jetzo sollen die Heunen mit Schwertesschärfe werben,
Und jene sollen erfahren, wie unsre Schwerter färben
Und wir wir kaltes Eisen in unsrem Blut vertragen!
Und diese Botschaft soll man in jedem Hause sagen!«

Da rüstete sich Etzel und sammelte ein Heer,
Nach Wilzenland zu ziehen mit Waffen und mit Wehr,
Um diesen Schimpf zu rächen, daß man die Maid versagt.
Da huben sich aus Sisseck die Heunen unverzagt.
Er hatte sechstausend Ritter, dazu von Knechen ein Heer.
Er kam zum Wilzenlande; da sengte und brannte er,
Verwüstete mit Feuer und Schwert das ganze Land,
Brach Burgen und zerstörte die Festen, die er fand.

Als nun der König Oserich von diesem Zug vernahm,
Sandt' er nach Seeland Boten zu König Aspilian
Und dessen Riesenbrüdern, daß sie mit ihrer Macht
Den Feind abwehren sollten, indes er sich rüste zur Schlacht.
Sie stellten sich den Feinden entgegen mit Gewalt,
Es hub sich Blutvergießen und Morden alsobald.
Nur wenig Volkes hatte König Aspilian;
Doch seinen Brüdern vertraute der Recke lobesan.
Den Widolf, mit der Stange von Eisen, ließ er los;
Der schlug mit beiden Händen zu Boden Mann und Roß.
Sie mußten aber weichen vor Etzels Übermacht,
Nachdem sie wohl fünfhundert erschlugen in der Schlacht.
Dreihundert hatte Widolf erschlagen ganz allein.
Nun folgte König Etzel in Eile hinterdrein.
Die Heunen schlugen nieder der flüchtigen Wilzen Troß,
Doch Widolf lief gar eilig, daß ihn erreichte kein Roß.
Er tat noch manchen Schaden und schlug zuweilen zurück;
So kamen sie nach Ostreich zu Oserich zurück;
Und sagten ihm, sie hätten dem Etzel in der Schlacht
Nicht widerstehen können ob seiner Übermacht.
Hierauf zog König Oserich mit seinem ganzen Heer
Dem Heunenvolk entgegen. Nicht weniger hatte er
Denn zehentausend Ritter und anderes Kriegsvolk viel.
Die beiden Könige trafen in Jütland nun ihr Ziel.
Mit vielem Blutvergießen erhob sich da die Schlacht,
Und Widolf mit der Stange drang vor mit solcher Macht,
Daß er da niederlegte, was ihm entgegenkam.
Und als der Tag sich neigte, ward Etzels Stärke lahm.
Von Übermacht bewältigt, floh er in einen Wald;
Herr Oserich verfolgte die Flüchtigen alsobald.
Der Wald war aber mächtig und ihm nicht wohlbekannt;
Er liegt dort zwischen Dänemark und zwischen Heunenland.
Weil er hinein nicht wollte reiten bei finsterer Nacht,
Ließ er ein Lager schlagen und hielt dort gute Wacht.
Herr Etzel aber hatte jenseits das Lager genommen
Mit seinem ganzen Heere, so viel noch war entkommen.

Rudolf, ein Ritter Etzels, hielt Spähung in dem Wald.
Die Nacht war trüb und dunkel; da stund er auf alsbald
Wohl mit dreihundert Rittern und ritt durch jenen Tann.
Sie trafen bald die Wachen des Königs Oserich an,
Erschlugen alle zwölfe und rannten zum Gezelt
Des Königs. Alle bliesen die Hörner auf dem Feld
Und schlugen, was sie trafen, beides, Mann und Roß,
Bevor sich rüsten konnte der kampfesmüde Troß.
Doch als das Heer der Wilzen unter die Waffen kam,
Floh wiederum von dannen Herr Rudolf lobesam
Zu seinem Herren Etzel und riet ihm, alsogleich
Nach Heunenland zu kehren, zu schützen Leben und Reich,
Dieweil sie nicht mehr mochten sich wehren nach Gebühr.
Der König nahm den Rat an und dankte ihm dafür,
Zog wieder heim nach Sisseck. Auch König Oserich
Zog heim; in Ruh' verhielten seitdem die beiden sich.

Hierauf trat eines Tages in König Etzels Gemach
Der edle Herzog Rudolf vor seinen Herrn und sprach:
»Herr, eine Bitte will ich dich bitten, daß du mir
Dreihundert rasche Ritter von deinem Hofe hier
Zu einer Fahrt verleihest, Osid, den Neffen, auch,
Und so viel Gold und Silber, als ich dazu gebrauch'!«
Der König Etzel fragte den Herzog Rudolf da:
»Sag, wohin willst du fahren? Gar viel verlangst du ja!«
Da gab zur Antwort Rudolf, der Ritter nimmer zag':
»Bekümmre dich mit nichten, wohin ich fahren mag!
Doch komm' ich dir nicht wieder zurück in dein Gebot,
Bevor drei Winter vergangen, so denke, ich sei tot.«
Der Herr gewährte alles dem Herzog, was er bat,
Und gab ihm das Gefolge der Ritter in der Tat.
Sie ritten nun aus Sisseck, der Herzog weiste sie;
Er ließ das Gerücht ausgehen, daß er nach Spanien zieh',
Herrn Etzel zu erwerben der Königstochter Hand.
Doch er ritt vielmehr nordwärts gegen das Wilzenland
Auf ungebahnten Wegen durch Wälder Nacht für Nacht
Und Wüsten; doch am Tage schliefen sie wohlbewacht.
Sie ließen auch nicht eher von ihrer Reise ab,
Als bis sie endlich kamen in Oserichs Reich hinab.
Unweit der Burg des Königs, in einem großen Wald,
Schlugen die Ritter das Lager und machten dorten Halt.
Nachdem sie eine Nacht hier geruhet hatten froh,
Berief Rudolf die Mannen und sprach zu ihnen so:
»Der Wald ist unbewohnet, und euch ganz unbenommen.
Hier mögt ihr Hütten bauen, bis eich zurück mag kommen.
Und all dies Gold und Silber ist euer Eigentum,
Zu kaufen, was ihr brauchet, in Dörfern ringsherum.

Komm' ich nach dreien Wintern nicht wieder, so zieht hin
Und sagt dem König Etzel, daß ich gestorben bin!«
Er bat Osid zu sorgen für alle diese Zeit;
Und Osid, sein Genosse, war gern dazu bereit.

Nun ritt der Herzog Rudolf an Oserichs Hof gar frisch;
So trat er vor den König, als er saß über Tisch;
Er trug einen Hut einen alten; so konnt' ihm keiner nicht
In seine Augen sehen; blöd schien ihnen sein Gesicht.
Er warf sich dem König zu Füßen und sprach erbärmiglich:
»Gnade um Gottes Willen, Herr König Oserich!«
Herr Oserich, der König der Wilzen, fragte ihn:
»Wer und von wannen bist du? Warum hier und wohin?«
Da gab zur Antwort Rudolf, der wunderkühne Mann:
»Ich heiße Siegfried, biete dir meine Dienste an.«
Da sagte von den Wilzen der König Oserich:
»Du sprichst wie unsre Feinde, die Heunen, dünket mich.
Du bist nicht gar unähnlich dem Rudolf, der mit Trug
Uns wohl sechshundert Ritter in einer Nacht erschlug.«
Da antwortete Rudolf, der sich da Siegfried hieß:
»Nicht kenn' ich diesen Rudolf, doch weiß ich ganz gewiß,
Daß er viel Neidharswerke bei König Etzel tat,
Denn ich bin dort geboren in Heunland in der That.
Ich war schon bei Herrn Melias in guter Zufriedenheit,
Und kämpfte gegen die Wilzen, so lange bestund euer Streit.
Als aber unversehens Etzel das Heunenreich
Eroberte und Melias, mein Herr, auch starb zugleich,
Da wollt' ich ihm nicht dienen, was mir auch drum geschah,
Nicht ich noch meine Brüder. Als Etzel solches sah,
Nahm er mir meine Habe und Gut, so viel mir wär',
Erschlug meine vier Brüder, mich selber ächtete er.
Ich rächte mich für solches und schlug ihm hundert Mann.
Nun sah ich keinen Ausweg, o König lobesan,
Als mich zu dir zu begeben in deine Huld und Gewalt.
Gönn mir in deinem Reiche, o Herr, den Aufenthalt,
Und laß mich des genießen, daß ich getreu fürwahr
Dem diente, der deiner Gattin vieledler Vater war.
Wenn sie nicht dazumalen so jung gewesen wär',
Sie müßte mich erkennen, die edle Fraue hehr.
Ihr, meines Herren Tochter, dient' ich nun gar zu gern
Und dir auch, Herr, viel lieber, als einem andern Herrn.
Und wollte Gott, es käme Herr Rudolf in deine Gewalt,
Wie ich nun bin, vergelten wollt' ich ihm alsobald.«

Da sprach zum falschen Siegfried der König Oserich:
»Ich wähne, guter Ritter, daß Rudolf sicherlich
Sich hüten wird nach allem, so frei zu uns zu kommen.

Doch du bist wohl empfangen und sei bei uns willkommen!
Hab Dank, daß du Herrn Etzels Mannen erschlagen hast!
Auch allen meinen Mannen sei du ein lieber Gast.«
Da sagte Herzog Rudolf zum König Truges voll:
»Es wird sie nicht gereuen, ich lohn' es ihnen wohl.«
So blieb nun Herzog Rudolf zwei Winter hier am Ort
Im tiefen Hut, als wär' er blödsichtig, immerfort.
Und bis zu dieser Stunde hatt' er noch nicht von ferne
Mit Helke so gesprochen, wie er doch wollte gerne.

Es kam damals ein König Nordung aus Schwabenland;
Er war ein mächtiger König und wollte um die Hand
Der schönen Helke werben. Da ward ein großes Mahl
Dem König Nordung gegeben im hohen Königssaal.
Die Jungfrau aber wohnte im Schlosse abgewandt
Mit ihrer Schwester Berta, die adliche genannt,
Und vielen edlen Jungfraun; denn keinem einzigen Mann
War es erlaubt zu kommen zur Jungfrau wohlgetan.
Da sprach zu Herzog Rudolf der König Oserich:
»Dich hab' ich treu erfunden und gut und tugendlich!
Darum will ich dich senden zum Schloß, wenn dir's behagt,
Um König Nordungs Antrag zu überbringen der Magd,
Weil es dir an Geschicke nicht fehlt noch Höflichkeit.«
Und Rudolf sprach, er wäre dies gern zu tun bereit.

Drauf gingen in den Burghof Nordung und Oserich.
Nun ging zur Königstochter Herr Rudolf eiferlich
Und bat, ihm aufzumachen das Tor und auch das Haus.
Als sie vernahm, ihr Vater hab' ihn gesandt heraus,
Da hieß sie ihn willkommen und sprach zu ihm das Wort:
»Welches Geschäft, o Siegfried, bringt dich an diesen Ort?
Du warest stets ein weiser und ein gewandter Mann.
Mein Vater hat keinen, der sich klüger betragen kann.
Nie ging dein Fürwitz weiter, als dir gestattet wär',
Und niemals kamst du früher zu uns Jungfraun hierher!«
Da sagte Herzog Rudolf zur Jungfrau wohlgetan:
»Es ist in unsrem Lande nicht Brauch, daß je ein Mann
Zur Königstochter gehe und mit ihr Zwiesprach hab',
Wenn nicht der König selber ihm einen Auftrag gab.
Auch ziemt es nicht dem Fremden, zu Jungfraun hinzugehn.
Die Sitte hab' ich als Jüngling im Heunenland ersehn.
Weil aber euer Vater mich schickt zu euch herein,
So möcht' ich eine Weile reden mit dir allein.«
Da sagte Jungfrau Helke zu anderen im Haus:
»Meine süße Schwester Berta, geh mit den Fraun hinaus!
Wir beide wollen alleine im Saale bleiben hier,

So mag er sein Gewerbe ausrichten nach Begier!«
Da sagte darauf Rudolf, der Klugheit voll und List:
»Laß es uns anders fügen, wie es anständiger ist!
Gehn wir in deinen Garten, damit uns alle schaun!
Da kann uns auch der König und niemand sonst mißtraun,
Und weiß doch keiner, was wir da reden an dem Ort.
Ich will nicht, daß meinethalben man spräch ein übles Wort.
Denn gegen schöne Frauen sind viele übelgemut;
Drum sei vor bösen Zungen man fleißig auf der Hut!«

Die Jungfrau ließ zwei Polster nun nehmen und hinaus
In den Grasgarten tragen und sprach so vor dem Haus:
»Fürwahr, du bist ein feiner, höflicher Rittersmann,
Und gute Sitte nahmst du in jungen Jahren an.«
Nun gingen diese beiden zum offnen Gartenraum,
Und setzten sich zusammen an einen Apfelbaum.
Und es war schönes Wetter und heitrer Sonnenschein.
Der König saß auf der Mauer und sah vergnügt darein;
Und König Nordung dachte, ihm rede man nun das Wort.
Herr Rudolf aber meinte, dies sei der rechte Ort,
Daß dringenderes Gewerbe nun werde vorgebracht;
Und so ward König Nordungs mit keinem Wort gedacht.

Nun nahm der Herzog Rudolf den Hut herab und sprach:
»Jungfrau, ich täuschte Männer und Frauen allgemach;
Ich bin nicht Siegfried geheißen, ich bin Rudolf genannt,
Vom Könige der Heunen, Herrn Etzel, hergesandt.
Mach ihn zu deinem Freunde und nimm ihn an zum Mann.
Er wird dir darüber geben das Reich, das er gewann,
Und manchen edlen Ritter, Burgen und Kleider gut,
Und reiche Herzoge sollen dir folgen in dienendem Mut,
Und selber sollst du werden Herrin vom Heunenland,
All deine Jungfraun tragen das köstlichste Gewand.«
Da rief die edle Jungfrau, sie war erzürnt zu sehr:
»O meine süße Schwester, jung Berta, komm hieher!
Hier ist mit nichten Siegfried, wie er vorgab mit List,
Er sagt nun, daß er Rudolf, Etzels Gesandter ist.
Er täuschte meinen Vater und mich an diesem Ort
Und redet hier für Etzel, den eignen Herrn, das Wort.
Geh nun zu meinem Vater, der räche diesen Trug,
Und daß er ihm mit Listen sechshundert Ritter erschlug!«
Dagegen sagte Rudolf, der Herzog kühn und bold:
»Tu, was ich bitte, Jungfrau! Sei König Etzeln hold,
Und du sollst Königin werden von Reichen ohne Maß,
Die deiner Mutter Vater, Herr Melias, besaß.
Und hier die junge Berta soll meine Gattin sein

Mit Ehren und mit Liebe, die süße Schwester dein.«
Da sprach die junge Berta, die hingekommen war:
»Du bist, o liebe Schwester, ein Königskind fürwahr
Und sollst darum mit nichten verraten diesen Mann,
Dieweil er im Vertrauen zu dir das Werk begann.
Viel schöner wär's, du ließest ihn fahren, wohin er will.
Doch sag' mir, liebe Schwester, sprachst du nicht einmal still:
Ach heiliger Gott im Himmel, gewähr' mir deine Hand,
Daß ich einst Königin werde vom ganzen Heunenland!
Nun wird ja dies erfüllet, was du einst batest so sehr;
Es hat dir deine Bitte erfüllet Gott der Herr.
Drum sollst du mit dem Fremden verräterisch nicht gebaren;
Nein, werde Etzels Gattin, und ich will mit dir fahren.«

Eh aber Berta hatte vollendet dieses Wort,
Da wollte Herzog Rudolf schon aus dem Schlosse fort.
Er dachte, sie würde verraten dem König, was er sprach;
Doch da rief Jungfrau Helke dem Ritter Rudolf nach:
»Hör, guter Ritter, gehe nicht gar so schleunig fort!
Ich will Etzels Gemahlin doch werden, auf mein Wort!
Und einen Goldring geb' ich dir des zum Pfande hin,
Auch will ich nichts verraten; doch sorge, wie wir fliehn!«

Hierauf ging aus dem Schlosse Herr Rudolf in die Burg
Zum König, der da harrte die ganze Zeit hindurch
Mitsamt den andern Herren. Und König Nordung sprach:
»Nun, hast du mein Gewerbe erfüllt dem Auftrag nach?
Hast du es wohl verrichtet, so lohn' ich dir es reich:
Ich geb' dir viele Schlösser und Land in meinem Reich.«

Da antwortete Rudolf dem König Nordung hie:
»O Herr, sie sprach in Treuen, daß in zwölf Monden sie
Sich nicht vermählen werde, noch Gatten nehmen wollte.
Den Ring gab sie zum Pfande, den ich euch zeigen sollte.
Die Werbung zu befördern, bemüht ich mich gar sehr;
Doch ich vermocht's nicht besser, o König reich und hehr.
Ich denke, daß im fremden Land ein fremder Mann
Besser und kühner nimmer ein Ding betreiben kann.«
Da gab zur Antwort Nordung und sagte glaubensvoll:
»Noch gerne will ich warten zwölf volle Monde wohl,
Und kommt es dann zu stande, will ich dir freundlich sein.«
Hierauf ritt König Nordung nach Schwaben wieder heim.

Nun saß auf seinem Hochsitz einst König Oserich froh
Und rief zu sich Herrn Rudolf und sprach zu diesem so:
»Mein Freund, du bist zwei Winter nun hier in meinem Reich;
An Höflichkeit und Adel ist keiner hier dir gleich.
Du mußt in deinem Lande von edlem Stamme sein,
Drum will ich Ländereien und Burgen dir verleihn.
Willst du hier bei uns bleiben, sollst du als Marschall walten,
Meine Befehle besorgen, im Heer die Landwehr halten.«
Da dankte ihm Herr Rudolf und sagte allzuhand:
»Ich hab' noch einen Bruder, der heißet Alebrand,
Der adligste der Männer in Heunenlands Gebiet.
Er lag noch krank an Wunden, als ich von dannen schied.
Und dieser Wunden Ursach war König Attila.
Es würde mir sehr lieb sein, wär' er mir immer nah
Und diente deiner Herrlichkeit; drum bitt' ich dich, o Herr,
Daß du mir Urlaub gebest, daß ich ihn bringe her!«

Herr Oserich, der König, erlaubte ihm die Fahrt.
Nun ritt der falsche Siegfried, wie er geheißen ward,
Allein zu seinen Leuten in jenen Wald alldort;
Die hatten sich behalten gar wohl an diesem Ort.
Hier sprach Rudolf zu Osid, Herrn Etzels Brudersohn:
»Zu Oseriches Hofe reit' nun mit mir davon!
Daß du mein Bruder wärest, machte ich dort bekannt,
Und so sollst du auch sagen, und nenne dich Alebrand!«
Osid war gleich gerüstet, der Degen tugendlich;
Drauf ritten sie nun beide zu König Oserich
Und traten vor den König mit ehererbietigem Gruß.
Er nahm sie auf gar freundlich, so wie man Edle muß.
Ihm däuchte, Siegfried habe die Wahrheit ihm gesagt.
So blieben sie am Hofe des Königs ungeplagt.

Nun sandte eines Abends Rudolf zur Jungfrau dort
Und ließ ihr Kunde sagen, daß sie nach ihrem Wort
Mit ihrer Schwester Berta nach sieben Nächten sich
Bereit halten solle, zu fliehen eiliglich.
Und als die sieben Nächte um waren alle gar,
Und eines Nachts der König schon müd entschlafen war,
Und trunken war vom Weine samt all seinem Gesind,
Da nahm Rudolf und Osid die besten Rosse geschwind,
Rüsteten sie und ritten zum Schloß bei später Zeit.
Da waren auch die Jungfraun mit reichem Gute bereit,
Beluden damit die Rosse, bestiegen sie selber sacht,
So zogen sie aus dem Schlosse und ritten die ganze Nacht,
Und drauf den Tag den ganzen und machten eh' nicht Halt,
Als bis sie zu den Rittern hinkamen in den Wald.
Mit den fünfhundert Mannen flohn sie gen Heunenland;
So hatte wohl geworben des Herzogs Rudolf Hand.

Als aber König Oserich, des Schlafs und Rausches frei,
Erfuhr die große Falschheit und Erzverräterei,
Ward er ohnmaßen zornig, er sammelte gar schnell
Ein großes Heer und setzte den Fliehenden nach zur Stell'.
Als Rudolfs kühne Mannen des Feindes wurden gewahr,
Und sahn, daß zu entfliehen nicht leicht mehr möglich war,
Und sie zu wenige wären zu längrem Widerstand,
Und Gnade nicht zu hoffen sei von Oserichs Hand,
Flohn sie zu einer Feste, die hieß Markstein.
Sie liegt im Falsterwalde; dort schlossen sie sich ein.
Herr Oserich umlagerte sie mit dem ganzen Heer,
Mit Mauerbrechern und Stürmen; doch jene wehrten sich sehr.

Nun hatte Rudolf Männer ins Heunenland gesandt,
Dem König anzusagen, wie sich die Fahrt gewandt.
Als diese Männer waren nach Sisseck hingekommen,
Und Etzel all die Kunde von ihnen hatte vernommen,
Daß ließ er seine Waffen sich bringen alsogleich,
Und alle Hörner blasen, und sandte durch sein Reich,
Und sammelte die Scharen und eilte fördersam,
So schnell er nur vermochte, bis er gen Markstein kam.
Rudolf und seine Mannen hatten in dieser Zeit
Mot Oserich viel gestritten und taten ihm viel Leid.
Schon hatten sie getötet der Wilzen hundert Mann
Und selber auch verloren viel Ritter lobesan.
Da kamen eilig Boten zu König Oserich
Und sagten ihm, daß Etzel gar schnell und eiferlich
Sich schon der Feste nahe mit einem großen Heer.
Da sah nun wohl der König, er richte hier nichts mehr.
Da rieten ihm die Räte, bei Zeiten schnell zu fliehn,
Ein ander Mal zur Rache dafür hinaus zu ziehn.
Als Rudolfs kühne Mannen die Feinde fliehen sahn,
Da wußten sie nun sicher, ihr König müsse nahn.
Sie sprangen auf die Rosse und ritten aus dem Schloß,
Erschlugen noch zweihundert von Oseriches Troß.
Da hörten sie schon Heerruf und lauten Waffenschall
Von Königs Etzels Scharen; da freuten sie sich all.
Sie trafen König Etzel auf einem lustigen Feld;
Wohl zwanzigtausend Ritter führte mit sich der Held.
Nun führte Rudolf Helke, Oserichs schönes Kind,
Dahin zu König Etzel, der war gar froh gesinnt.

Hierauf fuhr König Etzel nach Sisseck heim sogleich,
Bereitete in Ehren die Hochzeit schön und reich,
Vermählte sich mit Helke, der schönen Jungfrau rein;
Dem Rudolf gab er Berta, ihr süßes Schwesterlein.

Nun war Frau Helke Königin vom ganzen Heunenland,
Und sie bekam zwei Söhne, Ortwin und Erp genannt.
Noch viele Kriege führte Etzel mit Oserich
Und Waldemar von Reußen, den Helden lobelich.
Doch lassen wir nun bleiben der Könige Streit und Wut,
Und wollen die Zeit vertreiben mit andern Helden gut.

Hagen von Irland

Die Gudrunsage wird durch diese Vorgeschichte eingeleitet. König Ger von Irland und dessen Gattin Ute haben einen Sohn Siegeband. Dessen Sohn Hagen wird von einem Greifen entführt ins Greifenland (Indien). Mit seiner späteren Braut Hilde von Indien und zwei anderen geraubten Jungfrauen kehrt er wieder zurück, nachdem er die Greifen getötet.

Es wuchs im Irenlande ein reicher König hehr,
Siegeband geheißen, sein Vater der hieß Ger.
Die Mutter hieß Frau Ute. Nach ihres Mannes Tod
Riet sie ihrem Sohne, wie ihr das Herz gebot,
Daß er sich nähme bei Zeiten ein reines schönes Weib,
Davon geteuert würde sein Land und auch sein Leib.
Der Mutter gute Lehre behagte ihm gar wohl;
Er eilte ihr zu folgen, wie man den Freunden soll.
Er hieß um eine werben, die beste von allen Reichen:
Die Maid saß in Norwegen; es war nicht ihresgleichen.
Sie ward ihm bald vermählet, wie uns die Märe sagt;
Da ward ihr Hofgesinde viel mannig schöne Magd
Und siebenhundert Recken von Friedschottenland;
Sie fuhren mit ihr gerne zum König Siegeband.
Der saß im Irenlande seither viel manchen Tag,
Daß seine hohe Ehre niemals darnieder lag.

Demnächst in dreien Jahren, wie wir noch hören sagen,
Begann die schöne Fraue ein edel Kind zu tragen;
Das wurde da getaufet und ward seither genannt
Bei seinem Namen Hagen; er ward noch wohlbekannt.
Es litt ihn nicht bei Frauen, er war nur froh bei Mannen.
In seinen Kindesjahren ward er entführt von dannen.
Der üble Teufel hatte in dieses Land gesandt

Seiner Boten einen; da ward die Lust verbannt.
Es war ein wilder Greife, der kam daher geflogen
Und nahm, was König Siegeband hätt' sieben Jahre erzogen.
Der Greife ließ sich nieder, umschloß das Kindelein
In seine starken Klauen; groß war die Stärke sein.
Er kehrte in die Lüfte bis zu den Wolken fern;
Das wurde noch beweinet von Siegeband dem Herrn.
In Unmut war der König und auch sein schönes Weib;
Sie klagten allgemeine des Kindes jungen Leib.

Das Kind der alte Greife zu seinen Jungen trug.
Da es die vor sich sahen, da hätt es Leid genug.
Sie wollten es zerbrechen, mit Klauen gar zerschlagen.
Nun höret große Wunder von seinen Sorgen sagen,
Wie da der junge Hagen doch seinen Leib behielt!
Ihn trug ein junger Greife in seinem Klauen wild;
Von einem Baum zum andern er mit dem Kinde flog,
Bis ihn doch seine Stärke ein weniges betrog.
Er saß auf einem Aste, doch dem war er zu schwer.
Da fiel er auf die Erde, so unlieb es ihm wär;
Und von des Greifen Falle fiel auch das kleine Kind.
Da barg sich in dem Kraute das Knäbelein geschwind.
Gott tut die größten Wunder, das mag man wohl gestehn.
Von jenes Greifen Stärke war auch zuvor geschehn,
Daß dreier Könige Töchter waren daher getragen;
Sie saßen da gar nahe im Berg seit manchen Tagen
Der kleine Hagen sollte da bleiben nicht allein;
Er fand die schönen Maide in einem hohlen Stein.
Da ihn die Frauen schleichen sahen an den Berg,
Da wollten sie erst wähnen, es wär ein wilder Zwerg,
Oder ein Meereswunder, vom Meer heraus gegangen.
Nun kam er ihnen näher; da ward er wohl empfangen.
Sie eilten bald zu suchen Wurzen und andres Kraut,
Sie wollten damit nähren das junge Kindlein traut.
Er wohnte bei den Frauen daselbst viel manchen Tag
So daß er ihrer gütlich mit seinem Dienste pflag.

Da fand er am Gestade einst einen gewaffneten Mann,
Der von den starken Wellen den Tod allda gewann.
Er schüttelte ihn aus den Ringen und nahm den Harnisch fort,
Auch Bogen und Gewaffen nahm er zur Stelle dort.
So rüstete sich selber das allzu kleine Kind.
Da hört er in den Lüften herwehen einen Wind;
Es war der alte Greife. Hagen war grimm genug,
Dem Greifen einen Fittich er von der Achsel schlug
Und haut' ihm an dem Beine noch eine Wunde schwer,

Daß er von dieser Stätte nicht kommen konnte mehr.
Den Sieg hatt' er erworben; der eine Greif war tot.
Schier aber kam ein andrer, des litt er große Not.
Da schlug er sie noch alle, die Jungen zu den Alten.
Des half ihm Gott vom Himmel; er mag der Kleinen walten.
Als er das große Wunder im Kampfe hatte getan,
Da sagte er die Märe den Frauen wohlgetan.
Als sie das Wunder hörten, wie oft in einer Stund
Ward er da von den Frauen geküsset an den Mund,
Da ihre großen Sorgen durch ihn geschwunden waren.
Nun lernte so wohl schießen der Held von jungen Jahren,
Daß ihm die Vögel konnten nicht fliehend mehr entrinnen.
Er schoß, was er da wollte, nach seines Herzens Sinnen.
Gleich einem wilden Panther lief er durch Wald und Stein.
Das Kind erzog sich selber, es war ja ganz allein.

Von seiner armen Herberg' ging er zum finstren Wald;
Da sah er viel der Tiere gar frevel, kühn und bald.
Darunter war ihr eines, das wollte ihn verschlingen.
Das schlug er mit dem Schwerte, es sollte ihm gelingen.
Wohl einem Gabilune war dieses Untier gleich.
Der Held begann's zu schinden, da ward er kräftereich.
Ihn lüstete des Blutes; da er von diesem trank,
Gewann er viel der Kräfte, nie ward sein Mut ihm krank.
Er hatte von der Stunde wohl Kräfte von zwölf Mann,
Davon er aller Zeiten noch hohes Lob gewann.
Mit der Haut des Tieres umwand sich dann der Held.
Darauf bracht' er nach Hause das Tier, das er gefällt.
Feuer war ihnen teuer, Wald hatten sie genug;
Aus einem harten Felsen er manchen Funken schlug.
Was ihnen erst war fremde, des wurden sie beraten.
Da tat es anders niemand; sie mußten es selber braten.
Da sie die Speise genossen, da mehrte sich ihre Kraft,
Auch erquickten sich ihre Sinne von Gottes Meisterschaft.
Sie wurden an dem Leibe so schön und lobebar,
Als jede wohl daheime in ihrem Lande war.

Den Helden und die Jungfraun ärgerte es gar sehr,
Daß sie in dieser Wüste noch sollten bleiben mehr.
Da weiste sie der Junge hin zu des Wassers Flut.
Die Maide mußten sich schämen, es waren ja nicht zu gut
Die Kleider, die sie trugen; die strickte ihre Hand,
Als sie der junge Hagen in ihrem Elend fand.
Wohl vierundzwanzig Tage gingen sie durch den Tann.
An einem Morgen frühe da sah der junge Mann
Ein Schiff gar schwer geladen, das kam vom Garadee;
Den elenden Jungfrauen tät ihre Arbeit weh.

Das Schiff hatt' einen Herren, der Herr war aus Salmee,
Hagen und sein Geschlechte war ihm bekannt voreh'.
Der edle Graf selbzwölfte in eine Barke sprang.
Eh er die Märe erführe, die Weile däucht ihm lang,
Ob es Schrawazen wären oder Meerwunder wild;
Er sah bei seinen Zeiten nie ein solch fremdes Bild.
Eh sie zum Schiffe gingen, da brachte man Gewand;
Das hatten jene Pilger geführet in das Land.
Da sie gespeiset waren und er bei ihnen saß,
Der Graf aus Garadeie bat ihm zu sagen das,
Woher sie wären gekommen an diese wilde See;
Den Kindern tät sein Fragen und ihre Arbeit weh.

Da sprach die älteste Jungfrau, die unter ihnen saß:
»Ich bin Hilde geheißen, o Herre, wisse das,
von India der guten; da war ein König innen
Mein Vater, als er lebte; sein Reich sollt ich gewinnen.«
Da sprach die mittelste Jungfrau: »Ich bin von fern gekommen,
Mich hat ein wilder Greife zu Portugal genommen.
Der mich zu Kinde hatte, war Landesherr allda
Und in Galizien. Hildburg hieß man mich fern wie nah.«
Die jüngste Maid darunter, die bei dem Grafen saß,
Die sprach mit guten Züchten: »O Herr, ich sag dir das:
Ich bin von Iserlande, dort war mein Vater Herr.
Die mich behüten sollten, verloren mich am Meer.«
Da sprach der wilde Hagen: »Ich will dir von mir sagen;
Mich hat der Greifen einer auch einst daher getragen.
Mein Vater der hieß Siegeband, ich bin von Irenreich
Und bin bei diesen Frauen gewesen kummerreich.«

Da sprach jedoch der Grafe: »Mir ist gar wohl geschehn
Nach manchem großen Schaden, daß ich dich habe gesehn.
Bist du von dem Geschlechte daher von Irenland,
Der Sohn des Fürsten Siegeband, so will ich dich zum Pfand!
Du bist mir recht gekommen, das wisse allbereit;
Mir haben deine Freunde getan so mannig Leid.«
Da sprach der junge Hagen: »Unschuldig ich des bin,
Was euch die Meinen taten; nun bringet mich dahin,
So will ich wohl versöhnen den Haß und euer Streiten!
O wollet mich doch gnädig zu meinen Freunden leiten!«
Der Grafe sprach zum Kinde: »Du mußt mein Geisel sein!
So sei'n mein Hofgesinde die schönen Mägdelein!«
Die Leute wollten ihn fassen, weil es der Graf gebot.
Herr Hagen war zu kräftig, drob kamen sie in Not.
Er warf bei ihren Haaren wohl dreißig in den Grund.
Die Stärke seines Leibes war allen Pilgern kund.

Hätten Sie nicht geschieden die minniglichen Fraun,
Den Helden von Garadeie hätt' er erschlagen traun.
Sie mußten ihm gehorchen, die Knechte und die Herren;
Dieselben Schifferleute mußten gen Irland kehren.
Zu eilen sie begannen, sonst waren sie verlorn;
Sie mußten alle fürchten des jungen Hagen Zorn.
Wohl siebzig ganze Tage sie viel unmüßig waren;
Sie fürchteten ihn mächtig, sie sahn ihn übel gebaren.
Da er begann zu nahen in seines Vaters Land,
Die vielen weiten Burgen, die hätt' er bald erkannt.
Zwölf jener Pilger hieß er zum König ziehn alsdann.
»Nun saget das dem Könige«, so sprach der junge Mann,
»Ob er wohl wolle Hagen, den eignen Erben, sehn,
An dem von einem Greifen ihm Herzleid war geschehn.
Ich weiß es wohl, er glaubet's der edle König nicht;
So fraget meine Mutter vor seinem Angesicht,
Ob sie mich dann erst wolle haben zu einem Kinde,
Wenn sie ein goldnes Kreuze an meiner Schulter finde!«

Aten, der edlen Frauen, ward dieses angesagt.
Sie freute sich der Märe, sie hatte lange geklagt.
Da ritten zum Gestade die Leute, ihn zu sehn.
Da wollte auch Herr Hagen ihnen entgegen gehn.
Mit weinenden Augen küßten sie seinen Mund:
»Eh waren siech wir alle, nun sind wir erst gesund.«
Man kleidete die Frauen, wie ihnen wohl zukam;
Sie hatten dulden müssen bis jetzt gar große Scham.
Herr Hagen hieß auch gnädig dem von Garade sein.
Herr Siegeband gewährte alles dem Söhnelein.
So ritten sie mit Schalle vom Meere also dann
Gen Balian in die Feste, beide, Weib und Mann.
Herr Hagen aber der junge ward seit der Zeit genannt
»Valand aller Könige«; dabei war er bekannt.

Ihm rieten seine Freunde, daß er sich nähm' ein Weib.
Die war ihm schon gar nahe, daß nie ein schönrer Leib
In aller Welt wohl lebte auf allem Erdenreich;
Die hatt' ihn selbst erzogen, an harten Sorgen reich:
Das war die gute Hilde vom Lande Indian.
Sie hatte ihm oft Liebe in großer Not getan,
Als er sie dort gefunden in einem hohlen Stein.
Aus allen Landen gehrte er diese nur allein.
Ein Fürst von Norweg freite um Hilfe von Iserland;
Nach ihren großen Leiden ward ihr noch Lust bekannt.

Herr Hagen lebte schöne; froh war er genug.
Von India Frau Hilde bald bei dem Recken trug
Die allerschönste Tochter; sie ward seither genannt
Nach ihrer Mutter Hilde, und weit und breit bekannt.
Da hieß der wilde Hagen erziehn das schöne Kind;
Man wehrte der viel Holden die Sonne und den Wind.
Innerhalb von zwölf Jahren ward es schon fern gesagt,
Wie schön und herrlich wäre die tugendliche Magd.
Viel edle reiche Fürsten begannen da zu sinnen,
Wie sie erwerben wollten der schönen Hilde Minnen.
Doch was man Boten sandte nach seiner Tochter gut,
Die hieß Herr Hagen töten in seinem Übermut.
Er wollt sie keinem geben, der schwächer war als er.
Man hörte allenthalten die Märe rings umher.

Hetel und Hilde

König Hetel, ein jüngerer Sohn des Wilze, der hier Herrand heißt, sendet seinen Halbbruder, den alten Wate, mit anderen Sippen nach Irland. Hagens Tochter Hilde wird durch List geraubt. Hagen setzt den Entführern nach, versöhnt sich aber nach hartem Kampf mit seinem Schwiegersohne.

Hetel, der Sohn des Herrand, zu Hegelingen saß
Bei Ortlande nahe, die Märe kündet das.
Er war der Friesen Herre zu Wasser und zu Land,
Dietmarsch und auch Waleis war noch in seiner Hand.
Der Held war auferwachsen im nahen Dänenland,
Zu Sturmland in der Marke, das ist noch wohlbekannt.
Da saßen seine Freunde; die zogen ihn nach Ehre.
Ihm dienete auch Ortland, er war gewaltig und hehre.
Einer seiner Verwandten war Wate zubenannt,
Der hatte von dem Könige viel Burgen und auch Land.
Zu Dänemarke Herre war Watens Schwesterkind,
Herr Horand der biderbe, gar heldenhaft gesinnt.

Hetel war verwaiset; darum so ward ihm Not,
Wie er ein Ehweib fände. Die Eltern waren tot.
Da rieten ihm die Besten, er solle Minne pflegen,
Die ihm zu Ehren käme. Da sprach der junge Degen:
»Ich weiß doch keine Jungfrau, die hier zu Hegelingen
Mit Ehren Fraue würde, die man mir möchte bringen.«
Da sprach von Niflanden Morung, der junge Mann:
»Ich weiß doch eine Edle, von der ich sagen kann,
Daß keine lebt so schöne wohl nirgend auf der Erde.
Wir sollen darauf trachten, daß deine Frau sie werde.«
Er fragte, wer sie wäre und wie sie sei genannt.
Er sprach: »Sie heißet Hilde und ist aus Irenland.«

Da sprach der Fürste Hetel: »Nun ist mir doch gesagt,
Wer nach der Jungfrau werbe, hab' es noch stets beklagt.«
Da sagte aber Morung: »So sende in das Land,
Und heiß dir Horand bringen; dem ist gar wohlbekannt
Die Sitte aller Lande; er hat Irland gesehn;
Ohne des Helden Hilfe kann's nimmermehr geschehn.
Da hieß er Boten reiten sogleich nach Däneland,
Wo man den Herren Horand, den Neffen Hetels, fand.
Der Herr entbot dem Recken, daß er ihn sehen sollte
Innerhalb sieben Tagen, wenn er es leisten wollte.
Wohl an dem siebenten Morgen kam Horand in das Land
Mit sechzig Trautgesellen; sie trugen gut Gewand.
Da sah man bei dem Degen auch stehn den Kühnen Fruten;
Der König ging entgegen den kühnen Hochgemuten.

Herr Hetel nun, der König, zu fragen bald begann:
»Ist dir die Märe kundig, so sag' mir wahrlich an:
Wie steht es um Frau Hilden, die junge Königin?
Ihr wollt' ich meine Botschaft und Werbung senden dahin.«
»Das mag sich schwerlich fügen«, sprach aber Herr Horand,
»Als Bote reitet niemand in König Hagens Land.
Man läßt sie alle hängen. Doch wollte Wate sein
Gen Irland nur dein Bote, mit mir auch, nicht allein,
So möcht' es wohl gelingen; wir brächten dir die Frauen,
Oder uns würden Wunden all' durch den Leib gehauen.«
Da sprach Hetel der Herre: »Wohlan, so will ich hin
Nun senden zu den Sturmen, weil ohne Angst ich bin,
Daß Wate gerne reitet, wohin ich ihn sende von dannen;
Auch soll von Friesland kommen Irold mit seinen Mannen.«
Die Boten ritten eilend gen Sturmen in das Land,
Wo man den kühnen Wate bei seinen Helden fand.

Der heldenkühne Wate begann zu Hof zu eilen;
Es folgten ihm zwölf Mannen, die besten, ohne Weilen.
So kam nach Hegelingen der Held und sein Geleit
Dahin gen Kampatille; das ward dem Herren nicht leid.
Er grüßte ihn mit Hulden, so sprach der Fürste da:
»Herr Wate, sei willkommen! Seit ich dich nimmer sah,
Ist lange Zeit vergangen, da wir beisammen saßen
Und wider unsre Feinde zu ziehen uns vermaßen.«
Und weiter sprach der Recke: »Ich hab' nach dir gesandt,
Weil Boten ich bedurfte in König Hagens Land.
Nun weiß ich aber niemand, der mir da besser wär',
Als du, mein Trautgeselle, du tat'st für mich schon mehr.«
Da sprach der alte Wate: »Was ich werben soll
Dir zu Lieb und Ehren, das tu ich gern und wohl;

Da sollst du mir vertrauen, ich bring es an ein Ende,
Es wäre denn alleine, daß es der Tod mir wende.«
Herr Hetel sprach: »Mir raten die guten Freunde mein,
Wenn mir der wilde Hagen gäbe sein Töchterlein,
So sollte sie im Lande hier werden Königin.
Denn nach der schönen Hilde steht nun allein mein Sinn.«
Herr Wate sprach mit Zorne: »Wer dir dies hat gesagt,
Von dem, ob ich heut' stürbe, wär' ich wohl nicht beklagt!
Dich hat wohl niemand anders gereizt zu diesem Dinge
Als Frute und Herr Horand, daß ich die Schöne bringe.
Gott lohn es ihnen beiden; doch wenn ich Bote bin,
So sollen sie auch beide zusamt mit mir dahin!«
Da sprach der Däne Horand: »Ich will gar gerne fahren.
Erließ mir's auch der König, doch wollt' ich mich nicht sparen.«
Da sprach der kühne Frute: »Wohl siebenhundert Mann
Sollen wir mit uns führen, so ist es wohlgetan.
Wir sollen da feil führen Waffen und Gewand,
Weil es um Hagens Tochter so ängstlich ist bewandt.
Da soll mein Neffe Horand, der ist ein weiser Mann,
In seinem Krame stehen, so listig als er kann,
Und Spangen, goldne Ringe verkaufen schönen Frau'n,
Und Gold und Edelsteine; so wird man uns vertrau'n.
Wir wollen allen sagen, daß wir geächtet sind,
So wird uns Gnade schenken Herr Hagen gar geschwind.
Herr König, laß uns eilen! Man soll uns decken wohl
Das ganze Schiff mit Dielen; da müssen Mutes voll
Sich bergen gute Recken, die uns dann helfen streiten,
Wenn uns der wilde Hagen nicht wolle lassen reiten.«

Gern ging auf diesen Anschlag der junge Hetel ein.
Nun mußten gar unmüßig die Zimmerleute sein.
Sie bauten seine Schiffe so gut sie es verstunden.
Die Wände wurden außen mit Silber wohl verbunden.
Die Mastbäume wurden gar fest gewirkt und gut,
Von lichtem Gold die Ruder, rot wie eine Glut.
Die Ankerseile wurden her von Arabien
Geführt aus weiter Ferne; nie mocht man bessres sehn.
Da wirkte man die Segel mit Eifer ohne Ruh;
Von Abalei die Seide wählte man dazu.
Wer aber mag uns glauben, daß man aus Silber gut
Hieß alle Anker wirken? Das schuf des Königs Mut.
Bald standen zwei Galeeren, ganz neue, fest und gut,
Und auch zwei Lastschiffe gerüstet bei der Flut,
Und noch ein Kiel, der beste, den zu allen Stunden
Auf des Meeres Wogen jemand hätte gefunden.
Nun wollten sie von dannen. Die Rosse, das Gewand,
Das war schon auf den Schiffen; da gingen sie vom Land.

Man wählte hundert Mannen, die allda sollten sein
Verborgen in dem Schiffe, die führte man hinein.
Wate, der Held von Sturmland, stieg ein mit manchem Mann,
Morung, der Herr der Friesen, der folgte ihm alsdann
Mit Horand von Dänmarke und Irold von Ortland;
Sie waren allzusammen mit Hetels Stamm verwandt.
Der kühne Däne Frute des Kammerschatzes pflag;
Er sorgte, daß Gesteine und Gold im Schiffe lag.

Da kam ihnen zum Heile von Norden her ein Wind,
Der rührte ihre Segel und trieb das Schiff geschwind.
Ich kann euch nicht bescheiden, noch kann ich es euch sagen,
Wie sie die Zeit verbrachten in sechsunddreißig Tagen.
Viel hundert Meilen schwammen die Recken über Meer,
Zu Hagens Burgen kamen die Kühnen endlich her.
Sie banden ihre Schiffe mit Ankern auf den Grund,
Die Segel ließ man nieder allda zur selben Stund.
Sie gingen aus den Schiffen und trugen auf den Sand
Den Schatz. Wes man bedürfte, man da zu kaufen fand.
Es kauften, die es wollten, die Steine und das Gold.
Der König ward den Gästen in reichstem Maße hold.
Die alte Königinne vernahm auch diese Mär,
Daß wunderreicher Kaufschatz herangekommen wär.
Sie bat den wilden Hagen, daß er ihr das verhieße,
Daß er die schnellen Helden zu Hofe kommen ließe.

Der ließ zu Hofe kommen die Helden wohlgetan.
Sie gingen vor den König und sagten diesem an,
Sie hätten fliehen müssen die wunderstarke Hand
Des edlen Königs Hetel von Hegelingenland.
Hagen hieß sie willkommen. Da waren Ritter viel,
Die machten da mitsammen allerhande Spiel.
Des Königs Ingesinde zu Hofe Schilde trug
Und schwere Keulen und Buckler; geschirmt ward da genug,
Gefochten mit den Schwertern, mit Geren auch geschossen
Ward viel auf gute Schilde; sie waren unverdrossen.
Der Fürste Hagen fragte Waten, den kühnen Mann:
»Ob man in eurem Lande wohl auch so fechten kann,
Wie hier im Irenreiche all meine Helden pflegen?«
Da lächelte Herr Wate, der wunderstarke Degen.
So sprach der Held von Sturmland: »Ich sah es freilich nie.
Der aber mich es lehrte, dem lohnt ich wahrlich hie.«
Da sprach der wilde Hagen: »Gebt mir das Schwert zuhand!
Ich will einmel kurzweilen mit dem von Sturmeland,
Ob ich ihn möge lehren wohl meiner Schläge vier,
Daß mir's der Recke danke.« Das lobte Wate schier.

Die Leute sahen gerne der beiden Helden Kraft.
Der König bald erkannte Herrn Watens Meisterschaft.
Den König schlug so kräftig der künstelose Mann,
Daß er wie ein begossner Brand zu rauchen begann.
Sie gingen beide sitzen; Herr Hagen sprach allda:
»Du sprichst, du wolltest lernen; doch wähn ich wohl, ich sah
Nie einen jungen Recken noch lernen so geschwinde!«
Der Rede ward gelachet von mancher Mutter Kinde.
Da erlaubte er den Gästen, womit sie nur die Zeit
Allhier vertreiben möchten. Dazu waren bereit
Die Recken von Nordlanden. Begann sie's zu verdrießen,
So warfen sie die Steine und wollten Gere schießen.

Frau Hilde, Hagens Gattin, begann des Scherzes Mut
Herrn Waten zu befragen, ob ihm das däuchte gut.
Daß er bei schönen Frauen also sitzen sollte,
Oder ob er gerner in Streiten fechten wollte.
Da sprach der alte Wate: »Vernehmt es ohne Haß!
Ob ich bei schönen Frauen so sanft auch nimmer saß,
Ich täte eines leichter: daß ich mit guten Knechten
Wenn es so werden sollte, in Stürmen wollte fechten.«
Der Rede lachte Hilde und auch die junge Maid;
Sie sahn wohl, daß ihm wäre bei schönen Frauen leid.

Es kam an einem Abend, daß es ihnen gelang,
Daß der von Dänemarke, Horand der kühne, sang
Mit so herrlicher Stimme, daß es gar wohl gefallen
Mußte allen Leuten; da schwieg der Vöglein Schallen.
Der König hört es gerne und mancher kühne Mann,
Davon der Däne Horand der Freunde viel gewann.
Auch hatt' es wohl gehöret die alte Königinne;
Es hallte durch das Fenster, da sie saß an der Zinne,
Bis sich die Nacht verendete und schon begann der Tag.
Horand begann zu singen, daß dabei im Hag
Alle Vögel schwiegen von seinem süßen Sang.
Die Leute, die da schliefen, die lagen da nicht lang.
Sein Lied erklang so schöne, je höher, desto baß.
Hagen hörte es selber, als er bei Hilden saß.
Aus ihrer Kemenate mußten sie an die Zinne.
Der Gast war wohlberaten. Die junge Königinne,
Des wilden Hagen Tochter, und ihr Mägdelein,
Die saßen da und losten, wovon die Vögelein
Vergaßen auf dem Hofe ihr fröhliches Getön.
Wohl hörten's auch die Helden, wie er sang gar so schön.
Drei Weisen aber Horand besonders lieblich sang;
Allen die es hörten, erschien es nicht zu lang.

Die Tiere in dem Walde ließen die Weide stehn;
Die Würme, die da wollten im grünen Grase gehn,
Die Fische, da da sollten im klaren Wasser fließen,
Die ließen ihre Wege, den Sang auch zu genießen.
Die Glocken nicht erklangen so laut und rein wie eh,
Und alles, was ihn hörte, dem war nach Horand weh.

Gern wollte ihn noch hören das schöne Mägdelein,
Nur daß es ohne Wissen des Vaters sollte sein,
Und daß der Mutter Hilde auch niemand sagte die Märe,
Daß Horand also heimlich bei ihm im Hause wäre.
Sie ließ all ihre Kämmerer vor ihrer Kammer stehn,
Daß niemand andrer sollte nach Horand zu ihr gehn,
Bis daß sie völlig hörte die Weise, die er sang.
Da war niemand als Morung dabei. Mit hellem Klang
Hub er nun eine Weise, die war von Amilee,
Die nie von Christenmenschen erlernt ward seit noch eh,
Nur daß sie Horand hörte einst auf der wilden Flut;
Damit diente zu Hofe Horand der Degen gut.
Da er die süße Weise zu Hofe völlig sang,
Da sprang die schöne Jungfrau: »O Sänger, habe Dank!«
Da sprach der kühne Horand: »Viel edles Mägdelein,
Mein Herr hat alle Tage in seinem Hof allein
Wohl zwölfe, die viel besser noch singen, Jungfrau hehr.
Wie süß sie alle singen, am besten singt mein Herr.
Vermeldete uns niemand, viel schönes Mägdelein,
So sagte ich dir gerne, was uns der Herre mein
Beim Abschied hat geboten: er hat uns hergesandt
Durch deinen Willen, Fraue, zu deines Vaters Land.
Hetel, der reiche König, entbietet dir nun das,
Daß ich sein Herze minnet trotz deines Vaters Haß!
Nun laß ihn noch genießen, o Fraue, deiner Güte!
Er hat auf dich alleine gerichtet sein Gemüte.«

Sie sprach: »Gott soll ihm lohnen, daß er mir freundlich sei!
Wehrte es nicht der Vater, ich wollt ihm wohnen bei.
Ich lohn ihm die Gedanken nach meinen hohen Minnen.
Dürft ich vor meinem Vater, ich folgt' euch gerne von hinnen.«
Da sprach der Degen Morung: »O Frau, uns sind bereit
Im Schiff siebenhundert Recken, die Liebe und auch Leid
Gerne mit uns dulden; kommst du nur auf die Straße,
So sei ohn alle Sorgen, daß man dich gehen lasse!«
Da sprach der Degen Horand: »Nun höre, was ich sage!
Wir wollen Urlaub gehren wohl an dem vierten Tage.
So wollen wir nichts andres, als daß du helfest bitten,
Daß uns gewähre Herr Hagen, der Held, mit guten Sitten,

Zum Schiffe hinzubringen dich und deine Fraun,
Dazu sein Weib, die Königin, die Schiffe zu beschaun.
Mag es uns so gelingen, so schwindet unser Leid;
Dann ist gar wohl verwendet all unsre Arbeit.«
Da sprach die junge Hilde: »Das tu ich wahrlich gern!
Dazu sollt ihr auch bitten den König, meinen Herren.«
Da brachte sie gar heimlich die beiden schnell von dannen,
Also daß keinen Argwohn des Königs Mannen gewannen.
Sie sorgten, daß die Sache gar wohl verholen ward,
Und richteten sich heimlich zu ihrer Wiederfahrt.

Wohl an dem vierten Morgen zu Hofe sie da ritten.
Eitel neue Kleider, zu Wunsche wohlgeschnitten,
Trugen da die Gäste. Sie wollten scheiden von dannen
Und gehrten ihren Urlaub vom König und den Mannen.
Da sprach der alte Wate: »Es hat nach uns gesandt
Hetel, der edle König von Hegelingenland.
Er will sich mit uns sühnen. Auch jammern nach uns sehr,
Die wir daheime ließen; drum eilen wir noch mehr.
Wir bitten um ein Ding dich noch mit züchtigem Mut:
Das dünkt uns große Ehre, wenn ihr es gerne tut.
Deine schöne Tochter und auch dein wertes Weib
Soll unsere Habe schauen; so wird uns Seel und Leib
Erfreut in alle Zeiten. Geschieht uns diese Ehr,
O edler König Hagen, so bitten wir nichts mehr.«
Der Wirt sprach zu den Gästen: »Ich leist' es ohne Müh.
Nun, wollt ihr es nicht lassen, so heiß ich morgen früh
Wohl hundert Zelter satteln den Männern und den Fraun;
Ich will mit ihnen selber die Schiffe gerne schaun.«
Und an dem nächsten Morgen nach Frühmessezeit,
Da waren schon die Maide und Ritter all bereit.
Da eilten zu den Schiffen die minniglichen Fraun.
Die Krame stunden offen; da mochte man Wunder schaun.
Der König auf ein Lastschiff zu schauen gegangen war.
Doch eh' die Tür des Kramschiffs voll aufgesperret war,
Da waren Wates Anker schon alle von dem Grunde;
Da schied man jäh die Frauen gar schnell zur selben Stunde.
Auf zogen sie die Segel; die Leute sahen das,
Die sie vom Schiffe stießen; da ward viel manniger naß.

Alas nun der wilde Hagen im Schiff die Gewaffneten sah,
Wie rief im grimmen Zorne der wilde König da:
»Nun bringet mir viel schnelle den Ger her, meine Stange,
Sie müssen alle sterben, die ich allda erlange!«
Er hatte bald gewonnen ein mächtigliches Heer,
Doch konnte er nicht folgen den Räubern auf das Meer.

Die Schiffe waren schadhaft und alle unbereit;
Da man ihm dieses sagte, das war dem Könige leid.
Er wußte nicht, wie gebaren, als daß er auf dem Gries
Mit anderem Gesinde die Werkleute hieß
Völlig neue Schiffe bereiten für die Flut,
Und alle, die da konnten, berief, die Degen gut.

Nun war der alte Wate, der Held von Sturmeland
Zu Waleis in der Marke gekommen auf den Strand.
Von ferne sah das Hetel; da ward er hochgemut;
Er sprengte hin aus Liebe, der edle König gut.
Vor Liebe küßte Hetel den altgreisen Mann;
Liebere Augenweide der König nie gewann.
Im ihrem Ingesinde in züchtiglichem Sinn
Ging nun die schöne Jungfrau zu König Hetel hin.
Irold von Ortreiche, Morung von Friesenland,
Die beiden Recken führten die Jungfrau an der Hand.
In guten Sitten Hetel zu grüßen sie begann,
Die nun die Königskrone hier tragen sollte fortan.
Der Held umschloß mit Armen das minnigliche Weib
Nach seines Herzens Lüsten; er küßte ihren Leib.
Er hieß auch Gott willkommen die schönen Mägdelein;
Darunter mochte eine die allerschönste sein,
Geboren von Königsstamme; sie war von edlem Gebaren;
Sie war der Frauen eine, die bei den Greisen waren:
Das war Hildburg von Portugal; Frau Hilde, Hagens Weib
Hatte nach Ehren erzogen ihren tugendhaften Leib.

Da es begann zu tagen, da sah von Däneland
Horand, der kühne Degen, ein Segel an dem Strand.
Laut rief der edle Morung dem Helden Irold zu:
»Nun sag dem König Hetel, was er auch darum tu',
Ich sehe Hagens Wappen in einem Segel dort.
Wir haben zu lange geschlafen; wir kommen heil nicht fort!«
Da sprach Hetel zu Hilde: »Geh deinem Vater entgegen
Und biete zum Vergleiche all meinen Hort dem Degen
Und dieses reiche Halsband; doch nimmt er es nicht an,
So sag, daß ich ihn nimmer schonen will noch kann!«
So tat die schöne Hilde; doch Hagen sprach zu ihr:
»Nicht will ich mich vergleichen; zu streiten ziemet mir!
Nun hab ich schon gezogen Dainsleif mein gutes Schwert,
Das Zwerge geschmiedet haben. So oft es der Scheide entfährt,
Muß es mit eines Mannes Blut gerötet sein,
Und wo es trifft, das scharfe, da heilt nicht Fleisch noch Bein!«
Da rüsteten sich zum Streite alle auf dem Strand;
Da wurden Speere geschossen von guter Helden Hand.

In großem Zorn sprang Hagen vom Schiffe in die Flut,
Es watete zum Gestade der König voll der Wut.
Da sah man auf den Recken, wie Schneeflocken geschwinde,
Mit scharfen Pfeilen schießen; das tat Hetels Gesinde.
Da ward auch von den Schwertern allseits ein großer Klang.
Die ihn zu schlagen begehrten, die mußten manchen Wank
Von seinen Schlägen wanken. Hetel, der König hehr,
Kam hin zu seinem Schwäher; da weinte Hilde sehr.
Der Streit ward nicht geschieden in allzu kurzer Stund;
Hetel, der kühne Degen, ward da von Hagen wund.
Nun kam der Degen Frute und Wate mit der Schar,
Wohl tausend gute Helden drangen mit ihm dar.
Da ging auf Wate den alten der König mit großen Schlägen;
Wohl mocht' er Kampfes walten; da sah man manchem Degen
Das Feuer aus Helmen stiegen, als ob sie hell entbrannten;
Sie konnten Helme spalten mit heldenhaften Handen.

Nun ward dem König Hetel gebunden seine Wunde
Von Hilde, der viel schönen, allda zur selben Stunde.
Hilde die wunderschöne rief gar mit Trauer an
Hetel, den edlen Recken, daß er doch brächte hindann
Den Vater aus den Nöten vor Wate dem altgreisen.
Er hieß nach seinem Fähnrich das Volk zum Sturme weisen.
Hetel, der kühne König, focht heldenhaften Streit,
Er kam zu Wate dem alten; das war dem Recken leid.
Herr Hetel sprach zu Hagen: »Durch deine eigne Ehre,
Laß sich den Haß verenden, auf daß nicht sterben mehre!«
Herr Hagen fragte lauter, denn grimmig war sein Mut,
Durch wen er's scheiden solle. Da sprach der Fürste gut:
»Ich bin der König Hetel von Hegelingenland,
Der seine liebsten Freunde nach Hilden hat gesandt.«
Da sprach der wilde Hagen: »Weil ich denn habe vernommen,
Daß sie mit großem Gute waren zu ihr gekommen,
So ist auch eure Ehre bei Helden unzerronnen.
Ihr habt mit schönen Listen die Tochter mir gewonnen!«
Wie grimm auch Wate wäre, doch wichen sie von dannen,
Da trat zurück auch Hagen mit allen seinen Mannen.

Hetel, der hehre König, den Helm vom Haupte band;
Den Frieden hörte man rufen nun über alles Land.
Da sprach der Hilde Vater, daß es geschieden wäre;
Es hörten wohl die Frauen lang nicht so liebe Märe.
Sie waren alle verwundet. Da hieß man Waten kommen;
Sie hatten schon vor Zeiten davon gar viel vernommen,
Daß Wate Arzt wäre von einem wilden Weibe.
Herr Wate frommte manchem an seinem wunden Leibe.

Wer seine Arzeneie, Wurzel und Kraut genoß,
Der ward befreit von Sorgen nach seinem Schaden groß.
Zuhand da heilte er Heteln von Hegelingenland,
Darnach die andern alle, was man der Wunden fand.

Zu heilen nicht vermocht er die Toten nur allein;
Die blieben leblos liegen und wurden gar zu Stein.
Doch jeden neuen Morgen, sobald es wieder tagt,
Werden sie wieder lebend, wie uns die Märe sagt,
Und kämpfen miteinander. So geht es immerfort,
Es wechselt Tod und Leben stets an dem selben Ort.
Der Kampf der Hegelingen wird dieser Streit genannt,
Bis zu der Götterdämmrung aufs neue stets entbrannt.

Mit Hilde, seinem Weibe, fuhr Hetel in sein Land;
Da weinte mannige Waise, die keinen Vater fand.
Gekrönet ward Frau Hilde als Königin, die hehre.
Da mehrte sich allorten des Königs Hetel Ehre.
Herr Wate ritt gen Sturmland, Morung nach Nifelland,
Horand von Dänemarke zu Givers an den Strand.
Der wilde Haagen wieder bei seinem Weibe saß,
Der alten Königinne, und freuete sich baß.
Er sagte, seiner Tochter sei wohl in Hetels Händen,
Hätt' er noch ihrer mehre, er wollt sie auch hin senden.

Hugdietrich

Hugdietrich von Konstantinopel, der Sohn des Königs Anzius, gewinnt in Frauenverkleidung Hildburg, die Tochter des heidnischen Königs Walgund auf Salneck (Thessalonite).

Viel der Männer sah ich walten mit hohem Sinn,
Auch fuhr ich über viele der fremden Lande hin.
Kund ward mir Gutes und Böses, der Lust, des Elends viel;
Drum will ich singen und sagen die Mär zum Saitenspiel
Hier vor des Volkes Menge in dieser Metheshalle,
Daß zu der hellen Harfe ruhmreich die Rede schalle;
Denn Leib und Leben schwindet, es währet nur das Lob
Des Mannes, den der Sänger in Liedern hold erhob.

Es wuchs in Konstantinopel ein König adelich,
Gewaltig, klug und bieder, er hieß Hugdieterich.
Er war klein an dem Leibe, untadlig überall,
So drall wie eine Kerze die Hüften hin zuthal.
Sein Haar so lang und lockig gleich fahlem Golde schien;
Es ging ihm über die Achsel fast bis zum Gürtel hin.
Sein Vater war geheißen Anzius, der König hehr,
Ein Fürst aus Griechenlanden, so kündet uns die Mär.
Ihm dienten alle Griechen und der Bulgaren Wald;
Bis zum Gemark der Hunnen bezwang sie seine Gewalt.

An seinem Hofe hatte Herr Anzius fürwahr
Einen uralten Herzog, der lebte hundert Jahr.
Das war der Herzog Berchtung, geboren von Meran.
Den rief der König einstens und sprach zu ihm: »Hör' an!
Ich habe dich erzogen in aller Würdigkeit.

Des laß mich nun genießen! Dir sei auf deinen Eid
Hugdietrich nun empfohlen, mein liebes Kindelein,
Dazu auch Land und Leute laß dir empfohlen sein!.
Der Tod hat mich erschlichen, ich muß die Welt verlassen.«
Da konnte Herzog Berchtung vor Trauer sich nicht fassen.
Darnach am andern Morgen der König Anzius starb.
Da sorgte Herzog Berchtung, der stets nach Ehren warb,
Daß er begraben würde, wie man noch Königen tut.
Er nahmn zu sich den Jungen; gar traurig war sein Mut.

So zog er seinen Herren bis in das zwölfte Jahr.
Da sprach zu ihm Hugdietrich, der Fürst so jung und klar:
»Mein lieber Meister Berchtung, ich suche Treue an dir;
Bei aller deiner Tugend, erzeige du sie mir!
Was soll mir Ehr' und Herrschaft? Was soll mir Reich und Gut?
Nach einer edlen Frauen steht mir allein der Mut.«

Da sprach der Herzog Berchtung: »Die Rede ist mir leid!
Ich bin in allen Landen gewesen fern und weit;
Ich sah doch nie mit Augen ein Weib noch Mägdelein,
Daß sie dir hier zu Lande gleichbürtig möge sein.
Jedoch viel lieber Herre, das Eine sei dir kund:
Zu Salneck sitzt ein König, der König heißt Walgund,
Und seine Fraue heißet die schöne Liebegard.
Sie haben eine Tochter, daß keine schönere ward.
Die schöne holde Hildburg, so ist die Maid genannt;
Man fände ihres gleichen in keinem anderen Land.
Auf einem Turm beschlossen ist diese werte Magd;
Ihr Vater hat verschworen, sie sei allen Männern versagt.
Zwei überhohe Mauern und drei gar tiefe Graben
sind um die Burg errichtet; es steht gar hoch erhaben
Auf einem steilen Felsen der starke Turm; allein
Der Vater nur und die Mutter, sonst darf niemand hinein.
Der Jungfrau pflegt ein Wächter gar schön zu aller Zeit,
Und an dem Tor ein Wärtel, der ihr zu essen beut.
Bei ihr ist eine Jungfrau, die ihr dazu behagt;
Also ist sie behütet, die kaiserliche Magd.
Vor deines Vaters Tode, Hugdietrich, wohl zwölf Jahr
War ich zu Salneck dorten, das sag ich dir fürwahr;
Da sah ich zu drei Malen das schöne Mägdelein.
Möcht sie die unsre werden, das würd' uns Ehre verleihn.
Jedoch was mag es helfen, daß ich erzählen kann
Von jener edlen Jungfrau? Du wirst doch nie ihr Mann.
Wir müssen sie dort lassen; mit allen deinen Sinnen,
Was dir auch drum geschehe, kannst du sie nicht gewinnen!«

Da sprach zu Meister Berchtung der König edel und rein:
»Wir müssen listig erwerben das schöne Mägdelein.
Heiß mir nur bald gewinnen die beste Meisterin,
Die hier zu Lande sein mag mit künstereichem Sinn!
Die soll mich wirken lehren mit Seiden und mit Faden.
Mit Weibes Zucht und Künsten will ich mich überladen.«

Da sah der Herzog Berchtung den Jüngling staunend an,
Daß er in seinen Jahren so listigen Sinn gewann.
Er gab ihm nun nach Wunsche die beste Meisterin,
Die je zu Griechenlanden sich fand und weiterhin.
Hugdietrich lernte jetzo bei ihr ein ganzes Jahr
So schöne Werke wirken, daß es ein Wunder war.
Was die getreue Meisterin vorwirkte meisterlich,
Des wurde schnell auch Meister der edle Hugdietrich.
Nach weiblich zarter Stimme verkehrte er den Mund,
Er ließ das Haar sich wachsen und flocht's in einen Bund.
In weiblichem Gewande ließ er sich also sehn,
Als er zu Konstantinopel wollte zur Kirche gehn.
Die schon seit Jahren kannten den Fürsten gar genau,
Begannen da zu fragen: »Wer ist die schöne Frau?«

Als Hugdietrich der König dies wohl an sich erfand,
Daß er den Leuten allen war worden unerkannt,
Da freut' er sich im Herzen, es höhte sich sein Mut.
So sprach er nun zu Berchtung, dem Meister treu und gut:
»Viel lieber Meister Berchtung, nun gieb mir deinen Rat,
Weil du wohl siehst, daß alles mir liegt an dieser Tat,
In welcher Weise soll ich nunmehr von hinnen fahren?«
Da sprach der alte Greise: »Ich will es wohl bewahren.
Du sollst nun mit dir führen, mein Herr Hugdieterich,
Wohl fünfzig kühne Ritter mit Kleidern löbelich,
Und auch vierhundert Knappen; auch seien dir bereit
Wohl sechsunddreißig Jungfraun, die tragen reiches Kleid.
Du sollst auch mit dir führen dein reiches Prunkgezelt.
So du nun kommst zum Schlosse nach Salneck auf das Feld,
So heiß es schön aufschlagen auf jenen grünen Plan,
Darunter sitz' mit der Krone, bedient von Fraun und Mann!
So wird wohl von dem König gar bald zu dir gesandt,
Durch welches Abenteuer du hinkamst in sein Land.
Zuhand sollst du dann sprechen: Viel lieber Herre mein,
Ich bin von Konstantinopel ein adlig Mägdelein.
Und sprich, dich habe vertrieben dein Bruder Hugdietrich,
Weil er dich geben wollte zur Eh' unbilliglich
Einem ungetauften Manne fern in die Heidenschaft;
Nun kämest du auf Gnade zum König tugendhaft,

Daß er dich wohl behalte und schütze huldiglich,
Bis daß dein Bruder etwa das Zürnen ließ' auf dich.
So läßt er dich wohl bleiben, der König stark und bieder.
Dort bleib' selbviert und sende mir das Gesinde wieder.
Und wirb du dann das beste bis in das andre Jahr!
So will ich zu dir reiten, das sag ich dir fürwahr,
Und will es dann versuchen, will merken und auch spähn,
Ob dir kein Abenteuer zu Salneck sei geschehn.«

Da ward der Fürst Hugdietrich desselben Rates froh;
Wohl fünfzig kühne Ritter ließ er bekleiden so,
Dazu vierhundert Knappen, die waren wohl bereit,
Und sechsunddreißig Jungfraun, die trugen reiches Kleid.
Sie nahmen darauf Urlaub und, wie ich hab' vernommen,
Sind sie am achtzehnten Morgen zu Salneck angekommen.
Gar herrlich auf der Aue schlug man dort auf das Zelt
Wohl vor der Burg zu Salneck am blumenreichen Feld.

Bald sah man von dem Schlosse der Gäste reichen Schein;
Die Leute nahm es Wunder, wer dies wohl möchte sein.
Ein Ritter hieß Herdegen, der ward hinabgesandt,
Zu fragen, was die Fremden denn führe in das Land.
Herdegen ohne Weile nun aus dem Schlosse ging,
Hugdietrich und die Seinen er tugendlich empfing.
»O Königin, von wannen magst du gekommen sein?
Auch laß mich baldig wissen, was ist der Wille dein?«
Da gab zur Antwort eilig Hugdietrich unverzagt:
»Ich bin von Konstantinopel eine vertriebene Magd.
Ich mußte fliehn vor meinem Bruder Hugdietrich,
Der wollte mich verloben zur Eh' unbilliglich
Einen ungetauften Manne fern in die Heidenschaft.
Nun komm ich Gnade suchend zum König tugendhaft,
Daß er mich hier behalte, der König auserkor'n,
Bis daß mein Bruder lasse seinen großen Zorn.«
Herdegen ging da wieder, wo seinen Herrn er fand:
»O Herr, seltsame Gäste sind kommen in das Land!
Es ist von Konstantinopel eine edle Königin rein
Gekommen her zu Lande, Herr, auf die Gnade dein.
Du sollst sie wohl empfangen, viel lieber Fürst und Herr,
Denn nur durch deinen Willen ist sie gekommen her.«

Walgund der hehre König aus seinem Schlosse ging,
Hugdietrich und die Seinen er tugendlich empfing.
Hugdietrich ließ sich nieder vor Walgund auf die Knie;
Der König hub das Fräulein empor und grüßte sie:

»Bist du von Konstantinopel eine Königin edel und rein,
So sollst du hier dein Knien vor mir wohl lassen sein.
Verlange was du wollest, es soll dir sein gewährt;
Doch daß du vor mir kniest, das bin ich nimmer wert.«

Walgund der werte König sei bei der Hand da nahm,
Er führte auf die Feste die Jungfrau lobesam.
Liebgard die Königinne ihr auch entgegen ging,
Den Herren und die Seinen sie tugendlich empfing.
Sie ließ Hugdietrich sitzen bei sich zu dieser Stund'.
Sie fragt' ihn, wie er hieße. Da sprach er: »Hildegund.«

Und nun begann zu spinnen Frau Hildegund zuhand.
Man sah dergleichen Künste niemals in diesem Land.
Und sie begann zu nähen manch kluges Vögelein
Mit Golde und mit Seiden, als möcht' es lebend sein.
Sie wirkte reiche Laken, die waren weiß und breit,
Wie man vor edle Fürsten sie legt zur Hochgezeit,
Und Psittiche und Zeisig, Drossel und Nachtigall,
Die waren an den Enden genähet überall,
Und anderseits noch Greifen und auch ein Adelaar
Zu vorderst im Gesichte, daß man sein nähme wahr;
Im andern Ort ein Falke, als ob er von dannen flöge,
Und das Gevögel alles vor ihm von hinnen zöge.
Inmitten lag ein Löwe und auch ein wilder Wurm,
Als ob sie miteinander hätten großen Sturm;
Dann Hasen und auch Füchse, das Reh von scheuer Art,
Am vierten Orte außen der grimme Leopard,
Das Eberschwein zu Walde, nach ihm die flinken Hunde, –
Das schuf zu aller Staunen die schöne Hildegunde.
Auch Hirsche so wie Hinden, die stunden daran eben,
Genäht von rotem Golde, als ob sie mochten leben.
Seltsames Abenteuer stund sonst noch viel daran:
Das schaute dort zu Salneck mit Staunen Frau und Mann
Da sprach der König Walgund: »Wer hat uns das genäht,
Dies künstereiche Wunder, das also vor uns steht?«
Da sprach ein Kämmerer: »König, das sei dir wahrlich kund,
Das alles tat von Griechenland die schöne Hildegund.«

Da wurden ihm die Leute im Lande alle hold.
Er begann hervorzusuchen sein kleingesponnen Gold,
Er wirkte eine Haube mit Wundern ohne Zahl,
Darum viel Borten gingen, die breit, die andre schmal.
Als er die wohlgezierte Haube hatte vollbracht,
Da sandt' er nach dem König und wies ihm ihre Pracht.

Er setzte ihm die Haube wohl auf die Locken sein:
»Das trag' zu dieser Hochzeit, Herr, durch den Willen mein!
Du sollst sie mir zu Willen vor deinen Gästen tragen,
Wenn sie nach Hause kommen, daß sie dann können sagen,
Du trägst auf deinem Haupte fürwahr ein reiches Kleid!«
Da sprach der König Walgund zur minniglichen Maid:
»Du hast mich wohl geehret, viel edle Königin rein;
Verlange, was du wollest, es soll gewähret sein.
Verlange Land und Leute und was dein Herz begehrt,
Ich geb dir meine Treue, es soll dir sein gewährt!«
»So laß denn von dem Turme zu mir die Tochter gehn!
Sonst soll mir um die Haube nicht weitrer Lohn geschehn.«

Da sandte König Walgund über sein ganzes Land.
Zu Hofe kam geritten manch tapferer Weigand;
Viel Herzoge und Grafen mit Kleidern schmuck und reich.
Es sandte auch die Königin nach Frauen allzugleich.
Doch sprach Liebgart die Alte zu ihrem Herrn allein:
»Ich redete gern ein wenig, möcht' es mit Hulden sein.
Mich dünkt an der Gebärde, die Jungfrau sei ein Mann,
Der wolle unsre Tochter gewinnen, wie er kann.«
Da sprach der König lachend: »Frau, laß die Rede stehn!
Ihr Antlitz ist doch nimmer gleich einem Mann zu sehn.«
Da redete nicht weiter die alte Königin,
Doch war sie tief erzürnet, voll Sorgen war ihr Sinn.

An einem Pfingsttag Hildburg von ihrem Turme ging.
Hugdietrich auf den Knien die schöne Maid empfing.
Da setzte man zu einander die beiden Jungfräulein,
Man brachte gute Speise und dazu klaren Wein.
So saß der werte Fürste bei der Jungfrau wohlgetan.
Sie blickten voll der Tugend einander beide an.
Er bot ihr seinen Becher und schnitt ihr vor das Brot,
An höfisch guten Züchten er ihr da viel entbot.
Wie mochte baß dem Herren zu Mut gewesen sein,
Da er an einem Tische saß mit dem Mägdelein!
Walgund, der alte König, der blickte häufig dar,
Der beiden Frau'n Gebärde nahm er gar eifrig wahr.
Er raunte in das Ohr ihr, dem jungen Töchterlein:
»Du sollst Zucht bei ihr lernen, viel liebe Tochter mein!«
Da sprach zu ihrem Vater Hildburg, die Jungfrau rein:
»Ich bäte dich gar gerne, möcht' es mit Hulden sein,
Daß du mir auf dem Turme dort ließest Hildegund,
Die wollt mich lehren alles wohl gar in kurzer Stund.«
Er sprach zu seiner Tochter: »Ich bin der Jungfrau hold,
Ich geb ihr auch zum Lohne viel Silber und auch Gold.
Will sie frei'n, Land und Leute mach' ich ihr untertan.«
Da sprach aber Hugdietrich: »Nein, ich will keinen Mann.«

Die Hochzeit nahm ein Ende, man schied so wie man kam.
Wie bald da König Walgund die zwei Gespielen nahm!
Er führte sie zum Turme, darein man sie verschloß.
Des war Hugdietrichs Freude gar mächtig und gar groß.
Es ward ihnen geschaffen Gemach nach rechtem Fug;
Wes beide da bedurften, des hatten sie genug.
Der Wächter und der Torwart mußten heraußen sein.
Man bot, wes sie bedurften, zu einem Fenster hinein.
Da ward der Fürst Hugdietrich der Frauen also hold;
Er lehrte sie wohl wirken mit Seiden und mit Gold,
Dann lehrt' er im Gedichte sie wirken an der Rahm',
Und klug darauf entwerfen viel Tierlein wild und zahm.
Nun merket, ob der König nicht großer Züchte pflag,
Daß er mehr denn zwölf Wochen auf jenem Turme lag,
Und sie nicht inne brachte, daß er war ein Mann,
Bis daß die starke Minne im Helden mächtig entbrann.
Er umfing sie da mit Armen, gar hold er sie umschloß,
Sein Halsen und sein Küssen, das wurde also groß.
Da sprach die schöne Hildburg: »O Trautgespielin mein,
Was bedeutet dieses Trauten? Was soll und mag das sein?«
»Gehabe dich zum besten, o Königin minniglich!
Ich bin von Konstantinopel der König Hugdietrich.
Ich hab durch deinen Willen erlitten viel Arbeit,
Und tät es auch noch gerne, du wonnigliche Maid.
Ich will in rechter Ehe als meine Frau dich sehn,
Du sollst zu Konstaninopel unter der Krone gehn!«
Hildburg begann zu weinen, ihre Augen wurden rot:
»Wird des mein Vater inne, so sind wir beide tot!«

So war der Herr Hugdietrich bei seiner Frau fürwahr
Wohl völliglich sechs Wochen, dazu ein halbes Jahr,
Daß niemand des ward inne und merkte dieses Ding,
Wie oft die Königinne auch zu den beiden ging.
Und so empfing die Fraue von ihm ein Kindelein;
Ganz Griechenland und Salneck, die wurden einstens sein.
Das Land Tuskan und Pulle, Rom und Lateran
Und alles römische Reiche ward ihm einst untertan.
Da sprach Hildburg die edle: »Was fang' ich Arme an?
Ich wähne, unsre Freude, die muß ein Ende han.«
Da sprach der Held Hugdietrich: »Was uns auch mag geschehn,
Du sollst zu Konstantinopel unter der Krone gehn.
Und mußt du Arbeit leiden auch jetzt, lieb' Fraue mein,
Das soll dir einst zur Freude in meinem Reiche sein.
Wenn nun die Zeit mag kommen, nimm dann zu dir herein
Die beiden Wächter, daß sie dir taufen das Kindelein.
Ist's eine Magd, so heiße es nach dem Willen dein,
Ist es ein Knabe, soll es Dietrich geheißen sein.

Heiß es dann schön aufziehen, sei's Tochter oder Knab',
Und ist es dir einst möglich, so komm zu mir hinab!
So reit ich dir entgegen mit manchem werten Mann
Und mache dich gewaltig und geb dir, was ich kann.«

Er ging dann an die Zinne, wo er den Wächter fand,
Er rief ihn an das Fenster und sprach zu ihm zuhand:
»Seltsames Abenteuer wollt' ich dir, Wächter, sagen,
Wärst du nur so getreue, daß du's nicht wolltest klagen.
Hör', laß dir sein empfohlen die junge Königin rein
Und sollte sie gewinnen ein kleines Kindelein,
Sollst du Gevatter werden und sollst es nie beklagen!«
Da sprach der Wächter: »Jungfrau, was willst du mir da sagen?
Würde des Dinges inne mein König, Herr Walgund,
Er hieß mich an die Mauer henken in dieser Stund!«
Da sprach der Herr Hugdietrich: »Nein Freund, du sollst nicht hangen!
Ohn alle deine Schulden ist es doch so ergangen.
Ich bin von Konstantinopel der König Hugdietrich,
So hab' ich mir vermählet die Königin minniglich.
Das sollst du wohl verschweigen, mein Wächter tugendhaft,
Kommst du zu mir gen Griechenland, eine ganze Grafenschaft
Und dazu Land und Burgen, das soll dein Eigen sein,
Bringst du mir meine Fraue dann und mein Kindelein.«
Da ward der gute Wächter dieser Verheißung froh.
Mit treuem Eid gelobt er's dem jungen König so.
Er freute sich der Märe, daß er Gevatter sei,
Und war vor König Walgund nun aller Sorgen frei.

Nun war der Herzog Berchtung gekommen in das Land
Und mit ihm schön und kühnlich manch griechischer Weigand.
Sie kamen reich an Züchten in Walgunds Hof geritten
Und wurden wohl empfangen nach ritterlichen Sitten.
Walgund der reiche König den Herrn entgegenging,
Den edlen Herzog Berchtung er tugendlich empfing.
Da sprach der Herzog Berchtung: »Viel edler Herre mein,
Sag' an, wo mag von Griechenland die edle Königin sein?
Ich bin nach ihr gekommen, Herr König adelich,
Denn seinen Zorn vergessen hat Herr Hugdieterich.«
Da brachte man Hugdietrich von jenem Turm herab.
Niemals geschah so leide, dem man führt hin zu Grab
Den Vater und die Mutter, als Hildburg hier geschah,
Da sie den Trautgespielen nun nimmer hörte noch sah.
Sie zog von ihrem Finger ein goldnes Ringelein:
»Das führ' mit dir von hinnen, o Trautgespiele mein!
Du sollst es mir zu Willen tragen an deiner Hand:
So oft du dies anblickest, sei meiner Treue gemahnt!«

Als nun der Herr Hugdietrich von jenem Turme ging,
Er seinen Meister Berchtung gar tugendlich empfing:
»Nun führ' mich schnell von hinnen, du mein getreuer Mann,
Dieweil ich hier das Leben sonst noch verlieren kann!«
Sie nahmen baldig Urlaub, und kehrten schnell von dannen.
Walgund gab das Geleite mit manchen werten Mannen.

So ritt der Herr Hugdietrich heim in sein eigen Land.
die Städte und die Burgen er wohl in Würde fand.
Er blieb in Konstantinopel darnach ein halbes Jahr;
Doch wurde traurigen Mutes der König immerdar,
So oft er mußte schauen das goldne Fingerlein,
Da trauerte sein Herze nach seiner Gattin rein.
So tat die schöne Hildburg zu Salneck auch fürwahr,
Da sie mit großem Leide auf ihrem Turme war.

Als es dem Tage nahte, daß nun das Kindelein
Geboren sollte werden, das schuf der Königin Pein.
Sie war noch eine Heidin und glaubte doch an Gott.
Wie sie in Ehrfurcht mochte, erfüllte sie sein Gebot.
So lag sie eines Abends in ihrem Bett und schlief,
Als eines Engels Stimme sie aus dem Traume rief:
»Erwache, Frau, und fürchte und ängste dich nicht sehr!
Dieweil an Gott du glaubest, sag' ich dir gute Mär.
So höre diese Mären, die ungelogen sind:
Du wirst, o Frau, gebären am fünften Tag ein Kind,
Das hat dein milder Schöpfer dir unters Herz gefrommt.
Vernimm, was du sollst machen, wenn es zu Lichte kommt!
Über eine halbe Meile da sitzt ein heiliger Mann;
Zu diesem Einsiedel bringe dein Kindelein sodann!
Du sollst ihn des nicht irren, was mit dem Kind er tu'!
Du wirst dich sein noch freuen in Seligkeit und Ruh.«
Es war an einem Morgen, dieweil der Tag erschien,
Da war eines Sohnes genesen die schöne Königin.
Der Wächter und der Torwart kamen zu ihr hinein,
Und auch die Magd, sie badeten das zarte Kindelein.
Da begann die Königinne zu schauen und zu spähn,
Ob sie an ihrem Kinde kein Zeichen möcht' ersehn.
Sie fand zwischen den Schultern ein rotes Kreuzelein,
Daran sie wohl erkannte ihr liebes Kindelein.
Als nun das kleine Kindel ward aus dem Bad gehoben,
Wand man's in schöne Tücher, aus reicher Seide gewoben.
Ein schönes seidnes Kissen man um das Kindel wand
Und einen seidnen Gürtel, das war sein Wiegenband.

Frau Liebegard die Alte, die nichts davon vernahm,
Zu ihrer schönen Tochter nun auf den Turm hinkam.
Sie hieß sie einzulassen; da erschrak die Königin.
Sie wußten mit dem Kindel nicht wo sie sollten hin.
Da sprach der gute Wächter: »O edle Fraue mein,
Wie sollen wir gebaren mit diesem Kindelein?
Hört's deine Mutter weinen, da es erst ist geboren,
So müssen wir das Leben sicher haben verloren.
Wir sollen es über die Mauer lassen in den Plan
An einem starken Seile; das dünkt mich gut getan.
So ist es wohl geborgen; ich eile später hin.«
Das dünkte auch das beste die edle Königin.
Und eh die alte Königin kam in den Turm herein,
Da war schon über der Mauer das zarte Kindelein.
Frau Liebegard die Alte sprach zu der Tochter gleich:
»Wie ist dir denn geschehen; wie bist du also bleich?« –
»Es wollt' mich überkommen, Mutter, ich weiß nicht was,
Ich wär beinah gestorben, nun ist mir worden baß.«
Zwei großer Sorgen die Junge in ihrem Herzen pflag,
Der einen, daß das Kindel dort in dem Hage lag
So unbehütet und sie nicht wußte, wie ihm war.
So war die andre Sorge ihre eigene Gefahr.
Das verdruckte in ihrem Herzen die edle Königin.
Sie litt viel große Schmerzen und dachte her und hin
Denselben Tag, den langen, bis daß der Abend kam
Und ihre liebe Mutter von ihr nun Abschied nahm.

Das Kindlein lag noch immer verborgen in dem Hag.
Denselben Tag, den langen, der Knab der Ruhe pflag
Er schwieg im Wald so stille, daß niemand ihn vernahm;
Vom Bad und auch von Windeln war ihm sein Recht getan.
Ein Wolf nach seiner Speise in jenem Hage ging,
Darin er eh' viel häufig Hühner und Gänse fing.
Der nahm das kleine Kindel und faßt' es in den Mund,
Er trug es hin zu Walde wohl zu derselben Stund
Nach einem hohen Berge, der war inwendig hohl.
Der Alten waren zweene, die waren Grimmes voll.
Sie hatten auch vier Jungen, kaum eine Woche alt;
Ihr Witz und der des Kindes, die waren gleichgestalt.
Vor diese legte der Alte das kleine Kindelein;
Es sollt der jungen Wölfe Speise gewesen sein.
Da schuf es ihre Jugend, daß sie noch waren blind
Und an der Mutter sogen; davon genas das Kind.

Was sein soll oder werden, das muß denn auch geschehn.
Nun mag man großes Wunder wohl an dem Kinde sehn!
Der König wollte jagen, wie er des immer pflag;
Da sah er, wie die Wolfsbrut dort in dem Hage lag.

Da ließ man das Gejaide rasch auf den Wolf heran,
Man jagte ihn zu Walde, wo er den Schaden getan,
Bis an die hohe Bergwand, die innen war ganz hohl.
Die alten Wölfe beide, die waren Grimmes voll.
Es war da kein so Kühner, ins Loch hineinzugehn.
Da sprach im Zorn der König: »Wir müssen die Wölfe sehn!«
Die Herren und die Knechte, die mußten mächtig graben
Und beidenthalb des Loches gar große Arbeit haben.
Viel bald man dann die Alten in ihrem Loch erstach.
So rächte man am Wolfe, was er am Kind verbrach.
Als so die beiden Alten dalagen steif und tot,
Da schloff hinein ein Jäger, der sie dem König bot.
Er fand noch vier der Jungen, sonst schien dort nichts zu sein.
Als er von dannen wollte, da schrie das Kindelein.
Er trug es bald ans Licht hin; zu schauen er's begann.
Er hätt' niemehr gesehen ein Kind so wonnesam.
Da sprach der gute Jäger zum Könige Walgund:
»Ich hab dahier gefunden gar einen reichen Fund.
Nun schaue, lieber Herre, welch Kind ich fand darein!
Es möchte auf der Erde fürwahr kein schönres sein.«
Da sprach der König Walgund: »So suchet doch das Weib,
Das dieses Kindes Mutter! Wo ist ihr toter Leib?«
Doch keine weitern Spuren man in dem Berge fand.
Das Kindelein man balde aus seinen Windeln band.
Natürliche Treue den guten König zwang,
Daß er seinen besten Mantel um dieses Kindel schwang.
Er wollt' es niemand lassen, er nahm es an den Arm,
so bracht' er es gen Salneck, er hielt es gut und warm.
Die Ritter und die Knechte, die folgten ihm geschwind;
So brachten sie zur Feste das Wild und auch das Kind.
Da ging der König Walgund vor seine Frau zuhand:
»Nun schaue, liebe Fraue, was für ein Kind ich fand!
Man soll es baldig baden, das kleine Kindelein!
Ich will es taufen lassen, viel liebe Fraue mein,
Und will es schön erziehen. Wird es ein biedrer Mann,
Wohl tausend Marke Goldes mach' ich ihm untertan.«
Frau Liebegard die Alte verschwieg nicht solches Ding,
Zu ihrer schönen Tochter gleich auf den Turm sie ging,
Sie sagte ihr vom Kindlein mit arglosem Sinn.
Da erschrak in ihrem Herzen die junge Königin:
»Ach, könnte das geschehen, viel liebe Mutter mein,
So säh' ich also gerne das selbe Kindelein!«
Und das versprach die Mutter und ging sodann von ihr.
Wie ward die schöne Hildburg voll Angst und Schrecken schier!
Zum Wächter, ihrem Gevatter, sprach da die Frau geschwind:
»Sag' mir durch deine Tugend, wie steht es um mein Kind?«
Er sprach: »Gar wohl gehabt sich's, viel liebe Fraue mein.
Ich hab' es schon getaufet, dein liebes Kindelein.« –

»Ich mahne dich des Gerichtes, das einst noch soll ergehn:
Sag mir die rechte Wahrheit, was ist mit ihm geschehn?«
Als sie den guten Wächter so teuer hatte gemahnt,
Überliefen ihm die Augen, die Hände er da wand:
»Es hat dein Vater gefunden das liebe Kindelein!
Er zieht es ohne Schaden; des sollst du fröhlich sein!«

Des andern Morgens brachte das Kindlein man zuhand.
Frau Hildburg nahm es auf den Schoß; wie bald sie es aufband!
Da fand sie an den Schultern das rote Kreuzelein,
Dabei sie wohl erkannte ihr eigen Kindelein.
Als drauf in kurzen Zeiten die Mutter bei ihr saß,
Da sprachen sie mitsammen nun über dies und das.
Sie sprach: »Vielliebe Mutter, und dürft ich dir gestehn
Seltsames Abenteuer, das mir hier ist geschehn?«
Sie sprach: »Vielliebe Tochter, du magst mir alles sagen,
Was dir hier ist geschehen bei allen deinen Tagen.
Das will ich wohl verschweigen, vielliebe Tochter mein!« –
»So wisse das, Frau Mutter, das Kindel, das ist mein.«
Wie es die wilden Wölfe zum Berge hätten getragen,
Wie's dazu gekommen, begann sie ihr zu sagen,
Und wie sie hätte gewonnen dasselbe Kindelein. –
»Nun sag mir, liebe Tochter, wer mag sein Vater sein?«
Sie sprach: »Vielliebe Mutter, das tu ich gern dir kund.
Du weißt ja wohl von Griechenland die schöne Hildegund,
Die mich da lehrte wirken die Hauben wunderlich,
Das war von Konstantinopel der König Hugdietrich.
Er ward in diesem Turme allhier der Gatte mein.
So nimm es auf zum besten, es mag nicht anders sein!«

Drauf ging die alte Königin zu ihrem Herren fort
Gar viel seltsamer Reden sprach sie zum König dort:
»Nun sollst du mich bescheiden, Walgund, lieb Herre mein,
Wie soll man dazu machen, was nicht mag anders sein
Und in der Welt auch niemand anders vermag zu fassen?«
Da sprach der König Walgund: »Das soll man fahren lassen!«
Sie sprach: »Seltsame Mären muß ich dir nun gestehn,
Die unsrer lieben Tochter erst kürzlich sind geschehn.
Du fandest in dem Walde ein kleines Kindelein.
Das Kindel ist Hildburgen, der schönen Tochter dein.
Und wer sein Vater wäre, das tu ich dir auch kund:
Du weißt ja wohl von Griechenland die schöne Hildegund,
Die sie da lehrte wirken die Hauben wunderlich,
Das war von Konstantinopel der König Hugdietrich.
Der hat gefreit im Turme alldort dein Töchterlein.
Nun nimm es auf zum besten, da 's anders nicht mag sein!
Du sollst sie ihm nun lassen, da 's niemand ändern kann,
Denn Land und viele Leute sind jenem untertan.«

Da hatte König Walgund viel mannigen Gedanken,
Er fühlte Zorn und Liebe in seinem Herzen schwanken.
Am andern Morgen aber beim vollen Tagesschein
Sprach so der König Walgund zu all den Herren sein:
»Ihr Herren und auch Ritter, nun hatt' ich doch geschworen,
Ich gäbe nie zu Manne die Jungfrau hochgeboren.
Nun hat doch selbst gemannet das schöne Mägdelein.
So sprecht, ob ich der Eide wohl möge ledig sein?«
»Du bist der Eide ledig!« so sprachen alle gleich,
»Und sollst auch kürzlich senden nach jenem König reich,
Weil nun das Abenteuer einmal geschehen schon;
Auch sollst du's taufen heißen; es ist deiner Tochter Sohn.«
Da gewann er ihm zu Paten den Grafen Wolfwin,
Dazu auch von Galizien eine edle Markgräfin
Und auch den Ritter Georg, gar einen biedern Mann.
Der Wächter und der Torwart mußten dahinter stahn.

Zum Einsiedel im Walde ging nun die ganze Schar;
Der war im Forst gesessen wohl mehr als vierzig Jahr.
Als da zu seinem Häuslein die schöne Königin ging,
Derselbe alte Klausner sie minniglich empfing.
Als nun das edle Kindel ward aus der Taufe gehoben,
Da schöpfte man ihm den Namen, den man noch lang wird loben:
»Wolf« und dazu »Dietrich«, der Name ward bekannt.
Er ward Wolfdietrich geheißen bald über alles Land.
Der Einsiedel das Kindel viel schön in Seide wand
Und gab es seiner Mutter wieder in die Hand
Und sprach: »So lieb dir wäre dein eigen Kindelein,
Behalt bis an sein Alter das Taufgewand so rein.
Wenn er's im Streite führet, so ist sein Leib gesund,
Von keiner Art von Waffen wird er dann nimmer wund.
Ich will dir mehr noch sagen: Wie lang das Kind mag leben,
Sie ihm zu jedem Jahre eines Mannes Stärke gegeben.
Von dieser Gottesgabe hat fünfzig Männer Gewalt
Sein Leib, wenn er in Zukunft wird fünfzig Jahre alt.
Du sollst um ihn nicht sorgen, er kommt gar oft in Not.
Es wird auch oftmals kommen, daß nah ihm sei der Tod.
Noch mehr will ich dir sagen, daß er mit seiner Hand
Auch eine hohe Königin erkämpft und reiches Land!«

Es sprach der König Walgund zum Grafen Wolfwein:
»Du und der Ritter Georg sollt meine Boten sein!
Ihr seid meine Gevatter, drum hab' ich euch erwählt.
Nun schafft, daß mir von Griechenland Hugdietrich komme, der Held!«
Da sprach auch Jungfrau Hildburg zum Grafen Wolfwein:
»Du und der Ritter Georg sollt meine Boten sein.
Zum Wortzeichen gemahnt ihn an das, was er mir riet
Nachts in dem Turm, darauf er des Morgens von mir schied!«

Von dannen nahmen Urlaub die Herren wohlgetan.
An dem achtzehnten Morgen kamen sie glücklich an,
Sie gingen vor den König zu Konstantinopel hin.
Es grüßte sie Hugdietrich mit zweifelvollem Sinn.
Da ließ sich der Graf Wolfwein nieder auf sein Knie:
»Durch deinen Willen, Herre Hugdietrich, sind wir hie.
So gieb uns, edler König, das Botenbrot zum Lohn,
Denn Hildburg, deine Gattin, hat einen schönen Sohn!
Doch sind wir nicht gekommen nur um das Botenbrot;
Ich will dir treulich sagen, was Walgund uns gebot.
Komm hin zu deiner Frauen, er gönnt ihr gern den Mann,
Und dazu Land und Burgen macht er dir untertan.«
Da wurde Herr Hugdietrich seiner Gevatter froh,
Mit seinen beiden Händen umfing er sie also
Und führte sie voll Freuden auf seinen Saal hinein.
Man setzte sie auf Sessel und brachte guten Wein.
Wie nun das Kind die Wölfe zum Berge hingetragen,
Wie Walgund es gefunden, begannen sie zu sagen.
Wie es getaufet wurde, das taten sie bekannt:
Wolfdietrich ward es geheißen, weil man's bei Wölfen fand.
Nun kam auch Herzog Berchtung geritten in das Land.
Ihm sagte diese Märe der König allzuhand:
»Wohlan, wir sollen reiten und nach der Frauen sehn!
Sie soll zu Konstantinopel unter der Krone gehn.«

Da sandte Herr Hugdietrich wohl über all sein Land.
Zu Hofe kam geritten manch tapferer Weigand.
Sie nahmen baldig Urlaub, schnell waren auch die Frommen
Am achtzehnten Morgen zu Salneck angekommen.
Da kam der Ritter Georg vor ihnen hergerannt
Und sagte, daß sie kämen mit Ehren in das Land.
Walgund, der alte König, das länger nicht vermied,
Eine ganze Tagereise er ihm entgegenritt.
Als Walgund Hugdietrichen von ferne kommen sah,
Empfing er ihn gar schöne, mit Züchten sprach er da:
»Willkommen, Herr und Fraue, wie hast du mich betrogen!
Ich seh's an deiner Farbe, der Wächter hat nicht gelogen.«
»Du wolltest keinem geben«, sprach Hugdietrich, »die Maid,
So mußt ich um sie werben mit List und Heimlichkeit.«
Frau Liebegard die Alte den König wohl empfing,
Mit ihrer schönen Tochter sie ihm entgegenging.
Zwei wohlspielende Augen und ein viel roter Mund,
Die taten Hugdietrichen ein lieblich Grüßen kund.
Da sprach zu Hugdietrichen Liebgard die Fraue rein:
»Wer wollte dieses wähnen, daß es so werde sein,
Als du so schöne wirktest die Hauben wunderlich?«
Da lachte des von Herzen der König Hugdietrich.

Er faßte in die Arme sein Kind zur selben Stund,
Er küßte es gar schöne viel oft an seinen Mund:
»Wolfdieterich, Wolfdietrich, mein liebes Kindelein,
Konstantinopel soll nun dein Erb und Eigen sein!«
Da schwor man ihm zu Weibe die Fraue wohlgetan,
Viel Land und feste Burgen macht' man ihm untertan.
Die Hochzeit währt' in vollem drei ganze Wochen gar.
Da fuhren sie von dannen mit mancher großen Schar.
Wohl hundert weißer Mäuler bracht' man der Königin rein,
Jegliches trug nach Griechenland ein schönes Mägdelein.

Sie ritten zwanzig Tage mit der Frau wohlgetan,
Darnach am nächsten Morgen sie Konstantinopel sah'n.
Da ritt dem Herrn entgegen Berchtung mit manchem Mann,
Den Herrn empfing er würdig und die Frau wohlgetan.
Sie gingen mit der Frauen auf den viel schönen Saal,
Da hub sich allenthalben ein ungefüger Schall.
Wohl vierzehn lange Tage währte die Hochgezeit;
Man hörte davon sagen noch lang im Lande weit.
Da ward der Königin Marschalk der Grafe Wolfwin,
Da ward der Ritter Georg Kämmrer der Königin.
Es ward der Frauen Pflegerin die Markgräfin, allein
Der Wächter und der Torwart mußten auch Herren sein.

Hugdietrich lebte mit Hildburg bis in das achte Jahr
Zwei Söhne noch gewann ihm die Frau edel und klar;
Der eine der hieß Boge, der andere Wachsmut.
Die zog man wohl nach Ehren, wie man noch Fürsten tut.

Wolfdietrichs Kindheit

Der ungetreue Ratgeber Saben macht den König Hugdietrich glauben, Wolfdietrich sei nicht sein Kind, sondern das eines bösen Geistes. Der König will daher den Sohn von seinem getreuen Mann, Herzog Berchtung von Meran (Dalmatien), töten lassen. Dieser aber rettet den Knaben und sich selber aus schweren Gefahren. Er erzieht Wolfdietrich. Als Jüngling kämpft dieser gegen den Heiden Olfan von Babylonien und droht dem Kaiser Ortnid von Italien, als er Schatzung von den Griechen begehrt. Die Quelle ist das mittelhochdeutsche Gedicht Wolfdietrich A.

Es wuchs zu Konstantinopel in dieser Jahre Lauf
Jungherr Wolfdietrich mächtig mit seinen Brüdern auf
Bei Hugdietrich dem Vater; des pflag Frau Hildburg wohl
Mit mütterlichen Treuen, wie eine Mutter soll.
Sie hielt ihre drei Kinder in guter Zucht und Hut,
Wolfdietrich doch am meisten vor Boge und Wachsmut.
Viel ungefüge Stärke hätt' er mit vierthalb Jahren.
Das Kind zu schauen, fuhren die Leute hin in Scharen.
Man setzte schon den Kleinen zur Tafel. Als er nun
Ein wenig laufen konnte, wie noch die Kinder tun,
Da gab man ihm aus Liebe Brot in seine Hand;
Doch welcher Hund das schnappte, den warf er an die Wand.
Wer da des Kindes Stärke bei seiner Schöne sah,
Der hielt es für ein Wunder; zum König sprach man da:
»Das sollst du, König, glauben, er ist vom Teufel gekommen,
Wo hätt' er diese Stärke sonst anders hergenommen!
Läßt du den Teufel wachsen, so wird dir Leid bekannt.
Kommt er zu seinen Jahren, verdirbt er Leut' und Land.«

Nun war am Hofe einer von ungetreuem Leib,
Der dachte nur auf Lügen, damit er erzürne das Weib.
So sprach der falsche Saben, der ungetreue Mann:

»Nun laß' zu Hofe kommen Herrn Berchtung von Meran!
Es kann in deinem Reiche dir keiner treuer sein;
Den heiß' verstohlen töten das kleine Kindelein!«
Herr Berchtung, der ward heimlich zum König hingebracht.
Da sprach zum alten Weisen Hugdietrich wohlbedacht:
»Du sollst mein Kind mir töten, oder verloren sein!
Du hast auf Lilienporte sechzehn Kindelein,
Die sind noch kleine Jungherrn, dazu ein schönes Weib,
Die heiß ich alle töten, schonst du des Kindes Leib.«
Da dachte der Getreue: »Es ist nicht also gut;
Ich tu, was er mich heiße; viel grimmig ist sein Mut.
Eh daß er mir aufhinge die Kinder und mein Weib,
Will er mirs nicht erlassen, eh' nähm' ich ihm den Leib.«
Da sprach zu seinem König Herr Berchtung von Meran:
»Willst du's nicht anders haben, so sei es denn getan!«

Herr Berchtung der getreue das Kindlein nachts empfing
Und von der Kemenate heimlich von dannen ging.
In seinen Regenmantel wand er das Kindelein.
Er ritt über die Brücke; da kam des Morgens Schein.
An der Burgleiten eben erwachte nun das Kind,
Es schrie in seinen Sorgen, Herr Berchtung ritt geschwind.
Als nun der Sonne Blicken durch lichte Wolken sah,
Da war er schon so ferne, dem wilden Walde nah.
Die Steige und die Straße der Held aus Furcht vermied,
Durch Wald und durch Gefilde er gleich den Schächern ritt.
Zum zweitenmal erwachte nunmehr das Kindelein,
Vergaß des Frosts und spielte mit Berchtungs Ringen fein.
Des schönen Halsbergs Blitzen das Kindel nicht verdroß;
Das sah der treue Grieche, sein Jammer ward viel groß.
Es leuchtete des Kindleins Leib so licht wie Schnee.
Wie hell das Kindlein lachte, das tat dem Alten weh.
Er führt' es auf die Heide an ein viel grünes Gras
In eine fremde Wildnis, da niemand bei ihm saß.
Er setz' es auf den Anger, schon zog er aus das Schwert,
Das Kindelein zu töten, das seinen Herrn mißehrt.
Mit jämmerlichem Herzen stieg er auf den Grund,
Doch um des Kindleins Sterben war ihm das Herze wund.
Er setzt' es an einen Brunnen; hätt' nun das Kindelein
Nach den Rosen gegriffen, so fiel es wohl darein.
Es kam zu seinem Heile, daß es davon blieb weit,
Es lief weg von dem Brunnen hin auf den Anger breit.

Herr Berchtung der getreue war listig und gar klug;
Mit seinem Roß ins Dickicht des Waldes er sich schlug:
»Ich will noch bei dir wachen hier diese letzte Nacht,

Doch morgen mußt du sterben, schützt dich nicht Gottes Macht.«
Er saß bis an den Abend, die Sonne gar verschwand,
Da brach der Mond, der lichte, durch Wolken allzuhand.
Da hub sich zu dem Brunnen vom Walde manig Wild.
O weh, da war doch niemand des Kindes Friedeschild!
Zum Brunnen kamen Löwen, manch Bär, manch wildes Schwein.
Mitten unter dem Wilde saß da das Kindelein.
Das Wild, das Wasser wollte, das mußte alles dar,
Zum jüngsten kam gelaufen der Wölfe große Schar.
Bald wurde allem Wilde des Kindes Dasein kund.
Groß war der Tiere Hunger, jeglichen Wolfes Mund
Gähnte an das Kindlein; Wolfdietrich aber saß
So schön da, daß ein jedes des großen Hungers vergaß.
Sie saßen in einem Ringe ums Kindelein fürwahr;
Herr Berchtung durch das Wunder hinnach geschlichen war.
Der Tiere Augen brannten gleich einem Kerzenlicht.
Ein Tor war noch das Kindel, forcht seine Feinde nicht.
Es ging zu jegelichem und griff es mit der Hand,
Wo es die lichten Augen in ihren Köpfen fand.
Was er begann mit ihnen, sie mußten ihm's vertragen,
So spielte er mit allen, bis es begann zu tagen.
Welch Tier sich wollte wehren, das schlug er, daß es lag.
Des Wunders staunte Berchtung die Nacht bis an den Tag.
»Weil dir die wilden Wölfe selbst Frieden haben gegeben,
Was wär' ich für ein Unhold, ließ ich dich nicht am Leben?
Versöhnen wir uns heute! Ich war dir gestern gram.«
Das Kind er von der Erde auf seine Arme nahm.
Ich will für dich gern wagen mein Weib und manches Kind,
Die Städte und die Burgen, die mir zu eigen sind.
Ich weiß wohl, daß dies Zeichen von guten Dingen spricht,
Daß du bei diesen Wölfen dein Leben ließest nicht.
Ohn' deines Vaters Willen acht' ich als Herren dich,
Du bist mit Recht geheißen, o Kind, Wolfdieterich!«

Er trug ihn zu dem Rosse, darauf er mit ihm saß.
Vor Furcht und Sorgen wurden ihm beide Augen naß.
So ritt er durch die Wildnis und führte das Kindelein
Zu einem Wildner dorten, der hatt' ein Häuselein,
Wenn seine Jäger häufig die Jagd zu lange trieben
Und in dem Wald benachteten, daß sie alldorten blieben.
So ritt er zu dem Hause und klopfte an die Wand,
Da kam derselbe Wildner aus seiner Tür gerannt,
Empfing darauf mit Fleiße den viel getreuen Degen,
Der häufig sonst mit Freuden war in dem Haus gelegen.
Herr Berchtung sprach zum Wildner und auch zu seinem Weib:
»Nunmehr will ich versuchen, ihr Guten, euren Leib.
Durch euer beider Treue bin ich zu euch geritten,

Ich will euch nach Vergeltung um große Dinge bitten.
Den Hof hab' dir zu eigen, darin du bist gewesen,
Und was du von dem Walde Nutzens magst erlesen!
Das Dorf, das zugehöret, das soll dein eigen sein,
Wenn du mir nur behaltest das schöne Kindelein.
Wenn dich die Leute fragen, woher du's hast genommen,
Ich meine, wenn sie's finden, laß dich nicht überkommen,
Daß du, wer dir es brachte, sollst einem Menschen sagen!
Du sollst es teuer schwören, dein Weib hab' dir's getragen.
Du sollst ihm auch mitteilen das beste, das du hast.
Ich will dir's lohnen, Fraue, wenn du's nicht darben laßt.«
Das Kindel sie da nahmen, Berchtung schied eiliglich.
Nun ist aus großen Sorgen Jungherr Wolfdieterich.

Als es mit großem Jammer Fraun Hildburg wurde Tag,
Da griff sie an das Bette, wo sonst das Kindlein lag.
Da leuchtet ihr zum Leide der schöne Morgen licht,
Sie sucht' ihr liebes Kindel, da fand sie's leider nicht.
Sie warf an sich ein Hemde, aus ihrem Bett sie sprang,
Das Kindelein sie suchte unterm Bett und unter der Bank.
Vor Leide fiel die Fraue hin auf den Esterich;
Ihr Weinen und ihr Klagen war allzu jämmerlich.
Sie schrie mit lauter Stimme, daß man ihr ward gewahr.
Die in dem Schlosse waren, die liefen alle dar.
Sie wollten sie da trösten; sie wollte Trost nicht haben,
Sie fiel in solche Ohnmacht, daß man sie mußte laben.
Das schuf dem Könige Trauer; die Frau quälte den Leib.
Er wußte wohl ihr Übel; viel zornig war das Weib.
In gar geheimem Rate sprach er zu Saben da:
»Nun müss' es Gott erbarmen, daß ich das Kind je sah!«
Mit Zorne sprach da Saben, der ungetreue Mann:
»Übel tat an dem Kinde Herr Berchtung von Meran,
Daß er dir's hat ermordet und ihm genommen das Leben!
Und bist du recht bei Sinnen, sollst du's ihm nie vergeben.
Er sollt's geschonet haben doch einen halben Tag.
Zu solchen Übeltaten niemand wohl sprechen mag.
Ich geb' dir meine Treue, Herr Berchtung ist dir gram.
Wie sehr er treu dir schiene, er ist doch ohne Scham.
Er ist so ungetreue, daß er des nimmer ruht,
Ihm werde denn die Krone, dein Königreich und Gut.
Das will ich dir nun raten, send' einen Boten dar,
Bitt' ihn durch deinen Willen, daß er zu Hofe fahr'.
Sag' ihm, du wolltest Ritter machen, das ist mein Rat;
Dann räche die Untreue, die er bewiesen hat!«

Der Bote auf Lilienporte zu Berchtung ward gesandt.
Herr Berchtung der gelobte die Hoffahrt allzuhand.
Da dachte sich der Weise, wie es denn möchte sein,
Wenn ihn begänne zu fragen sein Herr ums Kindelein.
Da gewann er einen Getreuen, der ihm das alles schrieb,
Von welcherhande Sachen dem Kind das Leben blieb.
Dann kam zu Hof der Fürste und ward empfangen wohl,
Wie noch ein Biedrer häufig von einem König soll.
Hin in den weiten Pallas satzt' man die Tafel da,
Viel schöne weiße Laken man auf den Tischen sah.
Daß hieß man Herren Berchtung, den Fürsten ausersehn,
Und auch die Herren alle zum Pallas essen gehn.
Doch draußen stunden Kämmerer vorm Saal nach altem Fug;
Sie wehrten, daß den Helden man nicht das Schwert nachtrug.
Als jeder nun der Gäste da saß an seiner Statt,
Der König falschen Mutes Berchtungen sitzen bat.
Herr Berchtung ihm's wohl dankte. Der König ging zuhand
In eine Kemenate, wo er die Königin fand.
»Wohlan, nun sollst du dich rächen, viel edle Königin rein!
Ich will dir jenen weisen, der schlug dein Kindelein.
Willst du in Wahrheit wissen, wer dir das Leid getan,
So will ich dir ihn nennen: s'ist Berchtung von Meran.«
Da zerwarf sie ihr Gebände, zerraufte wild ihr Haar.
Der König mit der Frauen ging zu dem Saale dar.
Der König schrie laut jammernd, mit ihm die Königin,
Da sie mit allen Mannen zur Pforte drangen hin:
»Waffen über Berchtung! Er schlug uns unser Kind!
Das klagen wir Gott vom Himmel und allen, die hier sind!«
Dasselbe Rufen dreimal vor Berchtung da geschah,
Und nach dem Könige dringen man viele Ritter sah.
Da saßen stumm die Gäste und sahn einander an.
Der König hieß Berchtungen und seine Mannen fahn.
Herrn Berchtung den getreuen man in den Kerker stieß,
Von seinen Leuten keinen man ungefangen ließ.
So lagen sie gefangen vier Monde oder mehr.
Berchtungen schmerzte der Kummer durch seine Treue sehr.

Der König hieß gebieten durch all sein weites Reich,
Daß zum Gerichte kämen die Herren alsogleich
Hin zu Konstantinopel vor die Burg auf den Plan;
Da wollt er heißen richten über Berchtung von Meran.
Er verbot den Herren allen, daß sie in Waffen kämen,
Und weder Schwert noch Rüstung mit sich zu Hofe nähmen.
Sie mußten den König fürchten, der viele Gewalt besaß,
In seidenen Gewanden saßen sie auf das Gras.
Da führte niemand Waffen als der kühne Baltram,
Des edlen Berchtung Schwager; dem war der König gram.

Er hatte sich verhohlen, daß ihn da niemand sah,
Zu Liebe und zu Hilfe dem Berchtung es geschah.
Der König da die Herren das Recht zu hegen bat,
Den ungetreuen Saben satzt' er an seine Statt.
Der saß auf seinen Stuhle, die Kron' er ihm verlieh,
Daß jener Richter wäre, des Reichs er sich verzieh.
Der König da die Seinen viel bat und auch gebot,
Daß niemand Berchtung helfe mit Worten aus der Not.

Als am Gericht nun saßen, die man erlas zur Kür,
Gebot Saben dem König, daß er Berchtung brächte herfür
Mit Rufen und Geschreie, wie er eh hatte getan,
Und daß er auch noch hieße die Königin mit ihm gahn.
Der König sich nicht säumte, auf seine Burg er trat,
Die Hüter vor dem Kerker des Berchtung dort er bat,
Daß sie zu Lichte brächten den hart gefangenen Mann
Und ihn gebunden führten vor sein Gericht heran.
Man führte vor Gerichte den Fürsten von Meran,
Da mußte er vor Saben mit gebundenen Händen stahn.
Die Königin hieß man sitzen, da mußte der König klagen
Über den viel Getreuen, er hätt' das Kind erschlagen.
da sprach der falsche Saben, des Königes Vormund:
»Leugnest oder gestehst du, Berchtung, das tu uns kund!«
Mit Witzen sprach der Alte: »O weh, Geselle Saben,
Du bist nun König worden, drum sollst du Gnade haben!
Wes mich der König zeihet, unschuldig bin ich dran.
Ich wage nicht mehr zu reden; doch gebt mir einen Mann,
Der mir mit seinen Worten sei heut mein Friedeschild!«
Da sprach der falsche Saben: »So wähle, wen du willt!«
Viel weh tät dem Herrn Berchtung der Hände festes Band,
Da sucht' er unter allen, doch keinen Mann er fand,
Der wagen durfte zu sprechen in Berchtungs großer Gefahr.
Sie sprachen alle heimlich: »Es ist uns verboten gar.«
So stund er vor Gerichte als ein elender Mann
Und sprach: »Wie wohl ich selber mein Wort mir sprechen kann,
So will es niemand hören. Weh ob der Freunde mein,
Daß sie in diesen Nöten mich lassen so allein!«
Da kam auch zu der Sprache Herr Baltram hergerannt,
Ihm folgten hundert Ritter, die führten Stahlgewand.
Sein Halsberg ihm vor Zorne an seinem Leib erklang,
Zu Berchtung durch die Rotte er vor Gerichte drang.
Da rief von Bulgarien der biedere Baltram:
»Ihr möget, edle Fürsten, stets Laster haben und Scham,
Daß ihr verderben lasset den Fürsten treu und gut!
Man tut ihm heut dasselbe, was man euch morgen tut.
O weh, was soll uns Fürsten die Ehre und das Land?«
Herr Baltram schnitt mit Zorne Berchtungen ab das Band.

Daß man ihm helfen wollte, das war nach aller Sinn,
Sie stellten sich mit Freude zum kühnen Baltram hin.
Da sprach mit großem Zorne der biedere Baltram:
»Was ich von eines Königs Gerichte je vernahm,
So däuchte mich kein Teiding fürwahr so ungerecht.
Dir, König, sollte folgen nicht Ritter mehr noch Knecht!
Wie konnst du Saben folgen, dem ungetreuen Mann,
Der doch bei Botelunge nie Fürstenamt gewann?
Er ward ja bei denen Heunen nie eines Grafen Genoß.
Daß wir ihm folgen sollen, das ist ein Laster groß.
Fürwahr du mußt nun hören meines Schwagers Berchtung Wort!
Mit dem Schwerte muß er rächen, daß du ihn zeihest um Mord.
Du mußt auf ihn bezeugen, oder die Schande haben!
Er muß mit einem kämpfen, du seist es oder Saben!

Da sprach König Hugdietrich: »Berchtung, mir ist viel Leid,
Daß ich dir hab' geholfen in diese Arebeit.
Ich weiß nicht, ob du Schuld hast; so magst du ledig sein.
Was ich auch tät, verloren bleibt doch das Kindelein.«
Viel laut rief da Herr Berchtung: »Nun sei des Gott gelobt,
Herr König, daß ihr's einseht, und doch nicht immer tobt!
Mein unverdientes Laster tut den Getreuen weh.
Nun heißet, Fraue, sehen, was in dem Briefe steh!
Seht, was ihr mir zum Lohne für diese Kunde gebt!
Ich geb euch meine Treue, daß euer Kind noch lebt.
Klagt ihr nicht andere Schwere, das Kind sollt ihr nicht klagen.
Ich ließ es einst lebendig. Nun darf ich's allen sagen.
In meinem tiefen Kerker ich desto sanfter schlief,
Weil ich es lebend wußte. Nun nehmet diesen Brief!«

Da nahm die edle Königin den Brief aus seiner Hand
Und eine Kapellane gab sie ihn allzuhand.
Als der den Brief erschaute und aufbrach vor ihr da,
Der Frau gab er ihn wieder, da er die Schrift ersah:
»Gar wunderliche Kunde daran mein Auge sieht.
tu was du wollest, Fraue, den Brief les' ich dir nicht!«
Was Pfaffen ihn noch lasen, die schwiegen auch aus Scham
Und wurden in dem Herzen darum den Könige gram.
Die Frau gab einem Priester das Brieflein endlich dar:
»Nun nehmet dieses Briefes durch meinen Willen wahr!
Ihr sollet bei mir sitzen allhier viel nahe bei,
Herr Pfaffe, und mir sagen, was drin geschrieben sei.
Und sagt ihr mir nicht treulich, was in dem Briefe steh',
Ich nehm euch eure Pfarre und tu euch noch viel Weh.
Und laut sollt ihr es sagen, daß man euch wohl vernehme!
Wenn jemand übles wollte, daß er sich heute schäme!«

Da las gar laut der Priester: »Im Briefe steht geschrieben,
Daß unser kleiner Jungherr noch lebend ist geblieben.
Frau, es ist von dem König, dem Herrn, der Rat gekommen,
Der Herr gebot's dem Berchtung, daß er ihm nehme den Leib,
Sonst wollt er seine Kinder ihm hängen und sein Weib.
Der König aus dem Bette das Kindlein selber stahl
Und gab's dem Berchtung heimlich, der trug es durch den Saal
Und führt' es aus dem Schlosse zum Mord mit eigner Hand,
Doch ihm verbot's die Treue, die er im Herzen fand.
Er führt's zu einem Brunnen, der stand der Rosen voll,
Dort sollt es sich ertränken, doch Gott bewahrt' es wohl.
Ungegessen, ungetrunken, saß es dort einen Tag
Im Regen und im Winde, da seiner niemand pflag.
Dort saß es unter Löwen und Wölfen eine Nacht,
Die taten ihm nichts Leides; Gott hatte seiner Acht.
Berchtung der stund so nahe, daß er die Wunder sah
Und wie so manches Zeichen an diesem Kind geschah.
Da hub er von der Erde das kleine Kindelein
Und führte zum treusten Pfleger den lieben Herren sein.«
Da ward unter der Krone dem falschen Saben heiß,
So daß ihm durch die Stirne vor Schrecken drang der Schweiß.
Da sprach König Hugdietrich zu Berchtung von Meran:
»Mir hat es Saben geraten; so räche dich an dem Mann!«

Da sprach Berchtung der gute: »Wie nun, Geselle Saben?
Nun mußt du in die Grube, die du mir hast gegraben.
Darein hat dich gefällt die ungetreue Sitte.
Du hast es nicht verdient, daß jemand um dich bitte.«
Da sprach der Ungetreue: »Mir wird der Tod gegeben,
Willst du dich nicht erbarmen, Berchtung, über mein Leben.
Doch bist du so getreue, vielleicht erbarmst du dich,
Geselle mein und Herre, erbarm' dich über mich!«
Da sprach der viel Getreue, Herr Berchtung von Meran:
»Ich wollte gern verzeihen, was du mir hast getan.
Wir sind von Kindes Jugend Gesellen her gewesen,
Und gönnt es mir der König, ich ließ dich gern genesen.«
Da nahm er den Gesellen und führt ihn bei der Hand,
Da er den König sitzen und andere Fürsten fand.
Zum König sprach da Berchtung: »Laß meinen Gesellen leben!
Ich hab den Zorn gelassen, nun sollst auch du vergeben«
Des dankte ihm der Falsche; das Land er da verschwur,
Urlaub nahm er vom Fürsten, ins Heunenland er fuhr.
Da dankten alle Helden dem Berchtung von Meran,
Daß er an seinen Gesellen hätt' also wohlgetan.

Da richtete sich Berchtung und fuhr heim in sein Land.
Seinen kleinen Jungherrn nahm er, wo er ihn fand.
Er kleidet' in lichte Gewande den lieben Herren sein
Und neben ihm desgleichen seine sechzehn Kindelein.
Mit Freuden kam er wieder zum Königshof geritten,
Allda die Fürsten pflagen gar fürstiglicher Sitten.
Doch aller Fürsten Schallen man wenig mehr gedachte,
Als er nach Konstantinopel die siebzehn Kinder brachte.
Wie froh empfing den Helden die edle Königin rein:
»Nun sag' an, du viel Guter, wo ist mein Kindelein?«
Da sprach der viel Getreue: »Nun sieh, wie es dort geht,
Der längste und der größte, der unter allen steht!
Die andern sind deine Diener, mein ist ein jeglich Kind,
Die wahrlich um neun Jahre älter als deines sind.
Er hat so wohl verwendet so manches junge Jahr,
Daß er wohl wagt zu raufen mit ihrer ganzen Schar.
Ich will dir Märe sagen: ein Armmann zog ihn so,
Den raufte er so kräftig, daß der zu Walde floh.
Wenn er das Kind erzürnte, das schlug ihm einen Schlag,
Wenn's ihn erlangen konnte, daß er am Boden lag.
Ihm mußte häufig fliehen des armen Mannes Weib.
Sie klagten mir es beide, sie retteten kaum den Leib.
Dem Teufel aus der Hölle wurden sie nicht so gram.
Sie küßten mich vor Liebe, da ich ihn ihnen nahm.«

Es währte da die Hochzeit wohl über fünfzehn Tage.
Die Königin vergaß nun die jämmerliche Klage.
Da sagte eines Morgens die Königin adelich:
»Wem wollen wir empfehlen unsern Wolfdieterich?«
Da sprach König Hugdietrich: »Wir wollen Berchtung bitten,
Daß er den Knaben ziehe; er hat viel Not gelitten,
Dieweil er seiner Treue am Kindlein nicht vergaß.
Des sollen wir ihm danken; sein pfleget niemand baß.«
Da gab Hildburg den Jungherrn Herrn Berchtung an die Hand.
Doch sprach der viel Getreue: »Was soll er ohne Land?«
Da sprach König Hugdietrich: »Was er nur haben kann,
Das sollst du ihm verwalten, mein Berchtung von Meran.
Kommt er zu seinen Jahren, wenn er dann Streit begehrt,
So hab ich ihm behalten Harnisch und auch ein Schwert,
Damit er seiner Feinde sich wohl erwehren kann,
Und auch ein Roß, daß niemand ein besseres gewann.
Und geben ihm seine Brüder nicht, was ihm werden soll,
So mag er's abgewinnen im Streite mutesvoll.
Dazu sollst du ihm helfen, sieh, ich empfehl' dir das.
Bitt ihn, daß mit den Brüdern er bleibe ohne Haß!
Nach meinem Tod empfehl' ich dir alles, was ich han,
Du viel getreuer Berchtung, das sei dir untertan,

Daß du es recht verteilest unter die Kinder mein.
Auch meine Frau befehl' ich dir auf die Treue dein.«
Da sprach Berchtung: »So geb' ich ihm meine sechzehn Kind,
Die mein und meines Weibes von Gottes Gnaden sind.
Dem lieben Jungherrn seien die alle untertan,
Dazu dien' ich ihm selber, erwächst er einst zum Mann.«

Herr Berchtung bat um Urlaub und schied mit Freuden so.
Er fuhr mit seinen Kindern zu Land und war viel froh.
Er nahm auch mit Wolfdietrich, das starke Kindelein,
Und befahl es auf die Seele der lieben Frauen sein.
Nun war dem guten Berchtung gar wohl nach solcher Fahrt.
Er lachte auch gar häufig ob seines Herrleins Art,
Daß es in seiner Feste von keinem nichts vertrug,
Daß es so manchen Starken gar raufte und auch schlug.
Auch ward er in der Feste so frech und frevellich,
Daß alle »Waffen« schrien über Wolfdieterich.
Wenn ihn Herr Berchtung wollte strafen ob seiner Sünden,
So mußte man ihn immer erst fangen und dann binden.
Er schlug ihn so gar häufig; die Schläge schmerzten ihn sehr.
Doch was er dann gelobte, das brach er nimmermehr.

Er lehrte nun die Fürstlein, Lob reinen Frauen geben,
Und Gotte gerne dienen, dazu in Ehren leben.
Er lehrte auch die Jungen gar mannig Ritterspiel,
Schirmen und auch fechten und schießen nach dem Ziel,
Und springen nach der Weite und schütteln wohl den Schaft,
Auf Satteln recht zu sitzen; so wurden sie siegehaft.
Er lehrte auch die Jungen die Schilde richtig tragen,
Mit scharfen Geren schießen durch Halsberg und durch Kragen,
wie man in harten Stürmen gen Feinden sollte stehn,
Die Helme recht zu binden, eh' man zum Streit mag gehn.
Er lehrte sie, wie sie sollten wohl werfen schweren Stein,
Daß sie den Preis behielten. Die Mühe war nicht klein.
Es wuchs vor ihnen allen Jungherr Wolfdieterich.
Das sah der treue Berchtung fürwahr und freute sich.
Er sprach zu seinem Jungherrn: »Wohl schießest du den Schaft;
Doch will ich dich nun lehren alles Spieles Überkraft.
Ich lehre dich Messer werfen, das wird dir einst noch Not,
Du möchtest bei den Heiden sonst finden deinen Tod.
Die Kunst lehrt' mich dein Ahne, der König Anzius.
Ich war von ihm entwichen, da fuhr ich denn zum Schluß
Hin zu den wilden Reußen, zum König Grippian;
Dem diente ich mit Fleiße, wie stets ich habe getan.
Sein Sohn der war geheißen mit Namen Belian,
Dem ich das Messerwerfen auch lehrte, wie ich kann,

Und dazu weithin springen und schießen nach dem Ziel.
Einen Sprung hab' ich behalten, den ich dich lehren will.
Auch einen Wurf mit dem Messer, den hab ich ihm versagt.
Das will ich dich nun lehren, was keiner sonst gewagt.
Herr Grippian der reiche ward mir einst darum hold,
Er gab mir Roß und Kleider, Silber und auch Gold.
Erst in dem siebten Jahre ich von ihm Urlaub nahm,
Da wieder gute Botschaft von König Anzius kam.« –
So ward im Messerwerfen Wolfdietrich Meister gar.
Des freute sich Herr Berchtung und seiner Söhne Schar.

Boge und Wachsmut waren zu dreizehn Jahren gekommen,
Wolfdietrich fünfzehn Jahre, so haben wir vernommen.
Sie konnten mächtig hauen durch Helm und Schildesrand;
Da wurden sie zu Rittern durch ihre starke Hand.

Olfan von Babylonien, ein heidenischer Mann,
Hatte dem Herrn Hugdietrich des Schadens viel getan.
Im fünfzehenten Jahre war nun Wolfdieterich,
Da widersagte Olfan dem König Hugdietrich.
Nun war bei diesen Zeiten der edle Wolfdietrich
Mit Berchtungs sechsehn Söhnen, den Rittern adelich,
Durch Abenteuer geritten nach Siebenbürgenland,
Denn seines Vaters Schaden war ihm noch unbekannt.
Olfan war gar gewaltig gen Griechenland gefahren.
Mit manchem starken Heiden und unzähligen Scharen
Belagerte der Heide die Stadt Athen sogleich,
Er wollte gern bezwingen alles griechische Reich.
Vor der Stadt Konstantinopel der harte Streit geschah,
Der brachte manchen Helden dem bittren Tode nah.
Der Heiden König führte fünfhundert Fahnen an,
Und unter jenem Banner waren wohl tausend Mann.
Hugdietrich fuhr ihm entgegen mit seiner freien Schar,
Unter einem roten Banner ritt er zum Schlachtfeld dar.
Vierhundert Banner führten die Griechen da heran
Und unter jedem waren wohl siebenhundert Mann.
Nun hatte Herr Wolfdietrich, der junge Degen zart,
Heimwärts gegen Griechen getan die Widerfahrt.
Als er den schweren Jammer vernahm im Lande da
Und dort die rote Fahne im Felde leuchten sah,
Begann er hin zu sprengen voll Mut und ritterlich
Zu Hilf den werten Griechen, der Held Wolfdieterich.
Die Griechen alle huben sich gegen die Gefahr,
Sie drangen mit einander wohl durch der Heiden Schar.
Wolfdieterich der fügte den Heiden Ungemach,
Mit seinen sechszehn Dienern er ihre Macht zerbrach.

Sie trieben alle Heiden gen das Gebirg hindann.
Da waren tot geblieben wohl achtzigtausend Mann.
Olfan, der Herr der Heiden, der wurde siegelos,
Er floh von Griechen ferne, seine Sorge die war groß.
Der Streit nahm und der Kummer ein gutes Ende so.
Frau Hildburg und Hugdietrich die waren beide froh.
Wolfdietrich sprach zu Berchtung: »Du lieber Meister mein,
Laß deine Söhne immer meine Gesellen sein!«
So hatten sie gesieget im Kampfe ritterlich,
Des pries man in den Landen den Herrn Wolfdieterich.

In diesen selben Zeiten saß Ortnid lobesan
Auf seinem Haus zu Garden, der Held und Biedermann.
Das Land wollt er erstreiten mit ritterlicher Wehr
Nach allen den vier Seiten vom Gebirge bis ans Meer.
Um ihn saß eines Tages viel mannig werter Mann,
Da sprach vermessenen Mutes der Kaiser lobesan:
»Ich hab' doch mehr der Lande, als je ein Ahn gewann,
Die Reiche bis zum Meere, die sind mir untertan,
Baiern und auch Schwaben, Apulien und Tuskan,
Rom und das reiche Spanien sind mir auch untertan.«
Da sprach der Herzog Gerwart: »Du edler Herre mein,
Ich weiß noch einen König, der will dir eben sein.
Er hat drei junge Söhne, gar kühn und lobesan,
Der König heißt Hugdietrich, ein Held und Biedermann.«
Als nun der Kaiser Ortnid die Rede da vernahm,
Sprach er: »Mir muß der König auch werden untertan.
Wir müssen ihn bezwingen mit unsrer starken Hand,
Daß er mir müsse zinsen die Burgen und das Land!«

Da sandte Kaiser Ortnid Boten in das Land
nach zwölf der besten Grafen, die er im Reiche fand.
Die waren bald gerüstet zu dieser weiten Fahrt,
Wessen sie da bedurften, des wurde nicht gespart.
Sie traten in die Kiele und zogen die Segel auf,
Es trieb sie übers Wasser der Wind in raschem Lauf.
Sie fuhren auf dem Wasser siebenzehn Tage dann,
Da kamen sie im Hafen von Konstantinopel an.
Da zogen von den Schiffen die Herren an das Land,
Sie legten an mit Ehren ihr seidenes Gewand.
Sie gingen wohlgezogen vor König Hugdietrich;
Da sprach zu ihm Graf Herman, ein Degen adelich:
»Herr, willst du mir erlauben Botschaft vom Herren mein,
So lieb dir weltliche Ehre und Frauen mögen sein?
Uns hat der reiche Kaiser Ortnid zu dir gesandt,
Daß du ihm zinsen solltest die Burgen und dein Land.

tust du's gern oder ungern, so muß es doch geschehn,
Oder er will zum Sommer mit großem Heer dich sehn.«
Da Hugdietrich der König die Rede hätt' vernommen,
Seine jungen Söhne ließ er da vor sich kommen:
»Nun sagt, Boge und Wachsmut, Wolfdieterich zugleich,
Wie wollen wir antworten Ortnid, dem Kaiser reich?«
Da sprach der König Boge und sein Bruder Wachsmut:
»Eh daß dem Kaiser Ortnid wir zinsen unser Gut,
Eh daß er uns bezwänge und brächt' in solche Not,
Wohl mancher junge Ritter müßt' eher liegen tot.«
Jedoch als Herr Hugdietrich der Söhne Wort vernahm,
Da sprach mit sanftem Mute der König lobesam:
»Eh daß ich mit ihm streite und wage euer Leben,
Eh will ich alle Jahre einen Säumer mit Golde geben.«
Als Wolfdietrich der Starke des Vaters Wort vernahm,
Wie sprach er da voll Zorne zum Boten lobesam:
»Wär euch von meinem Vater nicht Frieden hier gegeben,
Ihr müßtet von mir alle verlieren euer Leben.
Doch da er euch gab Frieden, so sollt ihr nicht verzagen;
Nur sollt ihr eurem Herren von mir hinwider sagen:
Wenn ich bin voll erwachsen dereinst und Mann genannt,
So will ich ihn bestehen wohl um sein eigen Land!«

Des erschraken die Boten und fürchteten großen Schaden.
Der Säumer mit dem Golde ward ihnen bald geladen.
Mit Urlaub zogen sie wieder hin an des Meeres Sand,
Da sie die Kiele fanden; drein eilten sie zuhand.
Auf zogen sie die Segel, die Helden lobesan,
Und fuhren fröhlich wieder über des Meeres Bahn.
Sie fuhren auf dem Wasser wohl gegen zwanzig Tagen,
Und kamen heim zu Sippen, wie wir noch hören sagen.
Als sie nach Sippen kamen, da traten sie hinab,
Sie nahmen aus dem Kiele ihr Gut und ihre Hab,
Sie legten an mit Ehren ihr kostbarlich Gewand,
Und ritten hin gen Garden, wo man den Kaiser fand.

Als nun der Kaiser Ortnid die Boten kommen sah,
Empfing er sie gar schöne, zu ihnen sprach er da:
»Was habet ihr mir Märe von Hugdietrich gebracht
Und seinen jungen Söhnen? Wes hat er sich bedacht?«
Da mußte der Graf Herman zu Kaiser Ortnid sagen:
»Der König hat einen Knaben, der hätt' uns bald erschlagen.
Der Junge läßt dir entbieten, werd' er ein Mann genannt,
Woll' er dich hier bestehen wohl um dein eigen Land.
Das mag manch kühnem Recken einst kommen noch zu Schaden.
Doch heuer ist der Säumer mit schwerem Gold beladen.«
Da lohnte Ortnid ihnen die Fahrt, die sie getan:
Zwölf goldne Ringe mußte der Boten jeder han.

Ortnid und Alberich

Kaiser Ortnid ist der Nachkomme Dietwarts und Minnes. Dietwarts Sohn Siegeher freit Amelgard von Normandie. Deren Sohn Ortnid beschließt mit Alberichs, des Zwergenkönigs; Hilfe eine Meerfahrt, um die syrische Prinzessin Sidrat zu freien.

Nun lassen wir die Mären von Wolfdietrichen stehn
Und wollen zu neuen Mären von Kaiser Ortnid gehn
Und manchem andern Helden, der auch nach Ehren rang
Und viele starke Feinde in fernem Land bezwang.

Es wuchs in römischen Landen ein König reich und hehr,
Geheißen war er Dietwart, er saß am Wendelmeer,
Zu Rom der reichen Burge weithin wohlbekannt.
Mehr als vierzehn Lande dienten seiner Hand.
Vierundzwanzig Räte pflagen sein mit Fleiß;
Die rieten ihm das beste, daß er errang den Preis.
Da war der Landgraf Erewin, ein auserwählter Degen,
Da war der Herzog Hermann, getreu, des Herrn zu pflegen.
Da war der Herzog Abel und Kandung von Spolet
Und von Tuskan Herr Iwan, die Mannen treu und stät.
Da war Ruan von Barut, ein Recke stark und gut;
Arnold hieß sein Bruder, gar stolz und hochgemut.
Da war der edle Berchtram, da war auch Baldewin,
Der hatte einen Bruder, den mannlichen Balin.
Da waren noch zwei Brüder, der edle Turian
Und Mimung, der die Lande zu Isterreich gewann.
Da war Biterung von Heste, am meisten doch bekannt
War jener treue Recke, der Berchtung ist genannt.
Sein Vater war von Griechenland und hieß Wizlan, er hatte
Des Herzogs Hermann Schwester zur Eh' als treuer Gatte.
Da war der kluge Tibald geboren von Pullenland,

Ein guter Redegeselle, der bald den Tod drauf fand.
Da war der edle Balmung von Kalaber genannt,
Dann war der tapfre Reinher, Fürst von Cecilienland.
Da war der kühne Hunold zu Schwaben überm Rhein,
Und Diepold auch zu Franken, von jedem Makel rein.
Herzog zu Westfalen war Siegeher der Recke,
Und Herzog zu Zähringen der Fürst Wigold der Kecke.
Der letzte der ist Friedger; nun hab' ich alle genannt.
Das waren alles Fürsten und hatten reiches Land.

Es lebte in blühenden Tugenden Dietwart dreißig Jahr,
Bis er erwuchs zu Manne und Ritter worden war.
Da rieten ihm seine Mannen, daß er sich nehme ein Weib,
Davon geteuert würde sein Land und auch sein Leib.
Und seiner Räte Lehre behagte Dietwart wohl,
Er folgte ihnen gerne, wie man den Freunden soll.
Er hieß ein Weib sie suchen, die beste, die man da
In allen Reichen konnte finden fern und nah.

Minne war geheißen König Ladiners Kind,
Die schönste aller Frauen, die auf der Erde sind.
Sie saß auf hohem Schlosse, Valdanis genannt,
Rother hieß ihr Bruder, Westermeer das Land.
Da fuhren mit reichem Gute Starkher und Erewin,
Arnold der Hochgemute, als vierter Baldewin,
Die Werber Königs Dietwarts, nach Westermeer ins Land,
Und warben bei König Ladiner um der schönen Minne Hand.
Mit guter Zucht empfing sie Ladiner der Held,
Und sprach, er wolle geben die Tochter auserwählt,
Dazu die Stadt zu Mundal und Portegal am Meer,
Doch seinem Sohne Rother, dem gab er Westermeer.

Es war in jenen Tagen, da sich alles mai't
Und da die Heide sich blümet zur süßen Sommerzeit,
Da fuhr zu Schiffe Dietwart wohl mit viertausend Mann.
Die Mark daheim zu schützen blieb Reinher und Iwan.
Sie waren nur acht Tage gefahren auf dem See,
Da kam ein Sturm, ein wilder, der tat den Schiffen weh
Und schlug sie an ein Eiland. Der König ankern hieß.
Man ließ die Segel nieder, die Schiffe man verließ.
So saßen sie nun dorten und klagten ihr Unglück sehr.
Da kam ein ungeheurer Lindwurm im Sturm daher,
Dem fuhr das wilde Feuer aus seinem schrecklichen Mund.
Wenn er erhub die Stimme, so bebte der Erdengrund.
Da ließ Dietwart vom Schiffe Gere bringen und Schild,

Daß sie sich wehren möchten gegen das starke Wild.
Zuerst kam da zur Wehre Tibald, der Degen gut;
Den Geren nahm der Recke mit unverzagtem Mut.
Mit Stechen und mit Schießen und manchem starken Schlag
Begann er aus der Nähe den Kampf am Meereswag.
Doch durch des Wurmes Feuer kam er nicht lebend von dannen.
Indessen kam der König mit vierzig seiner Mannen.
Dreißig seiner Leute, die lagen bald auch tot.
Da ward der König grimmig in dieser großen Not,
Er traf den Wurm am Halse, eh dieser sich's versann.
Da begann der Drache zu brüllen, daß weit umher im Tann
Hernieder von den Bäumen mußt' fallen Laub und Ast.
Doch auch Dietwart der König war ohne Leben fast.
Da nahmen ihn die Seinen und trugen ihn in der Not
Hin in das Schiff von dannen. Sie meinten, er wäre tot.
Er kam nicht eher zu Sinnen als bis am dritten Tag,
Da auch sein Schiff vor Anker im sichern Hafen lag.
Da stieg er, kaum gesundet, zu Westermeer ans Land,
Wo er mit großer Freude die schöne Minne fand.

Ladiner der reiche gab seine Tochter dort
Zur Eh' dem jungen König. Drauf zog man wieder fort.
Mit vierzig ihrer Maide und vierzig Rittern hehr
Fuhr Minne und Herr Dietwart von dannen übers Meer.
Zu Rom im Laterane die frohe Hochzeit war.
Herr Dietwart lebte seitdem mit Ehren vierzig Jahr,
Und hatte von Frau Minne wohl vier und vierzig Kind,
Die leider außer einem alle gestorben sind.
Siegeher hieß der Knabe. Vierundzwanzig Reiche
Bezwang noch König Dietwart, der Held, der ohnegleiche
Bevor er kam zu sterben. Da ward das Land und Gut
Siegeher dem jungen. Da er so hochgemut
Erwuchs zu einem Manne und auf Ehre sann sein Leib,
Da rieten ihm die Seinen, daß er sich nähme ein Weib.
Sie rieten ihm nach einer zu Normandie ins Land:
Pallus war ihr Vater, sie Amelgard genannt.
Zwei reiche Fürsten wurden auf Werbung ausgesandt,
Siegeband hieß der eine, Meran war sein Land;
Der andere hieß Sindold. Sie fuhren diese Fahrt
Und warben bei Herrn Pallus um Jungfrau Amelgard.
Die Hochzeit ward gefeiert. Nach seines Mutes Begehr
Lebte noch viele Jahre der edle Siegeher.
Ihm ward ein Sohn geboren, Ortnid hieß das Kind,
Und eine schöne Tochter, die holde Siegelind.

Nach seines Vaters Tode nahm jung Ortnid das Reich;
Ihm war bei seinen Zeiten kein andrer König gleich.
Sie mußten alle fürchten den Starken und sein Heer,
Die Lande hätt' er bezwungen vom Gebirge bis zum Meer.
Brixen und auch Berne war ihm untertan,
Ihm dienten ohne Weigern auch Rom und Lateran.
Ihm dienten auf Garden täglich wohl zwei und siebzig Helden.
Zwölf-Männer-Stärke hatt' er, wie uns die Weisen melden.
Gerecht war er den Seinen, den Freunden war er mild;
Einen goldnen Elefanten führt' er im Wappenschild.

Als nun der edle Degen erwuchs an Mut und Leib,
Da rieten ihm die Seinen, daß er sich nähm' ein Weib,
Die ihm zu haben zieme nach seinem eignen Sinn
Und auch mit Ehren hieße im Lande Königin.
Da sprach der edle König zu seinen Magen und Mannen:
»Nun ratet, meine Räte, mit treuem Sinn, von wannen
Ich eine Frau mir hole, die mir genoßsam sei,
Daß ich durch ihr Geschlechte der Schande bleibe frei!«

Sie saßen nun am Rate wohl zu fünf langen Tagen,
Und konnten für die Wahrheit dem König doch nicht sagen,
Wo eine Frau sie fänden, die er wohl möchte nehmen,
Daß sie sich ihres Rates hernach nicht dürften schämen.
Da sprach der edle Markgraf Helmnot von Tuskan:
»Was Könige hier sitzen, die sind dir untertan.
Wir können keinen finden dieshalb des Meers zu Land.
Da ist kein König, der nicht müßt dienen deiner Hand.«

Da sprach des Königs Oheim, der König Ilias
Von Reußen, der nach Ortnid der allerteuerste was:
»Ich weiß wohl eine Fraue, gar schön und hochgeborn,
Die hat noch niemand erbeten, der nicht sein Haupt verlorn.
Ihren Vater will ich dir nennen: der heißet Godian,
Der Herr von Montabure, ein mohrenschwarzer Mann.
Er hat sich vorgesetzet, des er sich sollte schämen:
Wenn ihm die Mutter stirbet, will er die Tochter nehmen.
Sie leuchtet aus allen Frauen, gleichwie das schöne Gold
Tut neben fahlem Bleie; sonst ist keine so hold.
Sie strahlt aus allen Weiben recht wie die Rose tut.
Es ward nie Kind so schöne; man sagt, sie sei auch gut.
Ihr Vater ist der reichste der Fürsten weit und breit,
Ihm dienen mehr der Heiden, als dir der Christenheit.
Suders, die Burg in Syrien, ist seine Hauptstadt.
Doch wer in Botschaft jemals um seine Tochter bat,

Der mußte den Leib verlieren, drum läßt es jeder sein.
Was hilfts da mehr zu sagen; sie wird doch nimmer dein!«

Da sprach zu seinen Räten der König Ortnid hehr:
»Viel liebe Schargenossen, wir müssen übers Meer!
Wer mir zur Reise helfe, dem bin ich immer hold;
Ich habe lang geheget mein Silber und mein Gold.
Es steht ein Turm zu Garden, darinnen liegt mein Hort,
Der ist gefüllt mit Golde vom Boden bis zum Bord.
Den Hort will ich euch bieten, dazu mein Land und Gut.
Ich will ihm's immer danken, wer mir das Hilfe tut.«
Da sprach der König von Reußen, sein Oheim Ilias:
»O Kind du meiner Schwester, weh, warum sagt' ich das!
Kommst du zu Montabure, so sieh' die Zinnen an!
Zweiundsiebzig Häupter hat er gesteckt daran,
Die hat er ob der Jungfrau den Boten abgeschlagen.
Daß ich je ihrer dachte, das will ich Gott nun klagen.«
Da sprach der edle Burggraf auf Garden, Engelwan:
»Du hast auf dieser Feste wohl zweiundsiebzig Mann,
Denen du bist zum Vogte gesetzet und geborn,
Die müßten all es klagen, würdest du uns verlorn.«
Mit Zorne sprach sein Bruder, der kühne Helmnot:
»Nicht recht ist's, daß du reitest nach Frauen in den Tod.
Du solltest billigerweise bei deinem Lande sein,
Eines reichen Fürsten Tochter im Lande solltest du frein!«

Da sprach in hohem Mute Ortnid der König reich:
»Du magst es mir nicht wehren; sorgst du des Leibes gleich,
So bleibe denn zu Hause! Doch mir ist wohl bekannt,
Daß Biedermannes Erbe liegt in einem Land.«
Da sprach der edle Truchseß, ihr Vater Hüteger:
»Wir wissen deinen Ernst nun und irren dich nicht mehr.
Dir geben auf dem Schlosse die zweiundsiebzig Mann
Jeglicher hundert Ritter, willst du in Wahrheit dran.«
Da sprach wieder von Reußen der König kühn gefaßt:
»Weil du denn dein Gemüte daran gewendet hast,
So will ich mit dir wagen den Leib und auch das Leben.
Ich will fünftausend Ritter und auch mich selber geben.«

Da sprach der von Sizilien, der Heide Zachareis:
»Ich sitze in deinem Gedinge, du bist mein oberster Preis.
Um was du andre flehest, das tu ich ungebeten.
Ich will gar hoch dir steuern, willst du die See betreten.
Willst auf der See du fließen von deines Reichs Gestaden,
So will ich dir zwölf Kiele mit reicher Speise beladen

Und mit dem besten Weine, den man je Königen trug.
Sitz auf, wann du willst; ich geb' dir wohl auf drei Jahre genug.
Dazu will ich dir zwanzig mal tausend Helden geben,
Und reiches Tuch von Golde, von Samt- und Seidengeweben!«
Da sprach der edle Markgraf Helmnot von Tuskan:
»So nimm von mir zur Steuer fünftausend kühner Mann!
Die will ich mit dir senden über das wilde Meer;
Soll ich selber mit dir fahren, wird dir vielleicht noch mehr.«
Da sprach der Fürst von Trojen, der Herzog Gerwart:
»Ich will, o Herr, dir steuern zu deiner Heeresfahrt.
Nutschier und Bonavente das ist mir untertan;
Daraus will ich dir senden wohl auch fünftausend Mann.
Und willst du, fahr' ich selber mit dir nach der Königin gleich.«
Da sprach zu Herzog Gerwart Ortnid der König reich:
»Das will ich nicht verlangen, du kühner stolzer Degen!
Du sollst hie heime selber indes der Herberg pflegen.
Garden und all meine Ehre soll dir befohlen sein.
Ich befehl dir auch meine Mutter, Herr, auf die Treue dein,
Dir und dem edlen Grafen Helmnot in die Hand.
Ich befehl euch auf die Treue beides, Leute und Land!«

Da sprach der Fürst von Reußen, sein Oheim Ilias:
»Weil du von starkem Gute die große Tugend hast,
Und auch so reiche Würde, so kies dir einen Mann,
Der dich beraten könne, der recht dich leiten kann!«
Da sprach zu seinem Oheim des Reußen Schwesterkind:
»Weil nun die Fürsten alle in meiner Macht hier sind,
Will ich dich zum Rater kiesen; du sei der Vater mein.
Die Leute und mich selber empfehl ich der Treue dein!«

Da sprach der Ohm von Reußen, Ilias der König hehr:
»Du magst viel wohl ertrinken, fährst du jetzt auf das Meer.
Der Segelwind ist böse, 's ist noch nicht Fahrens Zeit,
Dir wird von Winterstürmen, o König, hartes Leid.
Wenn uns der Mai erscheinet gegen den lichten Tagen,
So bitte deine Freunde, daß die den Helden sagen,
Daß sie sich dann bereiten, wie's ihnen drauf ergeh',
Daß wir mit Vogelsange ziehn auf den wilden See!«

Da sprach zu seinen Mannen Ortnid der König gut:
»Weil denn an euch gelegen all meine Freude und Mut,
So leistet eure Treue, die ihr mir habt gegeben!
Das will ich noch verdienen, so lang ich möge leben.
Doch merkt, ihr werten Ritter, was ich euch sagen will,
Die mit mir fahren wollen: es ist nicht Kindes Spiel!
Es sei zu allen Zeiten ein jeder so gesinnt,
Daß er zurück nicht denke weder an Weib noch Kind!«

Die Treue ward geleistet, sie schwuren ihm also,
Daß sie's viel gerne taten; des ward der König froh.
Da sah man manchen dringen durch Gabe und durch Gut,
Da drang auch mancher andre durch seinen hohen Mut.
Sie waren alle willig dem reichen Könige hehr,
Darum erschaute mancher die Heimat nimmer mehr.
Viel Rosse und auch Ringe wurden da gegeben;
Um des Gutes Willen wagten sie das Leben.
Der König gab so lange, bis nichts des Gutes blieb;
Das sie des Gutes begehrten, das war dem Kühnen lieb.
Sie waren froh der Pflege und ließen sich nicht bitten.
Darauf nahmen alle Urlaub; aus Garden sie da ritten.

Da sprach auch der von Reußen, der König Ilias:
»Es nahet fast dem Jahre, daß ich daheim nicht saß.
Ich sähe gern daheime mein Weib und auch mein Kind,
Und möchte die Helden schauen, die dir verheißen sind.« –
So gab er ihnen allen den Urlaub und auch Dank.
Doch von der starken Minne war Ortnid siech und krank.
Den nur von sagenden Dingen der Jungfrau Schöne zwang,
Dem König ward der Winter und die kurzen Tage lang.

Da sprach nun eines Morgens der König weitbekannt:
»Mir ist ein Traum gekommen; bring mir mein Sturmgewand,
Mein viellieber Knappe! Bring mir die Ringe bald!
Ich muß nach Abenteuern nun reiten in den Wald.
Mir ist so leicht zu Mute; vielleicht gelingt mirs wohl.
Der Biedre aller Zeiten sein Heil versuchen soll!«
Da sprach mit Klagen die Mutter, das minnigliche Weib:
»Sohn, du geruhest nimmer, bis du verlierst den Leib!
Du solltest billig hören auf deiner Freunde Mut;
Es geht viel selten eben, was ohne Rat man tut!«
Da sprach zu seiner Mutter der König ihr zum Leid:
»Du sollst mir nimmer wehren den Willen noch den Streit!
Was du mir sonst gebietest, o Fraue, das geschieht.
Doch hätt ich tausend Mütter, ich blieb durch keine nicht!«

Mit Züchten sprach die Fraue, die schöne Königin:
»Mein Vater, Mann und Herre, mein Kindlein, zieh denn hin!
Weil dichs so sehr gelüstet, so will ich dirs nicht wehren;
Nun müsse Glück und Sälde dir Gott dazu bescheren!
Doch daß du mir nun immer mußt desto holder sein,
Wenn du von mir ausreitest, so nimm dies Ringelein!
Ich geb' es dir zur Steuer, nun habe dir das Gold!
Giebst du es aber jemand, werd' ich dir nimmer hold.

So du von Garden reitest, so kehr zur linken Hand
Über Rohnen und über Gebirge neben der steinernen Wand,
Und warte, wo die Linde unterm Gebirge steht
Und aus der Felsenmauer ein kühler Brunnen geht.
Die Linde ist hoch und mächtig, darunter ein Anger breit;
Fünfhundert Rittern wahrlich die Linde Schatten beut.
Kommst du unter die Linde, so bleibe dorten stehn!
Du findest Abenteuer, das soll vom Stein geschehn
An deinem Ring; drum birg nicht, mein Sohn, das Ringelein!«

Da dankte König Ortnid der lieben Mutter sein.
Es ritt der edle Fürste viel unverzagt von dannen
Wohl von der Burg zu Garden ohn' alle seine Mannen.
Da mied er das Gefilde, wie ihn die Mutter bat,
Und kehrte in die Wilde ohne Straße, ohne Pfad.
Gegen die Sonne hielt er das Ringlein an der Hand
Und ritt durch Unbetretnes zu Tal die steinerne Wand.
Da kam er in eine Aue neben dem Gardasee;
Dort sprangen auf der Haide der Blumen viel und Klee.
Die Vögel sungen schöne, des Schalles er genoß.
Die Nacht hatt' er gewachet; des Reitens ihn verdroß.
Es kam nun durch die Wolken gen Tag der Sonne Schein,
Und immer noch besah er das Gold und auch den Stein.
Da stand er überm Anger das grüne Gras zertreten
Und sah von kleinen Füßen den schmalsten Pfad getreten.
Demselben Pfade folgt' er unter die Steinewand,
Wo er den kühlen Brunnen und auch die Linde fand.
Da stieg er von dem Rosse und zog es an der Hand.
Wie freute sich sein Herze, da er die Linde fand!

Die Linde schaut' er lange, er lachete und sprach:
»Das wisse Gott vom Himmel, du bist ein schönes Dach!
Es ging von einem Baume wohl nie so süßer Wind.«
Da lugte er unter die Äste – er sah ein kleines Kind,
Von Golde und von Seiden war sein Gewand allgar.
Da stund er und beschaute des Kleinen Leib und Haar.
Das Roß das hängt' er feste an einen Lindenzweig.
Er wollte da versuchen, wie sich der Kleine zeig',
Wenn er erwachet wäre. Der edle König rief –
Der Kleine blieb doch liegen, als ob er feste schlief.
Da wollt er ihn zum Rosse in Kindesweise tragen.
Doch da ward ihm auf einmal ein starker Schlag geschlagen.
Der Zwerg war's, der mit Fäusten den großen König schlug
Und sich mit Stärke wehrte, daß er ihn nicht enttrug.
Der Große ward erzürnet, der Kleine der ward froh.
Der Zwerg fing an zu lachen, dem andern wars nicht so.

Doch endlich zog den Kleinen des Großen Stärke hin,
Gar sehr betrog den Zwergen die Hochfahrt und sein Sinn.
Nur durch sein vieles Lachen ward ihm sein Preis benommen,
Und hätt' er nicht gelachet, hätt' er ihn nicht überkommen.
Der Große nahm den Kleinen und warf ihn auf das Gras;
Das kam von seinen Kräften, die Ortnids Leib besaß.
Zwölfmännerstärke hatte der ungefüge Mann,
Doch hielt er kaum den Kleinen, daß er ihm nicht entrann.

Als nunmehr vor dem König der Kleine niederlag,
Griff Ortnid zu dem Schwerte und holte aus zum Schlag.
Da fiel ihm schnell zu Füßen der klein geschaffne Genoß:
»O laß mich, König Ortnid, durch deine Herrschaft groß!
So geb ich dir zur Minne so gutes Kriegsgewand,
Daß niemand auf der Erde so festes nimmer fand,
Die Brünne und den Halsberg, dazu ein Beingewand,
Da ist kein Ring so kleine, ihn schmiedete meine Hand.
Das Gold ist ohne Falschheit und lauter wie ein Glas,
Ich nahm's an einem Berge, der heißet Kaukasas.
Wohl fünfzigtausend Marke ist diese Brünne wert.
Ich will dir zu dem Halsberg noch geben solches Schwert:
Die Klinge heißet Rose, von Farbe ist sie licht;
Was du damit auch streitest, doch hat sie Scharten nicht.
Und zu dem lichten Schwerte geb ich dir einen Schild,
Einen festen und so starken, wenn du mir's danken willt,
Den nie Geschoß verwundet noch keines Schwertes Schlag,
Auch keines Feuers Hitze hindurch gelangen mag.
Zu allem dem Geschmeide geb ich ein Hauptdach dir,
Daß man ob Ritters Haupte nie schaute schönre Zier.
Der Mann, der diesen Helm trägt, ist selig alle Zeit,
Man kann sein Haupt erschauen eine halbe Meile weit!«

Da sprach zum kleinen Manne der König Ortnid dreist:
»Gibst du so große Gabe, so sage, wer du seist!«
Da sprach wieder mit Züchten der kleine wilde Zwerg:
»Mir dient in diesem Lande wohl mannig Tal und Berg.
Lang eh du warst, schon herrscht' ich als König sicherlich.
Willst du mich gerne nennen, so ruf mich Alberich!
Wie klein ich dir doch dünke, das glaube mir fürwahr,
Ich hab' auf meinem Halse mehr denn fünfhundert Jahr.
Ich bin wie du ein König, laß mich auf Treuen frei!
Wieviel du hast der Lande, ich hab' mehr als deiner drei.
Du hast wohl ob der Erde Gewalt und Ehre viel,
So hab' ich auch darunter alles, was ich will.
Mir ist gesteint die Krone mit Wundersteinen reich,
Du möchtest sie nicht gelten mit deinem Königreich.

Ich gebe, wenn mich lüstet, viel Silber und auch Gold;
Der Mann wird reich und selig, dem ich bin treu und hold.«
Da sprach zum Zwerglein wieder der König adelich:
»Ich wag's auf deine Treue, o König Alberich!«
Von sich ließ er den Kleinen, der vor ihm züchtig nun
Mit Fürchten stand und Zagen, wie die Gefangnen tun.

Drauf sprach der König Albrich zu Ortnid alsogleich:
»Gewähr mir eine Bitte, Ortnid, o König reich!
Ich will dein Diener immer dann und dein eigen sein:
Durch aller Könige Würde, gib mir dein Ringelein!«
Da sprach zum Zwerglein wieder Ortnid, der König hehr:
»Ich gäbe dir's viel gerne, wenn mir's versagt nicht wär'.
Was du von mir sonst gehrest, das will ich dir gewähren.
Ich gäb dir's auch viel gerne, darf sein doch nicht entbehren.
Es gab mir's meine Mutter, der habe ich's verschworen,
Ich fürcht', ob ich's dir gäbe, ich hätt' ihre Huld verloren.
Viel weh tut's meinem Herzen, wenn es sie trauern sieht.
Nun lache oder zürne, ich geb' dir's wahrlich nicht!«

Da sprach der Kleine wieder, Albrich der König gut:
»Was sollen dir Königreiche, hast du nicht milden Mut?
Was soll dir Mannesstärke, was soll dein großer Leib,
Daß du so sehre fürchtest Schläge von einem Weib?«
Da mußte König Ortnid zum Zwerge wieder sagen:
»Nie hat wohl meine Mutter mit Gerten mich geschlagen!
Doch gäb' ich dir noch lieber eine Burg oder ein Land,
Als ich dir jetzo gäbe das Gold von meiner Hand.
Weil du aber so sehnlich nach diesem Golde strebst,
So gib mir deine Treue, daß du mir's wiedergäbst!«
Er wollt' ihm's nicht erlassen, er mußt' ihm Eide schwören.
Der Zwerg griff ihm nach den Händen, das wollt' er ihm nicht wehren.
Als er ihm von dem Finger das Ringlein zog allda,
Zuhand verschwand der Kleine, daß er ihn nimmer sah.

Mit Spott sprach nun der Kleine zu König Ortnid hin:
»Nun suche, König Ortnid, nun suche, wo ich bin!
Du hast von deinen Händen ein Ringelein gegeben,
Das du nicht wieder findest, solange du magst leben!
Daß du zuerst mich fingest und mich dein Auge sah,
Von diesem selben Steine dies Glück dir nur geschah.
Ich müßte dir immer dienen, hättst du das Ringelein.
Nun heb' dich, wo du wollest, es wird nimmermehr dein!
Was sollen dir auch Ringe, o König Ortnid reich?
Oder was soll einem Toren so hohes Königreich?

Ich will die Ringe senden dem, der ihr baß bedarf,
Der nicht die besten Steine so töricht von sich warf!«
Da sprach der König Ortnid, als ihm dies war geschehn:
»Ha, möcht' ich dich erlaufen und könnt' ich, Zwerg, dich sehn,
Was du mir hast verheißen, das müßtest du mir tragen,
Oder würdest bei dem Beine um diesen Stein geschlagen!«

Da gürtete er dem Rosse in wildem Mute baß.
Von dannen wollt' er reiten, im Zorn er darauf saß.
Da rief ihm nach das Zwerglein, der König Albrich gleich:
»Hei, guter Mann, so bleibe, Ortnid, o König reich!
Wem willst du denn nun lassen dein liebes Ringelein?
Wer soll dir Huld gewinnen wohl um die Mutter dein?
Wenn du dich nicht erzürnest, was von der Mutter eben
Ich rede oder spreche, will ich den Ring dir geben.«
Da sprach der edle Ortnid, der reiche König hold:
»Was magst du Übles reden? Ich ließ dir eh dein Gold,
Als daß ich dich ließe höhnen das tugendreiche Weib.
Wüßt ich, wo ich dich fände, ich nähme dir deinen Leib!«

Mit Züchten sprach da Albrich, der mächtge Zwerg geschwind:
»Wohl dir! Du hast der Treuen beste, selig Kind!
Ich sag von deiner Mutter nichts als die Wahrheit an.
Du zürnest eine Weile, und dankst mirs doch alsdann.
Ich mach dirs also süße, daß du's wohl hören mußt.
Gib mir des deine Treue, daß du mir nichts antust.
Da sprach zu König Albrich der edle Ortnid wert:
»Es mag ein Mann des Wahren reden, so viel er begehrt.
Doch werde ich dir nimmer, du wilder König, hold,
Wird mir nicht eher wieder mein Ringelein von Gold.«

Ortnid der Held war listig, die Kraft er auch besaß.
Das Gold mußt jener bieten, da warf er ihn ins Gras.
Das Gold an seinen Finger der König Ortnid stieß;
Allerst sah er den Kleinen, von sich er ihn nicht ließ:
»Nun sag mir, König Albrich, nun sag mir, böser Geist,
Eh' ich dich heute lasse, nun sag' mir, was du weißt!
Du brauchst dich nicht zu fürchten, daß dir etwas geschieht.
Nun freuet sich mein Herze, daß dich mein Auge sieht.
Mir ist dein Leib noch lieber denn dieses Ringelein.
Sag' alles, was du wissest von der lieben Mutter mein!«

Da sprach der wilde Weise: »O König hochgelobt,
Nun hüte deine Treue, die du mir hast gelobt!
Ich sage deine Mutter von allem Wandel frei,
Ich wähne, daß auf Erden nicht bessre Fraue sei.

Ich dünke dir gar kleine, und du bist mächtig groß,
Bist über alle Könige, fast wie ein Riesensproß.
Wie groß du dich auch dünkest, wie viel ungleich auch sind
Die Glieder an uns beiden, so bist du doch mein Kind.
Ich hörte deine Eltern gar sehnlich flehn und bitten
Nach alter Leute Weise in trauriglichen Sitten,
Daß ihnen Gott beschere ein kleines Kindelein.
Von mir empfing dich, Ortnid, die Mutter; du bist mein!«

Mit Staunen und mit Schweigen vernahm Ortnid dies Wort.
Und Alberich, sein Vater, fuhr drauf zu reden fort:
»Ich will dir nicht, auf Treuen, gelogne Worte sagen,
Ich will dir her die Waffen auf deinem Schilde tragen.«

Alsbald entwich der Kleine dem König in den Berg,
Da trug er von der Esse das wonnigliche Werk.
So lauter wie ein Brunnen und licht gleich einem Glas,
So setzt er ihm die Brünne nieder auf das Gras.
Er brachte ihm zum Halsberg den Helm so fest und licht,
Der war so gut gewürket, kein Schwert durchschnitt ihn nicht.
Der Helm war rings bespänget; gleich dem Sonnenschein
Schien aus jeglichem Orte ein Karfunkelstein.
Doch in der Mitte drinnen stund ein Adamant.
Die Waffen faßte Ortnid; den Helm aufs Haupt er band.

Ortnid griff da in Freuden nach seines Rosses Zügel;
Das Zwerglein wollt' ihm halten den Stegreif und den Bügel.
Dann reichte ihm der Kleine aufs Roß hinauf den Schild:
»Ich sehe wohl, mein Lieber, daß du nun von mir willt!«

Eh' er den Schild empfangen, schaut' Ortnid noch sein Schwert,
Damit war er in Nöten zu Streite wohl bewehrt.
Da fand er beidenthalben die Schrift bei seinem Namen:
Wer mit der »Rose« fliehet, der muß sich immer schamen.
Von Gold war seine Scheide; was die Fessel sollte sein,
Das war mit Gold durchschlagen eine Borte von Seide fein
Was oberhalb des Heftes war des Schwertes Kloß,
Das war gar ein Karfunkel, wohl einer Faust gleich groß.
Den Schild nahm er zu Halse, er wollte nun hindann.
Da sprach der wilde König Albrich, der kleine Mann:
»Du wirst mich nicht verlieren, bedarfst du etwa mein,
So lang du trägst am Finger das goldne Ringelein.«

Der König Ortnid kehrte von dannen in den Wald,
Gar leicht war ihm zu Mute, seine Lust war mannigfalt.
Allerst war er zu Streite viel schöne nun gewehrt,
Gern wollt' er nun versuchen den Harnisch und das Schwert.
Für sich ritt er nach Streite bis an den dritten Tag,
Daß er vor Übermute gar keiner Ruhe pflag.

Zu Garden und im Lande war jämmerliche Not;
Sie wähnten dort gar alle, der König wäre tot.
In jämmerlicher Trauer siechte die Mutter hin;
Es konnte niemand trösten die edle Königin.
Am vierten Morgen endlich ritt Ortnid durch den Tau
Wohl vor die Burg zu Garden in die grüne Au.
So wie das Morgensternlein durch finstre Wolken brach,
Dem Sterne gleich erglänzte sein Schild und auch sein Dach.

Doch war dem guten Wächter der Gast viel unbekannt.
Gleich lichtem Morgenblicke, so blitzte sein Gewand,
Her vor die Burg zu Garden ritt er zum grünen Hag.
Das Rößlein trieb er fester. Da ward es lichter Tag.
Er ging nun vor gewaltig bis an des Schlosses Graben,
Gleich als ob er die Mauer erstürmet wollte haben.
Aus schwerer Angst erwachte die Königin edel und rein.
Sie lugte durch das Fenster, da sie ersah den Schein.
Die in dem Schlosse waren, beides Männer und Frauen,
Die gingen auf die Zinne, das Wunder anzuschauen.

Da sprach der edle Burggraf auf Garden, Engelwan:
»Du mußt dich allerst nennen, eh' wir dich lassen heran!«
Da sprach der kühne Ortnid, er wollte die Wahrheit nicht sagen:
»Ich bin ein wilder Heide und hab' deinen Herrn erschlagen!
Nun sind auf diesem Schlosse wohl zweiundsiebzig Mann,
Die sollen den Schaden rächen, den ich ihrem Herrn getan!«

Das Tor bis an den Angel mit Zorn der Burggraf warf,
Sie zuckten auf der Brücke zwo schöne Klingen scharf.
Wie kühn der Wirt auch wäre, doch stärker war der Gast,
Er schriet von ihm die Brünne recht so wie faulen Bast.
Hätt' es ihn nicht erbarmet, er hätt' ihm den Leib genommen.
Gewaffnet war auch Helmnot, der andre Bruder, gekommen.
Da sprach der König Ortnid, des Streits hatt' er genug:
»Nun müß' es Gott erbarmen, daß ich ihn heute schlug!
Allerst will ich es glauben, daß ihr getreu mir seid;
Ich bin's ja selber Ortnid; die Untat ist mir leid!«

Da ward viel wohl empfangen der König allzuhand.
Ihn weisten seine Leute, wo er die Mutter fand.
Die Frau ihn schier erkannte; sein Haupt das war nun bloß.
Da ward allerst von Liebe der Frauen Weinen groß.
Die Mutter fragt' ihn eifrig, was er im Walde sah;
Da sagte er ihr alles, was Wunders ihm geschah.

Ortnids Meerfahrt

Alberich der Zwergkönig hilft dem Kaiser Ortnid die Tochter des Heidenfürsten in Montabor zum Weibe gewinnen.

So harrte König Ortnid, bis daß umkam das Jahr.
Die mit ihm fahren sollten, die kamen alle dar.
Dem Burggrafen empfahl nun der König Mutter und Land.
Die Herren schwuren ihm Hulde. Urlaub nahm er zuhand
Mit seinen Schargenossen von der edlen Königin
Und fuhr mit seinen Holden zum Hafen von Messin.
Gar minniglich empfing ihn dort Zachareis, sein Mann.
Die Kiele waren bereitet; da hub die Fahrt sich an.
Ihm waren auf drei Jahre die Kiele wohl geladen.
Die Anker sie da lösten und flossen von den Gestaden.
So fuhren sie mit Freuden, Herr Ortnid und sein Heer,
Am zwölften Morgen kam er hinüber übers Meer.
Hoch an des Mastbaums Ende ein Marner oben trat,
Er sah die Burg zu Suders, des Heidenkönigs Stadt.
Da sprach der König Ortnid: »Uns fehlet Kunde wohl;
Wie gern ich fürbaß führe, ich weiß nicht, wo ich soll.
Der mir da helfen sollte von allen Sorgen mein,
Der ist mir allzu ferne, ich hab' vergessen sein.«

Er sah umher mit Jammer und klagte bitterlich;
Da stand bei ihm sein Vater, der König Alberich.
Nun ward der König Ortnid so heiter und so froh,
Daß er vergaß der Sorgen. Voll Freude rief er so:
»Mein Vater und mein Herre, wer hat dich hergebracht?
Nun will allerst ich lachen; das war mir ungedacht.«
Er hub ihn auf die Arme und küßt ihn tausendmal.
Mit Züchten sprach das Albrich mit Küssen ohne Zahl:

»Dir ist nicht kund die Treue, die ich zu dir muß fassen!
Du lässest mich gar leichtlich, so will ich dich nicht lassen.
Du hattest mein vergessen, doch dein vergaß ich nie.
Empfang mich, wie du wollest, ich bin doch bei dir hie!
Ihr sollt mir alle folgen, das ist euch wahrlich gut,
Wenn ihr nach Freundes Rate und meinem Willen tut.
Ein König mag wohl lügen in seines Leibes Not,
Gefüge Rede gehöret viel häufig für den Tod.
Wer dich der Märe frage, von wannen die Kiele kommen,
Dem sag, du seist ein Kaufmann; das wird dir sicher frommen.

Da sprach der König Ortnid: »Mein Vater hold und licht.
Ich spräch mit ihnen gerne, kann doch die Sprache nicht.«
Da sprach das wilde Zwerglein, Herr Alberich sogleich:
»So muß ich dich sie lehren, mein guter König reich.
Willst du mirs immer danken, geb' ich dir diesen Stein,
Der dich die Sprache lehre, sie mag wie immer sein.
Wenn deine Zunge beschließet den Stein in deinem Mund,
Was man wider dich sprichet, das ist dir alles kund.«
Den Mund hielt auf Herr Ortnid, bis er den Stein verbarg,
Und wollte nun versuchen des Steines Kräfte stark.
Er ging in froher Eile oben an Schiffes Bord,
Da glaubt' er zu vernehmen aller Leute Wort.

Vierzig Raubgaleeren flossen auf der See.
Die Segel rauschten mächtig, sie waren weiß wie Schnee
Beidenthalb der Kiele. Da rief der Barkner dort:
»Wer seid ihr und von wannen? Das sagt mir alsofort!«
Da winkte, daß sich bergten die Leute unters Dach
Mit Helmen und mit Schilden, der König Ortnid und sprach:
»Helft mir hin zu der Mauer, ich bin ein Kaufmann, traun,
Und führe reichen Kaufschatz, den besten, der zu schaun.
Ich führe von Kerlingen das allerbeste Gewand,
Das ich bei Wälschen immer in allen Städten fand.
Davon hab' ich die Kiele gefüllt und wohlgeladen.
Nun bringet mir Geleite und helft mir zu den Gestaden!«
Da sprachen die fremden Schiffer: »So fahret denn herein!
Wer solche Waren bringet, der soll willkommen sein.
Wollt ihr landen, so fahret in Barken an das Land!«

Sie empfingen schön die Gäste und leiteten sie zum Strand.
Da sprach der König Ortnid: »Nun rate, Alberich,
Wie wir die Stadt gewinnen! Ich meine sicherlich,
Die Pforten stehen offen und niemand steht zur Wehr.
Wenn alle schlafen, dring ich hinein mit meinem Heer.«

Da sprach der kleine Weise ohne Falsch und List:
»So stünde das viel übel, daß du ein König bist,
Wenn du erzürnen wolltest deinen Hausgenoß
Und ihm nicht widersagtest, das wär' ein Laster groß!
Für immer, guter König, wär' dieses Laster dein.
Drum eh' daß man dich schelte, will ich der Bote sein.
Ich will mit Ehren werben die Botschaft unverzagt.
Ich komm dir morgen wieder, hab' ich ihm widersagt.«

Da fuhr von dannen Albrich, der hochgemute Zwerg.
Dem Wilden war wohl kundig beides Tal und Berg,
Er kannte, was an Burgen dort bei den Heiden lag.
Er kam zu Montabure, eh daß es wurde Tag.
Da saß er neben der Mauer nieder auf einen Stein
Und konnte kaum erwarten, daß der Tag erschein',
Daß er die Botschaft würbe, die man ihn werben bat.
Der Heide auf die Zinne der Mauer ob ihm trat.
Wohl durch die süßen Winde so ging er an die Luft,
Er hatte ob der Hitze geräumet seine Gruft.

Mit Züchten sprach da Albrich zu ihm, der kleine Bote,
Unsichtbar an der Mauer, indem er also drohte:
»Mich hat hieher gesendet Ortnid, der Meister mein,
Daß du dem Kühnen gebest dein schönes Töchterlein.
Ich sag' dir's wahr und offen, gibst du ihm nicht die Magd,
Daß er mit seinem Heere dich sucht und dir widersagt.
Eh' denn du selbst es ahnest, so siehst du ihn hievor;
Er nimmt mit Macht die Jungfrau und hängt dich vor das Tor!«

Als Godian dies hörte, wie schrie und klagt' er da:
»Daß mir bei meinen Zeiten das Laster je geschah!
Mir durft bei meinen Jahren niemand widersagen.
Daß ich es nun muß hören, will ich den Göttern klagen.
Du sollst mir's glauben, hätt' ich dich nur in meiner Hand,
Und wär der Himmel dein Eigen, ich schlüg dich um die Wand!«

Einen ungefügen Wurfstein, den stieß er in den Graben
Und wollte so den Kleinen zu Tod geworfen haben.
Herr Godian, der Heide, schrie laut, daß Berg und Tal
Und auch die Burg, die ganze, erhallte von dem Schall.
Die in der Burg da schliefen, erwachten alle traun,
Sie hoben sich zur Mauer, das Wunder groß zu schaun.
Sie sprangen nach dem Boten und töteten ihn gern.
Sie schlugen drein und stachen, doch Albrich war schon fern.

Als er die Botschaft hatte geworben also gut,
Da kehrt' er von der Mauer zurück mit hohem Mut.
So kam er zu den Kielen, eh daß es wurde Nacht;
Da ward dem König Ortnid die Märe hinterbracht:
»Ich bring' dir böse Märe von deinem Liebchen fein.
Du gewinnst sie nur mit Streite, sonst wird sie nimmer dein.
Die Nacht ist jetzt so finster, man sieht nicht Mondeslicht,
Es hüten auf der Mauer die guten Wächter nicht.
Sie fürchten auf dem Wage wohl keines Feindes Schaden,
So laß uns heimlich eilen in Barken zu den Gestaden.«

Der König Ortnid folgte nur mehr dem kleinen Mann.
Fünfhundert Barken bei der Burgmauer er gewann.
Sie sprangen von den Kielen all' in die Barken nieder,
Die flossen an das Ufer und kamen leer dann wieder.
Als all' die kühnen Helden ins Freie kamen so,
Daß sie entbunden waren, des waren alle froh.
Ortnid und der von Reußen, sein Oheim Ilias,
Gingen von den Barken nieder auf das Gras.

Da riet dem König Ortnid Zwerg Alberich zugleich:
»Die Stadt sollt ihr nun nehmen, zu Leide dem Könige reich!
Die Pforten stehen offen, nun müßt ihr vorwärts streben!
Ich kann zu eurem Streite sonst keinen Rat euch geben.«
Da sprach der König Ortnid: »Du brauchst uns nicht zu mahnen.
Auf, Ilias von Reußen, nimm meine Sturmesfahnen!
Das tauget keinem andern als deiner kühnen Hand,
Wem ich sie anders gäbe, das wär' nicht wohl bewandt.«
Da gab Ortnid dem Reußen die Stange an die Hand.
Eine schwere Fahne der Recke daran band,
Drauf leuchtete ein Löwe von schönem Golde rot.
Die zweene Könige führten wohl manchen in den Tod.

Sie waren gar bereitet, als nun der Tag aufbrach.
Ein Wächter auf der Mauer, der sah sie nun und sprach:
»Wohlauf! Nun wachet alle! Uns ist ein Kaufschatz kommen;
Wer zu dem Kaufe eilet, dem wird der Leib benommen,
Es mag des wohl entgelten mancher Frauen Kind;
Wohl dreißigtausend Ritter hier auf der Mauer sind
In lichten Stahlesringen, so weiß wie frischer Schnee;
Von ihren Handelsschätzen geschieht uns allen weh!«

Davon viel mancher Heide in Suders schwer erschrak.
Es kam ihnen mit Leide die Sonne und der Tag.
Von ihrem Handelschatze ward manniger verlorn.
Ortnid drang in die Pforte und blies sein Heereshorn.
Die Heiden wichen alle, als sie dies mußten sehn,
Es wagte in der Enge ihn keiner zu bestehn.

Sein gutes Schwert, die Rose, ihm in der Hand erklang,
Viel manig Schildgespänge von seinen Schlägen zersprang.
Viel manchem kühnen Heiden benahm er da das Leben.
Ihm folgten nach die Seinen mit heldenhaftem Streben.
Viel manche weite Lücken er in die Feinde schlug,
Der Reuße in seinem Rücken die Fahne nach ihm trug.

Da kam zu König Ortnid Zwerg Alberich sogleich:
»Es wollen dir die Heiden entrinnen, König reich!
Es sind die Pforten alle leider unbewehrt,
Die eh geschlossen waren, die sind nun aufgesperrt.
Sieh, ob du's wenden mögest, sonst wirst du leicht besiegt,
Sie brennen dir die Kiele und nehmen, was drauf liegt!«
Doch seine schnellen Traber der König Ortnid zwang,
Mit allen seinen Helden zu einem Tor er drang.
Da wichen ihm die Heiden, so kräftig war sein Heer.
Er schlug gar viel zu Tode und ertränkte sie im Meer.

Als so der König Ortnid dem Reußen dort entwich,
Bedrängten erst die Heiden den Reußen grimmiglich.
Da nahm er großen Schaden, den er noch mußte klagen,
Verlor fünftausend Helden, ward selber niedergeschlagen.
Da kam auf einem Renner Zwerg Alberich geritten
Und sprach zu König Ortnid: »Du hast zuviel gestritten!
Nun kehre um bei Zeiten und räche deinen Zorn,
Du hast den König von Reußen und seine Helden verlorn!«
Da kehrte König Ortnid zurück von seinen Siegen
Und sah den Reußen mitten unter den Feinden liegen.
Der hatte noch umfangen die Fahne mit der Hand,
Sein Schwert war in der andern, als er ihn liegen fand.
Da sprach Ortnid der König: »Mein Oheim gut und lieb,
Nun müss' es Gott erbarmen, daß ich nicht bei dir blieb!
Ich muß nach deinem Tode nun immer traurig sein.
O könntest du genesen, wie freute ich mich dein!«

Gar jämmerlich sprach Ilias, der kühne Reuße da,
Als er durch Helmesfenster den Neffen ob ihm sah:
»Nun müss' es Gott erbarmen, daß ich je ward geborn!
Denn alle meine Mannen, die hab' ich heut' verlorn.
Hätt' ich sie nicht verloren, genäse ich noch wohl.
Nun weiß ich nicht, Unselger, was mir mein Leben soll!«

Da freute sich Herr Ortnid, als er ihn lebend fand.
Auf zog er ihn behende vom Boden mit der Hand:
»Der Mann muß sich getrösten, mein Oheim, jederzeit
Des Leibes und der Leute, wer geht in einen Streit!
Was er darin verlieret, des muß er sich entschlagen.
Ich wähne, du magst nicht streiten? Laß mich die Fahne tragen!«

Das weigerte der Reuße: »Die Fahne laß ich nit!
Sie werden wohl vergolten, die man hie liegen sieht.
Ich will dir wieder helfen, laß mir die Fahne heute!
Du siehst mich sterben oder ich räche meine Leute!«

Da stund und kämpfte gegen die zwei die Heidenschaft,
Als sie wieder versuchten ihre Manneskraft.
Da sah man manchen Heiden vor König Ortnid liegen.
Die Gäste wußten wieder den Wirten obzusiegen,
Sie hatten zu der Erde manchen Toten gebracht.
Die Heiden mußten sich bergen vor ihrer Übermacht.
Da führte der Zwerg den Reußen an eine Steinewand,
Wo er wohl tausend Heiden innen verborgen fand.
Zu Tod schlug er sie alle, bis niemand widerstand.
Er hätt' noch mehr erschlagen, wenn er noch mehr da fand.

4 Da sprach zu König Ortnid Zwergkönig Alberich:
»Nun suchen wir die Toten und jene sorgsamlich,
Die noch genesen können unter diesem Heer,
Die senden wir in Barken auf unsre Kiele im Meer.
Ich sag dir, König Ortnid, du hast genommen Schaden,
Es ward viel mancher leider her auf den Tod geladen.
Willst du von dannen, König, so blas dein Heerhorn.
Nun lache oder weine, du hast neuntausend verlorn!«
Da sprach der König Ortnid: »Wie schwer hab ich gesiegt!
Weh, daß so mancher Tote in meinem Dienste liegt!
Der Abend ist schon nahe, daß ich nicht mehr vermag.
Wir müssen hier verbleiben bis morgen auf den Tag.«

Die Feste ward besetzet die Nacht in guter Hut.
Das deuchte die Lambarden und auch die Reußen gut.
Die Heiden taten gerne, was sie der König bat,
Sie gaben ihm auf Gnade Leib, Gut und auch die Stadt.
So lagen sie ohne Sorgen die Nacht bis an den Tag;
Da sprach Ortnid, dem lang schon die Maid im Sinne lag:
»Nicht länger mag ich bleiben; nun wohlauf, es ist Zeit!
Wir sollen gen Montabure hin zu der schönen Maid.
Nun wohlauf, kühner Reuße, und räche unsern Zorn!
Auch räche unsere Leute, die wir haben verlorn!
Auf, Ilias von Reußen, nimm meine Sturmesfahnen!
Die mir bisher gefolgt sind, die will ich alle mahnen.
Wohl sechzehntausend Helden folgen uns noch zum Schloß,
Der Heide muß verlieren die Burg mit seinem Troß!«
Die dannoch bei ihm waren, die säumten sich da nicht.
Viel manche weiße Brünne und manche Helme licht,
Viel harte Stahlesringe, die hatten sie bereit,
Sie zogen aus der Feste zur grünen Heide breit.

Da sprach der wilde Weise, Herr Alberich der Zwerg:
»Die Helden will ich weisen durch Feld und Tal und Berg.«
Der Zwerg erhub die Fahne und ritt so vor der Schar,
So weiste er ihnen die Straße, er selber unsichtbar.
Er führe alle sicher bis Montabure also.
Da sie die Burg ersahen, da waren alle froh,
Obwohl sie sahn die Höhe und auch die steile Wand.
Da gab Ortnid dem Reußen die Fahne in die Hand,
Der in die Burgleiten die Fahne wieder stieß.
Die Ritter und die Knappen er da herbergen hieß.

Ihr lichtes Sturmgewaffen, das zogen sie nun an.
Da trug man zu der Pforte des Königs Ortnid Fahn';
Es war der starke Reuße, der mit Gewalt sie trug.
Hei! was da König Ortnid der Heiden niederschlug!
Innerhalb der Mauer war auch das Rufen groß;
Der Heide begehrte Streites, die Pforte man erschloß.
Da drangen sie zusammen, die Helden, Glied an Glied.
Sie wollten sich versuchen, niemand sie da schied.

Da sich die Gäste wehrten der Wirte unverzagt,
Da schlug sich an die Brüste die minnigliche Magd.
Das Haar aus ihrem Haupte wie Seide brach sie da,
Des Vaters Tod besorgend, da sie den Streit ersah.
Die Mutter nahm die Tochter mit Jammer bei der Hand,
Sie gingen in das Bethaus, wo sie die Götter fand.
Das Haar ging ihr vom Nacken nieder für den Fuß,
Zerraufet und verworren; jämmerlich war ihr Gruß.
Ihr Mund brannt' wie ein Röslein, er schien wie ein Rubin.
Wo durch die schönen Zöpfe das Näckelein erschien,
Das brannt', als ob es wäre gar ein Karfunkelstein.
Dem vollen Mond gleich leuchtete der beiden Augen Schein.
An Armen und an Händen war ihr kein Makel da.
Ihre Nägel waren so lauter, daß man sich drin ersah.
Die Wänglein waren mit Tränen beiderthalb bestreut,
Als ob es Perlen wären. Die Maid war unerfreut.
Es ward der Jungfrau Jammer im Bethaus gräßlich stark,
Sie pflegte ihre Götter und fiel vor ihren Sarg.
Es raufte sich und schlug sich die Fraue minniglich.
Das jammerte das Zwerglein. Schnell kam Herr Alberich,
Da er sie sah zerkratzen den Leib so weiß wie Schnee
Er fiel ihr in die Hände, ihr Jammer tat ihm weh.
Unsichtbar allen Augen er ihre Hände nahm.
So sprach da zu der Schönen das Zwerglein lobesam:
»Mein Meister von den Himmeln hat mich zu dir gesandt.
Du sollst Königin werden ob aller Welschen Land.

Was dir mein Gott gebietet, läßt du das nicht geschehn,
So mußt du in dem Streite den Vater tot ersehn.
Schau nieder auf das Schlachtfeld! Siehst du, wer dorten steht?
Er, der soviel der Heiden zu Boden niedermäht,
Aus allen andern Helden leuchtet sein Gewand,
Als ob in finstrem Hause eine Kerze wäre entbrannt.
Er sicht vor ihnen allen, gar blutig ist sein Schwert!
Der Held in Treuen wäre wohl biedren Weibes wert.
Den König sollst du kiesen! Send' ihm dein Ringelein,
So will mit gutem Frieden den Streit ich lassen sein!«

Da sprach die reine Jungfrau zum Friedensboten mild:
»Daß ich den Vater rette, tu ich, was du willt.
Muß es also geschehen, so bring' ihm hin mein Gold!
Sag ihm, ich sei mit Treuen dem edlen König hold.
Bitt' ihn, daß er entweiche mit seinem Heer; zum Lohne
Tu ich, was er gebietet, daß er den Vater schone.«

Da ward der kleine Albrich der guten Rede froh.
Er griff nach ihrem Ringlein, zum König kam er so:
»O wohl dir dieser Märe, Ortnid, du hast gesiegt,
Da bald die schöne Jungfrau in deinem Arme liegt.
Die Maid läßt dir entbieten, die holde Königin rein,
Sie schenkt dir ihre Minne und dieses Ringelein.
Nun heiß' den Streit aufhören; ihr habt genug gestritten!
Die Königin, dein Liebchen, sie läßt dich darum bitten,
Daß du der Burg entweichest und lassest den Vater leben.
Ihren Leib, den schönen, will sie dir dafür geben.«

Da blies der reiche König sein kleines Heerhorn.
Da hatt' er seiner Helden ein mächtig Teil verlorn.
Von dreißigtausend blieben ihm nur fünftausend Mann,
Obwohl er ob den Heiden im Streit den Sieg gewann.
So kehrte von der Feste der König adelich.
Da sprach zu ihm das Zwerglein, der weise Alberich:
»Bei einer grünen Wiese, da weiß ich einen Bach;
Dort kann uns niemand finden, da haben wir gut Gemach.«

Da nahm wieder der Reuße die Fahne in die Hand.
Sie ritten in der Stille von jener Steinewand
In eine tiefe Wildnis auf eine Heide breit,
Wie sie der Kleine weiste; dort ruhten sie vom Streit.
Da sprach zu König Ortnid wiederum der Zwerg:
»Du sollst nun wieder reiten mit mir vor jenen Berg.

Ich will wohl Gott vertrauen und auch den Listen mein,
Daß wir nicht von dannen kehren ohne das Mägdelein.
Du sollst sich warnen heißen zu Streite all dein Heer!
Doch führe vor die Mauer sonst nicht der Leute mehr,
Daß wir nicht etwa werden gesehen und bestritten.
Nur sollst du deinen Oheim und seine Helden bitten,
Wenn ich sie rufe, daß sie dir schnell zu Hilfe kommen!
Säumen sie sich zu lange, wird uns die Maid genommen.«

Da ritten die Gesellen wider zur Steinewand.
Sie kamen unverwundet vor die Burgmauer gerannt.
Dort hieß der Zwerg den König an der Burgleiten da
Sein warten. Ungesehen kam er dem Graben nah
Und stieg gar unvermutet über die Mauer hin.
Er fand mit ihrer Mutter die junge Königin.
Da sprach der Kleine leise zur jungen Königin:
»Wann willst du das erfüllen, was du versprachst vorhin?
O schöne Jungfrau, willst du nun leisten mein Gebot,
So sprich zu deiner Mutter, dir sei erschienen ein Gott,
Sie solle dir erlauben, zum Bethaus hinzugehn,
Der Götter dort zu pflegen, daß sie dir beigestehn!«
Da sprach in lauter Stimme das schöne Mägdelein:
»Willst du mir das erlauben, o Frau und Mutter mein,
So will ich vor die Pforte und auf den Burggraben,
Weil eben unsre Götter zu mir gesprochen haben.
Ja, meine Frau und Mutter, sie haben mich gebeten,
Ich solle ganz alleine nun vor die Pforte treten,
Daß ich allein sie schaue und niemand anders mehr.«
Das ward ihr gern erlaubet. Des freute die Maid sich sehr.
Da nahm der wilde Kleine die Jungfrau bei der Hand
Und führte sie an die Leiten, wo er Herrn Ortnid fand.

Im Streite hatte Ortnid sein Schwert heut oft gezogen,
Nun war er vor Müde entschlafen auf seinem Sattelbogen.
Der Kleine rief ihm leise, jedoch sein Schlaf war tief.
Da er nicht wachen wollte, so schlug er ihn und rief:
»Du willst im Schlaf verlieren die Ehre und den Leib.
Nun wache, König Ortnid; ich bringe dir dein Weib!«

Herr Ortnid aus dem Schlafe erwachte schnell und sprach:
»Wohl mir, daß ich erlebte den Tag, der heut anbrach!
Läg' ich auch jetzt am Tode, ich würde heil zur Zeit!«
Er küßte und umfaßte wohl hundertmal die Maid.
Da sprach der wilde Kleine, Herr Alberich, zugleich:
»Du halse nur und küsse die Königin so reich!

Nur hebe dich bald von hinnen, Gesell, das rate ich!«
Ortnid sprang auf den Renner, die Maid nahm er vor sich.
Hei, wie von der Burgleiten so schnell die beiden ritten!
Ihr Renner ging im Sprunge, sie harrten keines dritten.

Gar schnell erfuhr der Heide der Tochter schlimme Fahrt.
Vor Zorne und vor Grimme zerraufte er den Bart:
»O weh mir meines Leides! Wie unselig ich bin!
Nun wohlauf zu den Rossen! Meine Tochter ist dahin.«
Da wurden schnell die Heiden gerüstet zu der Fahrt,
Wohl mit zwölftausend Mannen hatt' er sich schier geschart.
War's auch dem König Ortnid der Reise wahrlich jach,
Doch fuhr ihm bald der Heide auf seiner Fährte nach.
Auf manchen schnellen Rossen rannten die Heiden da.
Wie flog da König Ortnid! Doch kamen sie ihm nah.
Sie sahn ihn schon von ferne; der Mond leuchtete licht.
Ortnids Roß war müde, es mochte fürbaß nicht.
»Nun rat uns zweien das beste, viel lieber Alberich!
O weh, wem soll ich lassen die Jungfrau wonniglich?
Nun müssen lichte Ringe von Blute werden rot.
Eh ich mich von ihr scheide, eh lieg' ich bei ihr tot.«
Da sprach zu König Ortnid das schöne Mägdelein:
»Ich rate dir, entrinne dem argen Vater mein!
Er peinigt dich zu Tode, ereilt dich seine Hand.
Das Roß kann uns nicht tragen, setz' nieder mich aufs Land!
Ich kann dir nicht mehr folgen; erschlägt mein Vater mich,
Müßt' ich doch mehr noch klagen, ergriff er, Liebster, dich.«
Da sprach der König Ortnid: »Ich muß es dir versagen,
Eh' ich dich lasse, liege ich eh' bei dir erschlagen!«
Da sprach der kleine Albrich: »Nun merket meine Macht!
Wie ich euch hinnen bringe, hab' ich mir wohl erdacht.
Ich weiß hiebei gar nahe einen Brunnen und ein Moos,
Darüber kann nicht reiten auf keine Art ein Roß.«
Da weiste sie der Kleine zu jenem Bache nah.

Als hier der König Ortnid das Wasser sprudeln sah,
Sprang er von seinem Rosse, er hatte des Reitens genug.
Die Magd er an dem Arme über das Wasser trug.
Jenseits von dem Moose da setzt er sie auf den Sand.
Den Schild nahm er zurücke, das Schwert nahm er zur Hand.
Wie viel der Heiden kämen, er war bereit zur Wehr.
Von ihm hub sich der Kleine und bracht' ihm all sein Heer.

Indessen kamen die Heiden zu jenes Bachs Gestaden.
Sie konnten nicht mehr reiten, sie mußten zu ihm waden.
Der Heide sprang mit Zorne hinüber auf das Gras,
Mit ihm die starke Menge, die von den Rossen saß.

Da hub sich zu den Schwertern die ganze Heidenschaft.
Herr Ortnid focht dagegen mit Mut und Heldenkraft.
Hei, wie der Recke kämpft! Wie wohl er sie empfing!
Er schlug so viel der Heiden, daß man bald trocken ging.
Doch endlich bezwang ihn die Müde, er hatte zu lange gewacht,
Es wich ihm aus den Armen all seine Kraft und Macht:
»Ich kann nicht länger streiten; o weh, was wird nun sein!
Es drängen allenthalben die Heiden auf mich ein;
So will ich mich doch wehren, so lang als ich vermag.«
Da sah er Leute reiten und hörte der Hufe Schlag.
Da ward sein Herz in Hoffnung noch kräftiger fürbaß.
Nun hörte er ferne rufen den Reußen Ilias.
Die Rosse sah man springen viel schneller als erzählt.
Der Reuße ritt zu vorderst und stieg ab auf das Feld
Zu seinem Schwesterkinde, das dort in Nöten war.
»Nun hilf mir, lieber Oheim, und rette mich fürwahr!
Ich kann nicht weiter streiten. Ich taug nicht mehr zum Streit.
Ihr Helden sollt mir helfen, da ihr geruhet seid!
So große Herzensschwere gewann ich nie vorher.
Oheim, nimm du die Rose, ich kann sie nicht halten mehr.«

Des freute sich der Reuße, da er die Rose fand,
Er nahm dem König Ortnid das Schwert aus seiner Hand.
Allerst hub sich ein Kämpfen und Streiten also groß.
Gar müde fiel Herr Ortnid der Frauen in den Schoß.
Er bat die schöne Jungfrau, daß sie den Helm abband;
Das tat die holde Jungfrau mit ihrer weißen Hand.
Es war dem edlen Fürsten im Streit geworden heiß.
Sie wischte von den Augen den Staub ihm und den Schweiß,
Indes die Heiden immer noch mit den Seinen stritten.
Sie kamen über die Toten gegangen und geritten.

Als nun der alte Heide Herrn Ortnid liegen sah
In seiner Tochter Schoße, vor Zorn ergrimmte er da.
Ein jeder seiner Sinne zerging ihm alsofort,
Urlaub nahm seine Güte, er sprach kein einzig Wort.
Er wütete im Kampfe; da ward mancher gefällt.
Ihm lagen vor den Füßen die Gäste ungezählt.
Da sprach der König Ortnid: »Erst hebt sich meine Not,
Mir liegen meiner Helden viertausend wieder tot.
Sie werden uns vernichten, wenn niemand ihnen wehrt.
Nun, Ilias, lieber Oheim, gib wieder mir mein Schwert!«

Empor sprang König Ortnid, der edle, allzuhand
Mit unverzagtem Mute, den Helm aufs Haupt er band.
Er empfing das Schwert vom Reußen, und rief dann zu den Seinen:
»Man sieht mich heute sterben, ich räche denn die Meinen!
Wohlauf dem Feind entgegen mit unsrer ganzen Schar!«

Hin drangen sie da beide, wo König Godian war.
Der wollte nicht entweichen mit seiner Sturmesfahn'.
Da rief der König Ortnid die Seinen lauter an,
Bis endlich weichen mußte der Heiden ganzes Heer;
Sie konnten nicht ertragen der Helden Gegenwehr,
Sie fürchteten zu mächtig Ortnids harte Zucht.
Das Banner lag darnieder, der Heide gab die Flucht.
Ortnid begann im Zorne dem Schwäher nachzujagen.
Wenn er erreicht ihn hätte, er hätt' ihn gern erschlagen.
Er war vor Montabure gejagt bis an das Tor,
Darein entwich der Heide, Herr Ortnid blieb davor.

Indessen war der Jammer der Jungfrau allzugroß,
Ihr fielen von den Augen die Zähren in den Schoß.
Da kam der König Ortnid wieder zu ihr geritten,
Allerst hatt' er den Heiden den Sieg gar abgestritten.
Er sprach zur schönen Jungfrau: »Nun tröste endlich dich,
O Freundin mein und Fraue; steh' auf und küsse mich!«
Da sprach in ihren Sorgen die wunderschöne Magd:
»Ist mir mein Vater gestorben, so sei es Gott geklagt.
Ich will dich nimmer küssen, du wollest mir erst sagen
Auf deine Treue, König, ob du ihn hast erschlagen.«
Da sprach der König Ortnid zum schönen Jungfräulein:
»Dein Vater ist genesen, drum magst du ruhig sein!
Wär er mir nicht entronnen, ich hätt' ihm das Leben genommen.«
Da hieß die schöne Jungfrau den König erst willkommen.
Wie dankte ihm der Kunde die Königin wohlgestalt!
Vor Liebe sie ihn küßte, ihre Lust war mannigfalt.
Daß noch ihr Vater lebte, des war ihr Freuen groß,
Den edlen reichen König mit Armen sie umschloß,
Sie küßte ihren Gatten an seinen roten Mund.
Drauf huben sie von dannen sich noch zur selben Stund.
Es setzte sich zur Jungfrau nun auf sein Roß der Mann,
Sie ritten ohne Sorgen hin durch den wilden Tann.
Die Seinen machten Beute an Rossen und Sturmgewand.
Was man da noch der Wunden unter den Toten fand,
Die wohl genesen mochten, die führte man von dannen.
Gesunder und auch siecher waren noch tausend Mannen.

Zu Suders in der Feste blieb Ortnid mit den Scharen.
Dann wollt' er zu den Kielen mit seiner Frauen fahren.
Sie gönnten ihm die Reise, da fuhr er auf das Meer.
Sie hatten vor den Heiden nun keine Angst nicht mehr.
Eh sie zu Lande kamen, da ward die Magd sein Weib,
Vater und Mutter vergaß sie durch ihres Gatten Leib.
Sie fuhren am neunzehnten Morgen drauf in Messina ein.

Zachareis von Sizilien hieß sie willkommen sein.
Wie wohl ward da empfangen der König Ortnid reich!
Drauf zog er zu der Hochzeit nach Garden alsogleich.
Gar sonderlich empfing sie die liebe Mutter hier.
Nun ward sie Königinne und trug der Krone Zier.
Nach guter Christensitte man sie da taufen ließ.
Als Jungfrau hieß sie Sidrat, Frau Liebgard sie nun hieß.

Nun sandte König Ortnid die Boten in das Reich
Nach Freunden und nach Magen, daß alle kämen sogleich,
Wer da nun schauen wollte die Königin so hehr,
Die König Ortnid hatte erstritten über Meer.
Da kamen bald die Besten wohl her aus allem Land.
Die allergrößte Hochzeit, die hub sich allzuhand.
Da ließ sich vor den Leuten nun auch Zwerg Albrich schaun,
Ihn mußten staunend blicken die Mädchen und die Fraun.
Rubin und licht Karfunkel war in der Krone sein.
Als die auf seinem Haupte nun trug das Zwergelein,
Da nahm auch eine Harfe Alberich in die Hand
Und rührte gar geschwinde die Saiten allesamt
In solchem süßen Tone, daß all der Saal erdoß.
Die Leute, die ihn sahen, die hatten Freude groß.
Da sprach in hohen Züchten der kleine Alberich
Zu seinem Sohne Ortnid, dem König adelich:
»Ich rate dir in Treuen, da du hast hergeladen
So manche arme Waise, ersetze ihren Schaden!
Ich geb' dir Golds und Silbers aus meinem Hort soviel,
Daß du noch reich machst jeden, der von dir nehmen will.
Den Freunden, deren Freunde durch dich fanden den Tod,
Denen sollst du vergelten mit deinem Golde rot.
Wo Weib und Kinder leben, bereichere Kind und Weib!«
Da ward der reichen Gabe erfreut manch trauriger Leib.
Manch Roß und lichte Ringe gab da der König so,
Daß alle, die ihm klagten, der Gabe wurden froh.
Er gab soviel des Goldes und also reich Gewand,
Daß davon seine Hochzeit ward weit und breit bekannt.

Ortnids Tod

Wolfdietrich wird Ortnids Freund. Ortnid fällt im Kampf gegen die Lindwürme, die durch die List seines Schwiegervaters in sein Land kommen.

Als nun der Held Wolfdietrich erwuchs zu einem Mann,
Wie bald er da Herrn Ortnid selbst zu besiegen sann!
Er sprach zu Meister Berchtung: »Ich will Ortnid bestehn.
Dazu sollst du mir raten, wie es auch mag ergehn.«
Da ließ er ihm bereiten ein Schifflein wohlgetan,
So fuhr Wolfdietrich freudig über des Meeres Bahn.
Als er nun kam zu Lande, da kehrt er gegen Garten,
Er hielt bei einer Linde, um Ortnids da zu warten.
Um diese selbe Linde war es also getan:
Durch Kurzweil durfte nimmer darunter gehn ein Mann,
Er wäre denn zu Streiten gekommen in das Land.
Dahin kam denn Wolfdietrich, der biedere Weigand.
Auf dieser grünen Linde sungen die Vögelein.
Wie mochte seine Freude größer gewesen sein!
Von diesem süßen Schalle entschlief der junge Held.
Da trat zur Zinne Ortnid und blickte in das Feld.
Als er den Fremden schaute, ließ er die Knappen springen,
Den Harnisch für sich tragen und seine Waffen bringen.
Einen großen Schaft in Eile nahm er in seine Hand,
So ging er zu der Linde, wo er Wolfdietrich fand.
Auf seine Brüste stieß ihn der Kaiser hochgemut.
Auf sprang der Held Wolfdietrich, viel zornig war sein Mut.
Sie standen gegeneinander und sah'n einander nach.
Nun mögt ihr gerne hören, wie da der Kaiser sprach:
»Du kühner, werter Degen, nun sag' mir deinen Namen,
Daß ich dich mög' erkennen, des sollst du dich nicht schamen.
Mich dünkt an deiner Gebärde, du seist wohl adelich.
Bist du von Griechenlande der kühne Wolfdietrich?«

Da sprach der Held Wolfdietrich: »Ja, du hast recht gesehn.
Nun wehre dich, Herr Ortnid, dich will der Wolf bestehn!«
Da sprangen sie zusammen, die beiden kühnen Helden.
Nun wäre mannig Wunder von beiden da zu melden:
Es schlug einer den andern je dreimal auf das Land,
Jedoch zum vierten male fiel Ortnid allzuhand.
Da sprach Wolfdietrich: »Willst du mir deine Treue geben,
Daß ich dich hab' zu Gesellen, dieweil ich hab' das Leben?«
Da schworen sie zusammen, die Fürsten lobelich,
Daß nur der Tod sollt' scheiden Ortnid und Wolfdietrich.
Sie gingen miteinander auf Ortnids Burg sodann,
Gar wohl empfing sie dorten die Fraue wohlgetan.
Wolfdietrich blieb zu Garden mehr als ein halbes Jahr,
Dann fuhr er heim zu Berchtung und seinem Vater dar.
Dort lebte er in Ruhe. Es blieb ihm unbekannt,
Wie Ortnid durch die Drachen dieweil sein Ende fand.

Indessen saß Herr Godian in seinem Palas dort,
Ließ keinen vor sich kommen und sprach vor Zorn kein Wort.
So saß er ganz verborgen bis an den hellen Tag,
Daß er vor großem Ärger nicht Tranks noch Essens pflag.
Ihn durfte niemand rufen, ihn durfte niemand sehn.
Wer ihn erzürnet hätte, dem wäre Leid geschehn.
Daß er den Schlaf sich gönne, das durft' ihn keiner bitten.
Da kam ein alter Jäger vor Montaburg geritten,
Der fragte, wo da wäre der liebe Herre sein.
Man sprach, er wär' verschlossen und ließe niemand ein.
Da rief der weise Jäger vor der Kemenate Tür:
»Wohlauf! Ich muß dich haben, o Herr, nun tritt herfür!
Dein Kind ist wohlbehalten, das brauchst du nicht zu klagen.
Ich will dir aber weiter noch gute Märe sagen,
Da du dich also grämest, daß du verlorst das Weib.
Willst du dem üblen Räuber nun nehmen seinen Leib,
So sollst du mir es danken, daß ich ein Ding ersehn,
Das muß dem König Ortnid noch an sein Leben gehn.«

Da entschloß der König die Pforte und ließ den Jäger ein.
Er fragte ihn, wie er heiße, und was das möge sein.
Da sprach der wilde Jäger: »Das tu ich dir bekannt.
Ich bin geheißen Helle, mein Weib ist Rütze genannt.
Ich hatte nach den Hunden zu ferne mich verrannt,
Da kam ich ungewiesen an eine Steinewand.
Einen ungefügen Drachen sah ich hervor da gehn,
Mit tausend Männer Stärke wollt ich den nicht bestehn.
Er hätte mich verschlungen, barg mich nicht das Geäst.
Zu Wald ließ ich ihn schleichen und hub mich in sein Nest,

Dort fand ich wahrlich größer noch als mein Haupt ein Ei.
Ich suchte noch nach mehren, fand doch nicht mehr als zwei,
Die waren ungefüge und groß und schwer genug,
So daß ich kaum alleine bis in mein Haus sie trug.
Daß sie nicht faulten, legt ich sie in ein warmes Loch.
Was drin ist, ist lebendig; die Eier hab' ich noch.
Die Eier will ich führen in der Lombarden Land
Und will die Würme brüten in einer Steinewand.
Wenn sie zu Jahren kommen und leiden Hungers Weh,
Wähn ich, daß in dem Lande vor ihnen nichts besteh.
Wenn über Vieh und Leute der Schaden dann ergeht,
Ist Ortnid wohl so kühne, daß er sie keck besteht;
Dann muß er von den Würmen verlieren Leib und Leben.
Darum, mein Herr und König, will ich den Rat dir geben:
Du laß mir mit Geschmeide zwei Säumer wohl beladen
Und sende mich hinüber zu Ortnids Gestaden!
Mit Baumwollen und Seide gefüllt sei auch ein Schrein,
Da sollen wohl die Eier des Drachen drinnen sein.
Auch sollst du Briefe senden der edlen Königin,
Daß du gewendet hättest deinen harten Sinn.
Wenn sie den Brief dann lesen und sehn das viele Gold,
So werden sie wohl wähnen, du seiest ihnen hold.«

Ihm folgte gern der Heide. Auf einen Kiel er lud
Von Gold und von Gesteine in Säcken reiches Gut.
So wie der Jäger wollte, so mußte man ihm laden.
Da floß er in dem Kiele zu römischen Gestaden.
Dort gab man ihm Geleite ins Langobardenland
Bis auf die Burg zu Garden, wo er den König fand.
Da sagte man dem König, ein Bote wäre gekommen.
Mit Freuden ward die Rede von Liebegard vernommen.
Man brachte schnell den Säumer und auch den fremden Mann,
Man ließ ihn zu der Pforte und in den Pallas dann.
Der sagte viele Märe und gab nun seinen Brief.
Als ihn der König schaute, mit Freuden er da rief:
»Daß er sich hat bekehret, des sei stets Gott gelobt,
Da der viel üble Heide doch nimmer weiter tobt!«
Er weiste dann den Boten hin, wo Frau Liebgard saß,
Den Brief gab er der Frauen, daß sie die Worte las.
Vier überschwere Säcke der Bote nun fürtrug,
Darin lag edler Steine und Goldes wohl genug,
Da sah man reiche Spangen und Ringelein darin.
Da sprach der weise Jäger zur edlen Königin:
»Ein großer Sack mit Gute liegt hier vor dir noch voll,
Es ist noch nicht gewachsen, was man dir geben soll.
Wenn diese Tierlein wachsen, bringen sie einen Stein,
Daß in der Welt so Gutes nie sah der Sonne Schein.
Doch ohne Waldgebirge wird diese Frucht nicht alt;
Weis' mich an eine Steinwand, so geb' ich dir es bald!«

Sie hieß den Jäger weisen an eine Steinewand
Bei der Stadt zu Triente. Als er den Berg dort fand
Sein schalkliches Gezüchte er in die Höhle trug;
Wes er darin bedurfte, des gab man ihm genug.
Da war er den zwölf Monde im Berge oder mehr;
Er hatte mit den Würmen der Arbeit allzusehr.
In einem halben Jahre wurden sie also groß,
Daß es den Meister selber bei ihnen schier verdroß.
Der Hunger zwang die Drachen, sie fielen an den Mann;
Da floh er aus der Höhle, mit Mühe er entrann.
Was sie im Lande fanden, verschlangen beide gar;
Sie hatten ihre Argheit mehr denn ein ganzes Jahr.
Im Wald und im Gefilde konnt' nichts davor bestehn.
Bald war der größte Schaden an aller Welt geschehn.
Sie taten allen Leuten so grämeliches Leid,
Daß auf der Straße niemand mehr ging zu dieser Zeit.
Man durfte auf den Feldern den Acker nicht mehr säen,
Noch durfte man die Wiesen dort vor dem Walde mähen.
Den Jägern wie den Bauern nahmen sie das Leben;
Die Würme wollten niemand zur Welt den Frieden geben.
Gar viele Ritter suchten sie auf aus Heldenmut
Und auch um Ruhmes willen; doch keinem ging es gut.
Sie mußten alle leiden darum den grimmen Tod.
So war dort in Lambarden dem Lande Angst und Not.
Man fing nun an, dem König von diesem Leid zu sagen.
Was Schaden sie da taten, hörte Herr Ortnid klagen,
Daß schon so mancher Ritter und mancher kühne Mann
Den Drachen fiel, darüber zu trauern er begann.

So lag er eines Nachtes bei seiner Königin,
Da mußt er wieder denken mit sorgevollem Sinn:
»Wenn es mir nun mißlänge, verlör ich meinen Leib,
O weh, wem soll ich lassen alsdann mein elend Weib?
Ich klage nicht so sehre die Burgen noch das Land,
Ich klage meine Fraue, die ich so stät erfand.«
So hatte er geklaget in sorgenvollem Sinn,
Er wähnt, es hört es niemand; da erwachte die Königin.
Da brach ihr fast das Herze, ihr Jammer ward so groß,
Daß mit der Augen Regen sie seine Brust begoß.
Sie drückt ihn an das Herze und küßt ihn an den Mund:
»Ach Herre Gott im Himmel, was will mir werden kund!
O weh mir armen Frauen, was will mir nun geschehn!
Weh über meine Augen, daß ich dich je gesehn!
Weh über meine Arme, daß ich dich sollt umfassen!
Mein König und mein Herre, wem willst du mich nun lassen?
Mein Herz ist ohne Waffe und ohne Schneide wund.
Es ist im sechsten Jahre, daß du mir wurdest kund.
All meine edlen Magen ließ ich, o Herr, durch dich.
O edler, reicher König, wem willst du lassen mich?«

Da sprach der König Ortnid: »Ich will dich lassen Gott
Und ferner mich ergeben auch selbst in sein Gebot.
Von deines Vaters Listen kam dieser Wurm ins Land.
Nun müss' es Gott erbarmen, daß ihn nicht schlug meine Hand!«

Da schien ihm durch das Fenster des Morgens Blicken licht;
Da wollt' er aus dem Bette, sie ließ ihn von ihr nicht.
Wie kühn sein Herz auch wäre, des Zornes er vergaß;
Nun wurden seine Augen von großem Jammer naß.
Als ihn die schöne Fraue mit ihrem Arm umschloß,
Da weint' er, daß das Wasser über ihre Brüste floß.
Nun sprang er aus dem Bette und legt' an sein Gewand,
Ob ihm tat er das Fenster dann auf mit einer Hand:
»Nun, Königin und Fraue, gib mir dein Ringelein!
Wer dir das bringt, dem glaube, ich müsse gestorben sein!
Wer dir die »Rose« bringet und meine Brünne licht,
Dem glaub' es, edle Fraue, doch glaub' es anders nicht.
Wer dir des Wurmes Zunge bringt und dies kleine Gold,
Sieh, der hat mich gerochen, dem sei in Treuen hold!
Gelobe mir, daß du keinen sonst nehmest zu der Eh',
Wie er dich auch bedränge, er schlüg den Drachen eh'.«
Mit zornigem Mute schloff er dann in sein Sturmgewand.
Die Fraue weinte bitter, da sie ihm die Riemen band.
Es lag vor seinem Bette allzeit ein Hündelein,
Das mußt' mit ihm zu Walde, wenn er allein wollt' sein.

So nahm der König Urlaub; da hub er sich zuhand;
Vor seiner Kemenate sein Roß gesattelt stand.
Den Schild nahm er zur Seite, den Braken hinter sich.
Da rief die Frau erbärmlich: »Nun, Gott gesegne dich!«
Als er nun von der Feste schon war geritten weit,
Da hatt' er eins vergessen, das war ihm wahrlich leid.
Er dachte: »Ich muß wieder zur Königin hinein;
Um Alberich zu finden, brauch' ich das Ringelein.«
So ritt er schnell zurücke, ihm war der Reise jach.
Die Frau stund auf der Mauer, sah ihm noch immer nach.
Sie wähnt', er wolle bleiben und lief hinab zum Graben.
»Du wähnst, ich wolle vom Rosse; dafür sollst du's nicht haben!
Ich hab' ein Ding vergessen: gib mir mein Ringelein!«
Da sprach die Frau in Jammer: »Wobei gedenk' ich dein?« –
»So sollst du mein gedenken bei mancher guten Nacht!«
Sie gab ihm da das Ringlein und weint' aus aller Macht.

Vom Schlosse kehrte Ortnid und kam zum wilden Berg
Unter der grünen Linde. Dort fand er das Gezwerg.
»Wider wen willst du streiten? Was ist dir, Kind, geschehn?«
»Ach, Albrich, lieber Vater, ich will den Wurm bestehn.«

»Weh', willst du mit ihm fechten, du tust's ohn' meinen Rat.
Ein Tor ist, meine Treue, der sinnt auf solche Tat.
Kommst du mit diesem Drachen zu Streite und zu Sturm,
So kann es wohl geschehen, daß du erschlägst den Wurm.
Doch ahn' ich schon im Geiste, klein werde dein Gewinn.
Wenn er dich schlafend findet, trägt er dich leicht dahin.
Darum vernimm die Warnung, mein Sohn, o schlafe nicht!
Sonst kann es dir geschehen, daß dir das Heil gebricht.
Nun möge Gott dich segnen! Gib mir mein Ringelein!
Wenn Gott dich wieder sendet, so ist es wieder dein.«

Da warf der König Ortnid das Ringlein auf das Gras
Und eilte nach dem Streite, den sich sein Mut erlas.
So ritt er ungeweiset durch das Gebirge hin,
Wie ihn sein Mut belehrte und sein sturmlicher Sinn.
Unter einer grünen Linde, da saß er auf das Gras.
Er trug ein Horn von Golde, daß er dem Wilde blas'.
Es blies nun in das Hörnlein der König Ortnid gut;
Das hörte der Riese Helle, viel zornig ward sein Mut.
Er ergriff eine stählerne Stange und hub sich auszusehn,
Er fand den König Ortnid unter der Linde stehn.
Da sprach der Ungefüge: »Du kleines Wichtelein,
Was hast du mich erwecket? Es muß dein Ende sein!
Du hast mir einst Baumgarten, den lieben Neffen erschlagen;
Nun hab' ich dich gefunden, nun sollst du bald verzagen!«
Die Stange hub er höher, der ungefüge Mann,
Er schlug der Linden Äste nieder auf den Plan.
Wie bald der König Ortnid da von der Linden sprang!
Sein gutes Schwert, die Rose, ihm in der Hand erklang.
Er schriet ihm ab die Stange, als ob sie bleiern wär';
Des ward der Kaiser Ortnid in seinem Herzen hehr.
Wie bald der Riese Helle doch hinter sich nun sprang!
Er zuckte von der Seiten ein Schwert, zwölf Ellen lang,
Er schlug den Kaiser nieder, da war nun Hilfe fern;
Er hätte gern verderbet den edlen Landesherrn.
Jedoch der König Ortnid vom Boden wieder sprang,
Sein gutes Schwert, die Rose, er auf den Jäger schwang.
Da hob der Riese Helle seinen Fuß mit Macht,
Er hätte gern dem Kaiser den Todesstoß gebracht.
Der Kaiser war behende, er schlug ihm ab das Bein,
Als ob ein Schwamm es wäre; das schuf ihm Todespein.

Dann ritt er ungeruhet den Tag bis an die Nacht.
Doch war er wenig Schlafens noch träger Ruh' bedacht.
Er saß vom Rosse zur Erde, damit er Feuer schlug.
Gar mächtger Rohnen Äste er selber dazu trug,

Auf daß der Wurm desto eher ersäh des Feuers Schein.
Er führte an dem Sattel die Speise und den Wein.
Da saß er auf die Grüne, der Held, und trank und aß
Und gab auch seinem Braken, der ihm im Schoße saß.
Er hatte sonsten niemand als sich nur all allein;
So saß er bei dem Feuer, da kam des Mondes Schein.
Nun wollt' er wieder reiten, sein Roß er bald entband,
Es ärgerte ihn mächtig, daß er den Wurm nicht fand.
So ritt er ohne Ruhe die Nacht bis an den Tag,
Und kam auf einen Anger, da viel der Rosen lag.
Unter einem grünen Baume saß nieder da der Degen.
Wie hätt' er eine Weile so gerne da gelegen!
Ungegessen, ungetrunken mußt' er da leider sein.
Er hatte an dem Sattel nicht Speise mehr noch Wein.
Sein Herz war ihm beschweret, sein Leib war müde sehr;
Da neigt er sich zu schlafen, die Augen wurden ihm schwer.
Ein wenig wollt' er ruhen, der Schlaf ihn so bezwang,
Daß ihm das Haupt hernieder zum grünen Anger sank.
Er hatte zu lange gewachet, des Wachens ihn verdroß.
Es legte sich der Brake in seines Herren Schoß.
Das kam von diesem Schlafe, daß er den Wurm nicht sah,
Davon dem König Ortnid das größte Leid geschah.
Der Wurm brach durch das Dickicht, die Bäume drückte er nieder,
Der Brake lief zum Wurme, und zu dem Herren wieder.
Wie laut der Hund auch bellte, des Schlafes schwer Gewicht
Bedrückte zu sehr den Helden, des Bellens achtet er nicht.
Was ihn der Hund auch kratzte und in die Ringe biß,
Er lag dort als ein Toter. Das Hündlein zerrte und riß,
Den Herren wollt' es beißen, als es den Wurm vernommen,
Doch mocht' es vor dem Helme nicht zu dem Haupte kommen.
Als in des Drachen Nase nun kam des Mann's Geschmack,
Da strich er allgerade hin, wo der Müde lag.
Das Ungeheuer reckte den Schnabel weit herfür,
Sein Maul war ihm noch weiter denn eine Scheunentür.
Bis an die Sporen beide den Ritter es verschlang!
So starb im Schlafe Ortnid, der hohen Preis errang.

Dem Wurm war von dem Baume hin zu der Steinwand jach.
Durch seines Herren Treue lief ihm der Brake nach
Bis vor den Berg, darinnen der Wurm im Neste saß.
Da forcht sich auch das Hündlein und wollt nicht fürbaß.
Die Jungen hatten drinnen vor Hunger große Not,
Wie unverhaun er wäre, es war Herrn Ortnids Tod.
Der Wurm trug ihn den Kindern hin in den hohlen Berg;
Die konnten ihn nicht gewinnen, sie sogen ihn durchs Gewerk.

So verlor der König Ortnid mit Jammer seinen Leib.
Es harrte sein auf Garden mit Angst sein treues Weib.
Nun hub der Brake wieder sich heim auf seine Fahrt.
Als Liebgard mit Entsetzen des Hundes inne ward,
Da wagte sie den Jammer nicht öffentlich zu klagen;
Sie dacht in ihrem Herzen: »Mein Herr, der ist erschlagen!«
Die da den Braken sahen und kannten seine Sitte,
Die wähnten, daß in Kürze ihr Herre nach ihm ritte.
Er mußte dort verbleiben, des zwang ihn große Not.
Sie mochten lange warten, er lag im Berge tot.
Da sahen sie den Jammer, den nun der Hund beging,
Als er da jegelichen bei seinem Rocke fing.
Wer ihm nur folgte, den zog er hinaus nach jener Flur;
Er wollt' sie alle weisen auf des starken Wurmes Spur.
Da folgte einer dem Braken; zur Straße kam er bald,
Die Ortnid war gezogen durch jenen wilden Wald.
Als er des Wurmes Stapfen so blutig dorten fand,
Nicht fürbaß wollt' er reiten und kehrte um zuhand.
Da sagte er böse Märe, sein Herre wäre tot.
Da hub sich in dem Lande viel Jammer und auch Not.
Vom übergroßen Jammer und von der Königin Pein,
Von ihres Sohnes Tode starb auch die Mutter sein;
Sie starb vor Leide, daß sie ihn sehen sollt nicht mehr.
Da hätt' auch nicht mehr Freuden die Königin so hehr.
Sie lebte in dem Jammer bis an das dritte Jahr,
Daß ihrer die Lambarden nirgend nahmen wahr.
Da verlor die lichte Farbe die Fraue wohlgetan.
Man wollte sie aber zwingen, daß sie nähm' einen Mann,
Davon beruhet würde das Volk und auch das Land,
An dem die Königswürde wäre wohl bewandt.
Da sie nicht folgen wollte, die Fraue man verstieß,
Das Reich und auch die Krone man ihr nicht länger ließ.
Es war auf der Burg zu Garden ein Turm gemauert hohl,
Der war bis an das Ende vom Grunde Schatzes voll.
Sie sollt' ihn nicht genießen, die Schlüssel man ihr nahm;
Daß keinen Mann sie wollte, des waren sie ihr gram.
Man ließ nicht mehr der Frauen als Kupfers hundert Pfund,
Das war ihr Geld des Jahres, da ward ihr Trauern kund.
Doch wie man sie auch drängte, viel stäte war ihr Mut,
Sie lebte von ihren Händen, wie manche Frau noch tut.
In Sorgen lebte die Fraue die Nacht so wie den Tag.
Der Leute und des Landes, leider niemand pflag.

Da sprach der Markgraf Helmnot zur edlen Königin rein:
»Mir ist viel leid dein Kummer; Frau willst du mit mir sein?
Es muß mich doch erbarmen, o Königin, deine Not.
Ich will um dich noch rächen des edlen Herren Tod.

Ich will darauf nur warten, bis mein Sohn erwuchs zum Mann,
Damit ich wisse, wem ich mein Erbe lassen kann.«
Ihr pflag da wohl der Markgraf und die Markgräfin rein;
Sie sandten ihr auf Garden die Speise und den Wein.
So mußte in großem Jammer die arme Königin leben,
Bevor sie Herrn Wolfdietrich dem Kühnen ward gegeben.

Wolfdietrichs Flucht

Hugdietrich stirbt. Wolfdietrich wird um sein Erbe betrogen. Er kämpft mit seinen Brüdern, verliert sechs Dienstmannen, wird mit den andern belagert und macht sich auf, Hilfe von Ortnid zu erbitten.

Als Hugdietrich der reiche an seinem Ende lag,
Seiner lieben Kinder er wohl mit Trauer pflag.
Das Land dort bei der Ipper gab er in Wachsmuts Hand,
Dem Boge Siebenbürgen, das schöne reiche Land.
Drauf rief er Herzog Berchtung und sprach zu ihm alsdann:
»Ich empfehle dir Wolfdietrich, du bist ein treuer Mann.
Konstantinopel werde sein Erbe, muß ich sterben,
Und was dazu gehöret vor meinen andern Erben.«
Darnach am andern Morgen der Herr sein Ende nahm.
Bestattet ward zu Erde der König lobesam.
Gar bald war Herr Hugdietrich verklagt und auch verschwiegen;
Des mußten viel der Lande nach ihm verwüstet liegen.

Der treue Herzog Berchtung nahm sich Wolfdietrichs an,
Er führte ihn gar balde in seine Stadt Meran.
Da zog er seinen Herren bis in das dritte Jahr,
Er lehrte ihn noch manches Ritterspiel alldar.

Doch da der Trost des Landes verschied und auch verstarb,
Der ungetreue Saben um Hildburgs Hulden warb.
Da ward dem Lande Jammer und Mord allerst gefrommt.
O weh, daß man die Frauen so leichtlich überkommt!
Als nun der Ungetreue Frau Hildburgs Huld gewann,
Begann er falsche Räte auf Berchtung von Meran,
Begann auch drauf zu denken, wie er die Königin

Verstieße und Wolfdietrich, sich selber zum Gewinn.
Zuerst verdrängte Saben Herrn Berchtung allzuhand,
Der Frau und ihres Sohnes er selbst sich unterwand.
Zu Boge und zu Wachsmut sprach er dann allezeit:
»Ihr sollt mit Rechte wissen, ihr Herren, wer ihr seid.
Durch eurer Mutter Falschheit ist Wolfdietrich ein Wicht.
Den sie euch zählt zu Bruder, der ist euer Bruder nicht.
Sie schadet eurer Ehre sowohl bei Nacht wie Tag,
Und sinnet stets auf Räte, wie sie euch verderben mag.
Verstoßt sie von dem Schloße, in Treuen rat' ich dies,
Und nehmt ihr all das Erbe, das ihr euer Vater ließ!
Gott gebe, daß ihr schaffet, daß es ihr übel geh',
Dieweil sie hat zerstöret eures Vaters Eh'.«

Die beiden Jungherrn wähnten, es spräche Saben wahr;
Des ward das Weib verderbet von seinen Lügen gar.
Die Jungherrn beide sprachen zu ihrer Mutter so:
»Frau, wir sind eines Dinges geworden gar unfroh.
Soll jener Balg Wolfdietrich denn unser Bruder sein?«
»Er ist's, auf meine Treue!« so sprach die Fraue rein.
»Nein, vaterhalb nicht ist er, Mutter, des Vaters Kind,
Das sagen uns die Leute, die des wohl weise sind.
Wir mögen uns in Treuen vor dir auch nicht bewahren;
Drum mußt du von der Feste und von dem Hause fahren!
Was soll dir Königserbe? Du bist nicht Königin!
Daß du den lieben Vater mit unverschämtem Sinn
Und uns so hast geschändet, das soll dir wenig frommen.
Nun heb' dich zu dem Manne, den du dir hast genommen!«

Mit Jammer sprach die Fraue: »Nun sei es Gott geklagt,
Daß ihr mich des sollt zeihen! Wer hat euch das gesagt?
O wehe mir, daß Saben je meine Huld gewann,
Und daß ich nicht gefolget Berchtungen von Meran!
Laßt mich bei euch hier bleiben, da keine Schuld ich hab'!
Laßt mich bei meinem Erbe, das mir euer Vater gab!«
Was sie auch bitten wollte, das war doch gar verlorn;
Die beiden Jungherrn wollten nicht lassen ihren Zorn.
Man ließ viel kaum der Fraue ihr Roß und ihr Gewand.
Was sonst man in der Kammer des reichen Schatzes fand,
Davon bot man der Fraue nicht einer Mark wert an.
Sie mußt' als Arme reiten zu Berchtung nach Meran.

So ritt sie gar erbärmlich bis zu der Pforte hin;
Da sagte man Berchtungen, es käm' die Königin.
Berchtung der Frau entgegen mit seinen Helden ging

Und auch mit seinem Weibe; die Königin er empfing.
Berchtung mit schönen Züchten da zu der Frauen sprach:
»Was sucht ihr, Königinne, mein armes Obedach?«
Sie sprach: »Wir müssen suchen die Freunde, die wir haben.
Meine Kinder han mich verstoßen, das riet der falsche Saben.«
Sprach Berchtung: »Gott vom Himmel lohn' diesem solche Tat!
Doch ist dir recht geschehen, du schmähtest meinen Rat.
Wer treuem Freunde folget, des Folgen wird viel gut;
Wer soll sich auf den verlassen, der nie trug treuen Mut?
Du wolltest mir nicht folgen, nun hab' dir auch den Schaden!
Der mir je war zu Feinde, den hast du heimgeladen!«
Da sagte gar erbärmlich die Königinne hehr:
»Nun tu' mir, wie du wollest! Ich hab' sonst niemand mehr.«

Mit Züchten sprach der Alte: »Nun sei mir Gott willkommen!
In meinem Lande bist du als Königin aufgenommen.«
Da sprach auch Jung Wolfdietrich: »Frau, sei auch mir willkommen
In meines Vaters Hause! Was ich dir nur mag frommen
Und was ich dir mag dienen, das tu' ich alle Zeit.
Ich dien' dir desto gerner, weil du nun bist im Leid.«
Die Königin schwieg vor Jammer, daß sie kein Wort mehr sprach;
Da tröstete sie der Alte und führte sie ins Gemach.
Mit allen guten Züchten man da der Fraue pflag.

Wolfdietrich aber harrte kaum, bis es wurde Tag,
Hin ging er in das Münster, wo er die Mutter fand.
Er trug in schweren Sorgen ein Schwert in seiner Hand
Und sprach: »Nun sag' mir, Fraue, die du sollst Königin sein,
Sag' mir, ob du erkennest den lieben Vater mein!
Bist du nun meine Mutter und bin ich auch dein Kind?
Du sollst mich dahin weisen, wo meine Freunde sind.«
Sie sprach: »Ich kann dir weisen nicht mehr der Freunde dein;
Doch ich bin deine Mutter und du mein Kindelein.
Den Vater, den du hattest, den hast du leider verloren,
Ihm hab' ich dich vor Zeiten in Salneck dort geboren.«

So sag' mir, wie er gestorben, oder wo er sei gewesen!
Und sagst du nicht die Wahrheit, laß ich dich nicht genesen.«
Sie sprach: »Viel lieber Herre, es ist dir nicht zum Hohn;
Du bist von allen vier Enden eines Königs Sohn.
Dein Vater und deine Mutter waren Könige rein,
Drum sollst du auch von Rechten ein gewaltiger König sein.
Dein Vater war zu Griechen ein König sicherlich,
Er saß auf Konstantinopel und hieß Hugdieterich.
Nun bist du wohl belehret, nimm diesen Brief zur Hand!«

Sein Leben und sein Sterben er dran geschrieben fand;
Wie Berchtung ihn ernährte, er an dem Briefe las,
Wovon er war verraten und wovon er genas.
Da neigte er der Mutter das Haupt in ihren Schoß,
Es ward ihr beider Weinen und auch ihr Jammer groß.

Die Mutter stieß die Tafel in ihren Busen wieder.
Er suchte Meister Berchtung, sein Schwert das warf er nieder.
Da bot er seinem Meister viel sehnelichen Gruß,
Er küßte ihm die Hände und neigt' sich ihm zu Fuß:
»Gott müsse dir vergelten, o Fürste von Meran,
Mein Meister, lieber Herre, was du mir hast getan!
Ich hab' von deinen Gnaden die Ehre und das Leben,
Ich will mich, lieber Meister, in deine Gnade geben.
Ich hab' nun recht erfraget, von wannen ich gekommen;
Mir ward fürwahr unbillig mein Erbeteil genommen.
Es müssen meine Brüder mir immer Feinde sein,
Sie lassen denn mein Erbe mir und der Mutter mein!«

Mit Jammer sprach der Alte, der reine Fürste klar:
»Von Urlog und von Kriege ruht' ich nun vierzig Jahr.
Ich muß in meinem Alter nun haben Ungemach.
Nun müss' es Gott erbarmen, was Saben je verbrach!
Auf den will ich dir helfen und auf die Brüder dein,
Daß sie dein Recht dir tuen und auch der Frauen mein.
Uns dien' das Land zu Griechen oder ich lasse mein Leben!
Ich will dir meine Söhne dazu zur Steuer geben,
Die sechzehn kühnen Jungherrn, die liebsten, die ich han,
Meine Söhne sind sie alle, dir sei'n sie untertan.
Sie müssen mit dir alle im lichten Streitgewand,
Jeder mit tausend Rittern, die Fahne an der Hand.
Auch ich will, lieber Herre, dir mehren deine Schar,
In schneeweißen Ringen komm' ich mit Tausend dar.
Ich gebe dir die Helden, dazu ein Banner licht,
Die sind so ausgesuchet, sie weichen nimmer nicht.
Wohl in der zwölften Woche so sind sie dir bereit,
So rächen wir mit Zorne allbeide unser Leid!«

Da mußten sich bereiten die Recken in die Not,
Sie kamen auf Lilienporten des Tags, als er gebot,
Die edlen und die kühnen, die Berchtung gerne sprach.
Ihrer keinem eines Ringes noch eines Riemens gebrach.
Mit Freuden sprach Wolfdietrich, als er sie sah herkommen:
»Und werd' ich je zu Herren, es soll euch allen frommen!
Was euer einer verlanget, das will ich nicht versagen.

Nun welches ist die Brünne, die ich soll selber tragen?«
Er sprach: »Ich gäb' dir gerne deines Vaters Schwert,
Da wärest du zu Streite viel wohl damit bewehrt.
Doch sollst du mich's erlassen, es mag doch jetzt nicht sein.
Gott möchte sonst dich fällen, schlügst du die Brüder dein.«
»Ich bin,« so sprach Wolfdietrich, »auch meines Vaters Sohn,
Doch will ich mit dem Schwerte nicht ihnen Schaden drohn.«
Da hieß er ihm gewinnen eine andere Klinge licht
Und einen guten Halsberg, doch war so fest er nicht.
Da ihm der Herzog Berchtung das Schwert gegeben hätte,
All' seine sechzehn Söhne schwuren ihm an der Stätte,
Das waren vier Herzogen, zwölf Grafen lobesam,
Jeder mit tausend Rittern, wie ich fürwahr vernahm.

Da urlaubte Wolfdietrich sich von der Mutter sein.
Es sprach die Königinne: »Nun schone der Brüder dein!
Laß sie des nicht entgelten, daß ungetreu sie sind!
Ihr seid doch alle dreie nur zweier Leute Kind.«
Die Helden zogen gewaltig hin aus Meran zumal.
Da kamen sie viel balde zu Sippan in das Tal.
Auf banden sie die Segel die Mannen lobesan,
Und fuhren nun mit Freuden über des Meeres Bahn.
Sie fuhren auf dem Meere wohl gegen zwanzig Tagen
Und wurden in den Hafen zu Konstantinopel getragen.
Dort stiegen sie viel balde hernieder auf das Land;
Da sprach der Herzog Berchtung der biedere Weigand:
»Ihr sollet hier verbleiben, viel liebe Herren mein.
Ich und mein Herr Wolfdietrich sollen heut zu Hofe sein.
Wir wollen Märe erfahren von Boge und Wachsmut,
Was ihnen sei zu Willen, den edlen Fürsten gut.
Wenn sie an unserm Herren nicht Gnade lassen geschehen,
Muß man in kurzen Zeiten viel mannigen Toten sehen.
Du Hache und du Herbrand, ihr bleibt allhier beim Heer!
Vernehmet ihr mein Hörnlein, so kommt mit aller Wehr!
So geht's uns an die Ehre und daß man streiten soll.
Dann kommet uns zu Hilfe! Des trauen wir euch wohl!«

Da gingen sie viel balde hin in den Königssaal.
Gar wohl empfing den Alten das Gesinde überall.
Da sprach zu beiden Königen Berchtung, der treue Mann:
»Was hat euch denn mein Herre zu Leide je getan?«
Da sprach der König Wachsmut: »Der bleibe von uns fern!
Nun sage, Meister Berchtung, wen willst du haben zu Herrn?«
»Zum Herrn will ich Wolfdietrich, dieweil vor seinem Sterben
Ihn mir befahl sein Vater, drum laßt ihn mit euch erben!«
Da sprach Jungherr Wolfdietrich zu seinen Brüdern zwein:

»Tut es durch Gott den guten, und laßt mich bei euch sein!
Habt euch das Land zur Hälfte, das mir beschieden ist,
Und lasset mir die Hälfte und diese Stadt zur Frist!«
Da sprach der König Boge: »Berchtung, du falscher Mann,
Wolfdietrich ist ein Kebskind und mag nicht Erbe han.
Man fand ihn einst zu Walde bei jungen Wölfelein.
Du sollst ihn fahren lassen und unser Eigen sein!«
Da sprach der Herzog Berchtung: »Das wär' mir immer Leid;
Sollt' ich also verlieren meine große Arbeit,
Die an dem jungen Fürsten solange ist geschehn?
Er muß noch in der Krone hier vor euch allen stehn.«
Da sprach der König Boge: »Du alter Ziegenbart!
Daß du auf unsrem Hofe solange wurdest gespart!
Willst du nicht von ihm lassen, wirst anderes du gewahr,
Ich heiß' dir wahrlich zerren von deinem Mund das Haar!«
Da sprach Jungherr Wolfdietrich zu seinen Brüdern zwein:
»Wer anrührt meinen Meister, der muß verschroten sein
Von meinem guten Schwerte, oder ich liege tot!«
Die Herren wichen beide, nun nahte große Not.

Da sprang der Herzog Berchtung zur Tür, der kühne Mann.
Ein Hörnlein rot von Golde blies der Held lobesan.
Das hörten seine Söhne, sie eilten bald hervor,
Mit allen ihren Recken kamen sie an das Tor.
Da sprach mit frommem Mute Herr Berchtung von Meran:
»Nun sollen wir die Griechen bestehn, so kommt heran!
Nun laßt die Fahnen fliegen mit Freuden über Feld!
Es wird uns an den Toten der Untreu Widergeld.
Des soll sich heute trösten der Ritter und der Knecht,
Daß uns Gott immer danket; wir streiten um das Recht!«
Auf ihren schönen Rossen einher die Helden zogen,
Die Fahnen gar gewaltig über die Heide flogen.
Da hub sich in der Feste ein ungefüger Schall,
Da all' die Ritter drangen zur Burg allüberall.

Da sagte zu den Königen der ungetreue Saben:
»Seht ihr, was wir an Berchtung bisher geheget haben?
Mit solchen Scharen diente er nie eurem Vater mehr.
Wenn er noch länger lebte, es schmerzte mich zu sehr.«
Die Scharen beidenthalben zusammen kehrten so.
Die sich des Streites freuten, die wurden alle froh.
Zusammen sie da drangen, die Schäfte brachen gar,
Sie sangen ihre Weise dazu in beider Schar.
Da hub sich allenthalben viel Angst und große Not,
Da mußten lichte Ringe von Blute werden rot.
Als so zusammendrangen die Scharen ritterlich,

Da stritt vor allen andern der kühne Wolfdietrich.
Die Spreizen gen den Wolken von ihren Handen flogen.
Da sie die Schäfte brachen, die Schwerter sie nun zogen,
Und saßen von den Rossen hernieder auf das Gras.
Sie mußten alle weichen, wo Herr Wolfdietrich was.
Er haute beidenthalben Lucken und manchen Pfad;
Sie nahmen all' ihr Ende, wohin der Junge trat.
Die Schar durchbrach Wolfdietrich und Berchtung all' zur Stund,
Wen er nicht schlug zu Tode, der ward doch mächtig wund.
Da ward von lebenden Leuten die Heide schleunig bloß,
Das Blut durch lichte Ringe hin auf die Erde floß.
Über den jungen Griechen ward da viel manniger Schrei,
Des Tages schlug Wolfdietrich manchem sein Haupt entzwei.
Was sie der Flieh'nden funden, ihr keiner da genas,
Sie düngten mit den Toten das Feld und auch das Gras.

Als sie nun beidenthalben fest miteinander stritten,
Da war auch mit den Königen Saben aufs Feld geritten.
Sie harrten, wie's erginge dem kräftiglichen Heer.
Bald sah'n sie beide, daß es hinfloh ohn' alle Wehr.
Mit Zorn rief da Wolfdietrich: »Saben, wer gab dir Heil,
Daß du mir sollst verirren mein rechtes Erbeteil?
Oder wer hat dir erlaubet ob meiner Mutter Zucht?
Das mußt du immer büßen, und hilft dir nicht die Flucht.«
So ward ein mächtig Schelten mit Zorn und grimmem Sinn;
Da kehrten diese wieder und jene ritten hin.
Als er nicht konnt' erreiten die Brüder eiliglich,
Da weint' allerst vor Zorne der kühne Wolfdietrich.
Die Heergesellen ritten nun wieder auf das Wal,
Was sie der Feinde funden, die schlugen sie zu Tal.
Sie stritten einen langen Tag, wie wir noch hören sagen,
Da wurden Herzog Berchtung der Söhne sechs erschlagen.
Wenn er sah einen fallen, blickt' er Wolfdietrich an
Und lachte laut und innig, daß nicht verzagte der Mann.
Da lief heran ein Degen, der war viel hochgemut,
Der haute auf Wolfdietrich durch seinen Eisenhut,
Davon Wolfdietrich strauchelte und fiel hin auf den Plan;
Da lag in großer Unkraft der tugendhafte Mann.
Wie balde Herzog Berchtung ob seinem Herren sprang!
Er zog ihn auf gar eilig, die Weile war nicht lang.
»Nun sollen wir von hinnen, das will ich, Herr, dir sagen,
Da unsre Helden alle fast sind zu Tod erschlagen.
Wenn uns die Griechen finden, so sind wir alle tot.«
Sie eilten zu den Rossen; zu fliehn war ihnen not.

Da kehrten sie von dannen, die kühnen Degen bald,
So eilig sie vermochten, gen einem grünen Wald.
Fünftausend ihrer Feinde die jagten ihnen nach,
Wolfdietrich und den Seinen war nach dem Walde jach.
Die Griechen folgten ihnen den Tag bis an die Nacht,
Sie ritten fort, solange die Rosse hatten Macht,
Bis von Konstantinopel sie keine Spur mehr sah'n.
Da überfiel die Nacht sie in einem finstern Tann.
Sie kamen von der Straße hin in ein wildes Tal
Auf einen grünen Anger, es legte sich der Schall.
Sie sahen einen Bronnen, der in dem Walde floß.
Dort legten sie sich nieder, ihr Trauern war gar groß.
Sie wollten ohne Sorge allda geruhet han
Und legten ihr Geschmeide nieder auf den Plan.
Nur einer ganz alleine, der Held Wolfdietrich,
Behielt an seinem Leibe die Rüstung wonniglich
Und strich auf Abenteuer hin in den finstern Tann,
Indes mit seinen Recken Berchtung viel Leid gewann.

Zwölf große Riesen wurden der Helden dort gewahr,
Des Waldes Eidgenossen; sie huben schnell sich dar
Mit starken Eisenstangen und Schwertern schwer und breit,
Sie fingen ohne Mühe die Helden in der Zeit,
Die ohne Waffen waren und führten gleich sie hin
Wohl auf die Burg zu Troimund, das war der Riesen Sinn.
Belmund, der starke Heide, ihnen entgegen ging,
Die seinen Waldesrecken er fröhlich da empfing.
In einen schweren Kerker legte man die Helden dort,
Sie litten große Schwere und Arbeit an dem Ort.
Belmund, der starke Heide, sprach zu den Recken schier:
»Ihr müsset es nun ernten, daß ihr so große Gier
Einst hattet und mir schufet viel Leid und Kummer groß,
Dieweil mein Bruder Olfan durch euch ward siegelos!«

Nun lassen wir die Helden in großen Nöten hier.
Wolfdietrich der kühne ging aus dem Wald herfür,
Und da er an den Brunnen unter die Linde kam,
Und er von seinen Mannen nichts sah und nichts vernahm,
Da ward sein bittres Klagen gar mächtig und gar groß.
Er schrie mit lauter Stimme, daß das Gebirg' erdoß.
Das hörte auf der Feste der Heide Herr Belmund
Und alle seine Riesen daselbst zur selben Stund'.
Da liefen sie alsbalde den Burgberg hin zu Tal,
Sie eilten zu der Fährte die Starken allzumal.
Wilher war er geheißen, der da ihr Meister was,
Er trat hin zu dem Jungen hernieder auf das Gras.

Wolfdietrich der kühne lief gleich den Riesen an,
Er schlug ihn zu der Stunde alldort im grünen Tann
Mit jenem Schwerte, das ihm sein Meister Berchtung gab;
Noch manchen Recken bracht' er mit diesem in sein Grab.
Er schlug der Riesen zwölfe, der werte Ritter bald,
Unter der grünen Linde über dem Brunnen kalt.
Der Wirt von jenem Hause hörte der Riesen Klage
Auf seiner festen Klause, er hub sich vom Gelage
Und ging zur Kemenate. Der freisliche Weigand
Gürtete sich mit Eile dort in sein Stahlgewand.

Da kam ein Zwerg gegangen vor Wolfdietrich und sprach:
»Bibung bin ich geheißen, ich schaffe dir Gemach,
Weil mir dein Vater manches zu Gute hat getan.
Die Heidenrecken sollst du besiegen hier im Tann,
Du werter Held, in Treuen nimm hin dies Ringelein,
Und sei in hohem Mute; dir soll's zur Freude sein.
Nun hab' ich deine Nöten schon wohl vorher bedacht,
Und habe dir vom Brunnen zween Trünke hergebracht.
Wohl fünfzehn Männer Stärke wird dir davon zuhand,
Trinkst du von diesem Brunnen, viel biederer Weigand.«
Da Wolfdietrich der müde des Brunnens Wasser trank,
Hei, wie er da geschwinde kräftig vom Boden sprang!
»Nun lohn' dir Gott vom Himmel, du kleines Zwergelein!
Ich trau nun wohl zu siegen über die Feinde mein.«

Zuhanden kam gelaufen der Heide auf den Plan.
Wie schnell entwich da Bibung der kleine in den Tann!
Da wurde Herr Wolfdietrich bestanden von dem Heiden,
Es ward nach Rittersitten getan von diesen beiden.
Dem Heiden schlug vom Leibe Wolfdietrich der Held
Sein lichtes Kampfgeschmeide; da fiel er auf das Feld.
Ein Hemde reich von Seide sah er am Heiden so,
Des ward der Held Wolfdietrich aus ganzem Herzen froh.
Das Hemd war einst Sanct Jörgen, des edlen Ritters gewesen,
Wie wir noch heute hören, singen und auch lesen.
Mit beiden seinen Händen das Hemde lobelich
Zog ihm von seinem Leibe der edle Wolfdietrich.
Er legt es an viel schnelle, der junge Degen gut;
Vor aller Gattung Waffen war sein Leib wohl in Hut.
Das Rößlein bei dem Brunnen ließ er nun dorten stehn
Und eilte, zu der Pforte des Schlosses hinzugehn.

Mit zorniglichem Sinne kam der starke Olfan;
Der lief gleich vor der Pforte den jungen Fürsten an.
Sie liefen aneinander und fochten mutesreich;
Dem wilden Salamander war Herr Wolfdietrich gleich.
Der Riese mit der Stange der lief ihn mächtig an,

Da säumte sich nicht lange der auserwählte Mann,
Er gab dem Ungefügen den allerschwersten Schlag,
So daß sein großes Dreuen viel bald vor ihm erlag.
Doch hielt der große Riese sich noch in festem Streit;
Da wurde er des Todes Genoß in kurzer Zeit.
Das Haupt von seinem Leibe schwang er ihm Zornes voll,
Davon noch seinem Weibe das Herz in Leide schwoll.
Dannoch ward niemand inne geworden seiner Tat,
Die in der Feste waren. Er lief zur Pforte grad',
Die fand er dannoch offen. Da eilte er hinein.
Die Riesen waren alle beim Mahle und beim Wein
In einem weiten Pallas, da man sich nichts versah.
Wolfdietrich trat zu ihnen; wie mächtig rief er da:
»Nun wohlauf, all' ihr Herren, der Kurzweil ist genug!«
Limher, den starken Riesen, däucht es ein Ungefug,
Mit Stühlen und mit Bänken brachten sie ihn in Not.
Die Tische wurden alle gefärbt mit Blute rot.
Wohl dreizehn Fürstenhäupter des Tags er niederschwang.
Den Sieg hatt' er erfochten, darauf stund sein Gedank'.
Nun ging der kühne Ritter, er säumte sich nicht mehr,
Zum Kerker seiner Freunde, zum starken Turme her.
Wie bald der kühne Helde die Pforte da erschloß!
Da rief Wolfdietrich mächtig nach seinem Eidgenoß.

Als nun der Herzog Berchtung des Helden Ruf vernahm,
Da sprach aus seinem Kerker der Greise lobesam:
»Bist du es, Herr Wolfdietrich, unser ersehnter Trost,
Der uns von dieser Arbeit so balde hat erlost?«
Wolfdietrich fand einen Riemen, wohl zwanzig Klafter lang,
Der gehörte zu dem Turme. Hei, wie er dazu sprang!
Ein Scheit von einer Buche strickte er daran,
Sein Heil wollt' er versuchen, der tugendhafte Mann.
»Nun, Berchtung, lieber Meister, nun setze dich daran,
So will ich dir aushelfen, wie ich am besten kann!«
So zog er aus dem Turme all seine eilf Dienstmannen
Und führte sie gar freudig dahin mit sich von dannen,
Allwo er eine Tafel in diesem Hause fand;
Da hieß er bald sich setzen die Recken allzuhand.
Was da die starken Riesen gegessen sollten haben,
Derselben reichen Speise konnten sie sich nun laben.
Die gab er seinen Dienern, der edle Ritter fein,
Er diente ihnen zu Tische und schenkte klaren Wein.

Sie aßen dort ein wenig, dann schieden sie von dannen
An einem kühlen Morgen. Viel Sorge sie gewannen,
Daß sie bestanden würden. Sie kamen in den Wald.

Da mußten sie verbleiben, ihr Leid war mannigfalt.
Sie machten sich ein Feuer dort in dem finstern Tann,
Viel Stöcke und auch Rohnen trugen sie daran.
Sie saßen zu dem Feuer, die Müde tat ihnen weh.
Der Herren waren zwölfe und anders niemand meh.
Da sprach der Herr Wolfdietrich, der edle Fürste hehr:
»Mein Berchtung, lieber Meister, wo sind der Söhne mehr?
Ich seh' nicht mehr denn zehne, doch sollten sechzehn sein!
Das mocht' ich dich nicht fragen vor Unmuße, Meister mein.«
Da antwortet' ihm Berchtung mit großem Jammer so:
»Ich weiß nicht, lieber Herre, sie sind vielleicht etwo
Aus jenem Streit entronnen.« Da sprach Wolfdieterich:
»Bei jenem jüngsten Urteil, das Gott hält über dich,
Wenn deine Seele scheiden einst soll von deinem Mund,
Mahn' ich dich, daß du sagest die Wahrheit hier zur Stund',
Ob sie wohl sind gefangen oder zu Tod erschlagen!
Mein Berchtung, lieber Meister, du sollst mir alles sagen!«
»Willst du mir's nicht erlassen, ich muß die Wahrheit sagen:
Dort zu Konstantinopel da wurden die erschlagen.
Wenn ich mit lachendem Munde dich, Herre, blickte an,
So sah ich einen fallen, das wisse, kühner Mann!«
»Nicht wolle Gott vom Himmel,« sprach Wolfdietrich sogleich,
»Daß sie so hoch erkauften mein armes Königreich!
Mir soll nicht an den Meinen so großer Schade geschehen.
Ich glaub' nicht ihres Todes, du lassest mich's eh' sehen.«

Da führte so der Weise den Jungen an der Hand,
Wo er ersah die Toten. Die hatt' er bald erkannt.
Als er ihr bleiches Antlitz so sehr verschroten sah,
Fiel er auf sie, vor Leide sprach er kein Wort allda.
Er brach ihnen ab die Helme; sie waren todeswund.
Da ließ er ihrer keinen, er küßt ihn an den Mund.
Sein Herze war betrübet, die Augen wurden naß.
Berchtung durch seinen Herren der Kinder gar vergaß.

Mit Jammer sprach Wolfdietrich: »Es reuet mich mein Leben!
Wer kann mir die Gesellen, die toten, wiedergeben?
Wohl alle Königreiche hingäb' ich sicherlich,
Wenn meine Freunde lebten, ich armer Wolfdietrich!
Weil aber du die Kinder durch mich nur hast verlorn,
Mein Berchtung, lieber Meister, räch' an mir deinen Zorn!
Verloren sind die Kinder allein durch meine Schuld.
So schlag' mir das Haupt herunter, tu' es mit Gottes Huld!«
Von Sinnen kam vor Leide der Fürste lobesan,
Das Schwert zog er aus der Scheide, den Knopf warf er hindann.
Er hätte sich nun selber geworfen in sein Schwert,

Wenn nicht sein Meister Berchtung es treulich hätte gewehrt.
Gar schnell ersah der Alte, daß es sein Ernst ihm was,
Da zuckt' er ihm die Klinge und warf sie auf das Gras.
Er zog den jungen Herren von seinen Kindern hin
Und sprach: »Mein Herr Wolfdietrich, wohin ist nun dein Sinn?
Willst du die Recken beweinen, dir mir da sind erschlagen?
Sie waren meine Kinder, laß mich sie selber klagen!
Nur mein und meines Weibes waren die Kindelein.
Wolfdieterich, mein Herre, laß du die Klage sein!
Laß sie die Frau beweinen, die sie im Leibe trug!
Sie wird es doch nicht lassen; des Jammers ist genug.
Hilf mir nun selber raten, und lassen wir den Zorn;
Was wir auch darum täten, sie wären doch verlorn.
Es kann uns doch nichts helfen, bewein' ich jedes Kind,
Sie werden nicht lebendig, die doch gestorben sind.
Ist unser beider Hilfe auch hier verdorben gar,
Uns wachsen andre Leute, uns kommt ein andres Jahr.«
Sie überkamen kaum ihn, daß er die Klage ließ sein.
Herr Herbrand nahm beim Saume sein Hemd von Seide fein,
Das zerrte er in Stücke, daß er die Wunde band
Des Königs. An dem Male ward später er erkannt.
So blieben da die Herren, bis sie beschlich die Nacht;
Die ward in schweren Sorgen und Leide zugebracht.
Da sprach der alte Berchtung: »Willst du nun folgen mir,
So folge mir mit Willen, das Beste rat' ich dir;
Wir müssen die Walstatt räumen, wie es auch sei getan;
Du hast auf dieser Erde sonst keinen einz'gen Mann.
Ich führte dir zu Streite mein ganzes Ingesind;
Sechs Söhne sind mir gefallen, daß nur mehr zehne sind.
Willst du denn selber zwölfte ein ganzes Heer bestehn?
Du hast nur mehr eilf Mannen, du mußt von hinnen gehn.
Wir sollen schnell entweichen, es ist nun Fliehens Zeit,
Dort kommen tausend Ritter, wir sind zu schwach zum Streit.
Ich sage dir auf Treuen, erharrst du hier den Tag,
Daß von uns allen keiner dem Feind entrinnen mag.
Wir haben an den Griechen begangen großen Mord;
So sollen wir, mein Herre, auf die Burg zu Lilienport.
Ich sage dir in Wahrheit, dort hab' ich des genug,
Was man wohl hundert Rittern je auf die Tafel trug.
Davon hab' ich genügend bis in das fünfte Jahr.
Willst aber du noch mehres, das bringe selber dar!
Dieweil uns währt die Speise, die Nahrung und der Wein,
So sollen wir vor Stürmen der Feinde sicher sein.«

Sie gingen heimliche Gänge die Nacht bis an den Tag.
Voraus ritt Meister Berchtung, der seiner Kinder pflag.
Sie strichen durchs Gebirge, das war wohl hoch genug;

Berchtunge mühten sehre die Ringe, die er trug.
Ihnen waren verlegt die Wege, doch fanden sie Lilienport.
Gar bald vernahm der Wächter dort seines Meisters Wort,
Auch hörte auf der Zinne ihn seine Fraue rein,
Sie zählte durch die Pforte nur zehen Kindelein.
Den eilften sie da fragte: »Berchtung, wo ist dein Heer?«
Mit Jammer sprach der Alte: »Wir haben jetzt nicht mehr.
Was all' uns ist erstorben, das ist zu klägelich;
Gehab' dich wohl, o Fraue: noch lebt Wolfdieterich!«
Da sprach die Frau mit Klagen: »Wo sind nun meine Kind?«
Mit Zorne sprach der Alte: »Ich weiß wohl, wo sie sind.
Sie haben wohl vergolten ihren Tod mit Wunden schwer;
Ich werf' dich über die Mauer, gedenkst du ihrer mehr.
Was wir zwei klagen sollten, das will allein er klagen;
Nun tröste meinen Herren, dem müssen wir's vertragen,
Daß er der Kinder Sterben vergesse durch uns zwei.
Mich müht sein Jammer immer, sein lautes Wehgeschrei.«
So folgte ihm die Fraue, der Kinder sie vergaß;
Verborgenlich und heimlich wurd' ihr das Auge naß.
Da wurde in der Feste das Leid gar jämmerlich,
Doch niemand klagte lauter als Herr Wolfdieterich.
So währt' ihr aller Jammer; bis an den fünften Tag
Verklagten sie die Toten, die niemand wecken mag.

Wohl an dem fünften Morgen erhub sich großer Schall;
Von ihren argen Feinden ward voll so Berg wie Tal.
Die Wächter riefen laut hin: »Nun wacht und hütet wohl!
Das Feld und das Gebirge ist all von Feinden voll!«
Da erschrak an seinem Bette der Fürste von Meran;
Schnell trat er in das Fenster, er kannte manchen Mann
Der unerbetnen Gäste im Kriegsgeschmeide da;
Sein Herz erschrak im sehre, da er so viele sah.
Da ging er übers Bette, auf dem sein Herre lag;
Den weckte er gar sänftlich: »Nun wohlauf, es ist Tag!
Wir sind ringsher umsessen, nun kommt uns Arbeit schwer.
Es liegen vor der Feste fünftausend oder mehr.«
Da warf er um die Schultern schnell seinen Mantel bloß,
Sie traten in das Fenster und sahn die Menge groß.
Die in der Feste waren, richteten sich zum Streit,
Es blieb doch unversperret ihr Tor zu aller Zeit.
Sie ließen die Brücke nieder und gingen vor das Tor;
Wonach ihr Mut gelüstete, das fanden sie davor.
Wie groß die Menge wäre, doch wehrten sie das Feld,
Es siegte auch viel häufig Wolfdieterich der Held.
Von seinem starken Streiten hub sich den Feinden Not,
von seinen Händen blieben des Tages zwanzig tot.
So wehrten ihre Feste die Wirte wohl fürwahr;
Es kam durch Sturmes willen der Fremden keiner dar.

Da ward gemacht ein Friede und ein Gesprächestag.
Der Teidinge Herr Saben und Meister Berchtung pflag.
So sprach zu Meister Berchtung der ungetreue Saben:
»Berchtung, du sollst mir folgen, willst du den Leib behaben!
Berchtung, ich will dir raten, und willst du gerne leben,
So sollst du uns die Feste und deinen Jungherrn geben.
Zween Eide haben meine zween Könige geschworen,
Daß sie das Feld nicht räumen, die Burg werd' eh verloren.
Traun, dich und deinen Herren und alle deine Kind,
Die henkt man an die Zinnen, und die sonst bei dir sind.«
Mit Jammer sprach der Alte: »Drein muß ich mich ergeben;
So bin ich doch in Treuen und Ehren tot gelegen.
Mein Herr hat sich verlassen zu fest auf seinen Mann;
Nicht woll' das Gott im Himmel von Berchtung von Meran!«
Nicht länger währte der Friede; da ritt er wieder ein
Und sagte diese Märe dem lieben Herren sein.
Was da die Könige schwuren, das wurde alles wahr,
Sie lagen vor der Feste bis in das vierte Jahr.

Da ward des Jungen Reue und auch sein Jammer groß,
Daß er so sterben sollte; des Verliegens ihn verdroß.
Von Sorge ward er weise, daß er sich Rat erfand;
Viel früh an einem Morgen er vor Berchtungen stand.
Da sprach zu ihm erbärmlich Wolfdieterich sogleich:
»Mit Ruh erwirbet niemand Ehre noch Königreich.
Mein lieber Meister Berchtung, Gott müsse dich bewahren,
Es geh' nun wie Gott wolle, ich muß von hinnen fahren.
Ich wollte gern erlösen dich selbst und dein Gesind,
Die durch mich in die Sorge und Angst gekommen sind.
Ich will die Welt durchreiten und dazu alles Land,
Ob mir auf dieser Erde ein König werde bekannt,
Der so gewaltig heiße; des Dienstmann will ich sein,
Daß er zum Recht mir helfe an meinen Brüdern zwein.
Wenn du nun einen wissest, so sag mir, wo der sei!
Was taugte mir das Leben, wär' ich nicht Mutes frei?«
Da sprach zu seinem Herren Herr Berchtung von Meran:
»Willst du uns Hilfe suchen, so weiß ich einen Mann.
Wär' er uns nicht zu ferne, so löste uns sein Heer;
Denselben mögst du suchen, wär' er nicht über Meer.
Den will ich dir wohl zeigen, auch wo da liegt sein Land:
Das heißet Langobarden, er ist Ortnid genannt.
Kein König kann ihm gleichen, so mächtig ist sein Heer.
Die Frau nahm er im Streite einem König über Meer.
Zu dieser Königinne half ihm ein reicher Zwerg,
Dem ist das alles kündig, was decket Tal und Berg.
Was diesen König gelüstet, das muß fürwahr ergehn;
Wogegen er sich neiget, das kann nicht mehr bestehn.

Doch sag' ich dir, mein Herre, die Fahrt ist dir zu groß,
Du findest nirgend Straße, auch keine Steige bloß.
Du kommst zu manchen Stätten, davor dir sicher graut,
Man muß sechs Wochen reiten, daß man nicht Leute schaut.
Die wüste Romaneie nicht Land noch Leute hat,
Du findest nirgend Hube, noch Acker, noch auch Saat.
So muß ich dir, mein Herre, darum die Reise wehren;
Du magst dich auf der Straße vor Hunger nicht ernähren.
Gleich andern Viehes Herden gehn da die wilden Leu'n,
Ich mag dir noch mit manchen wilden Weiben dreu'n.
Doch willst du hier nicht bleiben und drängst nach deinem Grabe,
So geb' ich dir viel gerne, was ich dir behalten habe:
Falke, das Roß, das gute, das einst dein Vater ritt,
In manchem Völkerwige zu Sieg er darauf stritt;
Sein Helm und seine Brünne, den Schild und auch sein Schwert,
Das hab' ich dir behalten, ob des dein Mut nun gehrt?« –
»Den Schild kies ich mir selber,« so sprach der junge Mann,
»Ich will mit wilden Tieren dort streiten in dem Tann!
Man misset sein doch wenig, wieviel da wird erschlagen:
Was sich am längsten währet, des Siegel will ich tragen.«

Hin gingen sie da beide, wo er die Mutter fand.
Mit Jammer sprach der Alte: »Dein Sohn will über Land.«
Sie sprach: »Mein Sohn und Herre, wem willst du lassen mich?«
»Sieh, meinem Meister Berchtung will ich befehlen dich.«
»Gott müsse dir erhalten, viel liebes Kind, dein Leben!
Was ich dir habe behalten, das will ich dir nun geben.«
Ihr Herze ward durchbrünstig, da sie die Kleider fand;
Sie sprach zu ihrem Kinde: »Nun hab' dir dies Gewand!
Wohin es immer reichet, da wirst du nimmer wund
Und bist vor allen Waffen drin sicher und gesund.
Dir kann Feuer und Wasser, noch anderes nicht schaden.
Es war seit deiner Taufe gelegen in meinem Laden.«
Da folgte er der Mutter und nahm es in die Hand.
Er meinte, daß ihm wäre zu enge das Gewand.
Da er es an sich legte, da ward es ihm so weit:
So war er wohl behütet, der Held, in jedem Streit.
Da hieß er ihm auch bringen des Vaters Sturmgewand.
Wie laut die Mutter weinte, da sie die Riemen band!
Sie waren all' verzweifelt am Degen kühn und hehr
Und wollten sicher wähnen, sie säh'n ihn nimmermehr.

Als man mit großem Jammer in der Burg inne ward,
Daß Herr Wolfdietrich wollte auf diese schwere Fahrt,
Den Alten wie den Jungen die Tränen niederrannen,
Doch niemand klagte lauter als seine eilf Dienstmannen.

Berchtung sprach zu Wolfdietrich: »Nun denk' an uns fürwahr!
Kommst du zu fremden Leuten, vergiß nicht unser gar!
In der blüh'nden Jugend geliebt dir leicht ein Weib;
Wir kümmern dich dann wenig und verlieren den Leib.«
Da sprach zu Meister Berchtung der junge Heldengleiche:
»Wer mir die Schönste gäbe und tausend Königreiche
Und alle Länder und Burgen, die auf der Erde sind,
Ich will nie Weib gewinnen, eh' ich löse mein Gesind!«
Sie warfen auf die Pforte, ihr Jammern war gar groß;
So fuhr er über die Brücke, allein, ohn' allen Troß.
Ihm sahen nach die Seinen, groß war ihr Herzeleid,
Als er von Lilienporten ritt in die Lande weit.
Er kehrte gegen die Feinde zuerst sich wütiglich:
Allerst wollt' in die Sorge der kühne Wolfdietrich.
Doch ritt er durch die Feinde, sodaß ihn niemand fing.
Wer aber ihm zu nahe an seinem Wege ging,
Den letzte er so unschön, daß er ihn nichts mehr bat:
Man trug ihn tot von dannen, er kam nicht von der Statt.
So ritt er vor dem Walde die Nacht bis an den Tag,
Der Hut gegen die Feinde er ganz alleine pflag.
Des Tags wohl zwanzig Tote sandt' er da in das Heer.
Als sie des inne wurden, da floh'n sie ohne Wehr.

Da sprach zu seinen Königen der ungetreue Saben:
»Weh, wie wir uns zum Laster allhier gehütet haben!
Entronnen ist Wolfdietrich, das ist ein böser Streich,
Vielleicht gewinnt er wieder allein sein Königreich.

Wolfdietrich und Siegeminne

Wolfdietrich verirrt sich und kommt in die Gewalt der rauhen Else. Indes muß sich Berchtung mit den Seinen den feindlichen Brüdern ergeben. Die rauhe Else verwandelt sich in die schöne Siegeminne und fesselt den Helden. Sie wird durch den Riesen Drasian entführt, von Wolfdietrich wieder befreit. Endlich entläßt sie ihn.

Er kehrte auf die Straße des andern Morgens früh,
Er wollte gen Lambarden, das schuf ihm noch viel Müh'.
Den Tag bis an den Abend ritt er so fest für sich.
Gar bald ward er da irre, das war ihm ärgerlich.
Da zwang ihn auch der Abend, er konnte nicht fürbaß.
Von der mitgebrachten Speise ein wenig er da aß.
Er konnte kaum vor Müde, wie manchem noch geschicht;
Wie not der Schlaf ihm täte, doch schlief er alles nicht.
Da machte er ein Feuer, daß weithin strahlte der Schein;
Die ungefügen Rohnen hintrug er ganz allein.
Er versuchte viel des Wildes in seinem kühnen Sinn,
Wie gern er's hätt' bestanden, keines bestand doch ihn.
Am dritten Morgen zog da Wolfdietrich fürbaß;
Wie weh die Fahrt' ihm täte, des Ziels er nicht vergaß.
Er dacht' an Meister Berchtung, die Tränen ihm entrannen;
Gar oft befahl er Gotte seine eilf treuen Mannen.
Bis an den fünften Morgen der kühne Degen ritt,
Die Straße und die Steige er allezeit vermied.
Allerhande Wildes sah er gar mannige Schar;
Sein Roß begann zu müden, des ward er traurig gar.
Die überstarke Arbeit verdroß ihn schon zu sehr,
Von seinen großen Leiden ward ihm sein Herze schwer.
Fern war ihm alle Freude, das konnt' er nicht bewahren,
Daß er in dieser Wildnis mußt' ohne Straße fahren.
Da zog er ab die Brünne, warf sie auf eine Rohn,

Mit trauriglichem Mute schied der Held davon.
Er floh von seiner Rüstung so gar erbärmiglich;
Über Rohnen und über Steine zog er sein Roß mit sich.
Mit Stecken und mit Ruten schlug er ihm manchen Schlag,
Bis ihm das Roß vor Müde und Hunger fast erlag.
Ihm mochte nichts mehr helfen, was er ihm Schläge schlug;
So lieb war ihm sein Falke, daß er den Sattel trug.
Den band sich selbst Wolfdietrich fest auf den Rücken sein.

Er kam auf ein Gebirge, ihm schien der Sonne Schein.
Da hört er eine Stimme mit überlautem Schall,
Daß ihr allda antwortete der Berg und auch das Tal.
So ungeheurem Rufe nichts auf der Erde glich.
»Ich wähn', dies sei die Hölle,« sprach Herr Wolfdieterich.
Sein Roß das trieb er nieder die Leiten hin zu Tal,
Vor Hunger und vor Durste sie taten manchen Fall.
Mit Fallen und mit Straucheln so kam er an den Sand
Hin auf die ebne Erde hernieder an das Land.
Die ungefüge Hölle, die Wolfdietrich da fand,
Das war des Meeres Wogen, es schlug an die Steinwand.
Dort stand eine grüne Linde, ein Anger drunter was,
Ihm gingen bis an den Gürtel die Blumen und das Gras.
Es gaben süße Gerüche die Rosen und der Klee.
Da sprach der kühne Grieche: »Wie mir es halt ergeh',
Gott hat nun meinem Rosse Weide allhier beschert;
Mir ist desto viel sanfter, dieweil es sich ernährt.
Es wird hier von dem Anger fürbaß nicht abgezogen,
Nun will ich auch hie schlafen auf meinem Sattelbogen.
Soll ich vor Hunger sterben, hier lieg' ich lieber tot
Denn auf der bösen Erde; dies Gras ist rosenrot.
Wo möcht' ich schöner sterben? Hier ist es wonniglich!«

In seinen sehnenden Sorgen entschlief Wolfdieterich.
Der Durst und auch der Hunger nahmen ihm fast den Leib.
Da ging aus Meeresgrunde ein ungeheures Weib;
Sie trug an ihrem Leibe von Schuppen eine Haut,
Sie sah dem gleich, als wäre sie wohl des Teufels Braut.
Mit langem Wassermoose sie ganz bewachsen was,
Wie in dem Wasser wachset viel ungefüges Gras.
Ihr war die Augengrube wohl eine Spanne weit,
Zwei Finger tief lag wahrlich das Auge dieser Maid.
Ihr Mund war wie ein Scheffel, die Zähne spannenlang,
Der Schaufel gleich die Füße, unselig war ihr Gang.
Sie war an allen Enden viel schleimig und auch naß,
Ihr Haar ging auf die Fersen und weiter noch fürbaß.
Ihr hingen von dem Kinne die Haare bis zum Fuß.

Wie ungestalt sie wäre, doch hätt' sie sanften Gruß.
Es glänzte ihre Stirne, die war wohl Ellen breit.
Als sie den Degen weckte, das war ihm wahrlich leid.
So sprach die rauhe Else zum Könige fürwahr:
»Nun minne mich, Wolfdietrich, so wirst du sorgenbar!
Ein Königreich dir geb' ich, dazu ein weites Land,
Daß es für eigen dienet, o Herre, deiner Hand.
Ich bin dir nachgegangen bis in das dritte Jahr,
Ich hätte dich gern zum Manne, das sag' ich dir fürwahr.«
Als Wolfdietrich dies hörte und sah, sprach er zu ihr:
»Hinweg, du Teufelinne, nun weiche weit von mir!«
Da nahm die Frau einen Zauber und warf ihn auf den Mann,
Davon der kühne Recke sich nicht mehr wohl versann.
Die Frau das Schwert dem Helden und auch den Fohlen nahm,
Und schafft es fort, noch eh' er ganz zu sich selber kam.
Sein Schwert und Roß verbarg sie, das konnte sie gar wohl,
Und sie verbarg sich selber in einem Baume hohl.
Als Wolfdietrich erwachte und sein Schwert nicht ersah,
Da wand er seine Hände, erbärmlich sprach er da:
»O weiß Gott, mir sind Räuber nun nahebei gewesen!
Fänd' ich etwas Geheures, so könnt' ich noch genesen.«

Sein gutes Schwert zu suchen eilt' er nun in den Wald.
Sie zauberte eine Straße, drauf ging der Held alsbald.
Es lief die Nacht die lange zwölf Meilen der Weigand;
Unter einem schönen Baume die rauhe Els er fand.
Er sprach: »Du gib mir wieder mein Schwert und meinen Fohlen,
Das du mir, Ungeheuer, so böslich hast gestohlen!«
Mit grämelichem Mute die rauhe Königin sprach:
»Wer hat dir hier erlaubet zu ruhen mit Gemach?«
Wolfdietrich sprach mit Fürchten: »Was mag dir dieses schaden?
Ich bin mit Ungemache an diese Statt geladen.
Mein Vater war ein Grieche und König sicherlich,
Er saß auf Konstantinopel und hieß Hugdieterich.
Nun haben mich verstoßen die Brüder mit falschem Sinn;
Das hast du wohl vernommen, viel edle Königin.
Saben hat sie beraten, daß sie mir Übles sannen;
Sie halten auch umsessen jetzt meine eilf Dienstmannen.
Will's Gott, daß ich soll sterben, so laß es balde sein!
Jedoch genäs ich leichtlich, hätt' ich nur Speise und Wein.
Zu meiner Arzeneie gehört wenig Meisterschaft,
Der Durst und auch der Hunger benimmt mir meine Kraft.
Ist aber die grüne Linde und dieser Anger dein,
Und mag dies Land dein Eigen, viel edle Königin, sein,
Daß ich hier hab' geschlafen, das lasse ohne Zorn!
Hilf mir zu meinem Rechte: ich hab' mein Schwert verlorn;
Das ward mir aus der Scheide gezogen, da ich lag.«

Sie sprach: »Ich helf' dir gerne, was ich dir helfen mag.
Es ist doch wahrlich übel, ob du verderben sollt.
Ich hälfe dir noch lieber, wärst du mir anders hold.
Ich kenne wohl die Salben, die dein Herz haben soll,
Dreißig tausend Ritter ernährt' ich damit wohl.
Willst du nun gern genesen, so tu', was ich dich bitte!
So bleibst du unverdorben. Leg' ab die rauhe Sitte
Und nimm mich dir zum Weibe, denn lange minn' ich dich!«
»Nein, nein, auf meine Treue,« sprach Herr Wolfdieterich.
»Daß ich dir das versage, des lasse deinen Zorn!
Ich hab' doch alle Frauen bis an den Tod verschwor'n.«
Sie sprach: »Nun leg' dich schlafen, du bist ein müder Mann,
Und lasse mich dir scheiteln deine Locken wonnesam!
Willst du mich noch nicht minnen, mein Held Wolfdieterich?«
»Nein, nein, du Valandinne, auf meine Treu', nicht ich!«
Da nahm sie einen Zauber und warf ihn auf den Mann,
Der hing ihm an dem Herzen, zu schlafen er begann.
Sie nahm von seinen Schläfen zwei Locken also fort
Und machte ihn zum Toren mit ihrem Zauberwort.
Da lief er ohne Sinne zu Wald ein halbes Jahr
Und nährte sich von der Erde gleich einem Tier fürwahr.

Indessen harrte Berchtung, der Herzog lobesam,
In Lilienport, der Feste, ob nicht sein Herre kam.
»O weh,« sprach er, »Wolfdietrich, wohin bist du gekommen!
Ich fürcht', die rauhe Else habe dich hingenommen.
Wir haben unsren Herren elendiglich verloren;
Nun müss' es Gott erbarmen, daß ich je ward geboren!
Nun müssen wir eine Weile das Unrecht greifen an,
Die Burg aufgeben und werden der zweier Könige Mann.
Denen müssen wir Eide schwören, es hebt sich Arbeit viel.
Wie wir die Eide halten, ich euch bescheiden will:
Wenn wir den Herrn Wolfdietrich einst sollten wiederseh'n,
So wollen wir bedingen, der Eide ledig zu steh'n.«
Viel klagend und auch weinend Berchtung von dannen schied,
Er tat mit seinen Kindern, was ihm die Not da riet.
Die Jungen taten ungern, was ihnen der Alte gebot;
Sie kamen zu den Königen, des zwang sie große Not.
Die Könige empfingen den Meister Berchtung gern:
»Nun sage, lieber Meister, wo hast du deinen Herrn?«
Da antwortet' mit Züchten Berchtung, der alte Greise:
»Euch dieses anzusagen, ihr Herrn, bin ich nicht weise.
Ich habe meinen Herren so wunderlich verloren.
Nun müss' es Gott erbarmen, daß ich je ward geboren!«
Da sprach der König Boge zum altersgrauen Degen:
»Willst du nun unser beider mit solchen Treuen pflegen,
Wie deinem Herrn Wolfdietrich du hast bisher getan,

Die Burg mit samt dem Lande, sie bleib' dir untertan!«
Da sprach zu den zwei Königen der alte Held Berchtung:
»So will ich euch denn dienen mit meinen Söhnen jung
Im Recht sowie im Unrecht, das schwör' ich sicherlich,
Es sei denn, daß noch lebe mein Herr Wolfdieterich.
Kommt er uns her zu Lande, ihr lieben Herren mein,
So woll'n wir ohne Schande der Eide ledig sein,
Und wollen unserm Herren bewahren unsre Pflicht.
An meinem lieben Herren brech' ich die Treue nicht.«
So wurde Herzog Berchtung der Könige Dienstmann
Und tat es doch nicht gerne, der Degen lobesan.

Indessen lief Wolfdietrich wohl noch ein halbes Jahr
Als Wilder da zu Walde, das sag' ich euch fürwahr,
Bis Gott nicht länger wollte die Ungebühr ertragen;
Er sandte einen Engel der Frau in diesen Tagen.
Der Engel sprach zur Fraue: »Was hast du da getan,
Daß du mit Macht verderben willst einen biedern Mann?
Du widertu' es balde, du ungeschlachtes Weib,
Oder dir nimmt der Donner in drei Tagen den Leib!«
Als nun die Königinne des Engels Ruf vernahm,
Der ihr von Gott gekommen, viel eilig sie da kam
Dahin zum finstern Walde, wo sie ihn hatt' verlassen.
Dort fand sie bald den Treuen; auf wunderbaren Straßen
Führte sie über Meere den edlen Fürsten dar
Hin zu der alten Troje, wo ein Jungbrunnen war.
Der war auf einer Seite kalt, auf der andern warm;
Drein tauchte sie den Helden und löst' ihm allen Harm.
Auch ihre Haut, die rauhe, ließ sie im Brunnen dort,
Zur allerschönsten Fraue ward sie da allsofort.
Da ward sie wohl getaufet: Rauh-Else sonst genannt,
Hieß sie nun Siegeminne, die schönst' ob allem Land.
Sie schloff aus ihren Schuppen und warf sie auf das Gras.
Wie da Wolfdietrich staunte, daß sie so schöne was!
Sie luchtete vor den Weiben als wie die Sonne licht;
Aller Mägde Schöne war gegen sie zunicht'.
»Willst du mich nunmehr minnen,« sprach sie, »Wolfdieterich?«
Da antwortete von Griechen der Held gar festiglich:
»Ich habe geschworen Eide, o Fraue wohlgetan,
Daß ich nie Weib gewinne, ich lös' eh' meinen Mann.
Mir stehen meine Sinne, o Fraue, weit von dannen;
Statt Frauenminne sorg' ich um meine eilf Dienstmannen.
Darum ist mir in Trauer mein Herz und auch mein Mut;
Die kann ich nicht vergessen, o Fraue schön und gut.«
Da sprach Frau Siegeminne zum Fürsten wohlgetan:
»Von deinen eilf Dienstmannen ich dir verkünden kann;
Sie gingen zu den Brüdern und haben denen geschwor'n.

Dort sind sie nun bei ihnen; doch laß darob den Zorn!
Das wisse, guter Degen, daß ich verflucht mußt' sein
Von einer Stiefmutter, bis daß die Sinne sein
An mich der Beste wendet, der in der Welt mag leben.
Das bist du, lieber Herre; willst du deine Huld mir geben?
Wenn du mit mir willst leben, wird dir ein ganzes Land,
Dein Roß wird dir gegeben, dein Schwert und Sturmgewand,
Das ich dir in dem Walde mit meinen Listen nahm.
Wohlauf, wohlauf nach Hause mein Liebster wonnesam?«
Da hielt Wolfdietrich Hochzeit mit jener Frauen hehr;
An seine eilf Dienstmannen gedacht' er nimmermehr.
Ihm wurden viel der Freuden und Wonnen da bekannt,
Dort bei der alten Troje in Siegeminnes Land.

Sie blieben da mit Freuden zwölf Wochen oder mehr.
Wolfdietrich eines Tages ritt an ein großes Meer,
Alldort nach Wild zu jagen mit seinen Hündelein;
Mit sich führt er die Fraue in jenen Wald hinein.
Da kam ein Hirsch gelaufen, den hatte hingesandt
Aus List ein starker Heide, war Drasian genannt.
Wolfdietrich jagte balde dem Hirschen nach ins Feld,
Die Frau ward ganz alleine gelassen im Gezelt.
Da kam der alte Riese zur Fraue wohlgetan
Und führte sie von dannen über des Meeres Bahn
Auf eine schöne Feste, die war gar wonniglich;
Davon gewann viel Leide der arme Wolfdietrich.
Dort war Frau Siegeminne mehr als ein halbes Jahr,
Daß niemand wußte, wo sie, die wohlgetane, war.
Als Wolfdietrich die Fraue nirgend mehr finden kunnt',
Wie groß ward seine Klage! Er nahm zur selben Stund'
Nur einen rauhen Kotzen und legt' ihn an den Leib,
Sein Schwert in einen Palmbaum verbarg er und suchte das Weib.
In einem Greisenschiffe, das ihm die Frau verließ,
Fuhr er nun übers Wasser, so wie sein Mut ihn hieß.
Da wallete Wolfdietrich nun um des Meeres Strand
Ein halbes Jahr und drüber, doch ohne daß er fand,
Wo seine schöne Fraue nur wäre hingekommen,
Oder wer der Riese wäre, der sie ihm hätte genommen.

Zu eines Waldners Hause kam er da hingegangen;
Er wurde von dem Klausner gar tugendlich empfangen.
Wolfdietrich bot dem Waldner da seinen werten Gruß:
»Mein edler Wirt, nun merke, was ich dich bitten muß!
Hast du hier in dem Walde kein Abenteu'r gesehn?
Tu' es durch deine Tugend, das sollst du mir gestehn!«
Da sprach der alte Waldner: »Auf einer Feste gut

Ist eine schöne Fraue allhier in starker Hut.
Die nahm jenhalb des Meeres ein Riese ohne Scheu
Einem lobesamen Könige; die gibt er nimmer frei.
Willst du es gerne wissen, ich tu' es dir bekannt:
Die Burg ist Altenfelse, der Wirt Drasian genannt.«
Da ging er gute Waldner mit jenem in den Tann
Und weiste ihm die Straße, dem auserwählten Mann.
Er ging durch Holz und Heide wohl volle sieben Tage
Ganz ohne Trank und Speise, die Wahrheit ich euch sage,
Bis daß der kühne Degen zu müden sehr begann;
Bei einer hohen Steinwand entschlief der kühne Mann.
Vor diesem Steine fand man dort eine Linde stehn,
Darunter war ein Ursprung, gar wonnig anzusehn;
Dabei lag auch ein Marmel, der war breit überaus.
Frau Siegeminne schaute aus einem Fenster heraus,
Das ging aus jenem Berge, drein sie geführet war;
Das fügte sich zum Heile dem Helden offenbar.
Es schaute Siegeminne den Brunnen in dem Tann,
Da sah sie auf dem Steine liegen den wallenden Mann.
Nun hatte Siegeminne diese Gewohnheit erwählt,
Daß sie an jedem Morgen, wie uns die Mär' erzählt,
Hieß eine ihrer Jungfrau'n an jenen Brunnen gehn
Nach einer edlen Wurzel, die sie da wußte stehn.
Sie bat die schöne Fromut zu gehen in den Tann;
Da fand sie an dem Brunnen den elendigen Mann.
Da sie den Mann erblickte, erschrak das Mägdelein;
Da erwachte aus dem Schlafe der Pilger auf dem Stein.
Da sprach von Griechenlanden Wolfdietrich sorgenvoll:
»Du wunderschönes Mägdlein, wie magst du heißen wohl?«
Sie sprach: »Viel lieber Herre, das sag' ich gern dir an:
Ich bin Fromut geheißen, du tugendhafter Mann.«
»Das ist ein seliger Name,« sprach da der König rein,
»Bist du Fromut geheißen, mußt du mit Freuden sein!«
Sie sprach: »Ich bin nicht fröhlich, wenn auch Fromut genannt,
Die Freude und die Wonne, die ist mir unbekannt.
Wir haben hier zu Hause nur täglich Leid gehegt,
Das meine Frau Siegminne in ihrem Herzen trägt.
Sie gelobte dem alten Drasian, den Willen ihm zu tun,
Wenn er sie miede ein Halbjahr, in Sorgen ist sie nun.
Das Ziel hat heut ein Ende, er harrt nur diesen Tag,
So will er Hochzeit halten, wenn er's vollenden mag.«
Da zog er von den Händen ein goldnes Fingerlein:
»Das trag' durch meinen Willen, mein schönes Mägdelein,
Und sage deiner Frauen, du Jungfrau wohlbedacht,
Ob einen armen Pilger sie aufnähm' diese Nacht!«
Urlaub die schöne Jungfrau da von dem Herren nahm;
Sie sagte seine Botschaft der Frauen lobesam.

Da kam zu ihr gegangen der alte Drasian.
Sie sprach: »Willst meine Hulde du haben, reicher Mann,
So bringe mir den Waller, der auf dem Stein dort ruht,
So will ich es dir lohnen mit minniglichem Mut.«
Da ging er aus der Feste, der alte Drasian,
Fand dort Wolfdieterichen und hieß aufstehn den Mann.
Er führte ihn alsbalde in seine Burg hinein
Zu einem warmen Feuer, das gab gar schönen Schein.
Wolfdietrich bei dem Feuer die Weile däuchte lang,
Bis daß man mit der Speise zu Tische endlich drang.

Man fing an laut zu rufen, daß man das Wasser nahm;
Da kam zur Burg gegangen manch Zwerglein wonnesam;
Da richtete die Tische gar mancher kluge Zwerg;
Sie hatten einst erbauet die Burg und auch den Berg.
Darnach kam hergegangen die Königin minniglich;
Sie hieß da Gott willkommen den edlen Wolfdietrich.
Man ließ ihm einen Sessel bald für den Tisch herrücken;
Die Königin begann ihn viel häufig anzublicken.
Die Frau begann zu weinen, die Augen wurden ihr rot
Und überliefen ihr häufig; wie groß war ihre Not!
Sie saßen an dem Tische und hatten Kurzweil viel
Von Trinken und von Speise und süßem Saitenspiel.
Da sprach der alte Drasian, froh nun am Ziel zu stehn:
»Wohlan, Frau Siegemine, wir sollen schlafen gehn.«
Die Zwerge gingen von dannen, er nahm sie bei der Hand.
Hei, wie bald da Wolfdietrich sich aus dem Kotzen wand!
Ein Becher stand auf dem Tische, der war von Golde klar;
Wolfdietrich, der Getreue, erblickte ihn alldar,
Er hub ihn auf vom Tische, sein Zorn war groß genug,
Als er ihn seinem Wirte fest an das Haupt hinschlug.
Sein Schwert brach aus dem Palmbaum der Held Wolfdietrich schier:
»Sie ist meine Frau gewesen, sie muß bestehn bei mir!«
Da sprangen sie zusammen, die zwei in kühnem Wahn;
Es ward viel mannig Wunder von ihnen beiden getan.
Es schlug je einer den andern wohl fünfmal auf den Sand;
Zum sechstenmale stürzte Wolfdietrich allzuhand.
Da waren wilde Zwerge viel auf den Saal gekommen,
Sie hätten Wolfdietrichen sein Leben gern genommen.
Sie warfen und sie schossen auf Wolfdietrich den Recken,
Und wollten ihn gar gerne tot auf den Boden strecken
Er sprach: »Gott Herr vom Himmel, nun sollst du bei mir stehn!
Soll ich die eilf Dienstmannen zu Griechen nimmer sehn?«
Wie bald der Held Wolfdietrich wieder vom Boden sprang!
Das gute Schwert des Vaters ihm in der Hand erklang.
Er spaltete den Riesen bis auf den Gürtel hinab,
Daß er zur Erde stürzte und keinen Laut mehr gab.

Da so des Hauses Herre lag in dem Blute tot,
Da flohn die Zwerge von dannen, groß war nun ihre Not.
Wolfdietrich nahm ein Feuer nunmehr in seine Hand;
In einer kurzen Weile war da die Burg verbrannt.
Er wollte nun von dannen mit der Frau wonnesam,
Als eine wilde Fraue zu ihm gelaufen kam;
Das war des Riesen Schwester, ein ungeheures Weib,
Berille war sie geheißen, gar freislich war ihr Leib.
Da sie die Burg sah brennen, ahnt' sie des Bruders Tod.
Da hub sich vor der Linde noch viel der Angst und Not.
Es eilte nun Wolfdietrich, die Riesin zu bestehn,
Und hieß Frau Siegeminne schnell in die Vorburg gehn.
Berille trug in Händen einen Speer von Stahle scharf,
Den auf den edlen Fürsten sie gar behende warf,
Daß er da straucheln mußte und niederfiel aufs Land.
Schnell sprang dazu die Riesin, den Herren fest sie band
An Händen und an Füßen; dann nahm sie ihm das Schwert
Und trug es rasch von dannen dem Helden kühn und wert.
So lief die arge Riesin fort von dem kühnen Mann;
Sie ließ allein ihn liegen dort auf dem grünen Plan.
Doch sandte Gott ihm Gnade; ein starker Regen kam,
Da lösten sich die Riemen dem Helden lobesam.
Doch klagte er noch sehre die gute Waffe sein.
Die Klage hörte Ortolf, ein kleines Zwergelein;
Schnell eine Nebelkappe legt' er dem Helden an,
Er nahm ihn bei den Händen und führte ihn hindann
Zu steiler Felsenwandung, darin die Waffe war.
Wie freute sich Wolfdietrich, als er des ward gewahr!

Berille, die ungeheure, kam zu der Linde breit
Mit einer Weide gelaufen; sie war ihn zu henken bereit
An eines Baumes Aste; als sie ihn dort nicht sah,
Hei, was sie weite Sprünge tat von der Linde da!
Sie eilte ohne Säumen nun zu der Steinewand.
Als sie der Held erblickte, da lachte er zuhand;
Da warf er gleich zu Boden die Nebelkappe hin,
Daß ihn erblicken mußte die üble Valandin.
Sie lief ihn auf der Stelle als wie ein Sturmwind an.
Wolfdietrich war nicht träge; ihr ward ein Schlag getan
Wohl zu der linken Seite, daß sie ihr Ende kos.
Da kehrte aus dem Walde der Tugend Eidgenoß;
Er kam in die Burg gegangen, mit ihm das Zwergelein;
Sie wurden wohl empfangen dort von der Frauen rein.

Mit Fromut und Siegminne schied Wolfdietrich alsdann;
Da weiste ihm die Straße Ortolf, der kleine Mann.
Er ging in dreien Tagen zurück den Waldespfad,
Den er vor vierzehn Tagen vom Waldner her betrat.

Da ihn der gute Waldner von ferne kommen sah,
Empfing er wohl den Fürsten; nun hört, so sprach er da:
»Dir ist viel wohl gelungen am alten Drasian!
Du fuhrst nach Einer Fraue, nun bringst du zwo heran.«
Er sprach: »Tot liegt der Riese und auch die Schwester sein.
Wenn du in diesem Walde nicht länger wolltest sein,
So fahr' gen Altenfelse zu Ortolf dem Gezwerg!
Dort sollst als Herr du wohnen über die Burg und den Berg.«
Sie schieden von einander dort in dem grünen Wald.
Wolfdietrich mit den Frauen kam da zum Meere bald.
Da fuhren sie mit Freuden über die tiefe See
Hin zu der alten Troie; verschwunden war ihr Weh'.
Dort blieb bei Siegeminne wohl noch ein halbes Jahr
Der edle Held Wolfdietrich in Freuden immerdar.

Da kam ihm eines Nachtes in seinen Sinn und Mut,
Daß er ja suchen sollte Ortnid, den König gut.
Sie sprach: »Viel lieber Herre, was kommt dir in den Sinn,
Daß du von mir willst ziehen zu König Ortnid hin?«
Er sprach: »Viel liebe Fraue, das will ich gern dir sagen;
Ich war ein kleines Kindel bei meines Vaters Tagen,
Da sandte Ortnid Boten in meines Vaters Land,
Daß er ihm sollte zinsen die Burgen und das Land.
Ich entbot ihm hinwieder, sobald es möcht' ergehn,
So wollt' ich ihn zu Garden wohl um sein Land bestehn.
Als ich nun war erwachsen und ward zu einem Mann,
Focht ich mit ihm zu Garden auf einem grünen Plan.
Da wurden wir Gesellen. So große Kraft ist sein,
Daß er mir wohl mag helfen nun zu dem Erbe mein,
Und meine eilf Dienstmannen mir wieder mag gewinnen.
So hab' ich es geschworen, darnach steht all mein Sinnen.«
Sie sprach: »Wenn ich dich bäte um deinen eignen Leib,
Das will mir Gott nicht gönnen; du nimmst ein andres Weib.
Doch wenn du bei mir bliebest, am tiefen Meeresgrund
Macht' ich dir täglich wahrlich wohl tausend Wunder kund.
Was all das Meer bedecket, das steht in meiner Hand,
Dazu ober dem Wage hab' ich wohl dreißig Land.
Dir wollt' ich die Schrawazen zu eigen alle geben
Und alle Meereswunder; wer möchte schöner leben?«

Mit Züchten sprach Wolfdietrich: »Nein, Frau, tu' mir bekannt,
Welchen Weg man reitet in der Lambarden Land!«
»Du findest keine Straße,« sprach sie, »reit' nur beim Meer',
So kommst du nach Lambarden; Gott dir viel Glück bescher'!
Ich geb' dir eine Speise, die ist dir nütz und gut,
Die dir wohl an dem Leibe und sanft dem Herzen tut,

Die du gar leicht magst führen mit in der Tasche dein;
Sie müht dich auch nicht sehre, 's ist weder Speise noch Wein.
Du gib die Speise niemand, als der getreue sei!
Willst du mir dies geloben, so bleibst du sorgenfrei.
Ich sage dir der Wurzel geheime Meisterschaft:
Wenn ihrer du genießest, so hast du Löwenkraft.
Sie führt ihn zu einem Baume, die Wurzel fand er da.
Sie lehrt ihn, daß er sie kannte, wo immer er sie sah.
Von dannen er da kehrte wohl durch den finstern Wald,
Wie ihn die Fraue lehrte die Steige mannigfalt.

Wolfdietrich und Marpalei

Wolfdietrich wird von 50 Räubern angefallen; er besiegt sie und befreit eine Jungfrau. Er kommt zum Burgherrn Ernst von Grimure (Krim?), dann nach Büden (Widin) zum Heiden Belian und seiner Tochter Marpalei. Er siegt im Messerwerfen. Große Zauberabenteuer. Die Göttinnen.

Zur Zeit, da Kaiser Ortnid verloren hätt' den Leib,
Verließ zur alten Troje Wolfdieterich sein Weib.
Da ritt er von der Feste, der unverzagte Mann,
Wohl eine Tagesreise vor einen grünen Tann.
Dem Meere blieb er nahe; in diesem wilden Land
Waren ihm viel der Straßen und Steige unbekannt;
So ritt er öfters irre im unbetretnen Tann.
Wohl an dem vierten Morgen da kam der kühne Mann
In eine starke Wildnis, da hörte laut er klagen,
Als würde eine Jungfrau gewaltsam hingetragen.
Es waren in dem Walde fünfzig Schachmänner dort,
Die taten vielen Schaden im Land und grimmen Mord.
Zu Feld und auf der Straße beraubten sie das Land,
Das war den Landesleuten mit großem Schaden bekannt.
Als sie Wolfdietrich sahen, hielten sie stille da;
Es freuten drob sich alle, als er dem Ort kam nah.
Rumelher der starke, der aller Meister was,
Der sprach: »Sein Schild, der scheinet hell wie ein Spiegelglas.
Den muß er mir hier lassen, wie es auch mag geschehn!«
Noch wußte ihrer keiner, wie's ihnen sollt' ergehn.
Der andere der Schächer der hieß Widergrein,
Er sprach: »Ja, Trautgeselle, der Schild soll werden dein.
Das Roß doch, das er reitet, das muß mein Eigen werden;
Er muß von seinem Rücken noch steigen an die Erden.«
Nun sprach der dritte Schächer, war Baldewin genannt:
»Widergrein, lieber Bruder, das Rößlein sei dein Pfand!

Doch will ich von dem Haupte ihm zerren seinen Helm,
Das sollt ihr sicher wissen, dem kräftelosen Schelm.«
Biterolf der vierte Schächer geheißen was;
Der sprach: »Ich hab ihn balde gesetzet auf das Gras.
Seine Eisenhosen müssen mein eigen sein,
Oder mit der Helmbarte schlag ich ihm ab ein Bein.«
Eisenhart, der fünfte, sprach zu den Brüdern nun:
»So will sein Schwert, das lichte, ich mir zu eigen tun.«
Ortwin, der sechste Schächer, der sprach mit hohem Mut:
»Es soll mir immer leid sein, ihr Brüder traut und gut,
Soll mir nicht das Geschmeide von jenem jungen Mann
Alsbald von hinnen folgen; die Platten muß ich han!«
Der siebente der Schächer Helmschrot geheißen was;
Er sprach: »Ihr Trautgesellen, ihr tragt mir großen Haß!
Wenn ihr so alle teilet, was wollt ihr mir bescheren?
Des Rosses Waffendecke mag niemand mir erwehren.«
Da kam in großem Zorne der achte Schachmann;
Er sprach: »Wenn ihr so teilet, was lasset ihr mir dann?
Das Wappenkleid von Seide, das hab ich mir ersehn;
Mit beiden meinen Händen will ich ihn drum bestehn.«
Der neunte war geheißen Rotolf, wie man uns sagt,
Er sprach: »Wenn ihr verteilet den Helden unverzagt,
Will ich das gute Stahlkleid aus diesem Kampfe tragen,
Das jener ziere Degen da trägt um seinen Kragen.«
Der zehnte wollte auch nicht mehr dahinter sein;
Denselben Waldgebauer, den hieß man Blödelein.
Er redete so frevel und sprach: »Ihr Helden gut,
So sollt ihr mir doch lassen des Recken Stahelhut!«
Wolfhart, so war der eilfte genannt, wie man uns sagt;
Er sprach: »Was soll mir werden, ihr Helden unverzagt?
Er muß mir wahrlich geben sein starkes Eisenschloß,
Sonst mach ich ihn zur Stelle des Lebens frei und los.«
Der zwölfte Schächer wurde geheißen Billung.
»Ihr wollt gar allzu ungleich,« so sprach der Degen jung,
»Verteilen das Geschmeide!«
Dem ungetauften Mann
Ward Zorn von wahren Schulden. Der dreizehnte, Morgan,
Der sprach: »Ihr Heergesellen, Billung hat Recht gesagt!
Nun wird doch von uns allen das rote Blut gewagt,
Wenn man uns hier anreitet und will uns gerne fahn;
Drum sollen wir auch alle den gleichen Teil empfahn!«

So wurde da verteilet Wolfdietrich lobesan.
Als er ersah die Räuber, da eilt' er durch den Tann;
Die Schächer anzugreifen, das war all sein Begehr.
Da wurde bald gezücket Schwert, Schild und Beil und Speer.
Die bei dem Feuer saßen und machten schrein die Magd,

Der schlug er vierundzwanzig, wie uns die Märe sagt.
Die andern ihm entrannen, sie wurden aber wund.
So ward die Jungfrau ledig allda zur selben Stund.
Sie lief dem Recken entgegen, ihm dankend sie begann:
»Gott müsse dich belohnen, du wunderkühner Mann!«
Da stieg er zu der Erde der Degen adelich
Und hub die edle Jungfrau wohl auf sein Roß zu sich.
Dann kehrt' er durch die Wildnis, die war ihm unbekannt,
Zu einem Reuter, den er am Walde nahe fand.
Die Frau befahl er diesem, wie wir vernommen han;
Damit kehrt' er von dannen der wunderkühne Mann.

Da trabte von dem Walde der Degen alsogleich,
Viel schnelle und viel balde ritt hin der Fürste reich,
Bis daß er zu Grimure, der guten Feste kam.
Wie froh der Held da schaute die Burg so wonnesam!
Es war darauf gesessen ein Wirt gar lobesan;
Ernst war er geheißen, der tugendhafte Mann.
Dahin kehrte Wolfdietrich und bat ihn einzulassen.
Das ward getan gar balde von jenen, die drin saßen.
Sein Roß ward ihm empfangen, dem Degen alsogleich,
Der Wirt kam schier gegangen und grüßt ihn tugendreich.
Der Wirt hätt' eine Tochter, ein auserwähltes Kind,
Die schöne Jungfrau wurde geheißen Trautlind
Nach ihrer lieben Mutter. Die auserwählte Magd
Empfing gar reich an Tugend den Ritter unverzagt.
Sie sprach: »Du lieber Herre, sollst Gott willkommen sein!«
Sie nahm ihn bei den Händen, das feine Mägdelein,
Sie führte ihn geschwinde auf einen Palas dann,
Sie blickten tugendliche einander beide an.
Zu ihm sprach da die reine, die hochgelobte Magd:
»Wir beide sind alleine, mein Ritter unverzagt;
Nun sage mir in Treuen, du Held, zu dieser Frist,
Von welchem Land und Reiche du hergekommen bist?«
Er sprach: »Ich bin von Griechen ein gar elender Mann,
Bin Wolfdietrich geheißen, o Jungfrau lobesan.
Mein Vater hieß Hugdietrich, Hildburg die Mutter mein,
Ich bin das Kind der beiden, du edles Mägdelein.«
Da sprach die keusche Reine: »Wenn ich's gestehen will,
So hab' ich schon gehöret von deinen Tugenden viel,
Daß mir auf dieser Erde nichts liebers konnt' geschehn,
Als daß ich dich, du edler, mit Augen habe gesehn.«

Als nun der Jungfrau Mutter des Helden Name vernahm,
Wie bald mit manchem Mägdlein sie zu dem Helden kam!
Sie hieß die Diener springen, die edle Wirtin rein,

Und hieß daher ihr bringen den edlen klaren Wein.
Herr Ernest der Burgherre mit Helden lobesam
Auch bei den schönen Pallas zu Herrn Wolfdietrich kam.
Die elfenbeinenen Tische, die waren bald bereit,
Man legte drauf mit Fleiße manch Tuch von Seide breit.
Dem edlen kühnen Ritter, dem König Wolfdietrich,
Ward zur Gesellin gegeben die Jungfrau minniglich.
Herr Ernest, der Burgherre, auch das nicht unterließ,
Daß er den Gast, den edlen, nur fest zu essen hieß.
Es ward ihm wohl mit Speise vom Wirte hier entboten,
Man trug ihm da nach Wunsche gebraten und gesotten.
Als man gegessen hatte, hob man die Tische auf,
Sie gingen allgemeine vor Ernst den Fürsten drauf.
Dem Wirt ward große Ehre vom Gaste da gesagt.
Gern hätt' er dort behalten den Degen unverzagt;
Wolfdietrich aber wäre von dannen gern geritten.
Der edlen Wirtin wurde mit hofelichen Sitten
Gedankt, und ihrer Tochter, der auserwählten Magd
Ward von dem jungen Ritter noch große Ehre gesagt.
Da bat ihn hier zu bleiben die Jungfrau minniglich.
Des antwortet mit Züchten der Herr Wolfdieterich:
»Nein, schöne reine Jungfrau, ich muß von hinnen fahren;
Der reiche Gott vom Himmel möge dich wohl bewahren!«
Vom Wirt und von der Wirtin Wolfdietrich Urlaub nahm.
Sein lichtes Wiggewaffen das legte man ihm an.
Urlaub er von der schönen Trautlinde nun empfing,
Der edle ziere Ritter zu seinem Rosse ging.
Er saß darauf gar balde, die Wirte, Weib und Mann,
Mit lauterem Gemüte zu segnen er begann.
Er segnete besonders Trautlind, die reine Magd,
Dann schied er von der Feste der Ritter unverzagt.

Ums Meer herum ritt weiter Wolfdietrich lobesam,
Bis daß er in die Gegend der wilden Reußen kam.
Auf eine gute Straße kam Wolfdietrich alsdann,
Da hört er Märe sagen von einem Heidenmann:
Belian hieß der Heide, der hätt' ein Töchterlein;
Gar minniglich und schöne wär dieses Mägdelein,
Marpalei geheißen. Er saß zu Falkeneis;
Im Messerwerfen nahm er vor allen sonst den Preis.
Da ritt gen Falkeneise der treue Wolfdietrich,
Zehn Tage ritt der Kühne, das wisset sicherlich.
Wohl an dem eilften Morgen kam Wolfdietrich alsbald
Geritten ohne Sorgen vor einen grünen Wald.
Da ritt durch Holz und Heide der Fürste lobesan;
Am zwölften Morgen kam er zu Büden auf den Plan.
Auf einer breiten Heide, da sah er vor sich stehn

Eine wunderschöne Feste gar prächtig anzusehn.
Wohl mit zweihundert Türmen sie vor dem Helden lag,
Die Zinnen auf der Mauer erglänzten wie der Tag.
Doch sah er auf den Zinnen fünfhundert Häupter stehn.
Da blickte er gen Himmel: »Wie mag mir's nun ergehn?
Das mag wohl sein die Feste, von der ich habe vernommen.
Nun möge Gott im Himmel meinen eilf Mannen frommen!«
Der Gräben waren neune, mit Staunen sah er das;
Untersetzt mit Marmorsäulen und mancherhand mit Glas
War da die ganze Brücke und der Graben überzogen.
Man konnte nur durchs Tor gehn, man wäre denn drüber geflogen.

Da trabte zu der Feste der Held mit tapfrem Sinne;
Belian und seine Tochter, die standen an der Zinne.
Mit tausend Rossen ritt ihm der Heide gleich entgegen,
Gar würdiglich empfing er den adeligen Degen.
Gramabet der Pförtner nahm ihm alsbald sein Roß;
Sie gingen all' zusammen ins wunderschöne Schloß.
Ein heidenischer Ritter dort von den Königs Schar,
Der kam zu ihm gegangen und wollte die Waffen klar
Dem Helden gerne nehmen; da sagte zorniglich
Der Held von Griechenlanden, der edle Wolfdietrich:
»Ich bin aus einer Gegend gebürtig, kühner Degen,
Da alle Gäste wahrlich derselben Sitte pflegen,
Daß sie bei sich behalten die Rüstung und das Schwert;
Die selbige Gewohnheit sei mir auch unverwehrt!«

Die schöne Jungfrau Marpalei ihn bei den Händen nahm,
Sie ließ ihn zu ihr sitzen den Degen lobesam:
»Durch aller Frauen Ehre, sag mir den Namen dein!
Das soll dir, edler Recke, immer gedanket sein.«
Er sprach: »Ich tu es gerne, viel edle Königin,
Ich bin genannt von Trojen der König Pilgerin.«
»Nun hat meine Sorge ein Ende,« sprach die Maid minniglich,
»Ich wähnte, du wärest von Griechen der König Wolfdietrich.
Der ist ein kühner Degen, ein wunderstarker Mann,
Der einzige, der meinen Vater besiegen kann.«
Sie nahm ihn bei den Händen und weist' ihn in den Saal;
Der war von Marmelsteine und glänzte überall.
Darin stund eine Linde, die war von Golde gar,
Wie sie der kluge Heide gezaubert hatt' alldar.
Wohl zween und siebenzig Äste hatte die Linde hold;
Die Vögel, die drauf stunden, die waren alle von Gold
Sie waren gemacht mit Künsten und waren innen hohl;
Wenn sie der Wind durchwehte, klang ihre Stimme wohl.
Nachdem der süßten Kurzweil genügend war geschehn,

Belian mit seinen Mannen zu Tische wollte gehn.
Wohl an des Tisches Ende zu oberst, wie man sagt,
Ward Wolfdietrich gesetzet zu Marpalei der Magd.

Doch Gramabet der Pförtner, der hub sich eilig dar
Hin, wo er an dem Tische des Helden ward gewahr.
Er winkt' ihm mit den Augen, daß er da ließe sein
Das Essen, was da wäre, das Brot und auch den Wein.
Marpalei bot ihm oftmals den Becher voll von Wein:
»Held, du sollst essen und trinken, laß dich's gebeten sein!«
Er sprach: »Mit Trank und Speise belade sich kein Mann,
Der Frauen oder Falken zur Kurzweil möchte han!«
Da sprach Belian der Heide: »Du hast es recht bedacht,
Denn du sollst meine Tochter noch freien heute Nacht.
Mein Land, die Burg, die Leute mach ich dir untertan,
Willst du wohl meine Tochter zu deinem Weibe han.
Ja, Marpalei, die schöne, muß heut' dein Weib noch sein,
Was du auch magst beginnen, es kann nicht anders sein!«
Da sprach der Held Wolfdietrich: »Was sein muß, mag geschehn!
Herr Wirt, was Gästerecht ist, das laß an mir ergehn!
Eines Mannes Müssen das soll er gerne tun;
Ich nehm's auf meine Treue, das ist meine Weisheit nun.
Was auch der Mann muß leiden, das greif' er fröhlich an,
Damit es desto minder ihm missegehen kann.«

Man weiste nunmehr beide dahin in ein Gemach,
Allwo zu Herrn Wolfdietrich jung Marpalei sprach:
»Mein Magdtum hab' ich Arme behalten manig Jahr
Wohl einem werten Fürsten, das sag' ich dir fürwahr:
Er ist genannt Wolfdietrich, aus Griechenland geboren.
Vor allen hab' zum Herren ich diesen auserkoren.
Ist er wohl schon geboren, das soll dies Buch mir sagen.«
Da begann die schöne Heidin ein Buch hervor zu tragen.
Das Blatt las sie nun eilig, wo sie den Namen fand.
»Ja, er ist schon geboren, der herrliche Weigand.
Er zählt nun dreißig Jahre der König lobesam,
Zwölf Wochen und zween Tage, wie ich allhier vernahm.
Dies Buch hat mein Geschlechte behalten mannig Jahr;
Von der alten Sibylle stammt dieses Buch fürwahr.
Ich hab' dies Buch gelesen wohl manchen lieben Tag
Es sagt mir von dem Fürsten, der mich gewinnen mag
Er ist in seiner Jugend ein arbeitseliger Mann,
Ob allen andern Königen trägt er die Krone dann.
Ich glaub' an meine Götter, sie schützen wohl mein Leben
Sie werden uns zusammen ein ganzes Himmelreich geben,
Darin die Sonne scheinet und wehet süßer Wind.
Soll jemand mächtig werden, so wird es unser Kind.«

Da war in großen Sorgen der auserwählte Mann
Doch rief er unsere Fraue Maria fleißig an.
Sein Schwert zog er aus der Scheide und legt es zwischen sie
Und sprach: »Welches sich rühret, verschneidet sich allhie;
Ich darf dich ja nicht minnen, Maid, auf die Treue mein,
Eh' wollt' ich bis zum Tode ohn' alle Frauen sein.«
Da sprang sie von dem Bette, zu zaubern sie begann,
Daß all die Kemenate von rotem Feuer entbrann.
So tat sie bis zum Tage, doch konnt' sie ihm nicht schaden;
Da kam Belian, der Heide, von außen an den Gaden.
»Nun sag' mir, liebe Tochter, sag' auf die Treue dein,
Mag noch der werte Helde dein lieber Friedel sein?«
Da sprach Marpalei zornig: »Nein, lieber Vater mein,
Er hat dir nicht geminnet die liebe Tochter dein.«

Da nahm Belian der Heide Wolfdietrich bei der Hand
Und führte ihn über einen Hof, wo man ein Bildnis fand:
»Nun schaue, edler Ritter, dies Bild, es heißt der Tod,
Es bringt dich, kühner Degen, noch heut' in große Not.«
Da Wolfdietrich, der Recke, die Rede da vernahm,
Bückte er sich zur Erde, der Fürste lobesam.
Er nahm bei einem Beine das Bildnis fest und jach
Und schlug es um die Erde, daß es in Stücken brach.
Da sprach Belian der Heide: »Es geht dir an den Leib!
Davor kann dich nicht fristen nun weder Mann noch Weib.«
Er nahm ihn bei den Händen und führte ihn vor das Tor;
Da sah der Held Wolfdietrich einen tiefen Graben davor,
Der war wohl breit neun Klafter, daß keiner drüber sprang.
Einen breiten Schild der Heide über die Achsel schwang,
Mit großen Zauberlisten sprang er über den Graben.
»Magst du nicht folgen, mußt du das Haupt verloren haben!«
Den Schild brachte man balde dem werten Christenmann.
Ich wähne, daß Wolfdietrich nie größ're Sorge gewann.
Nach seines Meisters Lehre den Schild er mächtig schwang,
Daß er eine Klafter weiter noch als der Heide sprang.
Da sprach in großem Zorne der Heide Belian:
»Es muß dir an das Leben doch gehen, kühner Mann!«
Da rüstete sich Wolfdietrich und rief in seiner Not:
»Meine eilf treuen Mannen berat' mir nun, o Gott!«
Er gürtete sein Schwert um, den Schild nahm er zur Hand,
So ging er auf den Hof hin, wo er viel Heiden fand.

Da ward ein Ring gestellet vom Heiden Belian,
Zween Trittstühle und sechs Messer brachte man auf den Plan.
Zween kleine Buckler brachte man auch den Kämpfern dar,
Die waren eine Spanne breit, das sag' ich euch fürwahr.

Da gab man einen Buckler davon dem Christendegen,
Er mußte seinen breiten Schild dahin zum Stuhle legen.
»Nun zieh ab deine Waffen,« sprach da Herr Belian,
»Du mußt von mir drei Würfe in deinem Hemd bestahn!
Und wankst du von dem Stuhle, so will ich dir gestehn,
Es muß dir an das Leben bei meiner Treue gehn!
Siehst du dort an den Zinnen fünfhundert Häupter stecken?
Mit meinen Händen hab' ich verderbet all die Recken.
Noch steht hier eine Zinne an meinem Türmelein,
Dran muß dein Haupt zum Pfande noch aufgestecket sein.
Ich weiß auf dieser Erde keinen so kühnen Mann,
Der mich im Messerwerfen etwa besiegen kann,
Als nur in Griechenlanden, dort wächst ein junger Degen
Von dem soll ich verlieren den Leib und auch das Leben.«
Der Heide nahm zu Handen das erste Messerlein,
Er sprach: »Nun schirm dich eben, Held, zu den Scheiteln dein!«
Er warf das erste Messer auf jenen kühn und keck,
Zwei Locken seines Haares schnitt er ihm damit weg.
Das zweite Messer nahm er dann in die Hände sein
Und sprach: »Nun schirm dich eben, Held, zu den Füßen dein!«
Wolfdieterich der kühne von seinem Stuhl aufsprang,
Tief zwischen seinen Füßen das Messer nieder drang.
Da sprach der stolze Heide: »Wer lehrte dich den Sprung?
Ihn konnt auf Erden niemand als der Herzog Berchtung!
Bist du vielleicht Wolfdietrich? Das sag' mir schleunig an!
Die Burg und Land und Leute mach ich dir untertan.
Berchtung war mein Geselle wohl zweiunddreißig Jahr;
Durch seinen Willen laß ich das Leben dir fürwahr.«
Da sprach der Held Wolfdietrich mit listereichem Sinn:
»Ich bin genannt von Trojen der König Pilgerin.«
Belian nahm zu Handen das dritte Messerlein,
Und sprach: »Nun schirm dich eben, Pilgrin, zum Herzen dein!«
Da hatte sich gehütet der Held Wolfdietrich schnelle;
So war das dritte Messer verworfen all zur Stelle.

Nun soll ich auch da werfen,« sprach Herr Wolfdieterich.
»Nun schirm dich, arger Heide, das frommt dir sicherlich.
Drei Würfe mußt du jetzo auf deinem Stuhl bestehn!
Ans rechte Auge oder den linken Fuß soll's gehn.
Herr Gott vom Himmelreiche beschütz' mich diesen Tag,
Daß meine eilf Dienstmannen ich noch erlösen mag!«
Da warf der Held Wolfdietrich den ersten Wurf alldar
Er sah ihm zu den Augen, nahm doch der Füße wahr;
Er warf das scharfe Messer durch seinen Fuß alsdann.
»Hab' ich dich wohl getroffen, du arger Heidenmann?«
»Wer hat dich das gelehret, daß du mich trafst so fein?«
»Ich bin Wolfdietrich; Berchtung, der war der Meister mein.«

»Bist du von Griechenlanden der König Wolfdietrich,
Von dem ich soll verlieren mein Leben wonniglich?
O laß mich lieber leben, du tugendhafter Mann,
Und alle meine Reiche mach' ich dir untertan,
Und geb' dir meine Tochter, die magst du taufen wohl,
Nur laß mich allhier leben, du Recke tugendvoll!«
Dein Land, das sei dir selig,« sprach Herr Wolfdieterich,
»Du mußt mir heut' entgelten viel Recken löbelich!
Und hab' dir deine Tochter, so schön und stolz zu sehn!
Es soll, bei meiner Treue, dir heut ans Leben gehn.«
Er nahm das andre Messer gar schnell und sprach das Wort:
»Belian, nun schirm dich eben bei deinen Scheiteln dort!«
Er warf mit Macht das Messer wohl auf den Heidenmann,
Es drang erst durch den Buckler und durch die Scheitel dann.
Er nahm das dritte Messer dann in die Hände sein,
Und sprach: »Nun schirm' dich eben dort zu dem Herzen dein!«
Er warf ins Herz das Messer dem argen Heidenmann,
Daß er vom Stuhle stürzte und so sein Ende nahm.
Das Herz war ihm im Leibe gespalten ganz entzwei,
So wie ein Biedermann spaltet ein wohlgebraten Ei.

Also geschah dem Heiden mit Herrn Wolfdieterich.
Da stunden an dem Ringe, das wisset sicherlich,
Viel mannig stolze Heiden, des Königs Belian Mannen,
Die nunmehr auf die Rache für ihren Herren sannen.
Mit lautem Schalle klagten sie ihres Herren Tod;
Da kam der Held Wolfdietrich in Jammer und in Not.
Sie griffen zu den Schwertern und liefen den Kühnen an,
Und wollten Wolfdietrichen gerne verderbet han.
Da sprang er von dem Stuhle hernieder auf das Land,
Sein gutes Schwert, das breite, das nahm er in die Hand;
Er rief: »Und soll ich heute in großer Not hier stehn,
So möge Gott zu meinen eilf treuen Mannen sehn!«
Er schlug da von den Heiden zu tot wohl fünfzig Mann.
Da flohn die andern alle vor Schrecken von dem Plan.
Man konnt' ihn mächtig hauend unter ihnen allen sehn.
Da ließ die schöne Marpalei schnell einen Nebel gehn
Aus einer Zauberbüchse. Ihm schwand der lichte Tag,
Daß es wie Nacht und Nebel um seine Augen lag.
Mit Zorne liefen wieder die Heiden an die Statt;
Doch Gramabet, der Pförtner, zum Schutze vor ihn trat.
Obwohl ein Heide, half er ihm doch nach Freundes Sitte
Und riet dem edlen Helden, daß er von dannen ritte.
Auf sein Roß saß da eilig Wolfdieterich sogleich,
Er wollte Urlaub nehmen, der edle Fürste reich.

Der Degen wollte schleunig verlassen diese Statt,
Doch einen großen Zauber Frau Marpalei noch tat:
Sie ließ gleich einem Rade die Feste rings sich drehn.
Da sprang er durch die Pforte, fast war's um ihn geschehn.
Jedoch des Heiden Tochter noch andern Zauber pflag:
Sie zauberte um die Feste rings einen wilden Wag.
Als Wolfdietrich da schaute den ungeheuren See,
Da mußt er stille halten, vor Zorne ward ihm weh.
Da dacht' in seinem Herzen der Held: »Soll ich nun sterben,
So mußt du, böse Zauberin, zugleich mit mir verderben!
Du mußt mit mir von hinnen durchs Wasser sicherlich.«
Sie sprach: »Ich tu' es gerne!« und küßte Wolfdietrich
Er nahm zu sich Marpalei aufs Roß, da mußt' er sehn
Eine Brücke ganz von Glase über den See hingehn.
Zu solchen großen Nöten kam er sonst nimmermehr;
Er konnte auf der Brücke nun weder hin noch her.
Sie schlug die Hände zusammen, den Fürsten lachte sie an;
Der Held von Griechenlanden Wunder zu schauen begann.
Sie ward zu einer Elster und flog zur Burg zurücke
Und ließ allein den Helden dort auf der Zauberbrücke.
Sein Roß nahm da Wolfdietrich und drückt es mit den Sporen,
Es sprengte von der Brücke der König hochgeboren.
Er wähnte, daß er fiele zum tiefen Seesgrund,
Da sah er rings die Heide von vielen Blüten bunt.
Der See war rings zergangen, nur Land war mehr zu sehn.
Doch sah er ein Gebirge vor seinem Wege stehn;
Darüber wollt' er reiten, der Ritter lobesan;
Da kam ihm straks entgegen ein gar kohlschwarzer Mann.
Einen ungeheuren Kolben trug er bereit zum Streich,
Einem üblen Höllenhunde war er in allem gleich.
Er lief ohne zu sprechen den werten Griechen an.
Da sprach zu ihm Wolfdietrich, der tugendliche Mann:
»Sag' mir, du fremder Recke, was tat ich dir zu leid,
Daß du hier auf der Heide nicht lassen willst vom Streit?«
Des Abenteuers wurde da länger nicht gespart.
Wie schlug der Ungeheure da auf den Degen zart,
So daß der Hochgemute bald unterm Schilde lag
Und Wolfdietrich nicht wußte, ob Nacht es sei ob Tag.
Aufsprang vom Boden wieder der unverzagte Mann;
Der edle Fürst Wolfdietrich lief da den Schwarzen an.
Er schlug ihm eine Wunde mit seinem Schwerte fein,
Daß er nun überwunden wähnte alle Pein.
Zwei Höllenhunde aber entsprangen seinem Blut!
Mit großen Kolben schlugen sie auf den Helden gut.
Der eine schlug gar mächtig ein auf Wolfdietrichs Helm,
So daß der ziere Degen fiel nieder in den Melm.
Zum erstenmale wurde Wolfdietrich da verzagt,
Seine Farbe war verblichen, wie uns noch ist gesagt.

Doch Gott mit seiner Gnade war ihm gewaltig bei.
Er fällte bald die zweie, er wähnte sich sorgenfrei.
Da wurden aus zweien viere wohl zu derselben Zeit,
Die huben gegen Wolfdietrich aufs neue grimmen Streit.
Der tugendliche Grieche in große Hitze kam,
Mit hoher Heldenarbeit den Sieg er endlich nahm.
Da Wolfdietrich die viere nun hatte tot gelegt,
Angriffen ihn da achte auf dem Anger unentwegt.
Sie schlugen mit den Kolben den Degen lobesam,
Daß nieder zu der Erden Wolfdietrich wieder kam.
Sein Leib der litt viel schwere und auch viel große Pein,
Dazu litt er noch Kummer, der Held, im Herzen sein.
Aufsprang da Herr Wolfdietrich, der edle Fürste reich,
Er lief an auf der Heide die Teufel alle zugleich.
Er schlug ihnen viele Wunden, bis er den Sieg gewann
Und alle niederfällte getötet auf den Plan.
Doch sechzehn Ungeheuer mit Kolben ganz von Stahl
Erwuchsen aus den achten, dem edlen Griechen zur Qual.
Er dacht' in seinem Mute: »Was soll noch mehr geschehn?
Ach Herre Gott der Gute, wie soll es mir ergehn?
Dies ist der Hölle Erbe, die größte Teufelei!
Wenn einen ich verderbe, so werden ihrer zwei.«
Anlief er auf der Grüne die Teufel allesamt;
Wolfdieterich, dem kühnen, ward große Not bekannt.
Sein Helm begann zu rauchen von starken Schlägen groß,
Davon der edle Grieche ward aller Freuden bloß.
Sie schlugen all mit Zorne her auf den kühnen Degen;
Der hochgeborne Grieche konnte sich kaum mehr regen.
Nun merket, ob des Zaubers nicht wäre da genug!
Es wurden ihr noch mehre: als er die sechzehn schlug,
Da wurden's zweiunddreißig. Er schlug auch diese Schar.
Nun wurden's vierundsechzig. Zu groß war die Gefahr.
Er flehte zu Gott mit Fleiße, der tugendliche Mann,
Der Schweiß ihm durch die Ringe über die Brünne rann.
Das mußte doch erbarmen Gott, der im Himmel ist,
Er kam zu Hilfe dem Armen noch zu der rechten Frist.
Er sandte ihm zu Troste seine Gnade hernieder,
Er löst' ihn von den Teufeln, bracht' ihn zu Sinnen wieder.

Doch neuen Zauber wirkte die ungetaufte Maid.
Sie zauberte vier Berge um ihn gar hoch und breit,
Die waren ganz von Glase und waren glatt und hell.
Wolfdietrich aber sprengte verwegen drüber schnell.
Als er kam aufs Gebirge, der Degen kühn und bald,
Da sah umher er brennen gar einen großen Wald.
Die Freude ward ihm teuer, er eilt über Stein und Stock,
Es brannte ihm das Feuer den guten Wappenrock.

Dort wo's am stärksten brannte, ritt er hinein behende;
Da nahm der ganze Zauber der Marpalei ein Ende.
Vor Hunger und vor Müde konnt' er schon nimmer stehn,
Er sank ohnmächtig nieder. – Da taten zu ihm gehn
Aus einem Berg zwölf Göttinnen, die waren minniglich,
Sie trugen in ihre Herberg schlafend Wolfdietrich,
Sie legten auf ein Bett ihn mit Purpur und Seide hehr.
Drei Tage tat er schlafen, darnach erwachte er.
Da konnt' er alle sehen die Frauen wonniglich,
Die schönste bot ihm die Hände, er aber segnete sich.
Wolfdietrich mußte essen, sie pflagen sein gar wohl.
Keiner Speise war vergessen, der stund ein Tisch ganz voll.
Dann ward manch süße Saite dort vor dem Berg geschlagen
Zur Ehre dem edlen Fürsten, das tät ihm wohl behagen.
Solch Freude gewann er nimmer, daucht ihm in seinen Sinnen;
Da wollte ihn zum Manne die schönste der Göttinnen.
Sie meinten, er sollte bleiben, die Krone mit ihnen tragen.
Es schaffte ihnen Leiden, daß er es tät versagen.
Von Gold eine große Büchse trug eine Göttin wert,
Darinnen sie verschlossen den Helden und sein Pferd.
Er mußte drinnen bleiben wohl ganzer Tage drei
Und große Pein erleiden, darnach ward er erst frei.
Von dem Gebirge ritt er vor eine Burg sogleich,
Da standen an der Schranke vierundzwanzig Göttinnen reich.
Es zwang ihn Hungersnöte, daß er sie grüßen mußt,
Sie empfingen ihn gar freundlich, er aß nach seiner Lust.
Wildpret und Fische sah er dort auf dem Tische stehn,
Er sah zu seinem Staunen die Semmeln selber gehn.
Auch tat sich selbst einschenken der köstlich gute Wein,
Was sie nur mochten erdenken, tat man dem Fürsten rein.
Die Göttinnen, sie meinten, daß er hier bleiben sollte,
Er aber heischte Urlaub, da er hinreiten wollte.
Da brachten sie dem Helden einen Kranz von Rosen rot,
Der ihm auf seinem Haupte den schönsten Duft entbot.
Da er hinaus ihn brachte, der Kranz vom Haupte sank
Und ward ein Wurm zur Stelle wohl dreier Klafter lang.
Der wand sich also kräftig um den viel werten Mann,
Wie fest sich dieser wehrte, daß er nicht Ruhe gewann,
Bis an den vierten Morgen den Wurm er von sich stieß.
So kam er aus den Sorgen, das Zaubern ihn da ließ.

Wolfdietrich in Jerusalem

Wolfdietrich besteht 500 Heiden. Vor Konstantinopel hilft ihm ein Zwerg. Er hört aus der Ferne seine Dienstmannen klagen. Er will zu Schiffe Italien erreichen, wird aber nach Palästina verschlagen, wo er mit den Heiden streitet.

Von dannen ritt geschwinde der Held Wolfdietrich hehr
Zwischen dem Ungerreiche und anderseits dem Meer
Durch Holz und Heide weiter in seinem großen Harm.
Am vierten Morgen kam er denn an Sankt Georgs Arm.
Da blickte um sich der Degen und sah da manchen Mann:
Fünfhundert Heiden jagten ihm nach aus einem Tann.
»O weh,« sprach da Wolfdietrich, »wollen mich die bestehn,
So bin ich Streites müde, ans Leben wird mirs gehn.«
Bis Wolfdietrich der Degen das Wort zu Ende sprach,
Ein gar verwegner Heide ihn mit dem Speere stach,
So daß der werte Fürste im Angesicht der Scharen
Beinahe aus dem Sattel zur Erde wäre gefahren.
Das Roß nahm er beim Zaume und warf es gegen den Mann,
Er schlug ihms Haupt herunter, der Degen lobesan.
Da nun die Heiden sahen, ihr Hauptmann läge tot,
Bedrangen sie Wolfdietrich; das schuf ihm große Not.
Fünfhundert Heiden mußte er auf dem Plan bestehn,
Allein mit seinen Feinden mußte der Held umgehn.
Sie wehrten ihm die Reise mit Schwertern auf den Tod.
Der Streit war hart und hitzig, das ganze Feld ward rot
Von vieler Heiden Blute und durch des Helden Hand;
Zweihundert Heiden fällte er nieder auf das Land.
Das trieb er all des Tages, bis er kaum konnte stehn,
Und schon die klare Sonne zu siedeln wollte gehn.
Da mocht sich nimmer fristen der Held in solchem Harm,
Er hub sich schnell zu flüchten hin in Sankt Jörgen Arm.
Er sprengte in das Wasser, bald konnt' er nimmer stehn.

Das Roß begann zu sinken und fast zu Grund zu gehn.
»Ach reicher Gott vom Himmel, muß sterben ich am Ort,
So berate bei den Griechen meine eilf Mannen dort!«

Da rief ein wildes Zwerglein jenseits an dem Gestade:
»Wolfdietrich, werter Fürste, geh hier die seichten Pfade!
Ergreifen dich die Wogen, so mußt du liegen tot.«
So half ihm da der Kleine aus Jammer und aus Not;
Mit einem kleinen Schifflein war er gar schnell bereit,
Damit kam er zu Hilfe dem Fürsten noch zur Zeit.
Er half wohl in das Schifflein dem auserwählten Mann,
Das Roß zog er beim Zaume durch all die Wogen dann.
Er führte ihn mit Treuen über das Wasser breit,
So brachte er zu Lande den Fürsten nach dem Leid.
Da saß Wolfdietrich wieder bei einer Steineswand;
Daß er zu Griechenland wäre, das war ihm unbekannt.
Er trocknete sein Geschmeide, die Brünne war ihm naß.
Wohl auf sein Roß der werte mit neuem Mute saß.
Er sprach zum kleinen Zwerge: »Nun sage mir geschwind,
Was Herren auf der Feste hiebei behauset sind?«
Da sprach das wilde Zwerglein: »Das kann ich dir wohl sagen,
Daß deine beiden Brüder allhier die Krone tragen.
Dort liegt Konstantinopel, das dir dein Vater hat
Zu Erb und Eigen gegeben, das Land mitsamt der Stadt.
Dort kannst du auch gefangen deine Dienstmannen sehn,
Je zwei zusammen geschmiedet, so müssen Nachts sie gehn
Ringsum auf jener Mauer; Schildwächter müssen sie sein.
Ergriffen sie dich selber, du müßtest verloren sein.«
Da sprach der Held Wolfdietrich, der edle Fürste so:
»Ach reicher Gott vom Himmel, soll ich je werden froh,
So müßte ich erlösen meine Dienstmannen, traun!
Wie gern erlebt ich dieses, sie wieder frei zu schaun!«

So ritt er mit dem Zwerge bis an des Schlosses Graben,
Da hört' er Meister Berchtung gar jämmerlich also klagen:
»O weh, mein Herr Wolfdietrich, so bist du leider tot,
Sonst würdest du uns helfen aus unsrer großen Not.
Maria, Gottes Mutter, wüßten wir doch die Mär,
Ob unser guter Herre noch bei dem Leben wär,
So hätt' ein Ende wahrlich mein großes Ungemach.
Es ist jetzt im eilften Jahre, daß ich nicht mit ihm sprach.«
Da Wolfdietrich der treue, des Meisters Klage vernahm,
Da saß er von dem Rosse, der Degen lobesam;
Ihm war der Sinn geschwunden, er legte sich auf die Erde.
Da sprach das gute Zwerglein: »Du bist hier in Gefährde.
Deine Brüder haben zu Hute zweihundert Ritter gar

Gesetzet vor die Feste; werden sie dein gewahr,
Sie lassen mit dem Leben dich kommen kaum von dannen,
Und henken an die Zinne all deine eilf Dienstmannen.«
Da Wolfdietrich die Rede des Zwergelein vernahm,
Da kehrt er zu dem Rosse, der Degen lobesam,
Saß auf und dankte dem Zwerge; es nahte gen dem Tag,
Da hörten seine Diener oben der Hufe Schlag.
Da hob der Held die Hände und rief: »Ich bin noch nicht tot!
Hilf mir und meinen Dienern, o Gott, aus dieser Not!«
Da sprach der junge Hache: »Hörst du das, Herebrand?
Es ist der üble Teufel wohl vor die Burg gerannt.
Ich hörte eine Stimme, die klang gar sicherlich,
Als ob es wäre die Stimme des Herrn Wolfdieterich.
Er klagte laut und schmerzlich, er wäre noch nicht tot,
Und daß Gott seinen Dienern und ihm hülf' aus der Not.
Ist's unser Herr gewesen, so nimmt ein Ende das Leid,
Darin wir sind gewesen, so lange schwere Zeit.
Doch ist er schon gestorben, so habe allerwege
Herr Gott des Herren Seele in seiner treuen Pflege!«
Da lachten sich einander die Helden an, und so
Wurden in ihren Banden sie doch ein wenig froh.

Wolfdietrich mußte reiten des Nachts; des Tages Schein
Durft' er da nicht erwarten, wollt er ganz sicher sein.
Von seinen feigen Brüdern befürchtete er den Tod.
Das Land war doch sein Eigen; es war eine große Not.
Zum zweitenmal verließ er die Heimat allzuhand,
Der edle Ritter wollte dahin ins römische Land.
So schiffte denn Wolfdietrich über die wilde See;
Nach seinen eilf Dienstmannen war ihm gar angst und weh.
Oft wand er seine Hände, befahl dem treuen Gott
Die eilf getreuen Mannen in ihrer großen Not.
Da fingen starke Winde an gegen das Schiff zu wehn,
Da mußte man geschwinde ans Land her wieder gehn.

Wolfdieterich der kühne aus seinem Schiffe trat,
Er ritt hin in der Grüne gar einen engen Pfad,
Indes er seinen Marner im Schiffe ließ zurück.
Er ritt dort in der Wildnis dahin ein weites Stück,
Bis daß er sich verirrte und nicht die See mehr sah.
Ein ungetaufter Valand ging zu dem Kiele da;
Der Marner war entschlafen, das sag' ich euch fürwahr;
Der ungeheure Riese ergriff ihn bei dem Haar,
Er schwang mit beiden Händen über den Rücken ihn
Und trug ihn ohne Säumen zu dem Gebirge hin.
Nun höret von dem Riesen, wie wild er war getan,

Des Teufels Eidgenosse, ich sag's euch wahrlich an.
Sein Antlitz war der Länge wohl eine Elle breit,
Gelb waren ihm die Augen und wie ein Kessel weit.
Die Nase war geschaffen krumm wie ein Widdershorn.
Von diesem Waldesaffen ward manig Held verlorn.
Das Haar auf seinem Haupte war weiß gleich einem Schwan,
Schwarz war ihm sonst sein Antlitz, dem ungetauften Mann,
Sein Maul von großer Weite mit manchem Eberzahn,
Wie Eselsohren waren ihm seine Ohren getan.
Er trug von Bärenhäuten ängstliche Kleider an:
So greulich war beschaffen der ungetaufte Mann.
Indessen sann Wolfdietrich auf seine Wiederkehr.
Eine Hütte sah er rauchen; er ging auf diese her.
Darein war grade gegangen der riesige Valand;
Den Marner wollt er braten beim Feuer allzuhand.
Als er den edlen Helden nun kommen sah heran,
Mit einem großen Kolben lief er ihn schleunig an.
Er wollte Wolfdietrichen mit unversühntem Haß
Zur Erde niederschlagen. Der Grieche war nicht laß,
An Gott vom Himmelreiche gedachte da der Held.
So lief er an den Riesen vorm Hause auf dem Feld.

Der Riese ließ da fallen, wie wir nun hören sagen,
Den ungefügen Kolben, den er bisher getragen.
Er wollte mit den Armen ihn gern bezwungen han,
Ab schlug ihm beide Hände der Degen lobesan.
Der ungetaufte Valand fiel nieder auf den Klee,
Ihm taten beide Stümpfe gar aus der Maßen weh.
Er stieß sie alle beide in seinen weiten Mund;
Des lachte auf der Heide Wolfdietrich all zur Stund.
Das Lachen schuf viel Ärger dem Riesen grämelich.
Er sprang auf von der Erde; dem Ritter lobelich
Stieß er mit einem Stumpfe einen ängstlichen Stoß,
Daß ihm das Blut aus Munde und aus der Nase schoß.
Erst ward von Schulden zornig der Grieche tugendlich;
Er faßte sich zusammen, der edle Wolfdietrich,
Und gab ihm zu den Brüsten, dem ungetauften Mann,
So schweren Schlag, daß jener tot hinfiel auf den Plan.

Wolfdietrich ging alsbalde zum Kiele unverwandt,
Wo er des Marners Knaben alleinzig drinnen fand.
In viel sehnender Schwere war da gar sicherlich
Das tugendliche Herze des edlen Wolfdietrich
So hart und stark befangen. Er wollte von hinnen sein
Über die See gefahren, das schuf ihm große Pein.
Er sprach: »Mein Trautgeselle, hast du gesehen schier,

Wie man die Kiele richte? Bescheide des mich hier!«
Der Knabe sprach: »Ja, Herre; willst du nur folgen mir,
So magst du wohl genesen; tu, was ich sage dir,
Und laß, mein lieber Herre, das Seil nicht aus der Hand,
Wenn ich dich's ziehen heiße; sei dessen wohl gemahnt!
Willst du dich widersperren, Wolfdietrich, Herre mein,
So müssen wir zusammen des Todes beide sein.«
Nun fuhren sie vom Lande, wie uns die Märe sagt,
In ihrer großen Arbeit blieben sie unverzagt.
Als auf das Meer sie kamen, wie ich euch sagen will,
Sahn sie ein Schiff herkommen mit wilden Heiden viel.
Sie waren Seeräuber, wie wir da hören sagen.
Sie begannen alle gegen Wolfdietrich herzujagen.
Es hub sich in den Zeiten Kummer und Arbeit schwer
Und ängstigliches Streiten dort auf dem wilden Meer.
Mit starken Hornbogen schossen die Heiden so,
Daß Wolfdietrichs Geselle darob ward wenig froh.
Mit wildem Feuer schossen die Heiden gegen den Mann;
Der Kleine hinter dem Großen mit Mühe nur entrann.
Erst ward dem edlen Griechen der Arbeit viel bekannt,
Der Schild fing an zu rauchen und brannte vor der Hand.
Als Wolfdietrich das Feuer empfand, der werte Mann,
Mit Kunst und auch mit Mannheit zu springen er begann
Gegen die Ungetauften wohl neun der Klafter lang;
Zu ihnen auf dem Meere in ihren Kiel er sprang.
Den Kleinen er alleine im andern Schiffe ließ,
Darob der arme Knabe ein laut Geschrei ausstieß:
»Wem willst du mich nun lassen, viel lieber Herre mein?
Muß ich auf diesem Wage allhier verloren sein?«
Die Heiden sah man sinken vor dem viel kühnen Mann.
Das schuf das edle Eisen, das Berchtung lobesan,
Sein Meister ihm gegeben, da er von Griechenland schied.
Die hochgelobte Waffe viel manigen da verschriet.
Der wunderstarke Grieche tat so den Heiden weh,
Er warf ihrer wohl vierzig vom Borde in die See.

Da war noch ihrer Einer, der war Gere genannt,
Der nahm aus Not die Taufe und wurde allzuhand
Wolfdieterichs Genosse, er ward seit dieser Frist
Wernher hinfort geheißen und blieb ein guter Christ.
Darnach der Held Wolfdietrich den Knaben zu sich nahm.
So fuhren sie von dannen, die Helden lobesam.
Sie fuhren sehr in Sorge und großem Herzeleid.
Am dritten Morgen waren sie hingetragen weit:
Zu Ackers vor die Feste kam hin der Weigand,
Dort bei dem deutschen Hause stieg Wolfdietrich ans Land.
Des Hauses Hauptherre ihm da entgegenkam,
Und er empfing gar schöne den Fürsten lobesam.

In diesen selben Zeiten hatte die Heidenschaft
Mit Streit über die Christen gewonnen Überkraft.
Die Herren von der Feste, die hätten da verloren
Eilfhundert von den besten der Brüder auserkoren.
Sie klagten ihm die Schwere und ihren Kummer groß,
Daß sie verloren hätten so manchen Stuhlgenoß.
Die ganze Nacht mit Rede also vollendet ward,
Da weiste man ihn schlafen, den edlen Fürsten zart,
In eine Kemenate, da er sollt' Ruhe haben.
Dem edlen Ritter folgte Wernher mitsamt dem Knaben.
Sie hatten gute Ruhe die Nacht bis an den Tag.
Des Morgens früh der Heiden Sultan vor Ackers lag,
Mit hunderttausend Heiden, die brachte er in das Land.
Da tät man Herrn Wolfdietrich die Märe gleich bekannt.
Nun wappnete sich balde der edle Fürste reich.
Wernher, sein Kampfgeselle, zog auch mit ihm sogleich.
Da nahm der edle Fürste das Banner in die Hand;
Die wilden Sarazenen, die wurden angerannt.
Hei, was da harte Schläge von ihm wurden geschlagen!
Welchen er mocht erlangen, dem maß er's durch den Kragen.
Der Heiden achtzehntausend verdarben ganz und gar
Von Wolfdietrich dem Griechen und von der Brüder Schar.
Die andern wurden ertränket dort in dem wilden Meer,
So wurde gar zertrennet der Heiden mächtig Heer.
Von dannen schied aus Ackers darnach der werte Degen.
Ihm wurde nachgesprochen viel manig guter Segen.
Wohl sieben Tagesreisen ritt der Held lobesam,
Bis er zur Stadt Jerusalem ohne Gefährde kam.
Doch dort war zu den Zeiten ringsum das ganze Feld
Belegt zu beiden Seiten mit manigem Gezelt.
Wolfdieterich erstaunte, das Wunder anzusehn,
Er sah ein rotes Banner ob jenem Heere wehn.

Da sprengte auf den Helden der Heide Delfian
Und rief: »Bist du ein Heide oder ein Christenmann?«
Da antwortet Wolfdietrich: »Was fragst du töricht schier?
Du siehst doch Christenkleider an meinem Leibe hier!«
Da hub sich auf der Heide ein starkes Fechten an,
Davon der Held Wolfdietrich erst rechte Not gewann.
Den kleinen Marner ließ er bei einem Baum zur Zeit.
Ein wilder Heide eilte da grimmig aus dem Streit,
Das Schwert stach er dem Jungen bis in das Herze da,
Daß es der Held Wolfdietrich mit eignen Augen sah.
Dierolt war er geheißen, der so das Kind erschlug.
Der Grieche kam gelaufen, er war zornig genug.
Ihm überliefen die Augen, dem Helden aus Griechenland;
Das Schwert schlug er dem Heiden durch Helm und Haupt zuhand.

Auch Wernher der Getaufte beging da Mordes viel,
Er spaltete viele Helme, verfehlte nie sein Ziel.
Bis auf den dunklen Abend währte des Streites Not,
Da lag dort auf der Heide manch wilder Heide tot.

Mit unverzagtem Mute kehrte Wolfdietrich dann
Ein wenig von der Straße vor einen grünen Tann.
Der Mond, der schien gar lauter, zergangen war der Tag.
Sein lichter Halsberg leuchtete von weitem durch den Hag.
Bis auf den andern Morgen blieb dort der Degen klar,
Daß seiner in dem Walde doch niemand ward gewahr.

Gar schleunig kamen Mären dem König Merzian,
Wie ihm gar großen Schaden ein Christ hatte getan.
Die Heiden klagten alle, daß dort den Tod davon
Trug Delfian der junge, des Königs Schwestersohn.
Zweitausend Heiden rüsteten sich schleunig aus mit Fleiß,
Sie führten manig Banner zum Streit, braun, rot und weiß.
Sie wurden allzubalde Wolfdieterichs gewahr.
Herr Treferis der Heide zu aller vorderst war;
Er führt in seinen Händen ein Schwert, hieß Beierland.
Vor Zorne sah man rauchen den Halsberg, da er rannt.
Mit seinem Schwerte Beierland gab er nun solchen Schlag,
Daß Herr Wolfdietrich strauchelnd beinah am Boden lag.
Wernher sah dieses Straucheln, da eilt er her mit Fleiß,
Das Haupt von seinem Leibe schwang er dem Trefereis.
Von manchem Sarazenen ward nun gefochten viel,
Dort auf des Waldes Ecke hub sich ein hartes Spiel.
Der Tag verging mit Streite, die Nacht den Sieg gewann;
Da wich Wolfdietrich wieder mit Wernher in den Tann.
Beim Schein des nächsten Morgens säumte Wolfdietrich nit,
Herwieder nach dem Felde der werte Ritter ritt.
Da hub sich wieder Jammer wie an den frühern Tagen,
Bis daß Wernher der gute zu Tode ward geschlagen.
Viel tausend Heiden kamen aufs neue auf die Bahn,
Von gelb und blauer Farbe sah man da manche Fahn.
Schudan, des Königs Bruder, trieb auf dem weiten Feld
Den edelen Wolfdietrich gegen des Königs Zelt,
Bis daß er in die Schnüre mit seinem Rosse kam,
So daß das Roß des Helden zu fallen schier begann
In jene starken Seile; das schuf dem Helden Not.
Der kühne Recke wäre beinah gelegen tot.
Über Wolfdietrich fiel da die ganze Heidenschaft;
Den jungen zieren Ritter fingen sie mit Kraft.
Der Fürste ward gebunden, zu groß war ihre Macht,
Und Merzian dem König gefangen hingebracht.

Der sprach: »Wer gab die Kraft dir zu solcher Heldentat,
Die deine Hand, die arge, an uns begangen hat?
Doch will ich das erdulden, in Treuen, länger kaum!
Ich will dich henken lassen an einen hohen Baum.«

Dies zog sich auf den Abend; der Heide Merzian
Wollte mit seinen Helden zu Tisch und manchem Mann.
Wolfdietrich blieb alleine; ein edler Heide dort
Trat hin zu dem Gefangnen und sprach gütlich das Wort:
»Nun hör', ich bin ein Heide, doch sag' mir, guter Mann,
Wenn ich dich aus dem Zelte fortließe auf den Plan
Mit deinem Roß und Waffen; könntest du dich ernähren?« –
»Ja,« sprach Wolfdietrich freudig, »ich will mich wohl erwehren.«
Da ward er freigelassen. Der heldenkühne Mann
Ritt aber vor den König zuerst, Herrn Merzian,
Der mit der Masseneie noch an dem Tische saß.
Da ward die lichte Heide von Heidenblute naß.

Zur selben Zeit da schaute ein gut getaufter Mann
Von Jerusalems Zinnen hernieder auf den Plan.
Der sah Wolfdietrich streiten; da rief er ihrer mehr.
Es wappneten sich stille fünfhundert Brüder hehr.
Sie drangen aus der Pforte in lichten Ringen so,
Des ward der edle Grieche aus ganzem Herzen froh.
Sie stachen aufeinander mit also großer Kraft,
Daß viele Sättel brachen und dazu mancher Schaft.
Die Schwerter sie da zückten in edler Ritterschaft,
Die Helme sie verrückten mit übergroßer Kraft.
Die Schilde sie zerkloben und das Eisengewand,
Daß viel der Ringe stoben rings um das Nasenband.
Viel manche Heiden fällten alldort die Brüder gut
Auf dem breiten Gefilde wohl in ihr eigen Blut.
Was sie mochten erlangen, die brachten sie in Not,
Es war um sie ergangen, sie mußten liegen tot.
Sie machten eine Räumung, die Brüder lobesan;
Herr Merzian der König mit vieler Müh entrann
Nebst fünfzehn Sarazenen gen Martifel ins Land.
Wolfdietrich mit den Siegern ritt in die Stadt zuhand.
Er tat ein reines Opfer am heiligen Grabe dort,
Seine eilf treuen Mannen gab er in Gottes Hort.
Urlaub nahm dann Wolfdietrich der Fürste allzuhand
Von manchem edlen Helden; so schied er aus dem Land.

Wolfdietrich und Ameie

Wolfdietrich kommt zu Schiff nach Sicilien zu König Marsilian. Die Riesin Rome trägt ihn übers Gebirg. In Tervis wird er vom Bürger Wernher und seiner Tochter Ameie gut aufgenommen und erfährt dort Ortnids Tod.

Wolfdietrich kam zum Meere, ein Schiff ging eben fort,
Drein stieg der gute Ritter. Er kam an dessen Bord
Über das Meer, das breite, hin nach Sizilienland.
Da ritt er aus dem Kiele aufwärts am Meeresstrand.
Ein festes Schloß gar stattlich mit Türmen wonniglich
Sah dort auf einem Felsen der Herr Wolfdieterich.
Es war von Marmelsteine, groß Wunder nahm ihn da
Die Pracht, die er am Schlosse mit eigenen Augen sah.
Da sprach in seinem Herzen der edle Fürste klar:
»Wüßt ich des Wirtes Willen, so ritt ich zu ihm dar.
Vielleicht ist sein Gemüte an Tugend so getan,
Daß er elende Gäste viel wohl empfangen kann.«
Von dannen er da kehrte gar einen engen Pfad,
Wie ihn die Mannheit lehrte und seine Tugend bat.
Die Nacht begann zu nahen, der Tag den Urlaub nahm,
Darum der gute Degen in große Arbeit kam.
Denn in demselben Walde, dort vor der Feste Plan
Erblickte Herr Wolfdietrich den allergrößten Mann.
Weit über alle Bäume ging seine Länge gar,
Er schaute drein gar grimmig; der Mann hieß Baldemar.
Eine Brünne ganz von Horne hatte er angelegt,
Drein stund der Auserkorne gar wild und unentwegt.
Er trug eine schwere Stange mehr als acht Klafter lang,
Einen Schild gleich einer Giebelwand er in den Händen schwang.
Da rief ihn an Wolfdietrich: »Bist du des Teufels Bruder,
Du ungefüger Riese, du greuliches Waldluder?
Es ward nie Weibes Sippe so lange noch so groß;

Die dich zur Welt gewonnen, war wohl des Todes Genoß.«
Da sprach zu Wolfdietrichen der wundergroße Mann:
»Du hast eine krumme Straße genommen in den Tann.
Eine Wahl will ich dir geben sogleich in dieser Stund;
Nimm welches du da wollest, du wirst doch ungesund.
Nun gib mir da zu Zolle einen Fuß oder eine Hand,
Das eine oder andere, das muß hier sein mein Pfand.
Nicht wirst du, kleines Kindel, dein Leben dann ernähren.«
Da sprach der Held Wolfdietrich: »Eh' will ich fest mir wehren
Den Leib, mein Gut, die Ehre mit meines Schwertes Ort,
Eh' daß ich lasse stiften an mir so großen Mord.«
Mund wieder Mund ward also von beiden widersagt.
Sie liefen an einander; Wolfdietrich unverzagt
Griff nun in heißem Zorne den großen Riesen an.
Es ward von ihnen beiden das beste da getan.
Gar manche harten Schläge dem wilden Donner gleich
Gab nun der große Riese auf Herrn Wolfdietereich.
Der Riese mit der Stange fest auf den Helden schlug;
Wolfdieterich der werte ihm das auch nicht vertrug.
Er schriet ihm ab die Stange gerade vor der Hand,
Daß sie zu zweien Stücken fiel nieder auf das Land.
Da zog er von den Seiten ein Schwert unmaßen breit;
Wolfdietrich der kühne war aber bald bereit,
Er schlug ihm eine Wunde, dem Riesen, daß zuhand
Ihm Lung' und Leber brachen aus seines Leibes Wand.
Als vor ihm sein Gekröse nun Baldemar sah liegen,
Da ward auch von dem Fürsten Wolfdietrich nicht geschwiegen:
»Ein Arzt von hohen Künsten tut dir nun, Riese, not,
Willst du gesund von hinnen da kommen und nicht tot!«
Als auf den Grund zu fallen Herr Baldemar begann,
Da schlug der Held Wolfdieterich, der wunderkühne Mann,
Das Haupt dem Schalk herunter. Da war er tot gelegen.
Drauf kehrte schier von dannen der auserwählte Degen.

Indes aus erstem Schlafe ein alter Herre ging
An jenes Schlosses Zinnen; des Kunst war nicht gering.
Er merkte an den Sternen soeben wunderbar,
Was für ein Kampf im Walde hiebei geschehen war.
Da rief er: »Wohlauf balde, König Marsilian!
Hier ist ein zierer Ritter gekommen in den Tann.
Herr Baldemar der große, der fand durch ihn den Tod.
Der Ritter ist ein Grieche, der half uns aus der Not.
Nun heischt zu Zolle niemand mehr weder Fuß noch Hand;
Laßt die Kaufleute wieder nun weisen in das Land!«
Da sprach in großen Freuden König Marsilian:
»Wohlauf ihr Herren alle, die mir sind untertan,
Nun helfet mir empfangen den auserwählten Degen,

Daß wir nach einer Arbeit schön alle seiner pflegen!«
Da rüsteten sich hundert, es war ihnen gar jach,
In ihren lichten Ringen jagten sie alle nach
Dem wunderkühnen Helden aus fernem Griechenland.
Wolfdieterich dem Jüngling war dies noch unbekannt.
Er dachte in dem Herzen, sie wären gekommen dar,
Daß sie auf ihrer Hute des Streites nähmen wahr.
Drum ritt er kühnen Mutes die fremden Reiter an;
Da wurden große Wunder von Wolfdietrich getan.
Mit großem Neide haute er auf die Schar und stach,
Zertrennte viel der Ringe, gar manchen Helm er brach.
Er schlug auch viel der Wunden, der herrliche Weigand,
Die nimmer heilen konnten; er brach manch Eisengewand.
In diesen Nöten eilte Marsilian herzu
Mit seinem reichen Trosse, er rief und heischte Ruh:
»Sei Gott willkommen zu Lande, du jugendlicher Degen!
Gott müsse ohne Schande stets deiner Reise pflegen!
Du bist von Gott dem milden zum Troste mir gesandt,
Willst du bei uns hier weilen, wird dir mein Lohn bekannt.«
Der König bot ihm selber das Schwert von seiner Hand;
So guter Züchte pflag er. Die Wirtin hochgenannt,
Die kam daher geritten mit manchem edlen Weib,
Mit reichem Prachtgewande war wohlgeziert ihr Leib.
Sie saß vom Roß zur Erde; mit Zucht sie vor ihn trat,
Und sie umfing den werten, wie sie die Tugend bat.
»Du aller Männer Wonne,« so sprach die Fraue rein,
»Du bist von meiner Sippe, du sollst willkommen sein!
Mir konnte, ohne Lüge, nichts Lieberes geschehn,
Als daß ich dich mit Augen doch einmal habe gesehn.«

Allerst ersah Wolfdieterich, der auserwählte Mann,
Daß ihm die ganze Handlung mit Treuen war getan.
So brachten sie zu Hause den tapferen Schwertdegen
In jene feste Klause, wo weder Wind noch Regen
Noch keinerweise Arbeit dem Helden mochte schaden.
Da sah der gute Degen ein wunderschönes Gaden
In einem weiten Palas, auch manche schöne Magd
Sah er bei diesen Zeiten, was ihm gar wohl behagt,
Klein Hündelein im Schoße, und manches Hermelin,
In Käfigen manch Vöglein; das alles freute ihn.
Mit höfischer Rede Scherzen ward da geschallet viel;
Er nahm es auf mit Glimpfe, es war seines Herzens Spiel.
Die Frau zu Wolfdietrichen mit heitrem Scherze sprach:
»Nun hab' es, edler Ritter, da für kein Ungemach,
Doch dieser Maide eine mußt du zu Weibe han.«
Da sprach der reine Degen zur Fraue wohlgetan:
»Durch Weib nicht, noch durch Minne bin ich gekommen her.

Du sollst mir das erlassen! Mein Schild und auch mein Speer,
Das ist die beste Minne, die ich je kann erfassen;
O Königin und Muhme, des sollst du mich erlassen!«

Sie hieß da balde springen die Mägde in den Gaden,
Dem Fürsten ließ da bringen die Königin voll Gnaden
Leinwand und feines Hemde, gar ritterlich Gewand.
Ihm war da fremd das Trauern, ihm ward nur Zucht bekannt.
Sein stolzes Kampfgeschmeide zog ab Wolfdieterich,
Ein Hemde, reich von Seide, das schwang er über sich.
Einen reichen Niedergürtel er bei dem Hemde fand,
So daß dem guten Ritter nie bess'rer ward bekannt.
Ein Niederkleid gar prächtig fand er dem Gürtel bei,
Dort ward der edle Degen der großen Sorgen frei.
Als in das Kleid geschloffen der Fürst, der tadellose,
Da kam ein reines Mägdlein und bracht' ihm Schuh und Hose,
Die Schuh von Korduane, die Hosen seidenfein,
Der wandellose Ritter schuhte sich darein.
Nun erst kam seine Muhme, die edle Wirtin gut,
Sie brachte in freundlichem Sinne dem Ritter hochgemut
Ein Prachtkleid von Triande, das war von Sammet reich,
Auch Rock und Mantel brachte die Minnigliche gleicht
Viel manig Edelsteine waren gelegt darein,
Und eine breite Borte mit Perlen groß und klein
Beschloß den Mantel vorne; man sah im Golde drin
Saphir und Türkis glasten, Jachante und Rubin.
Von Seiden war die Borte, von Gold die Rinken rot,
Der Senkel von Karfunkel, wie es die Frau gebot.
Auch stund ihm vor den Brüsten ein adeliges Gold,
Gewirkt zu Alexandrien. Mit Züchten war ihm hold
Die edle Königinne, sie ließ zuletzt alldar
Eine reiche Krone bringen, die war durchleuchtet gar
Mit allerhande Gemmen, gar hell und wonniglich;
Also ward gezieret der edle Wolfdietrich.

Dann führte ihn die Fraue an seiner Hand zumal,
Wo er fünfhundert Frauen nun fand in einem Saal.
Bei ihnen war manch Ritter, jeder Fraue Mann;
Sie hielten sich umfangen und sah'n sich lieblich an.
Gar gütlich sie empfingen den hochgelobten Herrn
Mit übergroßem Schalle. Die Königin sah es gern,
Sie ließ die Knappen springen und bringen klaren Wein;
Dem lieben Gaste schenkte man nach Genügen ein.
Da baten ihn die Jungen, daß er ihnen Märe sage
Von unbekannten Sachen, wenn es dem Helden behage.
So tat ihnen seine Reise kund Herr Wolfdieterich;

Das däuchte alle Hörer gar fremd und ängstiglich.
Es kündete der Degen, wie er da hätte verloren
Eilf treue Dienstgesellen, die Ritter auserkoren.
Wolfdieterich in Wahrheit zu trauern sehr begann,
Ihm überliefen die Augen, das merkte mancher Mann.
Da tröstete den Helden manch Recke lobesam
Und manche reine Fraue. Groß Wunder sie da nahm,
Daß ein so junger Herre in also kurzer Zeit
Erlitt so nah wie ferne so manchen harten Streit.

Vielbald kam auch gegangen König Marsilian;
Gar schön ward er empfangen im Saal von Frau und Mann.
Der Fürst von mildem Sinne hieß da den Gästen sein
Durch Truchsessen und Schenken auftragen Brot und Wein.
Von manchem Spielmann wurde der Kurzweil viel getan;
Die lichten Saiten klangen gar fröhlich ohne Wahn.
Es währten diese Freuden, deren der König pflag,
Bei ihnen allgemeine bis auf den zwölften Tag.
An dem dreizehnten Morgen Wolfdietrich Urlaub nahm;
Ihn drückten andere Sorgen, den Helden lobesam.
Er sprach: »Viel werte Frauen, es mag nicht anders sein,
Ich will nun einmal schauen die teuren Mannen mein,
Die ich in großen Nöten hab' hinter mir gelassen.
Drum laß mich, liebe Muhme, nun ziehen meine Straßen!«

Länger verschob die Reise nicht mehr der edle Held,
Mit Züchten schied von dannen der Recke auserwählt.
Er kehrte gen Lambarden, dahin stund all sein Mut;
In Unmut ließ er dorten manch schöne Fraue gut,
Dazu den milden König ließ er in Sorgen stehn,
Dem keine Tugend fehlte. Wolfdietrich mußte gehn
Zu einem finstern Walde, wo ein Gebirge hoch
Sich über manche Lande bis gen Lambarden zog.
Ein wildes Waldgereute erblickte da der Degen,
Wo selten zahme Leute der Arbeit mochten pflegen.
Der Ritter, kühn und edel, kam dort auf einen Plan,
Es war ein grüner Anger. Da sah er daran stahn
Ein Weib von wildem Geschlechte, das noch den höchsten Baum
An Größe überragte; dem Helden schien's ein Traum.
Zwei lange große Brüste sie an dem Leibe trug;
Ihr Leib war schwarz wie Kohle und riesenhaft genug.
Bis zu dem Kinne ging ihr der Nase reiche Zier,
Die Augen sah man brennen gleich einem Strauße schier.
Bis zu den Ohren reichte ihr Mund ohnmaßen groß.
Fürwahr, die neue Kurzweil Wolfdietrichen verdroß!
Ihr Haar hatt' Eselsfarbe und war unmäßig lang,

Daß es sich über den Gürtel bis zu der Erde schwang.
Wer sie an ihren Füßen beschuhet haben wollt,
Zwo große Rindeshäute er dazu haben sollt.
Die Ungeheure lachte den edlen Ritter an;
Die Zähne in dem Munde zu blecken sie begann.
Zuerst gedachte der Degen, die Riesin trüge Zorn,
Daß er nun kämpfen müsse, das hätt' er wohl geschworn.
Doch sie sprach: »Werter Knappe, du sollst ohn' Sorge sein!
Ich will nicht mit dir streiten, du Degen kühn und rein.
Dünk ich dir ungeheuer, das weiß ich selber wohl,
Doch dir bin ich zu Diensten, wie ich von Rechten soll.
Dein Vater, deine Mutter, die sind mir recht bekannt,
Das wisse, guter Ritter, denn alles Griechenland
Das hab' ich wahrlich häufig in früherer Zeit durchfahren;
Drum will ich deine Ehre jetzt desto lieber wahren.«

Die Riesin Rome nahm da Wolfdietrich bei der Hand,
Sie brachte ihn heim zu Hause, den Helden aus Griechenland,
In eine feste Klause; da waren bei dem Weib
Noch sieben andre Frauen von riesenhaftem Leib.
Es ließ die weise Rome auftragen Wein und Brot
Und andre gute Speise, da litt man keine Not.
Viel zahm Getier und Wildbret, Fleisch und manigen Fisch
Bracht' man mit gutem Willen dem Helden auf den Tisch.
Goldfässer und auch Schalen, die hatten sie genug.
Die Wirtin sonder Falschheit ihm holdes Herze trug.
Da blieb er ohne Sorgen bis auf den vierten Tag.
Es war an einem Morgen, als er der Rede pflag:
»O Rome, edle Fraue, möcht' es mit Hulden sein,
So wollt ich gen Lambarden, zu Hilf den Mannen mein.«
Wolfdietrichs Not erkannte die edle Königin.
»Wohlan denn,« sprach die Riesin, »so fahren wir dahin.«

Da nahm in ihre Arme die hochgelobte Magd
Den Helden samt dem Rosse, wie man noch singt und sagt.
An einem Tage trug sie das Roß sowie den Mann
Wohl zweiundzwanzig Meilen übers Gebirg hindann,
Bis sie den Helden brachte zu ebnen guten Wegen;
Des dankte viel der Riesin der auserwählte Degen.
Urlaub nahm er von Rome und schied in frohem Wahn.
Am fünften Morgen kam er vor Terpis auf den Plan.

Da fand er bei Tervise dort außerhalb Mailan
Und außerhalb Lambarden gar manchen werten Mann.
Achtundert teure Helden waren da hingekommen

Durch eines Bürgers Tochter, von der sie viel vernommen.
Derselbe reiche Bürger war Wernher genannt,
Ihm dienten viele Burgen, er hatte großes Land.
Die ganze Wernhers-Marke die diente ihm allein;
Er hatte sechzehn Festen, dazu ein Töchterlein:
Ameie, die war gesetzet auf einen Stuhl empor.
Achtundert Helden kämpften mit aller Macht davor.
Auf beiden Seiten war dort der Beste von Tuskan
Ein Graf gar reich und edel, der Grafe hieß Herman.
Ein Ringelein von Golde gar köstlich, reich und hehr
An einer Schnur von Seide hing dort von einem Speer
Vor all den edlen Rittern und vor den Frauen rein.
Da stachen alle Ritter um jenes Mägdelein.
Wer an denselben Stunden stach durch das Gold so rot,
Die edle Jungfrau diesem ein schönes Küssen bot.

Hiemit der Held Wolfdietrich, der Degen wonnesam
Auf jenen grünen Anger gar wohl verwaffnet kam.
Den Held begann zu schauen manch hochgelobter Mann,
Dazu die edlen Frauen sahn ihn mit Freuden an.
Da ihn die schöne Ameie auf der Heide halten sah,
Die edle tadelsfreie, nun hört, wie sprach sie da:
»Wer ist, der so vermessen dort hält auf jenem Plan?
Mich dünkt in meinem Sinne, es sei ein rechter Mann.«
Da sie des fremden Gastes noch besser ward gewahr,
Da winkte sie dem Vater und sprach die Worte klar:
»Du sollst mir als mein Bote zu jenem Gaste gehn!
Sag ihm, es schad' ihm niemand; man will ihn nicht bestehn.«

Da ritt der Bürger Wernher zu Wolfdietrich hindann;
Er ward gar wohl empfangen von manchem werten Mann.
Sie sprengten alle und stachen, die auserwählten Mannen;
Des Zieles fehlten alle und ritten wieder dannen.
Da ritt der Grafe Herman zu Herrn Wolfdieterich
Und sagte diese Worte zum Degen lobelich:
»Wohlan, du werter Ritter, durch aller Frauen Ehre,
Nimm du zu diesem Golde auch einmal eine Kehre!«

Da gürtete dem Rosse der auserwählte Mann,
So daß es in den Ringen zu zittern schier begann.
Wolfdietrich ohne Stegreif nun in den Sattel sprang,
Das Roß nahm fünfzehn Sprünge und jeden klafterlang.
In dem sechzehnten Sprunge, den nun das Rößlein nahm,
Wohl um acht Klafter weiter es als die andern kam.
So kam's, daß er im Stechen das Ringelein gewann;

Er führt' es von dem Mägdelein über den weiten Plan.
Sie warf den Speer aus den Händen und eilte bald ihm nach.
»Nun warte, lieber Herre, wohin ist dir so jach?
Du hast mein Gold genommen, viel edler Ritter rein,
Von dessen wegen mußt du nun mein Gefangner sein!«
»Viel schöne Maid, das Fangen will ich dir gern vertragen;
Doch kämen sechzig Ritter, sie würden all erschlagen.«
In die Hand nahm sie das Kinne, bot ihm ihr Mündelein,
Küßt ihn zu dreien Malen: »So sollst du gefangen sein!«
Zuhand da sprach der Grafe, Herr Herman von Tuskan:
»Willst du mit mir nun stechen um tausend Mark fortan?«
»Nein,« sprach Wolfdietrich, »weil ich nicht habe Eine Mark.
Doch sei's um Roß und Harnisch, ich fühle mich noch stark«.
Da sprach der Grafe Herman: »Bist du ein armer Mann,
Du solltest Landesherren dann wohl in Ruhe lan!
Daß du mit deinem Leibe nahmst solchen Preis allhier!
Du stächest kaum in Ehren mit meinem Dienstmann schier«.
Da sprach die Maid zum Grafen: »Nimm mich zum Bürgen hin!
Und wenn mein Kämpe verlieret, so steh ich wohl für ihn.
Mein Vater hat kein Kind sonst als einig mich allein;
Löst er mich nicht, so will ich dein Eigen immer sein!«
Da sprach der Graf: »Gar gerne wollt' ich dich so gewinnen«.
Da sprach der Held Wolfdietrich mit tugendlichen Sinnen:
»Wenn Gott mich will bewahren vor allen deinen Degen,
Laß ich dich solcher Ehre auf diesem Plan nicht pflegen«.
Nun sprach die schöne Ameie, die Jungfrau wohlgetan
Zu Herrn Wolfdietrich balde, dem wunderkühnen Mann:
»Wohlan, mein edler Ritter, hast du es nicht vernommen?
Du sollst dich nun bereiten; dein Feind ist hergekommen.
Hast du noch ein Gebresten, so sei dir dies gesagt,
Daß ich es dir will büßen, mein Ritter unverzagt.«
Da sprach zur edlen Jungfrau der kühne Wolfdietrich:
»Ja, eines guten Halsbergs bedarf ich sicherlich.«
Da ließ sie balde springen die Knappen in den Gaden
Und einen Halsberg bringen und vor den Helden tragen.
Des alten Königs Ortnid der Halsberg einstens was,
Er war von hartem Stahle und half, daß er genas.
Mit ihren Händen waffnete die Jungfrau wohlgetan
In jenen guten Halsberg den wunderkühnen Mann.
Da strickte sie die Riemen dem edlen Ritter fein;
So gab ihm Hochgemüte das schöne Mägdelein.

Als sie so ihren Kämpen bereitet hätte gar,
Da zog sie auch zu Felde mit einer großen Schar.
Nun standen schon zu Ringe die Männer und die Fraun;
Da konnte man den Grafen auch schon hersprengen schaun.
Er sprengte vor den Frauen über den Plan alsbald,

Er wollte aus dem Sattel ihn werfen mit Gewalt.
Er stach auf ihn so wütig mit großer Ungehab',
Daß von dem eigenen Stiche der Grafe fiel herab.
Auf sprang der edle Grafe und sprach in seiner Not:
»Erlasse mich des Stiches und nimm das Gold so rot!
Da sprach der Held Wolfdieterich: »Wir sind noch nicht am Ziel,
Erst muß ich lassen schauen, was ich vermag im Spiel.«
Da war der Grafe Hermann auch auf sein Roß gesessen;
Er durfte es nicht weigern dem Degen so vermessen,
Was er ihm hatte verheißen vor manchem edlen Mann;
Vor Angst ihm durch die Ringe der Schweiß herniederrann.
Da sprengte über die Heide Wolfdietrich lobesam,
Obhalb des Sattelbogens er da den Grafen nahm,
Er führte ihn von dem Rosse acht volle Klafter weit
Und warf ihn auf die Erde; da lag der Graf voll Leid.

Als seine Mannen sahen, der Graf wär' unterlegen,
Da hub sich mächtiger Jammer, sie wollten Streites pflegen
Um ihren lieben Herren, der unterlegen was,
Das wollten sie da rächen mit ungefügem Haß.
Die Schwerter sie da fingen und ritten jenen an,
Den unverzagten Griechen; es waren dreihundert Mann.
Wolfdieterich der kühne ergriff den Speer allhie;
Zu allen Zeiten tat er noch größere Dinge nie.
Er war gar kühn und milde, an Mannheit unbetrogen,
Da legte er die Lanze quer vor den Sattelbogen;
So ritt er denn entgegen all den fünfhundert Mann,
Er streifte ihrer sechzig wohl nieder auf den Plan.
Da kam der Bürger Wernher wohl mit achtundert Mann
Und suchte es zu hindern, daß Schade ward getan.
Doch brachen ihrer manche Arm und Bein entzwei;
Des achtete der Fürste nicht mehr als um ein Ei.

Hiemit das Abenteuer ein rasches Ende nahm.
Ameie führte mit sich den Kämpen lobesam
In einen reichen Palas mit ihren Mägdelein;
Dem edlen Griechen sollte da große Ehre sein.
Es ging die schöne Ameie vor ihren Vater dann:
»Ach Vater, lieber Herre, gib mir den werten Mann!«
Er sprach: »Viel schöne Tochter, er ist uns unbekannt;
Eh geb ich dir wohl Einen, der Burgen hat und Land.«
Da sprach die kluge Jungfrau: »So bin ich diesem hold;
Wir haben doch genügend an Silber und an Gold,
Auch ist mir seine Tugend so rechte wohl bekannt.
Gib du uns zueinander mit Burgen und mit Land!«
Sie bat so lange, bis er sprach zu der Tochter sein:

»So will ich zu dem Gaste gar gern dein Bote sein.
Will er zum Weib dich haben, so will ich dich ihm geben.
Wer weiß, ob er will schließen mit dir sein wertes Leben?«
Da ging der Bürger Wernher hinweg, nicht eben froh,
Zu Wolfdietrich dem Fürsten sprach er mit Züchten so:
»Dir entbietet meine Tochter, wenn du willst sein ihr Mann,
So will ich Land und Burgen dir machen untertan.
Ich geb' euch zu einander, auch Silber noch und Gold.
Ich sag's auf meine Treue, meine Tochter ist dir hold.
So werde dessen einig, du auserwählter Mann,
Ob du die reine Jungfrau zum Weibe wollest han!«
Da sprach der Held Wolfdieterich zum Bürger Wernher so:
»Des sollt ein elender Ritter billig werden froh,
Der da den Leuten wäre so fremd und unbekannt,
Und man ihm wollte geben noch Burgen, Gold und Land.
Doch darf ich hier in Wahrheit nicht länger mehr bestehn,
Ich muß dahin zu Ortnid, dem edlen Kaiser, gehn.
Der ist mein Trautgeselle; es ist jetzt manniger Tag,
Daß ich alldort zu Garden der Kurzweil mit ihm pflag.«

Da sprach der Bürger Wernher: »Du sprichst von einem Mann,
Der dich, mein edler Ritter, doch nicht mehr trösten kann.
Ach, Gott durch seine Güte, dem will ichs immer klagen!
Ihn haben wilde Würme zum Berg dahingetragen.«
Da sprach der Herr Wolfdietrich: »Wann lag der Kaiser tot?
Sag mir's durch deine Tugend! Das Fragen tut mir not.
Ich bin durch seinen Willen in dieses Land gekommen;
Wie hab' ich diese Märe ungern von dir vernommen!«
»Es ist im vierten Jahre, daß er von dannen ritt
Und dort mit einem Riesen im Wald so sehre stritt
Und auch mit seinem Weibe; ein Lindwurm darauf kam,
Davon der reiche Kaiser seither sein Ende nahm.
Die beiden hatten die Würme erzogen ihm zum Tod.
Nachdem er focht zwei Stürme, da tat ihm Ruhe not;
Unter einer Zauberlinde kam er um seinen Sinn;
In seinem starken Schlafe trug ihn der Lindwurm hin.«
Da sprach der Held Wolfdietrich: »Ist Liebgard ohne Mann,
So will ich durch die Königin die Würme selbst bestahn.
Ist's, daß ich sie erschlage und Gott den Sieg mir leiht,
So wird mir Kreuz und Krone, und Berchtung wird befreit.«
Da ging Wernher der Bürger zu seiner Tochter hin;
So sprach er zu Ameien mit tugendhaftem Sinn:
»Wie nun, du schöne Tochter, du stehst nun ohne Mann;
Der Gast will um die Kaiserin die Würme dort bestahn.«
Da sprach zu ihrem Vater Ameie, die schöne Magd:
»So geb ihm Gott Gelingen, dem Helden unverzagt!«

Sie ging mit ihren Mägden über den Hof hindann
In eine Kemenate, die Jungfrau wohlgetan.
Einen bunten Mantel sie in der Kammer nahm;
So ging die schöne Ameie in jungfräulicher Scham
Zu Herrn Wolfdietrich wieder und sprach mit holdem Mut:
»Wem willst du mich nun lassen, mein edler Ritter gut?«
Da sprach der Held: »O Jungfrau, das will ich gern dir sagen.
Ist's, daß ich an den Würmen noch soll den Preis erjagen,
Und daß ich sie erschlage, ob Gott das Heil mir bringe,
So sollst du, schönes Mägdlein, auch haben gut Gedinge.
Ich hab' in meinem Lande eilf Mannen kühn und frei;
Davon geb' ich dir einen, den besten, der da sei.
Es sind das sieben Grafen, vier Herzoge dazu;
Eh ich sie nicht befreie, gönn' ich mir keine Ruh.«
»So nimm denn hin den Mantel viel lieber Herre mein!
Daß Gott vom Himmel gnädig dir immer müsse sein!
Gib mir nach deinem Willen einst einen Biedermann;
Wenn du fährst in die Lande, gedenke wohl daran!«
Nun wappneten ihn balde vier Ritter tugendlich.
Da sprach zuletzt mit Züchten der edle Wolfdietrich:
»Ob mich nun gegen Garden weiste ein werter Mann,
Weil ich bei Nacht die Wege nicht leichtlich finden kann?«
Da sprach der Bürger Wernher: »Das soll von mir geschehn.
Ich will mit sechzig Rittern nun selber mit dir gehn.«

So ritten sie von dannen aus Tervis in den Tann;
Auf eine Straße weiste Wernher den kühnen Mann.
Sie kehrten durch die Wilde und das Gebirge hin
Gegen den Gardsee; dahin stund ganz Wolfdietrichs Sinn.
Sie ritten bis zum Morgen des Nachts viel kümmerlich.
Nun kommt in neue Sorgen der edle Wolfdietrich.

Wolfdietrichs Drachenkampf

Wolfdietrich kommt zur Burg Garden, spricht mit Ortnids Witwe Liebgard, und zieht in den Wald. Er wird vom Drachen in die Höhle geschleppt, findet aber dort Ortnids Schwert und tötet damit die Würme. Alberich, Der Zwergkönig, labt ihn.

Den Gardsee hörten sie tosen; finster war die Nacht.
Da sagte Herr Wolfdietrich zum Bürger wohlbedacht:
»Nun sollst du Rat mir geben, du auserwählter Mann;
Soll in die Burg ich reiten oder bleiben auf dem Plan?«
Da sprach der Bürger Wernher: »Du bleibe vor dem Tor,
Denn fremdes Abenteuer erfährst du noch hievor.
Es kommt die edle Liebgard gegangen an die Zinne;
Wie sie den Gatten klaget, des wirst du so bald inne!«

Der Bürger ritt gen Tervis, Wolfdietrich an den Graben;
Von oben rief ein Wächter, wie wir vernommen haben:
»Was reitet der Burg so nahe? Ist es ein fremder Mann,
Töt' ich ihn mit dem Steine, hebt er sich nicht hindann!«
Als Wolfdietrich der Fürste vernahm des Wächters Wort,
Da stieg er von dem Rosse hernieder alsofort,
Er nahm es bei dem Zaume und zog es an den Graben;
Daß jener ihn nicht hörte, wollt' er sich still gehaben.
Da sang der Wächter droben: »Ach, Ortnid, Herre mein,
Dieweile daß du lebst, da trank ich klaren Wein
Und trug auch gute Kleider, das muß ich nun entbehren.
Ach Ortnid, lieber Herre, wie lange soll dies währen?
Ach Gott, himmlischer Tröster, wann willst du auf uns schaun?
Wann willst du mich erlösen und Liebgard, unsre Fraun?«

Es hörte auch Frau Liebgard des Wächters laute Sage,
Denn sie entschlief viel selten vor Weinen und vor Klage.

Als sie des Wächters Klage so kläglich hatte vernommen,
Da war ihr ihre Schwere erst in das Herz gekommen.
Da sie das Bette ansah, hub sich ihr Trauern an,
Als sie nicht drin sah liegen Ortnid, den lieben Mann.
»Ach Ortnid, lieber Herre, Gott gnad' der Seele dein!
Ich klagte dich gern am Bette; doch meine Jungfräulein,
Die wollen meine Schwere nicht hören und nicht sehn,
So muß ich zu dem Wächter dort an die Zinne gehn.«
Die Socken an die Füße die edle Fraue legte,
Die Schuhe ließ sie dorten, dieweil sie Sorge hegte,
Daß man sie hören möchte, wenn sie ging übern Saal.
So kam sie zu dem Wächter; die Diener schliefen all.

Da sprach der treue Wächter zur Kaiserin edel und rein:
»Tut es durch Gott vom Himmel, laßt euer Klagen sein!«
»Nein, schweige, lieber Wächter, du tugendhafter Mann!
Laß den Gemahl mich klagen, so sehr ich immer kann,
Den mir die wilden Würme han in den Berg getragen,
Den muß ich wohl von Rechte beweinen und beklagen.
Ach Ortnid, lieber Herre, Gott gnad der Seele dein!
Die Weile, daß du lebtest, mocht' ich mit Freuden sein;
Da kamen her zu Hause viel Ritter auserkoren;
Der seh ich lieber keinen, seit ich dich hab' verloren.
Mir diente Baiern, Schwaben, Franken, Türingerland,
Auch Worms und Köln und Speier waren mir wohlbekannt,
Der Gardasee mir diente, da mocht' ich Fische haben,
An Land und Leuten konnt' ich in meinem Glück mich laben.
Die meine Schenken waren, sind nun die Herren mein;
Die mir zu essen trugen, wollen mein gewaltig sein.
Sie stoßen mich vom Erbe, so bin ich freudenleer
Und hab' auf aller Erde zu Troste niemand mehr.
Nun will zum Weib mich haben der Grafe Hermann,
Der mir bei Ortnids Zeiten war immer untertan.
Ach himmelischer König, was hab' ich dir getan,
Daß du mich hast geschieden von meinem lieben Mann,
Der mich gewann mit Nöten fern in der Heiden Land?
All meine Sippen sind mir seit lange unbekannt.«

Ein Schild gar neu und schöne hing vor der Frauen rein,
Daran gemalet waren zwei Bilder klug und fein.
Das eine Bild war Ortnid, das andere war ihr gleich.
Wenn sie das Schild anblickte, weinte die Königin reich.
Sie sah ihr Bildnis lächeln; wie zornig sie da sprach:
»O Bild, du sollst nicht lachen; groß ist mein Ungemach!
Du wähnst, ich steh in Freuden, wie ich vor hab' getan.
Ach nein, ich hab' verloren längst meinen lieben Mann.«

Die Faust zwang sie zusammen, sie schlug das Bild an den Mund:
»So weh dir, leide Fraue, daß dir je wurde kund
Ein also biedrer Gatte! Dir geht gar nah sein Leib.
Ach wer soll mich nun trösten, mich armes, elendes Weib?«
Den Schild nahm sie am Riemen und dreht' ihn in der Hand:
»Mein Vater war ein Heide, als grimmer Mann bekannt
Das hat er wohl bezeuget am lieben Herren mein;
Den hat er mir verderbet, des muß ich traurig sein.
Mein Freund, der allerbeste, ist mir gelegen tot,
Der seine holden Dienste mir oft so würdig bot.«

Da er die Kaisrin hörte so kläglich sich gehaben,
Überliefen Wolfdietrichen die Augen dort am Graben.
Er konnte ihre Klage ertragen nimmermehr;
Einen fuderigen Feldstein nahm da der Degen hehr
Und warf ihn an die Mauer, das gab viel lauten Schall,
Daß sich die Burg erschütterte und Liebgard fiel zutal,
Dem Wächter vor die Füße. In Unkraft sie da lag,
So daß die werte Süße lang keiner Sinne pflag.
Als sie nun kam zu Kräften und wieder aufwärts sah,
Nun mögt ihr gerne hören, wie sprach die Fraue da:
»Sag', lieber Wächter, sahest du jemand an dem Graben,
Der diesen Felsstein möge herangeworfen haben?«
»Mich deucht, ich hörte einen auch traben diese Nacht;
Weiß nicht, wo er geblieben, noch was er hier gemacht.«
Die Frau begann zu rufen: »Ist jemand an dem Graben,
Der diesen großen Felsstein mög' hergeworfen haben?«
Da rief der Held Wolfdietrich: »Hier steht ein elender Mann,
Der ohne Gottes Hilfe nicht mehr bestehen kann.«
Sie sprach: »Viellieber Herre, sag an, was tat ich dir,
Daß du mich in dem Schlosse erwerfen wolltest schier?«
Er sprach: »Ich hörte, Fraue, dich klagen einen Mann,
Da wollte ich dir zeigen, was Mannes Kraft noch kann.«
Sie sprach: »Herr, kommt dein Werfen nicht gar von Zauberlist,
So kann ich wahrlich schauen, wie wunderstark du bist.«
»Unkund ist mir der Zauber«, so sprach der werte Mann.
»Der Wurf, der kam von Kräften, den ich allhier getan.
Und willst du mirs nicht glauben, werf ich noch einmal dar!«
»Nein«, sprach die edle Liebgard, »willst uns verderben gar?
Doch sage, edler Ritter, wer hat nach dir gesandt?
Durch welches Abenteuer kamst du in unser Land?«
»Geruhst du's, edle Fraue, ich will die Würme bestehn!«
»So reite hin zu Walde; Gott möge mit dir gehn!«
Er sprach: »Du schöne Fraue, was soll ich haben zu Lohn,
Wenn ich die Würme schlage und komme heil davon?«
Sie sagte: »Bern und Garden, und alles, was ich han,
Und meinen Leib den stolzen mach' ich dir untertan.« –

»So gib mir deine Treue, daß ich es glaube schier!
Ein gut Wortzeichen, Fraue, das will ich haben von dir.
Es reitet in dem Walde manch unbekannter Mann,
Er spräche leicht, er hätte das alles selbst getan.«
Sie sprach: »Viellieber Herre, willst du nicht eh herein,
Bis du ein wenig aßest und stärktest dich mit Wein,
Daß ich dich wohl beschaue und du mich kannst besehn?«
Er sprach: »Nein, schöne Fraue, das mag noch nicht geschehn!
Nicht Mann noch Frauen können zur Stunde mich erbitten,
Daß ich mich lasse schauen, ich habe denn gestritten
Erst mit den wilden Würmen. Wenn ich den Sieg gewann,
Sollt ihr mich häufig sehen, hat Gott mir Heil getan.«
Da sprach zu Herrn Wolfdietrich die edle Kaiserin rein:
»So tritt her an den Graben und nimm dies Ringelein.
Es liegt ein Stein darinnen, der gibt dem Träger Kraft;
So wirst du um so leichter den Würmen siegehaft.«
Da sprang er in den Graben und nahm, was sie ihm gab.
Sie ließ es von der Zinne an einem Faden herab.
Sie sprach: »Viellieber Herre, dran steht die Treue mein.
Erschlagest du die Würme, will ich dein Eigen sein.«
Urlaub er da begehrte, sie bat den kühnen Mann:
»Nun sage, lieber Herre, wie ist dein Name getan?
Durch aller Ritter Tugend, nenne dich, fremder Mann,
Daß ich um deine Ehre Gott besser flehen kann!«
Er sprach: »Viel schöne Fraue, das kann und mag nicht sein;
Ich muß zu Wald eh siegen, oder gestorben sein.
Ich räche den reichen Kaiser, das will ich dir wohl sagen,
Es müßten denn die Würme auch in den Berg mich tragen.«
Er ging zu seinem Rosse, des hab' er immer Dank!
Gewaffnet ohne Stegreif er in den Sattel sprang.
Dann sprang er mit dem Rosse von dannen über den Graben
Und sprach: »Viel schöne Fraue, nun laß mich Urlaub haben!«
»So reite hin zu Walde und streite, kühner Mann!«
So nahm Wolfdietrich Urlaub und kehrte in den Tann.
Den Kaiser bald zu rächen, war ihm von dannen jach.
Ihm rief die Königinne noch manchen Segen nach.

Zu Berge bei der Etsche zu eilen er begann
Gegen Trient von dannen, der heldenkühne Mann.
Es saßen Bauersleute dort an der selben Stund',
Es taten ihm die Armen all ihren Jammer kund:
»Sei Gott willkommen, Herre, daher in unser Land,
Ob dich wohl Gott vom Himmel zu Hilf uns hat gesandt!
Uns haben wilde Würme zu Schaden viel getan,
Sie haben hier verderbet wohl an fünfhundert Mann.
Sie haben uns verderbet den König Ortnid gar;
Er war noch jung an Jahren, sein Lob war weit und klar.

Das sollst du richten helfen, du hochgeborner Held!
Zum Vogt und auch zum Herren sei uns dafür erwählt!«
Da blieb der Held Wolfdietrich bis an den dritten Tag;
Sein und seines Rosses viel gütlich man da pflag.
Er bat, daß sie ihm täten des Wurmes Fahrt bekannt.
Da weisten sie den Helden zum See an der Steinwand.
Urlaub nahm von Triente der Ritter Wolfdietrich,
Über die Heide eilte der Degen lobelich.
Er kehrte durch's Gebirge und durch den wilden Tann,
Da fand er auf der Straße tot liegen einen Mann,
Der war dem Wurm entfallen wohl zu derselben Stund.
Wolfdietrich stieg zur Erden, ihm war groß Jammer kund.
Gewand lag rings in Stücken um ihn in einem Kreis,
Gar blutig war die Straße, ihn begoß ein roter Schweiß.
Die Seele war geschieden aus jenes Ritters Mund.
Da hörte Herr Wolfdietrich zu dieser selben Stund
Ein Fräulein in dem Walde Maria rufen an,
Sie hatte die Arme umschlossen um eines Baumes Stamm.
Die Frau war eine Gräfin, der Ritter war ihr Mann;
Sie hatte sich verlaufen von ihm zum finstren Tann.
Da kehrte hin Wolfdietrich, wo er die Stimme vernommen,
Er dachte, ob ihr was wäre, und wollt zu Hilfe kommen.
So ritt der Held Wolfdietrich hin in den finstren Wald,
Da fand er auch die Fraue in großen Nöten bald.
Er sprach: »Du schöne Fraue, wo bist du hergekommen?
Sag mir durch deine Tugend, wer dir dein Kleid genommen?
So nimm denn meinen Mantel, du liebe Fraue mein
Und daß dir Gott vom Himmel stets möge gnädig sein!«
Sie sprach: »Dank dir, lieb Herre, ich war eines Grafen Weib;
Ihm trägt das erste Kindlein mein unglücklicher Leib.
Mich wollte mein lieber Herre zu meiner Mutter führen,
Da sollte uns im Walde der wilde Wurm erspüren.
Er tötete eilf Ritter und meinen lieben Mann
Und schlang bis an die Achseln hinunter ihn sodann.
Die Not des lieben Herren, die mußte mich erbarmen,
Ich faßte ihn und riß ihn heraus mit meinen Armen.
Der Wurm ward drob erzürnet und stieß mich weit von sich
Und brach mir von dem Leibe mein Kleid gar wonniglich.
In meiner Herzenssorge ergriff den Baum ich dort,
Der Wurm riß die Gewande mir von dem Leibe fort.
Ich bin von ihm entwichen; mein lieber Herr liegt tot,
Des muß ich sicher immer auf Erden haben Not.«

Da sprach der Held Wolfdietrich zur Frau in ihrem Leid:
»Könnt' ich dir Hilfe bringen, o Frau, zu dieser Zeit,
Wie gern würd' ich dir helfen und träfe mich der Tod.
Zu solchen Dingen wäre dir andre Hilfe not.«

»Willst du es nicht vermeiden, und hilfst mir aus der Not,
So bring mir eins vom Brunnen, eh ich muß liegen tot,
Daß ich mein Herz erlabe; 's ist heut der dritte Tag,
Daß ich in großen Schmerzen und ohne Labung lag.«
Da er der Gräfin glaubte, ging er zum Wald hinein,
Den Helm band er vom Haupte und nahm das Wasser ein.
Er war bald wieder gekommen; der Schade war geschehn,
Die Fraue war genesen eines Kindleins schön zu sehn.
Sie hielt es in den Armen, doch waren beide tot.
Da kam der Held Wolfdieterich in Jammer und in Not.
Er sprach: »Viel schöne Fraue, hätt' ich geholfen dir,
Du möchtest noch dein Leben behalten haben schier.
Ach, reicher Gott im Himmel, was hast du da getan,
Ich muß dich darum strafen, wenn gleich ein sünd'ger Mann!
Daß du doch leben ließest das kleine Kindelein,
So hätt' ich es getaufet, es käm zum Reiche dein.
Nun machten es nicht lebend dreitausend Ritter gar.
Ach reicher Gott vom Himmel, nimm ihrer Seele wahr!«
In jenen Mantel wand er so Frau wie Kindelein,
Den ihm zu Tervis hatte geschenkt das Mägdelein.
Es führte sie Wolfdietrich dann beide allzuhand
In ein geweihtes Gotteshaus, das er vorm Walde fand.
Die Kapelle die war öde, der Herre ging hinein,
Er legte auf den Altar Mutter und Kindelein.
Der edle kühne Ritter stieg dann vom Roß herab,
Mit seinem guten Schwerte machte er ihnen ein Grab.
Darin begrub er das Kindlein, die Frau und auch den Mann,
Empfahl sie Gott vom Himmel; damit schied er von dann.

Er ging zu seinem Rosse, darauf saß er alsbald;
Er kam zu einem Steige, der trug ihn in den Wald.
Er ritt durch ein Gefälle gegen eine Steinewand;
Ihn lüstete zu schlafen, Ruh' war ihm nicht bekannt.
Als ihm der Tag nun leuchtete, so haben wir vernommen,
Da war der kühne Degen auf eine Heide gekommen.
Da saß er von dem Rosse hernieder auf das Land,
Und legte sich zu schlafen in seines Schildes Rand.
Es schlief der kühne Degen bis auf den lichten Tag.
Da ging der Wurm vom Loche, wo er der Weide pflag,
Durch seine Schnabelweide ging er vom Neste dann.
Ein Zwerglein vor dem Steine zu rufen da begann:
»Nun wache, märer Degen, es ist nun an der Zeit!
Du mahnst um König Ortnid mich an das große Leid.
Ortnid, der edle Kaiser, verlor hie seinen Leib,
Dem weinet noch zu Garden, Liebgard, sein schönes Weib.
O weh, willst du nicht wachen, du wunderkühner Mann,
Lebt niemand in der Erde, der Ortnid rächen kann.
O weh, willst du nicht wachen, wer soll uns Friede geben?
Wer richtet nun die Armen, verlierest du das Leben?«

Dannoch schlief unterm Schilde der wunderkühne Mann.
Der Lindwurm eilte näher zu ihm bald durch den Tann.
Und dannoch schlief gar feste die edle Fürstenart.
Der Zwerg begann zu raufen sich selbst bei Haar und Bart.
Der Lindwurm eilte balde zum Fürsten durch das Holz.
Dannoch schlief auf dem Schilde der kühne Degen stolz.
Da brach das Roß die Zäume und lief den Lindwurm an,
Es trieb von dem Herren mit Streiten in den Tann.
Als Wolfdietrich erwachte, nun hört, wie sprach er da,
Als er sein Roß, das gute, ganz naß vom Blute sah:
»Ich seh' an deinem Schweiße, du warst in großer Not;
Hätte Gott uns nicht geholfen, wir wären beide tot.
Und wär ich also Toter geblieben in dem Tann,
Wer hätte meine Mannen erlöst aus ihrem Bann?
Die ließ ich dort zu Griechenland in übergroßer Not,
Sie ringen alle Tage wohl um den bittren Tod.
Ach Herre Gott im Himmel, laß mich die Zeit erleben,
Daß ich auch Trost den Freunden noch einmal müsse geben!«

Er maß des Wurmes Füße; viel freislich war sein Gang,
Die Klauen vor dem Riste waren Daumenellen lang.
Er gürtete dem Rosse viel schnelliglich noch baß;
In einem grimmen Mute er bald zu Pferde saß.
Da kehrte nach dem Wurme der Degen lobelich;
In seinen größten Sorgen ist nun Wolfdieterich.

Ihm widerfuhr auf der Straße ein wilder Waldmann,
Den grüßte tugendweise der Fürst so lobesan:
»Nun sag' mir, wilder Waldner, kennst du den Wald so wohl,
Kannst du mir zeigen, welches des Wurmes Haus sein soll?«
Da sprach der wilde Waldner und wies ihn mit der Hand:
»Siehst du dort in dem Walde die hohe Steinewand?
Dargegen sollst du kehren, das will ich dir wohl sagen;
Dahin ward Kaiser Ortnid auch in den Berg getragen.«

So kehrte gen die Wildnis Wolfdietrich wieder hin
Gen eine große Steinwand, mit unverzagtem Sinn.
Er stieg von seinem Rosse, der auserwählte Mann;
Den Schild nahm er zum Arme, ging vor die Höhle dann.
Gar laut begann zu rufen der Degen lobesam:
»Hei, bist du nicht darinnen, Herr Lindwurm Schadesam?
Du schlafest allzulange in deiner Höhle drin;
Du solltest alle Morgen nach deiner Speise ziehn!
Dich sucht ein elender Ritter, der irrend mußte gehn;
Durch aller Frauen Ehre wollt' er dich gern bestehn!«

Der Wurm war nicht daheime, er war fort in den Tann.
Der Jungen waren fünfe, die grinsten den Ritter an.
Wolfdieterich sah die Fährte des Alten alsobald,
Da kehrte nun der Ritter nach ihm hin in den Wald.
Er dachte an die Linde, der Degen unverzagt,
Davon der Bürger Wernher ihm hatte wohl gesagt.
Wo er sah eine Linde, da ritt der Degen bald
Auf einem andern Wege geschwinde in den Wald.
So ritt der Held Wolfdieterich dort in dem finstern Tann,
Er suchte allerorten den Wurm, der kühne Mann.
So ritt er eine Weile wohl eine Meile weit,
Da hörte der edle Degen dort zu derselben Zeit
Vor ihm im nahen Walde gar kräftiglichen Sturm,
Da focht ein wilder Löwe und jener grimme Wurm.
Wolfdietrich trug im Schilde den goldnen Löwen rot,
Darum er auch dem Löwen gern seine Hilfe bot.
Dem Roß ließ er die Zügel, der Recke lobesam,
Und kehrte alsobalde, wo er den Sturm vernahm.
Das Roß war übermütig, es trug ihn dar mit Macht,
Allwo der wilde Löwe mit jenem Wurme facht.
Den Speer nahm da zu Handen der wunderkühne Mann,
Mit einem starken Stoße rannt er den Lindwurm an.
Der Speer zu manchen Stücken vor seiner Hand zerbrach;
Er konnte nichts erreichen; das schuf ihm Ungemach.
Da stieg von seinem Rosse Wolfdietrich lobesam;
Er band es kräftigliche an eines Baumes Stamm.
Er faßte mit dem Löwen den Schild von Golde rot,
Und kam zu Hilf dem Löwen in seiner großen Not.
Wie wild der Löwe wäre, die Sorge machte ihn zahm,
Daß er des edlen Fürsten gar baldig Kunde nahm.
Er neigte mit dem Haupte gegen den werten Degen
Und winkte mit den Augen ihm auf den Wurm entgegen.
»Tier, du gehrst meine Hilfe, die will ich nicht versagen,
Oder ich will dein Zeichen nimmer im Streite tragen.
Hörst du es, wilder Löwe, helf ich dir nicht aus Not,
Ich führ dich nimmermehre auf meinem Schilde rot.«
Das Schwert nahm er zu Handen, der auserwählte Mann,
So lief er auf den Lindwurm vermessentlich heran.
Er schlug auf ihn mit Kräften, daß der Schweiß von ihm floß;
Er konnt ihn nicht verschneiden, sein Unmut war gar groß.

Als nun der wilde Löwe des Herren Hilfe sah,
Hei, was er starker Schuppen brach von dem Wurme da!
Mit seinen scharfen Klauen tät er dem Wurme viel
Zu dessen grimmen Schmerzen; gar hart ward da ihr Spiel.
Der tugendliche Ritter das Schwert zu Handen fing;
Vermessentlich Wolfdietrich nun an den Lindwurm ging.

Er schlug mit seinem Schwerte auf den unbändigen Wurm;
Der Löwe, sein Geselle, erhub zugleich den Sturm.
Wolfdietrich schlug den Lindwurm so fest auf seinen Giebel,
Daß aus dem Haupt ihm dampfte ein feuriges Geniebel,
Und ihm sein Schwert erglaste. Doch sag ich euch fürwahr,
Er konnte nichts gewinnen an ihm nur um ein Haar.
Des Wurmes Haut von Horne viel hart und spröde was,
Und spannendick inmitten, lauter wie ein Glas;
Zwischen Schultern und Hüften war er zwölf Klafter lang,
Auf vierundzwanzig Füßen gar freislich war sein Gang.
So stritt bis auf den Abend der elendreiche Mann;
Der Schweiß gewaltigliche ihm durch die Ringe rann.
Das Schwert ward von der Hitze noch weicher denn ein Blei;
Er konnt ihn nicht verritzen, der edle Fürste frei.
Er schlug aber mit Neide auf ihn in Zorn und Gram.
Hei, da begann zu wüten der Lindwurm Schadesam!
Der Wurm ward sehr erzürnet, er tat ihm manchen Stoß;
Wolfdietrich mußte weichen hinter die Bäume groß.
Die Hände legt' er zusammen, er konnte kaum mehr stehn.
»Ach reicher Gott vom Himmel, wie soll es mir ergehn?
Das Schwert will nicht mehr schneiden, ich merke es gar eben;
Ich fürchte, von dem Wurme verlieren wir das Leben.
O wehe, wilder Löwe, könntst du die Not verstehn,
So müßte mir viel Freude und Hilfe nun geschehn.
Wenn du für mich einträtest, bis ich erkühlt mög sein,
Wollt ich im Streite wieder bald dein Geselle sein.«

Da sprang vor ihn der Löwe, als ob er wäre ein Mann,
Er focht so kräftigliche, daß der Schweiß von ihm rann.
Der Lindwurm ward erzürnet, er stieß ihn hinter sich,
Da hub er sich zu flüchten hinter Wolfdieterich.
»O weh, du wilder Löwe, du bist nun unterlegen!
Der reiche Gott vom Himmel muß nun des Sieges pflegen!
Hörst du's, Geselle Löwe, den ich im Schilde hab,
Hilfst du nicht deinem Gesellen, heiß' ich dich schaben ab!«
Da ward erst recht erzürnet der Fürste lobesam,
Zum dritten Male lief er den Wurm vermessen an.
Er schlug auf ihn mit Kräften, daß Feuer aus ihm schoß,
Als ob ein Schaub entzündet wär ob dem Wurme groß.
Der Grat war hart dem Wurme und außermaßen schmal;
Er sprang ihm auf den Rücken und schlug herab zutal.
Das Schwert aus dem Gehilze zu brechen da begann;
Es sprang als wie ein Apfel zu dreien Stücken hindann.
Dem tugendhaften Helden geschah niemehr so Leid,
Als da ihm brach die Waffe; er hob die Hände weit
Zum Himmel auf und sagte: »Du viel gnädiger Gott,
Nun magst du mir wohl helfen; ich steh in großer Not.
Und muß ich also Toter bleiben in diesem Tann,
Berat' mir doch zu Griechenland Berchtung, den teuren Mann!«

Wie balde da Wolfdietrich herab vom Wurme sprang!
Des Schwertes Knopf er zückte; die Weile war nicht lang.
Er schlug aufs Haupt den Lindwurm; mit Kräften das geschah,
Daß ihm die Augen vergingen und er den Herrn nicht sah.
Wie balde Herr Wolfdietrich hinter die Bäume sprang!
Der Wurm tat mit den Augen nach ihm noch manchen Wank.
Da sprach der kühne Degen, – fast wars um ihn geschehn:
»Ach reicher Gott vom Himmel, wie soll es mir ergehn?
Weh Garden und auch Berne, noch seid ihr von mir frei!
O weh, du schöne Liebgard, wer steht dir ferner bei?
Er kehrte zu dem Rosse, wollt darauf sitzen wieder:
Da stieß der wilde Lindwurm den kühnen Helden nieder.
Mit seinem langen Schweife den Helden er umschloß,
Nie war Wolfdietrichs Sorge gewesen also groß.
Als dies der Löwe sahe, daß er gefangen was,
Begannn er fest zu zerren; das Blut fiel in das Gras.
Der Lindwurm ward erzürnet, er stieß den Leun zu Tal,
Daß ihm zerbrach das Herze; da ließ er solchen Hall,
Daß Berg und Tal im Kreise zu tosen rings begann.
Tot lag der Löwe; niemand half mehr dem werten Mann.

Hin trug er sie nun beide, der Lindwurm grämelich,
Hin über Feld und Heide, den Leun und Wolfdietrich,
Wolfdietrich in dem Zagel, den Löwen in dem Mund,
Zum Fraße sie zu bringen den Jungen zu der Stund.
Er trug sie gar gewaltig hin über Berg und Tal,
Daß er sie nicht ließ fallen, und machte großen Schall.
Gott mit ganzem Herzen rief da der Ritter an,
Empfahl ihm Königin Liebgard und Berchtung, seinen Mann.
Die Fahrt war ungeheuer, gar eilig war sein Gang,
Des Wurms ängstlicher Atem gab greulichen Gestank.
Hin brachte er sie beide vor seine Jungen da.
Den ungeheuren Würmen war große Wonne nah;
Sie gellten nach der Speise, sie hatten große Not,
Bis daß der alte Lindwurm den Löwen ihnen bot.
Da aßen sie den Löwen, er ward der Jungen Schmaus;
Der alte Lindwurm streckte darnach den Zagel aus:
Wolfdietrich war erlöset, er rückte höher baß;
Die Würme trugen alle dem Helden großen Haß.
Er sprang über ihre Köpfe und fiel dahinter dann;
Da barg er Haupt und Arme unter mannigem toten Mann.
Als nun die jungen Würme den Löwen hatten verzehrt,
Da waren sie auf Speise gereizet und gekehrt;
Sie begannen gut zu suchen den Fürsten lobesan,
Wo er da war verborgen bei manchem toten Mann.
Sie suchten ihm zu saugen durch das Gewirk sein Blut;
Doch konnten sie's nicht schaffen, sein Panzer war zu gut.

Auch schützte ihn vor Wunden gar wohl und sicherlich
Sein Hemd von feiner Seide, das dem Wolfdieterich
Bei seiner Taufe hatte der gute Mönch gegeben,
Von zwei und siebzig Falten, das hielt ihn noch am Leben.
Es legte sich in die Ringe das Hemd, und machte sie voll;
Da wurden auf den Alten die Jungen zornestoll,
Begannen ihn zu beißen; er war mit Wunden beladen
Und blutig von dem Löwen, das tat ihm großen Schaden.
Er forcht von seinen Kindern den grämelichen Tod.
Er hub sich aus dem Berge; das tät ihm große Not.

Als er das Roß Wolfdietrichs an einem Baume fand,
Zerrte ers zu zwei Stücken, der Lindwurm allzuhand.
Er nahm ein Teil in den Zagel, das andre in den Mund,
Und eilt es hinzutragen den Jungen zu der Stund.
Da füllte sich der Alte und auch die Jungen wohl;
Sie begannen mit einander zu spielen freudenvoll.
Als nun der alte Lindwurm ersah, was ihm gefiel,
Daß seine Jungen wären bereit zu Scherz und Spiel,
Begann er aus den Toten zu wählen überall,
Welcher der schwerste wäre, der Brut zu einem Ball.
Er nahm sie nacheinander, hört, was er Listen pflag!
So kam er an die Stätte, wo Herr Wolfdietrich lag.
Er warf ihn vor die Jungen als ihres Schimpfes Ziel.
Da ward mit ihm erhoben ein ungefüges Spiel.
Einer gab ihn dem andern, bis daß die Nacht her kam,
Und ihm das Blut aus Nase und Mund vom Stoßen rann.
Die Jungen und die Alten hatten gespielet wohl;
Sie schliefen bei einander nun in dem Berge hohl.
Zu schnarchen wie ein Ochse der alte Wurm begann,
Ohnmächtig lag Wolfdietrich, ein unversinnter Mann.
Er lag so ohne Wissen bis gegen Mitternacht.
Da fing er an zu atmen; er hatt' in seiner Acht,
Wie er und sein Geselle, der Leu, verlor den Leib;
Da trauert um sich selber der Held und um das Weib.
So sprach in seinen Nöten der tugendhafte Mann:
»Mein Vater hieß Hugdietrich, der Fürste lobesan.
Ein Buch hieß dieser schreiben, dran er geschrieben fand,
Was mir sei untertänig an Burgen, Stadt und Land.
Zu Salneck ward ich geboren, der Mutter mein zur Scham.
Ich ward geheißen Dietrich, Wolf war mein andrer Nam'.
Du weißt wohl, Gott vom Himmel, daß ich nun hab' nichts mehr
Als meine eilf Dienstmannen zu Griechenland über Meer;
Die leben sehr in Sorgen die Nacht und auch den Tag.
Nun muß' es Gott erbarmen, daß ich je Streites pflag!
Ich steh in großen Nöten, ich elend armer Mann;
Das klag ich Gott, daß ich ihnen und mir nicht helfen kann!«

Er ging umher im Berge, der auserwählte Mann,
Da fand er eine Waffe, die war gar wohlgetan:
Ein Schwert, zu beiden Seiten von kräftiglicher Schneid',
Das war einst eines Riesen, und der hieß Eckeleid.
Er stieß es in den Felsen, doch es zerbrach alsdann;
Da stand noch ohne Wehre der elendreiche Mann.
So ging er in dem Berge wieder hin zu Tal.
Da nahm der Held Wolfdietrich auf einmal einen Fall
Über des Ortnid Leiche, des Kaisers lobesan,
Davon der edle Grieche große Freude gewann.
Er fand dem Kaiser nahe sein Schwert so wohlgetan;
Sein Knopf war ein Karfunkel und schien den Herren an.
Gar kräftig war die Schneide des Schwertes beiderseit,
Und unten bei dem Orte wars eine Spanne breit.
Er stieß es in den Felsen, daß es gar laut erklang,
Da tat die reine Waffe doch nicht den kleinsten Wank.
Zwei Schläge er da täte, schlug ab zwei Steine schier,
Daß man geladen hätte wohl guter Fuder vier.
Die gute Klinge Rose bestund so härtiglich.
Er sprach: »Ich will mich verlassen für allezeit auf dich!«
Er nahms zur andern Ecke und schlug es in den Stein,
So daß das wilde Feuer im Berg gab hellen Schein.
Da sah er, wo der Alte dort bei den Jungen lag.
Er ließ es Gotte walten und gab ihm einen Schlag.
Der Wirt der ward erzürnt, der Gast der hub den Streit;
Das Schwert das schnitt den Lindwurm wohl zu derselben Zeit.

So hub sich in dem Berge ein ungefüger Sturm.
Da focht der Held Wolfdieterich, da biß der starke Wurm.
Das trieben sie die Nacht durch bis auf die Imbißzeit.
Wolfdietrich schlug dem Wurme noch manche Wunde weit.
Da schlug er ihm von dannen, was er nur mocht erlangen;
Manch freislich Stück vom Leibe sah er dem Drachen hangen.
Die Wunden schmerzten mächtig den Wurm; gar grimmiglich
Begann er umzutreiben den edlen Wolfdietrich.
Der ungefüge Lindwurm, so lang er war und groß,
Nahm auf den edlen Fürsten gar manchen harten Stoß.
Unter eines Steines Ecke hielt sich der werte Mann,
Bis daß der edle Ritter neue Kraft gewann.
Der Wurm begann zu wüten mit grimmiglichem Sinn,
Er stürmte in dem Berge gar freislich her und hin.
Er schlug das Feuer aus Steinen, daß es im Loch entbrann;
Da kehrte in die Höhle wieder der kühne Mann.
»Nun kehre, Wurm,« so rief er, ich will dich mehr bestehn!«
Als der die Stimme hörte, da säumt' er nicht zu gehn;
Er lehnte sich in die Höhe und ließ einen lauten Hall.
Der Held stieß in den Rachen sein Schwert; er fiel zu Tal.

Doch trotz demselben Stiche der Wurm nochmals aufsprang.
Wie bald das Schwert Wolfdieterich über ihn wieder schwang!
Er schlug es durch die Seite dem ungeheuren Wurm.
Also ward er erledigt, geendet war der Sturm.
Er schlug das Haupt herunter, daß es von dannen sprang,
Der Wurm tat mit dem Schweife noch einen letzten Schwang!
Daß Feuer fuhr aus den Steinen, daß es im Loche brann;
Da kehrte aus dem Berge der tugendhafte Mann.

Nun zog die alte Würmin dem Helden aber nach.
Da wurde vor dem Berge zu streiten beiden jach.
Sie hatte vier scharfe Zähne als wie ein Eberschwein,
Die waren spannenlange; damit hieb sie darein.
Der Hals war ihr so krumme wie eines Widders Horn;
Sie mochte von dem Teufel, dem übeln, sein geborn.
Gar lang war ihr der Zagel, wie wir vernommen han;
Es war von Horn gewachsen hinten ein Klüpfel dran.
Der Grat war hoch, der harte, und außermaßen schmal;
Er schnitt wie eine Borte den Rücken hin zutal.
Scharf waren ihre Füße mit Klauen lang und breit;
Da kam der Held Wolfdietrich in große Arebeit.
Sie fing an fest zu springen auf unsern werten Mann,
Sie schlug ihm auf den Rücken, daß er zu straucheln begann.
Wie bald der Held Wolfdieterich das Schwert über sie schwang!
Er schlug ihr ab den Klüpfel, daß er zur Erde sprang.
Als nun die wilde Würmin den Klüpfel hatte verlorn,
Da spie sie auf ihn Feuer, unbändig war ihr Zorn.
Mit also großen Kräften schoß sie dem Helden nach,
Daß sie den Schild, den festen, ihm von den Händen brach.
Vor Zorn begann zu wüten nun auch der werte Mann;
Das Schwert nahm er zu Händen, er lief die Würmin an.
Er schlug ihrs Haupt herunter, daß es zur Erde sprang.
Dann kehrt' er in die Höhle, die Weile war nicht lang;
Er schlug dort in dem Berge noch eilf der Würmer schier,
Ihm entrann noch eine Alte, manch Junges folgte ihr,
Es ging auf sechzehn Füßen die Alte, das ist wahr,
Die Brut schlug Dietrich von Berne wohl über achtzig Jahr.

Als nun den Sieg Wolfdieterich an dem Gewürm gewann,
Da schnitt zum Siegeszeichen die Zungen aus der Mann.
»Leicht spricht ein anderer Degen,« dacht er in seinem Sinne,
»Er habe die Würme erschlagen der Kaiserin zu Minne.«
Er ging herum im Berge, wie ihn sein Herze hieß;
Da kam er an die Stätte, wo er den Kaiser ließ.
Da fand er auch die Scheide zum Schwerte wonniglich;
Die schaute also gerne der kühne Wolfdietrich.

Sie war geziert mit Golde, edel, reich und klar;
Die Fessel eine Borte von grüner Seide war,
Von mehr als Fingers Dicke und eine Spanne breit,
So war sie wohl mit Fleiße geleget an die Scheid'!
Er stieß das Schwert in die Scheide und legt es auf den Mann.
Da sprach der Held Wolfdieterich, der Fürste lobesan:
»Gott gnade deiner Seele, du edler Kaiser hehr!
Dein Feind ist tot und irret uns beide nimmermehr.
Ortnid, mein Trautgeselle, laß mein die Waffe sein;
Es nimmt sie leicht ein andrer, drum laß sie werden mein!
Nähm' ichs ohn deinen Urlaub, den Reeraub griff ich an;
Beraubt' ich einen Toten, dürft' ich die Krone nicht han.
Ortnid, mein Trautgeselle, du Fürste lobesan,
O laß mich Kreuz und Krone heute von dir han,
Dein Land und deine Burgen, das Reich auch zum Gewinn!
Wie hab' ich sauer erworben die edle Kaiserin!«
Es erbarmte unseren Herren, einen Engel sandt' er heran,
Er redete aus dem Toten, als ob es wär' ein Mann.
Aus Kaiser Ortnids Helme der Engel also sprach:
»Du hast in diesen Zeiten erlitten Ungemach;
Zagheit war dir teuer, das mußte offen sein,
Als dich der Wurm, der wilde, trug in den hohlen Stein,
Und dich den Jungen wollte zu einem Luder geben.
Nun mußt du wieder streiten, Held, um dein wertes Leben;
Darum soll das Geschmeide dir gern erlaubet sein!
Gedenke Ortnids Seele, Held, durch die Tugend dein!
Herrsch' über Ortnids Lande, wie gönn' ich dir es wohl!
Du hast so sauer erworben die Kaiserin tugendvoll.«

Von ihm schied da der Engel und redete nicht mehr;
Das schmerzte außermaßen den edlen Helden hehr.
Er zog ihm ab die Brünne und waffnete sich drein.
»Mein Ortnid, Trautgeselle, Gott gnad' der Seele dein!«
Von sich zog er die Brünne, der auserwählte Mann,
Drein wand er Ortnids Gebeine und schaffte sie von dann.
Er barg sie in dem Berge in einem Winkelein,
Daß er darnach erkannte, was Ortnids möge sein.
Als er den Kaiser legte nieder auf das Land,
Ein Ringelein von Golde er bei dem Schilde fand,
Das war gewesen Ortnid, dem kaiserlichen Degen,
Das feine schöne Fraue ihm hatte einst gegeben.
So ging er aus dem Berge der auserwählte Mann;
Er suchte jene Würmin, die ihm zuletzt entrann.
Es kam von jenem Steine der treue Wolfdietrich
Gen einem wilden Berge, das wisset sicherlich,
Darin der Riese Helle getragen Laub und Gras,
Als er vor manchem Winter darin gewesen was.

Dort lag er in dem Berge bis an den nächsten Tag,
Nicht Essens noch auch Trinkens der edle Fürste pflag
Am frühen Morgen hörte der Degen alsobald
Einen wilden Löwen brüllen in dem Wald.
Als Wolfdietrich den Löwen vernahm, der kühne Mann,
Da faßte er die Rose und kehrte in den Tann.
Sein Roß war ihm verdorben, zu Füßen mußt' er gehn.
Zu einer grünen Linde kam er, da blieb er stehn.
Zu schwer war Ortnids Panzer, er konnt' nicht gehen mehr.
Er wollt' ein Weilchen ruhen, zum Schlaf legt er sich her.
Er sank zur Erde mit Klagen, Hunger hatt' ihn besessen,
Er hatte in drein Tagen nicht getrunken noch gegessen.
Da kam unter die Linde Albrich, der kleine Mann,
Stahl ihm sein Schwert, die Rose, und trug es in den Tann.
Als Wolfdietrich erwachte und nicht das Schwert mehr sah,
Nun mögt ihr gerne hören, wie sprach der Treue da:
»Ei, reicher Gott vom Himmel, was hab ich dir getan,
Daß ich nicht Heil noch Sälde um dich verdienen kann?
Die Rede hörte Alberich, der wilde kleine Mann;
Er sprach: »Du sollst hier bleiben, du wunderkühner Mann!
Wähnst du, daß ich dich nicht kenne? Du bist mir wohl bekannt;
Du bist von Griechenlanden Wolfdieterich genannt.
Nimm hin dein Schwert, das gute, du tugendhafter Mann!
Ich geb' dir meine Treue, dir bleib ich untertan.
Deine Sorge hat ein Ende, das wisse alsogleich:
Du nimmst mit deinen Händen noch dreizehn Königreich.
Siehst du, dort in dem Walde im wonniglichen Berge,
Dort dienen mir nach Wunsche wohl fünfzigtausend Zwerge
Und zwei und siebzig Riesen, die sind gar williglich,
Damit sei dir gedienet, willst du, Wolfdieterich!«

Da dankte ihm der Fürste, Alberich säumte nicht lang,
Er führt' ihn in die Berge und gab ihm Speis' und Trank.
Daß nunmehr war gerochen Ortnid sein liebes Kind,
Das freute ihn; zergangen war all sein Leid geschwind.

Wolfdietrichs Hochzeit

Herzog Gerwart versucht vergebens, den Ruhm Wolfdietrichs zu stehlen. Mit einem geretteten Löwen kommt Wolfdietrich nach Garden und muß sich noch gegen die Burgmannen wehren. Dann geht alles in den Wald. Wolfdietrich tötet die alte Würmin. Alberich bewirtet das Paar. Die Hochzeit wird gefeiert.

Da kam der Herzog Gerwart zu Garden eingerannt
Mit achtzig seiner Mannen, es waren Helden zur Hand.
»Gib Urlaub mir zu Walde, Frau Liebgard wohlgetan!
Mir kam in mein Gemüte, ich will den Wurm bestahn.«
»Nein, bleibe, werter Herzog! Es kam ein Biedermann,
Der kann wohl Würme hauen; er will sie selbst bestahn.«
Er sprach: »Nein, schöne Frau, darum trag' ich dir Haß!
Ich will die Würme hauen und gönn' es niemand baß.«
Urlaub nahm er vom Volke und von der Kaiserin,
Mit seinen achtzig Mannen ritt er zu Walde hin.
Er kam schier vor die Steinwand, wo, wie wir hörten sagen,
Wolfdieterich dem Wurme das Haupt hätt' abgeschlagen.
Er zuckte es gar balde auf zu derselben Stund.
»Heil uns, ihr kühnen Gesellen! Wir sind noch wohl gesund!
Freu dich, mein Herz, die Nebel müssen sich nun heben.
Uns hat heut' Gott die Sonne vorm Morgenstern gegeben!
Nun will ich aber minnen die Kaiserin edel und klar,
Die mich verstoßen wollte von meinem Erbe gar.
Der will ich sicherliche nicht länger Frist mehr geben,
Als bis ich komme zu Lande; so will ich mit ihr leben.
Nun dar, ihr kühnen Gesellen! Nun dar, ihr meine Mannen!
Wir sollen mit einander zum Berge gehn von dannen.
So könnt ihr dann die Wahrheit der Kaiserin wohl sagen,
Daß ich mit meinen Händen die Würme hab' erschlagen.«
Da sprachen alle Mannen: »Wie du willst, soll's geschehn;

Wir wollen mit dir alle gern zu der Höhle gehn.
So können wir die Wahrheit desto baß ihr sagen,
Fragt sie uns auf die Treue, wir wollen den Lug nicht klagen.

Sie gingen zu dem Berge und ließen die Rosse stehn,
Wenn noch ein Wurm da lebte, um auf die Flucht zu gehn.
Wie sie den Alten sahen im Loche liegen tot,
Sie kehrten zu den Rossen, zu fliehn war ihnen Not.
Da stund allein der Herzog, der tapfere Gerwart,
Eines Löwen Mut gewann er wohl auf derselben Fahrt.
Er trat ein wenig näher, er sah, daß er war tot.
Das Schwert nahm er zu Händen, ihm war zum Wurme not.
Da schlug er auf den Lindwurm gar manchen großen Schlag,
Daß es im Wald ertoste, im Gebirg und in dem Hag.
Das trieb er, bis er meinte, er hätte ihn erschlagen;
Dann fing er an zu rufen: »Kehrt um, ihr bösen Zagen!«
Als nun die Mannen hatten des Herzogs Ruf vernommen,
Da waren sie viel balde herwiederum gekommen.
Da sprach der Herzog Gerwart: »Nun dar, ihr meine Leute!
Wir sollen aus dem Walde nach Garden ziehn noch heute.
O wehe, Gott vom Himmel, wie fest hab' ich gestritten!
Was hab' ich von den Würmen für große Not erlitten!
Lugt her, das ist der Alte, der hieß der Schadesam,
Der uns einst mit Gewalte den Herren Ortnid nahm.
Werden wir jemands inne, der spreche, er habs getan,
Der muß, kann ich es fügen, den Leib verloren han!
Dazu sollt ihr mir helfen, all meine Mannen und Magen,
So mag ich zu Lambarden desto baß die Krone tragen.
Lobet mich zu Herren die schöne Kaiserin rein,
Und wird mir Kranz und Krone, müßt ihr auch Herren sein!
Drum helft mir schwören, daß ich die Würme hab erschlagen;
So will ich zu Lambarden die Kron' ohn' Sorge tragen.«

Nun waren auch zwei Grafen gekommen in den Tann,
Die sahen wohl die Falschheit, die man allda begann.
Das waren die zwei Grafen Hartmann und Hermann.
Die hatten einst verloren durch ihn an dreißig Mann.
Sie sprachen: »Lieber Herre, erlaß uns diesen Eid!
Wir mögen dir nicht beistehn hier nach Gerechtigkeit.
Es ist ein fremder Ritter vielleicht doch schuldig dran.
Schwüren wir falsche Eide, das wär nicht gut getan.
Wie sollen wir beschwören, was niemals ward getan?
Wir wollen eher beide den Urlaub von dir han.«
»So streicht mir aus den Augen!« rief Gerwart, »böse Zagen!
Wenn ich in Ortnids Reiche die Krone werde tragen,
Und mich zu Herrn gelobet die edle Kaiserin rein,
So müßt ihr nah und ferne in meiner Achte sein!«

Auf huben sie das Wurmhaupt und führten es von dannen;
Da ritt der Herzog Gerwart fürbaß mit seinen Mannen.
In zorniglichem Sinne ritt er gar schnell für sich;
Da fand er auf der Straße den edlen Wolfdietrich.
Unter einem Baume fand er den edlen Helden wert,
Der hatte sich gelehnet wohl auf sein gutes Schwert.
Als ihn der Herzog Gerwart zuerst alldort ersah,
Er grüßte ihn gar schöne, so sprach er zu ihm da:
»Ist dir ein Abenteuer geschehn in diesem Wald?«
Da antwortet mit Züchten Wolfdietrich alsobald:
»Nein mir ist in dem Walde kein Abenteuer geschehn.«
(Er wollte von den Würmen ihm nicht sobald gestehn.)
»Ich schlief unter dem Baume, den ich zur Rast erkoren,
Allerst bin ich erwachet, mein Roß hab ich verloren.«
Da sprach der Herzog Gerwart: »Drum sollst du nicht verzagen!
Roß und reiche Kleider sollst du von mir tragen,
Willst du mir schwören helfen, daß ich die Würme schlug.«
»Was waren das für Würme, daß ich nicht spreche Lug?«
»Ich hör', es ist dir unkund, so will ich dir es sagen.
Der Wurm hat hundert Ritter schon in den Berg getragen.«
»Was ist, das du da führest?« sprach wieder Wolfdietrich.
»Es ist das Haupt des Wurmes.« – »Ja, also dünkt auch mich.
Ich hör' wohl, du erschlugst ihn, o Herzog lobesam.
Wie war zu Mut dir, als er dich in den Zagel nahm,
Und einen toten Löwen auch nahm in seinen Mund?
Ich weiß wohl, werter Herzog, dir war groß Jammer kund.
Du wurdest in dem Berge geballt und umgeschlagen.
Wie kamst du von den Jungen? Das sollst du mir auch sagen!«

Da sprach der Herzog Gerwart: »Wie soll ich das vertragen?
Er meint, er sei's, der habe die Würme dort erschlagen.
Wohlan denn, all die Meinen, helft schlagen diesen Mann,
Daß ich baß zu Lambarden die Krone tragen kann!«
Anliefen ihn mit Schwertern die achtzig kühnen Knaben;
Der schlug er fünfundzwanzig, wie wir vernommen haben.
Sobald nur einer wund war, so lief er in den Tann.
Anlief ihn Herzog Gerwart, ein wohlgeruhter Mann.
Er gab da Wolfdietrichen einen ungefügen Schlag,
Daß unter seinem Schilde vor ihm gestreckt er lag.
Über ihn aber sprangen die Grafen lobesam,
Sie hielten ihre Schilde, bis er wieder auf kam.
Da schlug er gleich dem Gerwart der tiefen Wunden drei;
Der bot sich ihm zu Füßen, daß er sein Diener sei.
Wolfdietrich sprach: »Ich empfange keinen treulosen Mann.
Woher ihr's habt genommen, führt hin das Haupt alsdann!
Wenn du es fürbaß bringest um einen einzigen Fuß,
So ist's bei meinen Treuen deines Lebens Schluß.

Gib mir ein Roß, das beste, das bei dir mag bestehn;
Zu schwer ist mein Geschmeide, ich kann darin nicht gehn.
Und gib mir Trank und Speise, es tat mir nie so not.
Ich wollts um ihn verdienen, der mir gäb' Wein und Brot.«

Da trug ihm selbst zu essen der Herzog Herr Gerwart,
Dann stiegen sie zu Rosse wohl an derselben Fahrt.
Das eigne Roß des Herzogs mußte Wolfdietrich han;
Er hielt ihm selbst den Stegreif wie ein dienender Mann.
Da sprach der Held Wolfdietrich, der Degen tugendvoll:
»Werd' ich zu einem Herren, vergelt ich dir das wohl.
Wolltest du mit Lügen das Reich gewonnen han,
O wehe, werter Herzog, das wär' nicht gut getan!
Schau in den Mund dem Wurme, Gerwart, unselger Mann!
Besieh, ob er die Zunge noch möge drinnen han!«
Er löste ihm den Rachen; als in den Mund er sah,
Und keine Zunge schaute, sprach Herzog Gerwart da:
»Ich wußte nicht bis jetzo, du auserwählter Degen,
Daß ein Tier auf der Erde mocht ohne Zunge leben.«
Da lachte Herr Wolfdietrich; er nahm die Zunge schnell
Und setzte sie dem Wurme ins Maul an ihre Stell'.
»Nun schaue, werter Herzog, du und deine Knaben,
An diesem Zeichen mag ich die Krone gewonnen haben.«
Sie sprachen alle zusammen: »Es mag wohl also sein;
Du hast gar sauer erworben die edle Kaiserin rein.«

Da kam ein edler Ritter zu Garden eingerannt,
Er tät die neue Märe der Kaiserin bekannt:
»Nun dar, du schöne Fraue, gib mir das Botenbrot!
Es liegen die wilden Würme von einem Ritter tot.«
»Sag an, du werter Ritter, was führte er im Schild?«
»Das kann ich dir nicht sagen, edle Kaiserin mild;
Denn er schlug meinem Herren wohl fünfundzwanzig Mann.
Mich schielt' er an mit Augen, da floh ich in den Tann.
O weh, ich alter Tore! Wer gab mirs in den Sinn,
Daß ich nun sprach von Schielen vor meiner Kaiserin?
Wird das der Herre inne, so muß ich liegen tot.
Frau, willst du mir was geben, so hilf mir aus der Not!«
Sie gab eine Mark Goldes dahin dem kühnen Mann;
Da er empfing die Gabe, da hub er sich hindann.
Er mocht' ein hübscher Ritter dereinst gewesen sein,
Des lachte in dem Herzen die edle Kaiserin rein.

Da kamen die zwei Grafen zu Garden eingerannt.
Sie sagten all die Märe der Kaiserin zuhand:
»Nun dar, du schöne Fraue, gib uns das Botenbrot!
Es schlug die wilden Würme ein frommer Ritter tot.

Wir kamen zu dem Wurme; das Haupt war abgeschlagen.
Der Herzog Gerwart wollte dich so gewonnen haben.
Da schlug ihm jener Ritter der tiefen Wunden drei;
Er bot sich ihm zu Füßen, daß er sein Diener sei.«
»Gern wüßt' ich,« sprach die Fraue, ob er wär' wild oder zahm;
Daß ihr zu Hofe kommet ohn' ihn, das schafft mir Gram.
Wer mir nun Bote würde zu dem elenden Mann,
Der sollte hie zu Garden ein Burglehen han.«
Da sprach der Grafe Hartmann: »Die Botschaft nehm' ich an.«
Da sprach zu seinem Bruder der Grafe Hermann:
»Du sollst hie heime bleiben, viellieber Bruder mein.
Warum wolltest du wagen also das Leben dein?
Ich spreche es auf meine Treue, er ist ein kräftger Mann;
Besteht er dich mit Zorne, mußt du verloren han.
Seiner Kraft zu Tervis hatte ich genug,
Als er mir dort im Reiten den Minnepreis enttrug,
Und ich vom eignen Stiche fiel nieder auf den Plan.
Willst du für dich ja sorgen, so bleib von diesem Mann!
Er führte mich am Speere acht Klafter weit zuhand,
Und warf mich vor die Frauen vom Rosse auf den Sand.«

Sie sprach: »Nein, werter Grafe, du sollst mein Bote sein!«
Sie gab ihm einen Falken, die edle Kaiserin rein.
Urlaub nahm da Graf Hartmann und ritt fort in den Tann;
Da fand er vor dem Walde den auserwählten Mann.
Es blickte durch die Bäume Wolfdieterich und sprach:
»Das ist ein Mann des Herzogs, der will mir reiten nach.
Ihn hat die Flucht gereuet, ja das versteh' ich eben;
Er muß von meinen Händen verlieren nun sein Leben.«
Da rannte durch die Bäume Wolfdietrich alsobald,
Er wollte aus dem Sattel ihn werfen mit Gewalt.
Da er ihm kam so nahe, des Falken ward er gewahr,
Den Speer hob er da wieder, der edle Fürste klar.
Also sprach Herr Wolfdietrich, der werte Fürst alsbald:
»Sag an, o werter Helde, was wolltest du im Wald?
Bist du der edle Graf nicht, der jüngst mir Dienst entbot?
So wärs nicht wohl gehandelt, brächt ich dich nun in Not.«
Er sprach: »Viellieber Herre, das tu' ich dir bekannt,
Mich hat die edle Kaiserin Liebgard zu dir gesandt.
Sie nimmt das mächtig Wunder, ob du bist wild oder zahm,
Daß alle zu Hofe kommen ohn' dich, das schafft ihr Gram.«
Er sprach: »Eine alte Würmin, die ist noch unerschlagen;
Ich komme nur gen Garden, wenn ich die Mär kann sagen.«
»Viellieber Herr, das glaubet mir nicht die Fraue mein;
Ich muß andre Wortzeichen ihr geben, Helde rein.«
Da sprach der Fürst Wolfdieterich, der auserwählte Mann:
»Du sollst ein gutes Zeichen für deine Fraue han.

Nun höre, werter Grafe, möcht' ich des sicher sein,
Daß du behalten wolltest an mir die Treue dein,
Ich gebe dir ein Zeichen wohl an die Kaiserin,
Daß du mir desto holder mögst bleiben fernerhin.
Werd' ich zu einem Herren, soll nicht mein Dank verderben.«
Da schwur ihm der Graf Hermann, die Botschaft treu zu werben.
Er sprach: »Vielwerter Grafe, empfange dies Ringelein!
Das ließ mir von der Zinne die edle Kaiserin rein.
Behalt an mir die Treue, das ziemt dir immerhin,
Und auch an deiner Frauen, der edlen Kaiserin!«

Als nun der Grafe Hartmann die Botschaft so vernahm,
Verneigt er sich mit Züchten, gen Garden bald er kam.
Da ihn die Kaiserin Liebgard allerst ankommen sah,
Empfing sie ihn gar schöne, so sprach die Holde da:
»Sag' an, du werter Grafe, du sollst es mir gestehn,
Ob du den edlen Ritter irgend hast gesehn?«
»Ja, wahrlich, schöne Frau, ich sah den werten Mann;
Ich will nicht lügen, Botschaft sag ich dir von ihm an.
Ich bezeug' es mit dem Golde, das ich in Händen han.
Das du ihm von der Zinne gabst, Fraue wohlgetan.«
Als da die Kaiserinne das Ringelein ersah,
Begann sie heiß zu weinen; so sprach die Edle da:
»Das ließ ich von der Zinne mit meiner eignen Hand;
Wiegt er es so geringe, daß er mirs hat gesandt?
Ich gelobt ihm, wenn er mich räche an dem Wurme in dem Tann,
So würd' ihm Kreuz und Krone und mein Leib untertan.
Nun will er leicht mein spotten, der Held, nach kurzer Zeit.
Des klag ich Gott vom Himmel mein großes Herzeleid.
Sag an, du werter Grafe, was entbietet dir der Mann?«
»Er spricht, eine alte Würmin ging' lebend noch im Tann.
Er will nicht eh nach Garden, er hab' sie denn erschlagen,
Und bringe Märe, die man mag singen und auch sagen.«
Da sprach mit lautem Weinen die edle Kaiserin rein:
»Nun geht auch dort im Walde manch Bär und manches Schwein!
Will er den Wald noch räumen, so muß ich lange warten,
Bis mir der Held zuliebe doch endlich kommt nach Garden.«

Nun kam der Herzog Gerwart zu Garden eingerannt:
»Verbind mir, Frau, die Wunden mit deiner weißen Hand!
Die sind mir da zu Walde durch deinen Willen geschlagen.«
»Du streich mir aus den Augen! Du tatst gleich einem Zagen.
Wolltest du mich und die Lande mit Lügen gewonnen han,
Das wär doch einem Herzog lästerlich getan.
Hätt' er gewußt meinen Willen, der dir die Wunden geschlagen,
Er hätt' dirs Haupt vom Leibe getrennt, das laß dir sagen!«

Da ritt der Herzog Gerwart wohl in sein Land von dannen;
Dort banden ihm die Wunden seine getreuen Mannen.
Indessen ritt Wolfdietrich gegen den Gardensee;
Da fand er einen Löwen in großer Not und Weh.
Den hätte ein Tier bestanden klein wie ein Faserlein;
Das hatt' ihn an den Brüsten gezerrt zu seiner Pein.
Wenn es begann zu saugen das Blut von seinem Herzen,
Begann der wilde Löwe zu brüllen laut vor Schmerzen.
Da sprach der Fürst Wolfdietrich, der auserwählte Mann:
»O weh, du wilder Löwe, wer hat dir was getan?
Nun helfe ich dir gerne, so viel es mag geschehn,
Doch seh' ich leider niemand mit dir zu Streite gehn.«

Als nun das wilde Tierlein des Herren Rede vernahm,
Da ließ es von dem Löwen und lief den Ritter an.
Wie bald der Held Wolfdietrich da wieder rückwärts sprang!
Das gute Schwert er zückte, die Weile war nicht lang.
Er schlug auf jenes Tierlein, sagt uns die Mär fürwahr;
Er konnte keinen Vorteil gewinnen um ein Haar.
Das Tierlein blies das Feuer mit Kräften auf den Mann,
Daß ihm der Schild entbrannte; er sprang in den See hindann
Und fing sich an zu lassen hernieder in die Flut,
Daß er sich möchte erlöschen, der edle Fürste gut.
Und sein Gesell, der Löwe, der tat auch wie der Mann.
Dann kehrte sich der Löwe und wollt das Tierlein fahn.
Das Tier war naß geworden, Wolfdietrich schnitt es entzwei,
Da warf sein Teil der Löwe in den See nahebei.
Noch blies das Haupt sein Feuer, daß all der Wag entbrann;
Da kehrte aus dem Wasser der Löwe und der Mann.
»Nun lösche dich, du Woge! So ist mir auch geschehn.
Brenntest du dreißig Jahre, ich kann dir nicht beistehn.«
Wollt ihr nun gerne hören wie jenes Tier genannt?
Es heißt zu deutsch ein Zunder, in welsch ein Sarabant.
Wollt ihr auch gerne hören, wie das Tier ist gestalt?
Es sind allwegen zweie und werden doch nicht alt.
Wenn sie da trägt die Mutter und ihre Brut gebiert,
So legt der Mann sich vor sie, da isset sie den Wirt.
Wenn dann die jungen Tiere zu Kraft gekommen sind,
So beißen sie die Mutter, sie stirbt so durch ihr Kind.
Es leben dann die Jungen, bis neue Brut begann.
Nun lassen wir die Tiere und sagen von dem Mann.

Er trocknete sein Geschmeide, die Brünne war ihm naß.
Mit Züchten da zu Rosse der Held Wolfdietrich saß.
»Sag an, du wilder Löwe, willst du zu Walde gehn,
Oder gesselligliche noch hie bei mir bestehn?«

Da neigte mit dem Haupte der Leu dem werten Mann.
»Ich seh' wohl, wilder Löwe, du nimmst zum Freund mich an.
Und heilt dir nicht die Wunde die edle Kaiserin,
So will ich mit dir wieder zum wilden Walde hin.«

Zu sich nahm er den Löwen und ritt gen Garden dann;
Da rief der biedre Wächter wie wir vernommen han:
»Was kommt der Burg so nahe? Mag es ein Fremder sein,
So werf ich ihm herunter den allergrößten Stein.«
»Ich bin es,« rief Wolfdieterich, »ich hab' den Wurm erschlagen.
Und bringe einen Leuen; das, Wächter, laß dir sagen!
Der ist gar wund mir worden hie nahe bei dem Graben;
Heilt mir den meine Fraue, so will ich Freude haben.«
Er sprach: »Viellieber Herre, willst du denn nicht herein?
Da sprach der Held Wolfdietrich: »Das mag mit nichten sein.
Es ist eine alte Würmin im Wald noch unerschlagen.
Ich komme nicht gen Garden, als diese Mär zu sagen.«
Urlaub nahm da Wolfdietrich und kehrte um sofort;
Den Leun, seinen Gesellen, ließ er am Graben dort.
Da ging der gute Wächter von seiner Mauer hin;
Er klopfte an ein Fenster, das hörte die Kaiserin.
»Ich bin es, Frau, der Wächter, und will dir Märe sagen
Von jenem edlen Ritter, der uns den Wurm erschlagen.
Der hat einen wunden Löwen gebracht her an den Graben;
Heilst du dem Leun die Wunde, so will er Freude haben.«

Der Burggraf hatte vernommen den Schall, da er begann.
Er kam hereingedrungen mit siebenhundert Mann.
Da sprach der edle Burggraf: »Du schöne Kaiserin rein,
Mich wundert also sehre, wie du magst munter sein!«
Da sprach die Frau: »Mir träumte, als ich am Bette lag;
Das irrte mich am Schlafe, ich wähnte, es wäre Tag.
Vom Ritter, der die Würme da soll erschlagen haben,
Hat mir geträumt, er brächte einen Löwen an den Graben.
Geht mit mir durch das Wunder, ob es mag Wahrheit sein!«
Da gingen Alt und Junge hin mit der Kaiserin rein.
Sie fanden da den Löwen wohl vor des Schlosses Graben;
Da wollten sie die Hunde auf ihn gehetzet haben,
Da sprach die Frau: »Wer hetzet den edlen Löwen mein,
Des Freund will ich auch nimmer bis an das Ende sein!«
Da hieß sie einen Kolter her aus dem Schlosse tragen;
Den brachten zwölf Jungfrauen, so wie wir hören sagen.
Drauf legte sich der Löwe, sie trugen ihn alsdann
Zur Burg, die edle Liebgard griff selber auch mit an.
Sie bracht' ihn in die Feste und wusch seine Wunde mit Wein;
Zu essen und zu trinken gab ihm die Kaiserin rein
In einer Kemenate, die stund der ihren bei.
Da lag er vor den Leuten, war aller Sorgen frei.

Die Frau stund mit dem Wächter bis an die Mitternacht,
Da kam Wolfdietrich wieder, des Leuen hat er Acht:
»O weh, Geselle Löwe, bist du zum Walde hin?
Ich will stets bei dir bleiben, verschmäht dich die Kaiserin.«
Da rief hinab Frau Liebgard: »Nein, lieber Herre mein;
Die Kaiserin entbietet dir, Herre, froh zu sein.
Sie half zur Nacht den Löwen selbst in die Feste tragen;
Man will auch dich herbergen, also läßt sie dir sagen.
Bist du mir, lieber Herre, denn keiner Weise gut?
Komm doch herein zur Pforte, mein Ritter hochgemut!
Weißt du, was mir versprochen dein rotes Mündelein,
Als du zu Walde rittest: du wollst mein Eigen sein?«
»Sprichst du an meine Treue, du Fraue wohlgetan,
So schließe auf die Pforte und laß mich gehn hinan!«
Der Wächter schloß die Pforte gar heimlich auf und sacht;
Da ward er eingelassen und in den Hof gebracht.
Das Roß empfing der Wächter allda von seiner Hand;
Wie bald dem kühnen Helden die Frau den Helm abband!
Sie führte ihn mit Züchten, den Degen hochgemeit,
In eine Kemenate; Essen war da bereit.
Sie bot ihm oft den Becher, den klaren Wein darin;
Nach jeglichem Trunke küßt' ihn die Kaiserin.

Der Burggraf aber wieder mit seinen Mannen kam;
Er klopfte an das Fenster; Frau Liebgard das vernahm.
Er rief: »Ich bins, der Burggraf! Du brachst die Treue gar;
Es kam zu dir ein Recke; des ward ich wohl gewahr.
Er hat Ortnids Geschmeide und seine Waffen an;
Er hat ihn wohl ermordet darum dort in dem Tann!

Da schoß die Frau mit Zorne drei Riegel vor das Gaden;
Sie weint' und wand die Hände und schaut des Helden Schaden.
»Ach wollte Gott vom Himmel, daß ich heut' wär ein Mann,
Ich wollte dir dann beistehn so kräftig als ich kann.«
Da sprach der Held Wolfdietrich: »Es soll dir nichts geschehn!
Wo ist mein Freund, der Löwe? den laß hervor nun gehn!«
Da tät sie auf ein Türlein und ließ den Leun heran.
Er spielte, schlich und schmiegte sich an den werten Mann.
Der sprach: »Geselle Löwe, die Feinde stehn dafür.
Willst du mir nun auch helfen?« Da sprang er an die Tür.

Nun wappnete sich balde der auserwählte Mann,
Das Schwert nahm er zu Handen und schritt zur Tür alsdann.
Die Tür ward aufgehauen, gestoßen und geschlagen;
Es flogen her die Gere, wie wir noch hören sagen.

Da sprang der wilde Löwe zu ihnen auf den Saal,
Viel mehr denn hundert Ritter drückte er hin zutal.
Wie bald der Held Wolfdietrich da zu dem Löwen sprang!
Er tat mit seinem Schwerte gar manchen harten Schwang.
Schier ward da unterdrungen der Fürste lobesan,
Zwischen ihn und den Leuen kamen dreihundert Mann.
Der Leu sah, daß der Herre von ihm gedrungen was;
Erst fing er an zu zeigen all seinen großen Haß.
Er zerrte Stahl und Eisen von manchem werten Mann;
Zweihundert Ritter druckte er gen die Wände an.
Des Burggrafen Schwestersohn war gar ein kühner Held,
Er kam mit einem Tierspieß, der nie das Ziel verfehlt.
Den schoß er gleich dem Löwen zur alten Wunde hinein.
Er mußte davon sterben; das war der Kaiserin Pein.
Da sprach der Held Wolfdietrich in aller seiner Not:
»O weh, Geselle Löwe, bist du erlegen tot,
Das muß er jetzt entgelten, der solches hat getan!«
Er zog den Spieß aus dem Löwen und warf ihn durch den Mann.
Der Löwe und der Herre die lagen beide tot.
Da kam der Held Wolfdietrich in Jammer und in Not.
Es kämpften auf dem Hause wohl noch dreihundert Mann.
Da mußte er entweichen; zum Hof sprang er alsdann.

Über ihn kam nun Einer, der war ein Degen gut,
Der warf mit einem Steine auf seinen Eisenhut,
Davon der werte Fürste unter dem Schild erlag
Und zu denselben Zeiten keiner Kraft mehr pflag.
Ihn schützten die zwei Grafen und dreißig ihrer Mann,
Sie hielten ihre Schilde, bis er sich wieder besann.
Wie nahm das Schwert zu Handen Wolfdieterich alsbald!
Er trieb sie in die Feste hinwieder mit Gewalt.
Da kam die edle Liebgard entgegen ihm gegangen:
»Hör' auf, mein lieber Herre, willst meine Huld empfangen!
Ich ließ durch deine Treue dich ein, lieb' Herre mein.
Schlagst du die unsern alle, wer soll dein Diener sein?«
Dann sprach sie zum Burggrafen: »Nun hast du wohl geseh'n,
Daß diesem edlen Ritter nicht Leides kann gescheh'n.
Drum wollt ihr werden inne, wer diesen Schaden tat,
So sammelt eure Mannen und folget meinem Rat,
Und reitet mit dem Ritter hinaus zum finstern Wald.
Hat er den Wurm erschlagen, die Mär' erfahrt ihr bald.
Doch hat er, wie ihr sprechet, ermordet euren Herrn,
So tut ihm, wie ihr wollet, das lasse ich euch gern.
Doch hat er mich gerochen an jenem Wurm, dem alten,
So soll man ihn zu Garden für einen Herren halten!«
Da sprach der Burggraf selber, das solle sein getan.
Mit sechzig seiner Mannen ritt er fort in den Tann.
Sie wollten alle suchen, aufmerken und erspäh'n,
Ob sie von ihm die Wahrheit im Walde möchten seh'n.

Da rüstete sich selber die edle Kaiserin;
Samt ihren schönen Jungfrau'n ritt sie mit ihnen hin.
Da wollte sie die Wunder gern selber sehen an,
Wer in dem finstern Walde den Schaden hätte getan.
Das Haupt des Wurmes fanden die Männer in dem Tann;
Da sprach der Markgraf Helmnot, geboren von Tuskan:
»Soll'n wir dem Fremden dienen um dieses Würmelein?
Er hat nicht Erb noch Eigen, wie möcht' er Herr uns sein!«
Da rief die Königinne zu Gott mit lautem Fleh'n:
»Ach reicher Gott vom Himmel, ein Zeichen laß ergeh'n!
Ist noch ein Wurm am Leben, den sende diesem Mann,
Daß man bald inne werde, wer diese Tat getan!«
Bis daß die Kaiserinne das Wort zu Ende sprach,
Sah man die Würmin kommen, es war ihr wahrlich jach.
Sie eilte vom Gebirge gar kräftig durch den Tann,
Sie lief unter die Leute, da floh manch' werter Mann.
Die Flucht gaben sie alle, die Rosse keiner nahm.
Wer einen Baum ergriffen und oben darauf kam,
Hätt' ihn um hundert Marke vom Leibe nicht gegeben
Sie wähnten, von dem Wurme verloren sei ihr Leben.

Da Wolfdietrich der Fürste, des Wurmes sich versann,
Das Schwert nahm er zu Handen und lief den Drachen an.
Er schlug ihm durch die Seite nieder hin zutal
Eine gar weite Wunde; da hörte man lauten Hall,
Als da die alte Würmin so sehr verschroten was.
Das Blut begann zu fließen nieder in das Gras.
Sie schoß das Feuer mit Kräften auf den biderben Mann.
Daß ihm das Ringlein fehlte, des kam ihm Trauer an.
Sie trieb mit Macht den Helden in ihren Berg hindann,
Da sah sie tot die Jungen und ihren alten Mann.
Sie bellte wie ein Ochse, es bebte Baum und Stein
Da stund in großen Sorgen Wolfdieterich allein.

Gar laut begann zu rufen die edle Kaiserin rein:
»Wohlauf, du edler Ritter, folge der Lehre mein!
Suche den Schild Herrn Ortnids, den er in Händen trug;
Es liegt ein Stein darinnen, der gibt dir Kraft genug.«
Er ging umher im Berge und suchte immerdar;
Da kam er an die Stätte, wo Kaiser Ortnid war.
Den Schild fand er, den guten, und nahm ihn in die Hand.
Die Sorge vor dem Feuer und Rauche bald verschwand.
Er schwang den Schild mit Kräften, der glänzte wie der Tag.
Da sah er, wo die Würmin ober den Jungen lag.
Er stieß ihr in den Rachen das Schwert gar mutiglich.
Sie fing wohl an zu springen, von dannen er entwich.

Da rief gar laut Frau Liebgard, die edle Kaiserin:
»Wohlauf, du edler Ritter, gib nicht das Leben hin!
Es müßt mich immer reuen, o Held, dein stolzer Leib.
Gedenk der großen Arbeit, denk an mich armes Weib!«
Da Wolfdietrich die Rede der Kaiserin vernahm,
Das Schwert nahm er zu Handen und lief die Würmin an.
Er gab ihr durch den Rücken so kräftiglichen Schlag,
Daß sie in zweien Stücken tot vor dem Helden lag.
Die Stücke sprangen beide weit auseinander dann,
Aus ihr fielen vier Junge; die grinsten den Herren an.
Er schlug ihnen ab die Häupter, der Degen auserwählt.
Also war wohl gerochen Ortnid, der kühne Held.

Da blies er in ein Hörnlein, das gab gar lauten Schall,
Das hörten auf den Bäumen die Helden überall.
Sie kamen all und schwuren Eide dem Fürsten hehr.
Er sprach: »Geht in die Höhle und tragt den Toten her!«
Der Herzog und der Burggraf, die gingen mit der Schar.
Da wurden sie des Wurmes im Loche dort gewahr.
Sie traten schnell zurücke mit Sorgen alsobald
Und huben sich zu flüchten wohl in den finst'ren Wald.
Wie balde Herr Wolfdietrich da auf dieselben schlug:
»Wie fürchtet ihr die Würme! Das ist ein Ungefug.
Was ihrer war im Berge, die sind nun alle tot;
Euch tut auf dieser Erde kein anderer mehr Not.
Darum geht in die Höhle, tragt her den toten Mann
Und lasset nicht verfaulen die Kleider wonnesam!«
Sie trugen aus dem Berge wohl sechzig tote Frau'n.
Er nahm Ortnids Gebeine und ging vor seine Frau'n:
»Nun luge, schöne Fraue, und schau in Wahrheit an,
Daß hier der Wurm, der wilde, den Schaden hat getan!«
Sie schaute Ortnids Antlitz, sie kannt' es wie vor Tagen,
Als ihn der Wurm, der wilde, zum Berge hätte getragen.
Als dies die Kaiserin schaute, vor Leide sie nicht sprach,
Sie weinte also sehre, groß war ihr Ungemach.
Sie brach ihr Haar wie Seide aus ihrem Haupte da,
Weil ihr bei ihren Zeiten doch leider nie geschah.
Da sprach der Held Wolfdietrich in tugendlichem Sinn:
»Laß nun dein Weinen stehen, du edele Kaiserin,
Und deine Klage bleiben durch meinen stolzen Leib.
Ich will's um dich verdienen, du kaiserliches Weib.«
Sie wand das Gebein in Tücher, die Fraue wohlgetan;
Aufhuben sie die Toten, und führten sie von dann,
Sie bestatteten sie herrlich auf einem Kirchhof reich.
Also genossen alle Ortnids des Kaisers reich.
Das Volk sich dann von dannen mit großer Klage hub,
Die Frauen und die Mannen, da man die Toten begrub.

Mit sich nahm nun Wolfdietrich die Fraue wohlgetan;
Er wollte sie aus dem Walde herausgeführet han.
Da kam Zwergkönig Alberich, gar wonnesam zu seh'n,
Aus seinem Berg gelaufen und hieß sie stille steh'n.
Der Zwerg fiel ihm zu Füßen und küßte ihm die Hand:
»Siehst du, o Held Wolfdietrich, dies wonnigliche Land?
Das war ehmals mein Eigen und war mir untertan,
Bis daß es mir Zwerg Billung mit Untreu' abgewann.
Er tat's nach Ortnids Tode; da du nun hergekommen,
Das Unrecht all zu rächen, hat er die Flucht genommen.
Willst du die Wirtschaft schauen? Die laß ich gern dich sehn.
Viel Reichtum und auch Würde magst du mir zugestehn.«
Er weiste ihn von dannen und führt ihn an der Hand
In einen Wurzelgarten, wo eine Linde stand.
Als nun der Held Wolfdietrich kam in den Berg gegangen,
Da sah er in dem Berge die schönste Feste prangen.
Wohl mit zweihundert Türmen die schöne Burg da lag.
Die Zinnen auf der Mauer, die glänzten wie der Tag.
Da nahm der Zwerg den Fürsten mit Züchten bei der Hand
Er weiste ihn zur Stätte, wo ein Ziergarten stand.

Darin war ein Gesiedel von Marmelstein bereit;
Darob stund eine Linde, die war gar grün und breit.
Und bei derselben Linde, da stund ein eherner Mann
Der faßte mit den Händen zwei Blasebälge an.
Auch gingen hundert Röhren zum Baum von Golde fein,
Da saßen auf der Linde wohl hundert Vögelein.
Wenn das Bild die Bälge rührte mit seiner starken Hand
Da sangen auf der Linde die Vöglein allesamt.
Anderhalb der Linde da stund ein Palas weit,
Darinnen waren gerichtet zu dieser selben Zeit
Wohl an fünfhundert Tische, das sag' ich euch fürwahr,
Ob jedem hundert Zwerge gar zierlich, hold und klar.
Und auf demselben Palas stund noch ein goldner Mann,
Der faßte mit den Händen zwei Gießfässer an.
Das Bild war wohl gewirket mit starken Listen groß,
Dasselbe hundert Mannen zugleich das Wasser goß.

Sie saßen zu einander nieder auf das Land,
Ein kleines Schlüsselein hatte der Zwerg in seiner Hand
Da schloß er auf die Linde, das wisset sicherlich:
Da gingen aus der Linde zwölf Maide minniglich,
Je zweie nebeneinander genommen bei der Hand;
Sie hatten an dem Leibe das herrlichste Gewand.
Die Kleider waren Silber und waren reich genug;
Jede ein gold'nes Haarband auf ihrem Haupte trug.

Der Zwerg ließ nun Wolfdietrich auch in die Linde sehn.
Da sah er in der Linde noch eine Ceder stehn.
Der Cederbaum darinnen, der war von Golde rein,
Draus schenkte man dem Herren Moras und guten Wein.
Da sagte zu Wolfdietrich der wonnesame Zwerg:
»Ja, du bist mir zu frommen gekommen in den Berg,
So sollen Land und Leute, die mir mein Vater ließ,
Für immer dir auch dienen, in Treuen sag' ich dies.«
Der Zwerg bracht' ihm zu Handen ein kleines Hörnelein:
»Kommst du über zehn Lande, und sollte Not dir sein,
So blas zu einem Male! Sobald dies ist getan,
So komm' ich dir zu Hilfe und dazu tausend Mann.«
Auch gab er eine Büchse dem Herren allzuhand:
»Ich will dich wissen lassen, wie es drum ist bewandt.
Wenn dich vertreiben wollten die Fürsten stark und reich,
So nimm aus dieser Büchse fünfhundert Mann sogleich.
Mein Vater der hieß Tarnung und war ein reicher Zwerg,
Zwölfhundert Zwerge dienten dem Herrn und dieser Berg.
Von Gott hatt' er drei Wünsche, der tugendhafte Mann,
Die konnte er in Wahrheit nicht besser legen an,
Als einen an die Linde, den andern an das Land,
Den dritten an das Hörnlein und Büchse allzuhand.
Das Land, die Burg, die Schätze, was mir vom Vater ist,
Sei dir nun untertänig, weil du mein Retter bist.«

Der Zwerg nahm nun den Fürsten mit seiner treuen Hand,
Er weist ihn vors Gebirge, das war ihm wohlbekannt.
Auf eine breite Straße kam da der edle Mann,
Er kehrte gegen Garden mit der Frau wohlgetan.
Sie kamen also schöne dort auf den Hof geritten,
Sie stiegen von den Rossen nach ritterlichen Sitten,
Sie gingen mit der Kaiserin auf einen weiten Saal,
Da hub sich allenthalben viel Rufen, Sang und Schall.
Die Frau nahm Wolfdietrichen bei ihrer weißen Hand,
Sie tat dem reichen Fürsten manch guten Gruß bekannt.
Sie küßte ihn gar gütlich an seinen roten Mund;
Erst ward dem edlen Ritter nun ganze Freude kund.
Es ging nun an den Abend, die Speise war bereit;
Man hieß die Tische richten mit aller Herrlichkeit.
Den Kämmrern und Truchsessen gebot man da fürwahr,
Zu dienen wohl nach Preise dem edlen Fürsten klar.

Dieselbe Nacht mit Freuden darauf ein Ende nahm.
Des Morgens, da es tagte, die Fraue wonnesam
Sandte nach Langobarden und dazu nach Tuskan,
Sie wollte eine Hochzeit dahier zu Garden han.

Helmnot, dem Helden, wurde befohlen diese Fahrt;
Er hatte einst Herrn Ortnid, dem edlen Kaiser zart,
Viel häufig wohlgedienet mit ganzer Ritterschaft.
Ihn sandte nun Frau Liebgard nach großer Heereskraft.
Herr Helmnot tat viel gerne, was ihn die Fraue bat,
Er ritt hinweg von Garden manigen engen Pfad.
Da ritt er in den Landen, bis daß der werte Mann
Drei hohe reiche Könige zur Hochzeit gewann,
Der eine Herr von Spanien, der König Jochfried war.
Der brachte zu der Hochzeit vieler Wigande Schar,
Und manche schöne Fraue brachte er mit sich dar.
Der andre war von Frankreich der König Wandelbar.
Der dritte war von Griechenland der König Friedebold,
Der brachte viel der Helden mit Silber und mit Gold.
Herzoge, Grafen, Fürsten und Freie wie Dienstmannen
Die kamen gen Lambarden, wo sie viel Ehre gewannen.
Helmnot brachte vor Garden wohl dreißigtausend Mann,
Die all die Kaiserinne zur Hochzeit wollte han.

Das war in einem Maien, wie uns die Märe singt,
Wo jegliche Frucht ihre Blüte gegen den Sommer bringt,
Und wo die Blumen dringen durchs Gras so wonnesam,
Allwo die edle Hochzeit hier ihren Anfang nahm.
Das Reich mit Kreuz und Krone empfing Wolfdieterich,
Und auch die Kaiserinne. Ihr Leib so minniglich
Ward ihm allda befohlen und dazu manig Land;
Das diente willigliche mit Ehren seiner Hand.
Dänmark, Heunland, Lambarden, die schworen ihm den Eid.
Die Hochzeit währte lange, es war eine fröhliche Zeit.
Bis an den neunten Morgen fand man da Freuden viel
An Harfen, Geigen, Rotten und mancher Weise Spiel.

Das hülf's, daß ich nun sagte von dieser Hochzeit mehr?
Bald nach dem neunten Morgen zerging die Freude hehr.
Manch Ritter und manch Fraue von dannen Urlaub nahm
Und auch mit ihren Fahnen die Könige lobesam.
So schieden sich von Garden die Fürsten auserwählt.
Die edle Kaiserinne und Wolfdietrich der Held
Besaßen nun mit Minnen das wonnigliche Land.
Ortnid, der reiche Kaiser, aus ihrem Herzen schwand.

Wolfdietrichs Sieg

Wolfdietrich zieht mit einem Heer vor Konstantinopel, er befreit endlich dort seine Dienstmannen und besiegt seine Brüder. Auf Liebgards Fürbitte wird diesen verziehen.

Zwölf Wochen in der Krone Wolfdietrich mächtig saß;
Seiner getreuen Mannen er nimmer doch vergaß.
Er rang mit Ungemache also mannigen Tag,
So daß er keiner Kurzweil mit seiner Frauen pflag.
Da sprach die Kaiserinne: »Ach, lieber Herre mein
Sag' mir durch deine Tugend, was mag die Klage sein,
Daß du dich, edler Fürste, so kläglich magst gehaben?
Laß mich auch deine Schwere zur Hälfte mit dir haben!
Ich höre Märe sagen, ein Mann, dazu ein Weib,
Die miteinander lebten, das wär' ein einziger Leib.«
Da sprach der Held Wolfdietrich: »Ich will dich's wissen lassen;
Ich hab' in meinem Lande eilf Dienstmannen verlassen.
Die sind nun unberaten; wie mag es ihnen gehn!
Ich bin nun reich, sie darben, des muß ich traurig stehn.
Ich möchte gerne fahren, sie suchen über Meer,
Die ich in dreizehn Jahren gesehen nimmermehr.«
Sie sprach: »So nimm für zehen wohl dreißigtausend Mann!
Mich sollst du für den elften in deinem Herzen han.«
Er sprach: »Wär'n deiner dreißig so schön und wohlgetan,
Für meine eilf Dienstmannen nähm ich sie nimmer an.«

Sie kehrte ihm den Rücken, die Fraue wohlgetan;
Dann hieß sie Briefe schreiben, daß dreißigtausend Mann
Auf die Burg Garden kämen. Gar schön und wonniglich
Kamen sie all im Harnisch. Die Kaiserin adelich
Ließ fünfzehnhundert Ritter nun führen auf den Saal;
Es hub sich allenthalben gar lauter Ruf und Schall.

Da sprach der Held Wolfdietrich: »Ei Frau, erklär' mir das,
Wem du in deinem Lande wohl trägst so großen Haß,
Daß du so manchen Helden in Harnisch hast gejagt,
Und mir von diesen Dingen nichts hast zuvor gesagt?«
Da sprach gar zornigliche die edle Kaiserin:
»Hab' ich nicht recht, Wolfdietrich, daß ich dein Feind nun bin?
Anklag' ich meinen Herren vor allen Mannen hier,
Er hat einen Diener lieber als Frau und Krone schier!«
Auf sprangen da die Jungen, zum Streite wollten sie gehn;
Da sprach ein alter Ritter: »Ihr Herren, das laßt stehn!
Es dient oft seinem Herren so wohl ein treuer Mann,
Daß er bis an das Ende sein nicht vergessen kann.
Darum, viel lieber Herre, so mache uns bekannt,
Wie es um deine Diener in Wahrheit sei bewandt!«

Da sprach der Held Wolfdietrich der Fürste lobesan:
»Ich will ein Urteil fragen aufs beste, wie ich kann.
Ich hatte einen Meister, des Treue war so groß,
Daß er viertausend Helden in meinem Dienst verlos.
Und als ich seine Söhne hieß fliehn und rückwärts jagen,
Da mußten sie noch streiten und wurden sechs erschlagen,
Das war der Herzog Berchtung, geboren von Meran,
Er zog mich tugendliche, der Fürste lobesan.
Da trieben meine Brüder mich von dem Erbe gar,
Und fingen meinen Meister und seine Söhne klar.«

Des Worts erschrak von Herzen die Fraue lobesan:
»O weh mir, Gott von Himmel, was hab' ich nun getan?
Bist du Wolfdietrich selber, von Griechenland geborn
Und hab' ich deine Hulde durch meine Tat verlorn,
Das sollst du mir vergeben, mein Fürste lobesan,
Ich wills um dich verdienen aufs beste, wie ich kann!
Fürwahr, ich geb' mich schuldig, ich tat unrecht und blind;
Doch gib mir deine Hulde, du edles Fürstenkind!
Ich mahn' dich bei der Treue, du Fürste hochgeborn,
Durch Kaiser Ortnids willen vergib mir diesen Zorn!«
Er sprach: »Durch Kaiser Ortnid kann ich dir nichts versagen.
Nie lieberen Gesellen fand ich bei meinen Tagen.
Es muß mich immer reuen der Kaiser Ortnid hehr,
Doch meine eilf Dienstmannen, die reuen mich noch mehr.
Ich hab um sie erlitten viel Elend, Not und Pein;
Auch das will ich erdulden; dir soll vergeben sein!«
Sie halste und sie küßt' ihn, mit Armen sie ihn umschloß;
Ihr Halsen und ihr Trauten war außermaßen groß.
Da wollten dreißigtausend mit ihm gen Griechen fahren,
Ihm genügten schon zwölftausend, die wählt' er aus den Scharen.

Da waren bald die Kiele zu ihrer Fahrt bereit.
Was immer sie bedurften, das brachte man zur Zeit.
Man trug dahin viel Helme und Schilde wonniglich.
Die zwei getreuen Grafen nahm Wolfdietrich mit sich,
Die ihm dort in dem Walde Beistand hatten getan,
Sie folgten zu den Zeiten dem auserwählten Mann.
Doch auch der Herzog Gerwart Wolfdietrichs Huld gewann;
Darum bat ihn die Kaiserin und Helmnot von Tuskan.
Er führte mit von dannen die beiden Fürsten gut
Wohl mit zweitausend Mannen, die hatten Heldenmut.

Da ging vor Herrn Wolfdietrich die edle Kaiserin
Und sprach: »Nach einer Gabe, o Herr, steht noch mein Sinn.
Bezwingst du deine Brüder, laß sie bis hieher leben!
Das sollst du, lieber Herre, mir jetzt zur Gabe geben!«
Er sprach: »Viel schöne Fraue, das soll gewähret sein;
Gott möge dich gesegnen, du edle Fraue rein!«

Hiemit fuhr er von dannen fröhlich mit seinem Heer,
Mit vierzehntausend Mannen, so fuhr er über Meer.
In zwanzig Tagereisen kamen sie hinan;
Eine Meile von Konstantinopel legten die Schiffe an.
Die edlen Herren zogen hinaus nun an das Land,
Sie legten an mit Ehren ihr gutes Sturmgewand.
Sie wollten ihr Gezelte dort schlagen bei dem Meer,
Da sprach der Grafe Hartman: »Das dünkt mich übel sehr!
Denn wird davon die Kunde den Feinden hingebracht,
Wir werden überfallen noch heute in der Nacht.
Ich seh' dort ein Gebirge und davor einen Tann;
Da soll'n wir uns verbergen, der Fürst und jeder Mann,
Bis wir es einig werden, wie wir es greifen an.«
Sie folgten seinem Rate und zogen vor den Tann.
In diesem selben Walde da war ein Anger breit,
Drauf saßen alle nieder die Herrn zur selben Zeit
Unter einem schönen Banner, drin lag ein Adelaar.
Im grünen Wald ward niemand der Helden dort gewahr.
Da sprach zu seinen Helden der edle Wolfdietrich:
»Heißet die Rosse reiten, ihr Helden lobelich,
Daß sie da springen mögen, die sich verstanden haben!
Wenn es ans Streiten gehet, so mögen sie baß traben.«
Die Rosse hieß man reiten wohl auf den Anger breit.
In diesen selben Zeiten war ihnen dort bereit
Die allerbeste Speise, dazu der beste Wein;
Die edlen Herren konnten da guten Mutes sein.

Als sie gegessen, wurden die Tische hingetragen,
Auf stand der Herr Wolfdietrich, wie wir da hören sagen;
Er ging hin vor die Besten und sprach sie also an:
»Nun ratet mir zusammen, ihr Helden lobesan,
Wie ich erlösen möge aus ihrer großen Not
Meine eilf treuen Mannen, daß sie nicht trifft der Tod!«
Sie standen lang am Rate, wie sie es griffen an;
Da sprach zuerst mit Züchten der edle Graf Herman:
»Ich habe eine List gefunden, mein Fürste lobesan,
Die dünket mich die beste, wie ichs verstehen kann.
Nun wähle aus uns allen zwölf Mannen also schier,
Die sollen in Wallersweise zur Burg hingehn mit dir.
Wenn du in dieser Weise zum Graben kommest eben,
So sollst du rufen, daß sie dir was herunter geben
Um der liebsten Seele willen, die der Tod genommen habe.
Du sagst, ihr seid zwölf Pilger und kommt vom heil'gen Grabe.
Wenn deine treuen Diener noch nicht hinnahm der Tod,
Wirst du sie klagen hören in ihrer großen Not.
Wenn sie dann dein gedenken, mein Herre Wolfdietrich,
So gib dich zu erkennen den Mannen lobelich.
Und lassen ohne Streiten sie dich nicht von dem Graben,
So nimm dein Horn, dein gutes, das sollst du bei dir haben,
Das blase in deinen Nöten, du Fürste lobesan,
So kommen wir zu Hilfe sogleich mit manchem Mann.«
Da sprachen alle Helden: »Das ist der beste Rat,
Den jemand hier mag geben und jetzt gegeben hat!«
Da sprach auch Herr Wolfdietrich, der edle Fürste hehr:
»Ja, deines guten Rates vergeß ich nimmermehr.
Wer mir da hilft mit Treuen, zu lösen meine Mannen,
Mit dem will ich das teilen, was wir nur je gewannen.«

Es nahm der Tag ein Ende, die Nacht den Sieg gewann.
Der edle Fürste wählte mit Fleiß allda zwölf Mann;
Die führte er zum Graben, er kannte schon den Ort.
Da sah er seine Diener grad auf der Zinne dort.
Da sprach Schildbrand der junge: »Wir haben ein Leben krank,
Jetz und schon dreizehn Jahre, die Zeit ist wohl so lang,
Daß uns die rauhe Else unseren Herren nahm,
Und auf uns arme Diener so viel des Leides kam.«
Da sprach Herbrand der kühne: »Mir träumte heunt ein Traum,
Des sollen wir arme Diener noch haben guten Raum.
Wie daß ein Adler käme, der unters Gefieder uns nahm,
Er hätte den zwei Königen beinah' den Tod getan.«
Da rief der Held Wolfdietrich unten am Burggraben,
Da er die Diener hörte so kläglich sich gehaben:
»Nun hört, ihr werten Diener, gebt uns etwas herab!
Wir sind zwölf Pilgerime und fahren vom heiligen Grab.«

Da sprach der kühne Hache: »Schweig' nur, du böser Zage,
Es ist gen einem Jahre, fürwahr ich dir das sage,
Daß uns betrogen achzig, die wollten uns bestehn;
Die schlugen wir bis auf zwölfe, so mag's auch dir ergehn!«
Da sprach der Held Wolfdietrich: »Wir sind unschuldig dran.
Durch der liebsten Seele willen, die euch der Tod je nahm,
Tut es durch Gott den reichen, gebt uns etwas herab!
Wir haben uns verzehret und kommen vom heiligen Grab.«
Da sprach der kühne Hache, ein auserwählter Mann:
»Wir beten für zwei Seelen, die Liebes uns getan.
Der eine ist unser Vater, den lassen wir aus dem Mut,
Doch durch die andre Seele nehmt diesen Harnisch gut!
Den möget ihr versetzen um Brot und auch um Wein!«
Da sprach der Held Wolfdietrich: »Wer mag die Seele sein?«
Er sprach: »Das ist Wolfdietrich, der Fürste lobesan;
Dem Herrn zu liebe geben wir alles, das wir han.
Wir waren ihm so teuer bei allen seinen Tagen.
Des Alten vergessen wir etwa, ihn können wir nie verklagen.«
Da sprach der Held Wolfdietrich: »Wann lag euer Vater tot?
Sagt mirs durch eure Tugend! Das Fragen tut mir not«.

Es war an einem Pfingsten, wir wurden zu Hofe gesandt;
Die stolzen Fürsten ritten und trugen reich Gewand;
Wir trugen graue Röcke und Bundschuh ganz allein.
Wie möchten Herzogssöhne böser gekleidet sein!
Da schlug sich zu den Brüsten, der unser Vater war,
Er sprach: O weh, Wolfdietrich, du Fürste reich und klar,
Wäst du noch bei dem Leben, du auserwählter Degen,
Du ließest meine Kinder nicht solcher Schande pflegen!
Von ihm schied da die Seele, er redete nicht mehr.
Das wisse, guter Waller, es schmerzt uns alle sehr.«

Wolfdietrich sprach: »Weicht rückwärts, die mit mir sind gegangen!
Ich muß meinen Meister klagen, das ist all mein Verlangen.«
Da wichen sie zurücke, die mit ihm waren hier.
Da schlug sich an die Brüste der edle Degen zier.
Er klagte seinen Meister mit also treuem Mut,
Den edlen Herzog Berchtung, den Fürsten treu und gut.
Vor Jammer und vor Leide raufte er seinen Bart:
»Weh, daß ich nicht gewesen bei deiner letzten Fahrt!
Und hätt' ich's nicht gelobet der edlen Kaiserin rein,
Es kämen nimmer lebend davon die Brüder mein.«
Er mußt' vor großem Leide sich legen auf das Land.
Die Klage hörte droben der biedere Herbrand.
Da sprach der kühne Herbrand: »Elendes Pilgerlein,
Wie klagst du also sehre! Was mag geschehen sein?

Er sprach: »Bist du es, Herbrand, so will ich dir's wohl sagen;
Da bin ich ja, Wolfdietrich, muß meinen Meister klagen!«
Da blies ein Hörnlein Herbrand, der edle Degen klar:
Das hörten seine Brüder, sie kamen balde dar.
Sie vergaßen aller Stiegen von oben überall,
Sie sprangen von der Mauer gleich in die Burg zu Tal.
Sie schlossen auf die Pforte, die Mannen degenlich,
Sie eilten hin zu dringen zum Herrn Wolfdieterich.
Da fing an laut zu rufen der biedere Herbrand:
»Spring, Bruder Hache, hole ein Licht in deiner Hand,
Daß wir ihn wohl erkennen den auserwählten Degen!
Ich fürchte, meiner Treue, er wolle Falschheit pflegen.«

Hache der junge brachte ein helles Licht zuhand,
Herbrand den Helm dem kühnen Wolfdieterich abband.
Da sprach Herbrand der werte: »Du nimmst dich des Teufels an!
Wolfdietrich war ein junger, du bist ein alter Mann.«
Da antwortet mit Züchten der edle Wolfdietrich:
»Nun wisse, edler Degen kühn und lobelich,
Daß ich da habe beschauet manig wildes Land,
Davon bin ich ergrauet, du biederer Herbrand.«
»So zeige mir die Wunden, die ich dir einst verband,
Da gab zur Antwort balde der kühne Held Herbrand:
Die man dir warf mit dem Steine, so mag ich Wahrheit sehn.«
Da neigt' er ihm das Haupt hin, die Masen fand er da stehn.
Da fielen sie zu Fuße dem auserwählten Mann.
Nun sprach der Fürst Wolfdietrich, der Degen lobesan:
»Wohlauf nun, alle Helden! Laßt uns nur darnach streben,
Wie wir die Könige zwingen, mein Erbe mir zu geben!«

Da waren zwei und zwanzig ohne Wolfdieterich.
Doch seine Diener riefen gleich kühn und freudiglich:
»Hie Wolfdietrich, Wolfdietrich! Der ist zu Land gekommen!
Hei, unsre große Arbeit hat nun ein Ende genommen!«
Nun wurden hoch und weiter die Pforten aufgetan.
Da ging es an ein Streiten. Die zwei und zwanzig Mann
Die wurden da bestanden von manchem Degen gut.
Sie sahen ihren Schaden, sie hatten Heldenmut.
Wolfdietrich, der geheure, schlug bald den Feind hindann;
Da hielt auf einer Ecke der auserwählte Mann.
Er blies sein Horn so helle, das gab gar lauten Schall,
Das hörten seine Freunde; sie kamen überall
Mit einer grünen Fahne, darin ein Adelaar.
Die vierzehntausend Helden, sie sprengten kühnlich dar.
Ein alter reicher Herre rief da die Griechen an:
»Ist es Wolfdietrich, laßt uns ihm werden untertan!

Es ward mit Macht vertrieben der Fürste lobesan.
Wir sollten sein sein Eigen; das weiß noch mancher Mann.«
Die Bürger folgten alle dem Wort mit treuem Sinn.
Der alte reiche Herre ging zu dem Fürsten hin.
Die Fahnen warfen nieder, die dann noch hatten Leben,
Sie sprachen: »Lieber Herre, wir wollen uns gern ergeben,
Weil Gott dich hat gesendet herwieder in dies Land.«
So gaben sich für eigen die Bürger allesamt.
Sie sprangen alle freudig hin zu dem werten Mann,
Sie halfen ihm der Ehren, dem Fürsten lobesan.

Da ihm die Stadt ward inne, ließ er zum Hauptmann drin
Den guten Herzog Gerwart; drauf zogen sie dahin
Vor eine gute Feste, darin man endlich fand
Die hochgemuten Könige; die war Athen genannt.
Sie kamen vor die Feste dannoch bei finst'rer Nacht;
Da rief der gute Wächter hinunter gleich mit Macht:
»Sagt, wer ihr seiet, daß ihr so zornlich her gekommen?
Seid ihr Freund oder Feinde, das hätt' ich gern vernommen!«
Da eilte hin zu rufen der kühne Held Herbrand:
»Es ist Wolfdietrich selber gekommen in dies Land.
Nun sage deinen Herren, gib ihnen zu verstehn,
Wir Diener seien ledig und wollen sie bestehn!«
Da lief der gute Wächter von der Zinne allzuhand,
Da er die beiden Könige in der Kemenate fand:
»Nun waffnet euch, ihr Könige, und Mannen alsogleich!
Wolfdietrich, euer Bruder, ist kommen in das Reich!
Und wollt ihr mir's nicht glauben, so sollt ihr's selber sehn,
Wenn ihr, viel edle Fürsten, wollt an die Zinnen gehn.«
Sie gingen an die Zinne; der Feinde, die da lagen,
Wurden sie baldig inne; da hub sich großes Klagen
Von alle dem Gesinde, das in der Feste was.
Sie waffneten sich geschwinde, da hub sich großer Haß.
Die beiden reichen Könige besprachen einen Streit
Wohl gegen Herrn Wolfdietrich, von dieser selben Zeit
Noch über eine Woche, wie man beidenthalb wollte,
Daß vor Konstantinopel gestritten werden sollte.
Die Griechen zu den Stunden besandten manchen Held,
Der wohl zu fechten wußte, in Mannheit auserwählt.
Da sah man hinzureiten viel Ritter lobesan,
Sie hatten da zu Streite wohl vierzigtausend Mann.

Mit grimmem Mute waffnete Wolfdietrich sich zuhand
Mit vierzehntausend Helden; als in die Stadt er sandt',
Da liehen ihm die Bürger auch noch sechstausend Mann,
Damit der märe Fürste die Brüder wollte bestahn.
Das Ziel nahm nun ein Ende. Die Gäste kamen herzu,
Die sie zu Felde brachten; es war eines Sonntags fruh,

Als zu Konstantinopel die Fürsten auf das Feld
Mit großen Ehren schlugen manch kostbarlich Gezelt.
Die Griechen sich bereiteten mit Kühnheit und mit Fleiß.
Sie legten an den Harnisch und ihre Brünnen weiß.
Sie gingen zu den Rossen mit also großem Zorn;
Da ließen die zwei Könige blasen des Heeres Horn.
Wolfdieterich, der gute, waffnete sich geschwind
Mit viel grimmigem Mute, und alles sein Gesind.

Aus allen seinen Mannen erwählte er Herbrand
Zu seiner Sturmfahn', diese gab er ihm in die Hand.
Der Griechen Banner führte ein Herzog unverzagt,
Sein Roß mit den Sporen er rührte, er kam gen Herbrand gejagt.
Das mußt' er bitter büßen, denn der Held Herebrand
Stach auf den hehren Herzog, daß er fiel in den Sand.
Die Helden begannen zu sprengen, sie ließen ihrem Roß
Die Zügel nach Willen hängen, sie scheuten nicht Graben noch Moos.
Den Speer sie unterschlugen; die Rosse also jach
Sie auf einander trugen, daß mannig Speer zerbrach.
Manch Degen an der Stunde ward da gefället nieder,
Und mancher junge Ritter erhob sich nimmer wieder.
Manch Roß ward da erstochen und sank dahin in's Gras,
Und mancher Schild zerbrochen, dazu trieb sie ihr Haß.
Dann zückten sie von den Seiten gar mannig scharfes Schwert;
Da ward in kurzen Zeiten manchem der Tod gewährt
Mit allzu scharfen Klingen, der doch gewiß gewesen,
Daß er in seinen Ringen vermöchte zu genesen.
Wie da auf manchen frechen manch guter Degen schriet!
Da wankte aus den Blechen gar manche Nagelniet'.
Die Schwerter sah man glitzen und hörte sie laut erklingen,
Da sah man Feuer blitzen und aus den Helmen dringen.
Durch Stahl und Eisen hieben die wunderkühnen Degen,
Man sah aus Wunden stieben von Blute manchen Regen.
Sie kloben da die Schilde, es brach manch Helmesfaß,
Daß mannig Ritter milde fiel nieder in das Gras.
Am Streit sie sich nicht säumten, sie konnten fest sich regen,
Viel Sättel sie da räumten mit Stichen und mit Schlägen.
Wolfdietrich auf die Griechen mit Kräften stach und schlug;
Er machte manchen Siechen, der eh' war kühn genug.
Mit seinem guten Schwerte schuf er den Feinden Not;
Wohin er sich nur kehrte, da lagen alle tot.
Mit Schlägen und mit Stichen konnt' er es ihnen geben;
Welche ihm nicht entwichen, denen nahm er das Leben.
Er düngte seinen Acker, als er da brach hindurch;
Gar manchen Griechen wacker, den legt er in die Furch'.
So kämpften sie mit Sorgen und grimmiglichem Neid.
bis an den andern Morgen währte da der Streit.

Als Wolfdietrich das schaute, daß der Streit kein Ende nahm,
Da setzt' er an das Hörnlein des Zwergen wonnesam.
Achtundert und zwei Tausend brachte ihm da der Zwerg,
Dem er wieder gewonnen den wonniglichen Berg.
Der Zwerg mit seinen Recken bald durch die Feinde brach.
Das sah Wolfdietrich fröhlich; es zerging sein Ungemach.

Als so der kühne Wachsmut die Überkraft ersah,
Bot er dem edlen Bruder die Hand; so sprach er da:
»Bist du Wolfdietrich wirklich, so lasse mich am Leben!
Ich will mein Schwert in Treuen an deine Gnade ergeben.
An deinem großen Elend gewann ich niemals Schuld;
Drum lasse mich genießen, mein Bruder, deine Huld!«
Da sprach der König Boge, der ungetreue Mann:
»Wen heißest du Wolfdietrich? Wie glaubst du denn daran?
Es ist ein falscher Grafe, geboren von Westfal;
Wie fest er sich nun wehret, er wehrt nicht seinem Fall.«

Mit aufgefaßtem Schilde lief er den Bruder an,
Doch da kam ihm entgegen Hache, der kühne Mann.
Er schlug den König Boge, daß er zur Erde sank eben;
Da rief ihm zu Wolfdietrich, daß er ihn ließ am Leben.
Da Wachsmut sah, sein Bruder wär' nieder schon geschlagen,
Ging er vor Wolfdietrichen, wollt sich ergeben haben.
Herr Wolfdietrich befahl ihn Hachen, dem kühnen Mann.
Also bezwang die Brüder Wolfdietrich lobesan.
Er führte sie gefangen zur Burg hin aus dem Feld
Und legte sie besonders, der auserwählte Held.
Mit allen seinen Feinden er Wunders viel beging;
Die Teuersten im Lande er alle balde fing.
Sie mußten Treue schwören, und ihm sein Erbe geben.
Sie wagten's nicht zu wehren, solang er war am Leben.
Den Saben hieß er schleifen, und radebrechen auch,
Und sein Gebein verbrennen; zur Hölle fuhr der Rauch.

Nun allererst Wolfdietrich in ganzen Freuden saß,
All seines langen Leides der Herre da vergaß.
»Nun hab ich überwunden«, so sprach er, »alle Not.
Wär' nur mein lieber Meister mir nicht gelegen tot!«
Da hieß er hundert Pfaffen zu Hofe bringen dar,
Die sangen hundert Messen mit reinem Opfer klar.
Als sie gesungen waren und man des Segens pflag,
Da ging er zu dem Sarge, darin sein Meister lag.
Er nahm das Haupt in die Hände und küßt es an den Mund.
Was man bat ihm zu Liebe, gewährte er zur Stund'.

Das Land hieß er besetzen mit manchen werten Mannen;
Sie hielten es in Ehren: darauf fuhr er von dannen
Hinwieder gegen Garden mit dem Gesinde hehr.
Denen die Freunde gefallen, die trauerten gar sehr.
Denen sie wieder kamen, die waren freudenvoll.
Wie manche schöne Fraue empfing die Helden wohl!
Wie bald die edle Liebgard ihnen entgegen ging!
Wolfdietrich und die Diener sie tugendlich empfing.
Sie halste ihn und küßt' ihn und führte ihn hinein,
Sie satzt ihn auf ein Siedel und schankt ihm klaren Wein.
Da ruhten die Wegmüden bis auf den neunten Tag,
Daß man der edlen Herren mit allem Fleiße pflag.

Wolfdietrich nach den Brüdern zu fragen nun begann:
»Wo sind sie; traun, sie müssen das Haupt verloren han!«
Da sprachen seine Mannen zugleich ihn alle an:
»Ach nein, viel lieber Herre, das wär' nicht wohlgetan.
Wär'n sie im Streit erschlagen, so möcht' mit Fug es sein.«
Da sagte auch viel balde die edle Kaiserin rein:
»Es sind die Brüder beide, die du mir hast gegeben;
Du tät'st mir nie so leide, nähmst du den Herrn das Leben
Allhier in meinem Lande; des müßt' ich Laster han.
Wir hätten immer Schande, wär's nicht im Streit getan.
Willst du mir Ehre gönnen, mußt du sie lassen leben
Und mußt auch ihre Lande den Herren wieder geben,
So daß sie leben mögen, wie's Fürsten wohl ansteht.«
Da mußt' er es gewähren nach seiner Frau Gebet.
»Durch Gott und durch dich, Fraue, will ich es lassen gehn.«
Die beiden Könige ließ er da balde vor sich stehn,
Lieh ihnen Land und Burgen und schickte sie vondann.
Sie satzten sich da nimmer wider den werten Mann.

Wolfdietrichs Ende

Wolfdietrich wird in Rom zum Kaiser gekrönt. Er verheiratet die schöne Ameie von Tervis mit Herbrand. Deren Kinder werden Hildebrand und Ilsung, der Hauptspielmann. Von ihrer Tochter Mergard stammen die übrigen Wölfinge. Als Liebgard stirbt, läßt Wolfdietrich seinen Sohn Hugdietrich zum Kaiser krönen und geht ins Kloster Tischkal. In einem Kampf gegen die Heiden zeichnet sich der junge Hugdietrich und der junge Hildebrand aus. Wolfdietrich stirbt im Kloster nach schwerer Buße.

Einen Hof ließ nun gebieten der Fürste auserwählt;
Da kam aus vielen Landen gar mancher werte Held,
Der von dem Reiche jemals zu Lehn etwas gewann.
Sie führten ihn gen Rome, den Fürsten lobesan,
Daselbst ward er gekrönet, wie man noch Kaisern tut.
Das Land ward all' geschönet durch seinen Heldenmut.

Sie fuhren gen Garden wieder; da war der Kurzweil viel.
Da mocht' man gerne sehen allerhand Ritterspiel.
Da dachte gegen Tervis Wolfdietrich lobesan,
Was ihm des Bürgers Tochter zu Liebe hätte getan.
Da hieß die Knappen springen der Fürste lobesan
Und balde vor sich bringen den Grafen Herrn Hartmann.
Da sprach der Fürst Wolfdietrich, der edle Kaiser hehr:
»Du sollst mein Bote werden zum Bürger Werinher
Nach Tervis und zu seiner Tochter auserwählt.
Sag ihr, dich habe gesendet der elendige Held,
Dem sie gegeben habe den bunten Mantel klar;
Was r ihr hab geheißen, will er nun machen wahr.«
Er warb die Botschaft gerne, wie ihn sein Herre bat,
Und eilte alsobalde gen Tervis in die Stadt.
Dort stieg er mit den Mannen vom Rosse allzuhand
Und ging dahin mit Züchten, wo er die Jungfrau fand.

»Weißt du, schöne Jungfraue, warum wir sind gesandt?«
»Nein,« sprach zu ihm die Schöne, »du tust mir's denn bekannt.«
»So will ich es dir sagen, Jungfraue wohlgetan;
Uns hat hiehergesendet der elendige Mann,
Dem du dereinst gegeben den bunten Mantel klar.
Was er dir hat geheißen, will er nun machen wahr.« –
»Nun dank ihm Gott vom Himmel,« so sprach die schöne Amei,
»Und müsse ihn behüten, den edlen Ritter frei,
Daß er mein armes Maide nicht ganz vergessen hat
In seinem Lieb und Leide!« Sie ging in die Kemnat,
Da hieß die schöne Ameie bereiten manche Wagen,
Die waren reich mit Golde und Silber wohl beschlagen.
Obenan in den Knöpfen lag manig Edelstein,
Der aus dem guten Golde gab herrlich lichten Schein.

Da sandte Bürger Wernher weit um in all sein Land
Achtundert gute Helden gewann er allzuhand,
Mit reich verdeckten Rossen, da saßen auf die Mannen,
So führte er die Tochter mit großer Pracht von dannen.
Urlaub nahm da Graf Hartmann, er ritt voraus gar weit,
Daß er dem Herrn die Märe ansagte zu der Zeit.
»Wohlauf, ihr Herren alle!« sprach Herr Wolfdieterich,
Da rüsteten sich mit Schalle die Helden lobelich.
Wohl mit fünfhundert Schilden ritten sie ihr entgegen,
Dem milden Fürsten folgte allda manch zierer Degen.
Da sie so nahe kamen, daß sie sich sahen an,
Sah man zusammen eilen gar manchen werten Mann.
Da ritt auch bald zum Wagen der kühne Held Herbrand,
Ein Ringelein von Golde gab er ihr an die Hand.
Ameie gab ihm wieder ein Ringelein mit Fug
Von reinem Golde, wie sie es an den Händen trug.
Manch Ritterspiel war ergangen, sie ritten zu Garden ein,
Sie wurden wohl empfangen von der edlen Kaiserin rein,
Sie führte auf ein Gesiedel die Jungfrau minniglich;
Das tat sie wohl zu Ehren dem Herrn Wolfdieterich.
Da schwur man sie zum Weibe dem biederen Herbrand,
Zu Troste seinem Leibe. Viel Burgen und auch Land
Gab ihm darauf zu Lehen der Bürger lobesan;
Nach seines Lebens Ende sollt er's für Eigen han.
So währte da die Hochzeit bis an den zwölften Tag,
Daß man zu allen Zeiten nur Ritterspieles pflag.

Nun saß Kaiser Wolfdietrich zu Thron mit voller Hand
Und teilte seine Reiche unter die Herrn allsamt.
Er lohnte also freundlich mannigen werten Mann;
Westerreich das gab er Hartman und Herman.

Er gab die Burg zu Garden dem kühnen Held Herbrand,
Dieweil sie war gelegen bei seines Schwähers Land.
Er machte Hachen zum Herren über das Land am Rhein,
Und gab ihm auch zum Weibe eine edle Herzogin sein.
Zu Breisach auf der Feste hielt er sie also zart,
Sie hatten bald ein Söhnlein, das hieß man Eckehart;
Er gab dem edlen Berchther da zu Meran das Land,
So gab er Kärnthen einem, der Berchtung war genannt.
Den beiden andern, Berchtwin, dem jungen Alebrand,
Denen gab er zu Lohne Sachsen und Brabant.
Noch waren ihrer viere, die wurden hingesandt
Zu Fürsten und zu Herren dort über Griechenland.

Urlaub sie da begehrten in ihre Lande hin.
Da schwuren sie ihm Treue. Mit freudevollem Sinn
Fuhr jeder heim zu Lande mit Ruhm und Ehren gar.
Wolfdietrich ohne Schande lebte noch zwanzig Jahr
In Frieden und in Ehren bei Liebgard schön und rein,
Bis daß er bei der Hehren gewann zwei Kindelein.
Das eine von den Kindern das war ein Mägdlein zart,
Die ward nach ihrer Mutter geheißen Liebegard.
Das andre war ein Knabe gar hold und wonniglich,
Der ward nach seinem Ahnen genannt Hugdieterich.

Man zog die zarten Kinder mit Fleiß, so hört man sagen.
Dieweil hatte zu Garden bei Herebrand getragen
Ein Söhnlein Frau Ameie, das ward noch weit bekannt,
Es war mit märem Namen geheißen Hildebrand.
Sie hatte noch zwei Söhne, wie wir vernommen haben,
Nere und Ilsung hießen die beiden andern Knaben,
Hildebrand half dem Dietrich seitdem durch manches Land,
Als Hauptspielmann und Sänger wird Ilsung einst genannt.
Auch eine Tochter hatte Amei, sie hieß Mergard,
Von der die Wölfinge kamen und der kühne Wolfhart.

Die Mär' erscholl im Lande, daß Kaiser Wolfdietrich
Den Sohn zur Zucht hinsandte dem Herbrand lobelich.
Daß er ihn zöge nach Ehren, drum ward er ihm gegeben,
Daß er ihn sollte lehren nach Fürstensitte leben.
Das tat mit allem Fleiße der kühne Held Herbrand.
Hugdieterich der junge und Jungherr Hildebrand
Waren in großen Züchten. Er lehrte sie so gut,
Daß sie in jungen Jahren schon zeigten Heldenmut.
Er lehrte sie weit springen und schießen mit dem Schaft
Und wie man sollte ringen nach Preis und Ritterschaft.
Des wurden sie gewiesen gar wohl von Herebrand;
Bald wurden sie gepriesen als Helden durch das Land.

Als Hugdietrich der junge kam in sein zwölftes Jahr,
Verschied die edle Liebgard, sagt uns die Mär' fürwahr.
Da legte man zur Erde die edle Fraue gut.
Wolfdieterich, der Kaiser, trug darob schweren Mut.
Die Herren in dem Lande man zu ihm reiten sah,
Sie klagten all zusammen des Herren Unheil da.
Des dankte ihnen schöne der auserwählte Mann.
Er nahm zu sich Hugdietrich und sprach zum Volke dann:
»Wißt ihr, ihr edlen Herren, warum ich euch besandt?
Ich will des Lands entbehren und büßen, was meine Hand
Hat lange Zeit begangen; ich will ins Kloster fahren.
Weiß nicht, wie lang ich lebe; die Seele will ich wahren.
Seitdem mir ist erstorben die Kaiserin, war Thron
Und Herrschaft mir verdorben, nur daß mir Gott den Sohn
Zum Erben hat gelassen, dem befehl' ich mein Land.
Er dünkt mich allermaßen ein Held zu seiner Hand.
Er soll des Landes Krone an meiner Statt nun tragen;
Ich leg' ihn euch an's Herze, daß ihr ihm helft erjagen
Fürbaß des Reiches Ehre, wie ihr mir habt getan.«
Das schwuren alle gerne, die Fürsten lobesan.
Hugdietrich ward gekrönet, wie man den Königen tut,
Es ward das Land beschönet, jeder ward hochgemut.

Als nun der Held Wolfdietrich wollt' in das Kloster gehn,
Befahl er ihnen die Marken, sie treulich zu versehn.
Dann ließ er balde rüsten die Fahrt zum selben Mal;
Gar mancher edle Fürste ritt mit ihm gen Tischkal.
Das liegt zunächst den Heiden; dort brüderte er sich,
Er opferte am Altar den Harnisch wonniglich,
Dazu auch Schwert und Krone, die war von Golde rot,
Da waren seine Diener beinah' vor Leide tot.
Sie wanden ihre Hände und weinten bitterlich;
Nicht länger mochte hören die Klage Hugdietrich.
Es fuhr mit seinem Volke der Fürst in römisch Land;
Er pflag des Reichs mit Ehren, also ist uns bekannt.

Wolfdietrich in dem Orden wollte es nicht behagen,
Daß man die Speise ungleich begann hervor zu tragen.
Die dorten Herren hießen, die hielten es für Fug.
Er strickte sie zusammen bei ihren Bärten und trug
Sie hin zu einer Stange und hing sie drüber dann.
Da hoben sie die Hände und schwuren dem werten Mann,
Daß wider seinen Willen sie nimmer wollten streben.
Da ließ er allen Armen auch gleiche Teile geben.

Ein heidenischer König in diesen Zeiten saß
Gar nah' dem Kloster Tischkal, der hieß Herr Tarias.
Viel mancher werte Fürste bei diesem König war,
Auch Baruk von Palacker, dem Leid geschehen war
Von Wolfdietrich vor Zeiten, da ihm Herr Belemund
Die Diener hätte gefangen, wie euch ist worden kund.
Da hatte ihm Wolfdietrich zwölf Riesen gar erschlagen,
Und selber Herrn Belmunden, wie wir noch hören sagen,
Und einen, der hieß Limher, der Baruks Bruder was.
Die Märe klagte Baruk dem König Tarias:
»Ist hier von Griechenlande der König Wolfdietrich,
So erntet er die Schande, o König lobelich.
Ist er uns also nahe, so erntet er die Not,
Weil mir so viel der Magen einst sind gelegen tot!«
Herr Baruk von Palacker und König Tarias
Besandten sich nun beide, sie hatten beide baß
Denn vierzigtausend Heiden, die waren wohl bereit.
Sie zogen vor das Kloster, doch ward es ihnen leid.

Wohl in dem fünften Jahre an einem Ostern fruh,
Da kamen sie in Haufen dem Kloster Tischkal zu.
Wolfdietrich ging zu Rate mit manchem Klostermann;
Sie rieten ihm gar eilig des besten ohne Wahn,
Daß er nach Hilfe sende dahin ins römische Reich,
Nach seinen Streitgesellen; das tat er alsogleich.
Dahin in römische Lande Wolfdieterich entbot
Hugdietrich seinem Sohne, daß er da litte Not,
Daß wohl fünf Heidenkönige bereits ein halbes Jahr
Vor seinem Kloster lägen mit mancher Heldenschar.
Der Bote fand zu Garden den Fürsten lobelich;
Da stund manch zarter Degen vor König Hugdietrich.
Da sprach der Herr Hugdietrich zu seinen Helden gut:
»Nun wohlauf, alle Helden, die tragen edlen Mut,
Ich will den Vater retten mit meiner eignen Hand!«
Da sprach der Sohn des Herbrand, der junge Hildebrand:
»So will ich denn auch reiten wohl mit dem Herren mein,
Den ersten Streit zu streiten und ihm zur Seite sein!«
Wohl achtzigtausend Helden waren zusammengekommen,
Die dreißigtausend besten wurden daraus genommen.
Da leiteten die Heere die Berchtungssöhne zuhand,
Es nahm die Sturmesfahne der kühne Held Herbrand.
Herr Berchtwin, Berchtung, Berchther und Alebrand der Degen,
Die wollten wohl des Streites in harten Stürmen pflegen,
Und auch ihr Bruder Hache, der war ein Degen zier;
Von Griechenlande kamen der Berchtungssöhne vier.
Zwölftausend Helden führten sie unter ihrer Fahne;
Der König von römischem Lande zog hin in frohem Wahne.
Die Fahnen dazwischen flogen von rotem Gold zumal,
Als so die Herren zogen vors Kloster zu Tischkal.

Als Wolfdietrich der hehre der Freunde ward gewahr,
Ritt er ihnen entgegen mit seiner Brüder Schar.
Die Helden sich bescharten und zogen auf das Feld,
Die Heiden ihrer harrten und räumten ihr Gezelt.
Sie wollten nicht verzagen, man sah da manche Fahn'
Auf beiden Seiten wogen, die Heere rückten an.
Man sah von ihren Stichen des wilden Feuers Glast
Auffliegen zu den Lüften, daß manig Speer zerbrast
Auf ihren festen Schilden und in der Helden Leib.
Mitsammen sie da spielten; des weinte manig Weib.
Die Schwerter in den Handen begannen sie zu mahnen;
Man sah da Herebranden wohl mit der Sturmesfahnen
So kräftiglich herdringen durch aller Heiden Schar.
Das Feuer sah man springen von Schlägen her und dar.
Man sah mit Heldeshanden streiten sicherlich,
Herrn Hildebrand den jungen und König Hugdietrich.
Sie gesellten sich zusammen in dieses Sturmes Not;
Da mußte mancher Heide vor ihnen liegen tot.
Die Alten ließen sie hauen und hielten hinter sich;
Sie wollten gerne schauen, wie sich so ritterlich
Die jungen Helden übten; Hugdietrich, Hildebrand,
Die stritten so gewaltig mit ihrer kühnen Hand,
Daß da die gold'nen Spangen nur stoben auf den Plan;
Wen sie nur mochten langen, um den war es getan.
Sie waren unter die Heiden fern von den Freunden gekommen,
Da ward von ihnen beiden manchem der Leib genommen.
Zweitausend Heiden drungen nun auf die beiden ein;
Es kamen da die Jungen allerst in große Pein.
Auf ihnen ward zerbrochen manch' Lanze, mancher Ger,
Die Rosse wurden erstochen den jungen Fürsten hehr.
Sie kamen auf die Füße da nieder auf das Land.
Der jungen Degen Sorge ersah der Held Herbrand.
Das Roß begann er zu mahnen, er sprengte mutig dar
Mit seiner Sturmesfahnen, nach ihm die große Schar.
Die Helden kamen gedrungen und schlugen die Heiden nieder
Und halfen auf zwei Rosse die jungen Fürsten wieder.

Wolfdietrich durch die Heiden sich eine Straße schlug
Indes am andern Ende; die wurde weit genug
Fünfhundert Klostermännern, fürwahr so wisset das!
Mit Blute ward gefärbet das blumenreiche Gras.
Die Griffel fleißig trieben die edlen Brüder gut,
Die Tinte, die sie schrieben, war alles eitel Blut.
Herr Baruk von Palakern zu sprengen da begann;
Wolfdieterich, den wackern, den ritt der Heide an.

Zwischen den beiden Haufen stach der den Heiden tot.
Hei, für die Ungetauften hub sich da große Not!
Viel manchem wilden Heiden ward da der Leib genommen.
Wolfdietrich und die Seinen waren zusammen gekommen,
Sie hatten gar durchbrochen der kühnen Heiden Heer,
Sie hatten sich gerochen; die Feinde fühlten's schwer.

Wolfdietrich sah mit Freuden seinen Sohn Hugdieterich
Und Hildebranden streiten so kühn und ritterlich,
Daß sich sein Herz entzündete und alles Leid vergaß.
Da sah er zu den Stunden den Heiden Tarias
Auch in dem Heere streiten mit einer großen Schar,
Er hieb sich eine Straße bis hin zum Heiden gar
Und gab dem reichen Heiden so bitterlichen Schlag,
Daß Roß und Mann gestrecket übereinander lag.
Da bot er ihm die Hände, der Heide ritterlich:
»Ich geb' mich dir gefangen, o König Wolfdietrich.«

So war der Streit ergangen. Der Held Wolfdieterich
War doch mit Leid befangen. Der Recke lobelich
Befahl das Volk zu schätzen, das seine Söhne dar
Und seine Diener brachten; da waren aus der Schar
Zweitausend Mann verloren und sechs der Diener hin.
Ach, da war tot gelegen Herr Berchther und Berchtwin,
Und Alebrand der Degen, Schildbrand und Held Berchtung,
Die waren tot gelegen: da klagte alt und jung.
Es kann niemand voll sagen, wie Wolfdietrich begann
Die Mannen zu beklagen; jeglichem er da nahm
Sein Haupt in seine Hände und küßt' ihn an den Mund.
Im Kloster dort begrub man sie an derselben Stund'.

Nun ward nach den gefangnen Heiden hingesandt.
Die ungetauften Gäste brachte man zuhand.
Da sprach der Held Wolfdietrich zum Heiden Tarias:
»Ihr müsset alle sterben, ihr schwöret mir denn das,
Daß ihr und all' die Euren, die ihr uns wolltet bezwingen
In Zukunft diesem Kloster wollt keinen Schaden bringen!«
Die wilden Heiden huben da alle großes Klagen,
Sie mußten alle schwören, es nimmermehr zu wagen,
Das Kloster zu bekriegen so lang es möchte stehn.
Darauf ließ man die Heiden besiegt von dannen gehn.

Nachdem die wilden Heiden geschieden waren von dannen,
Da ging vor seinen Vater Hugdietrich mit den Mannen,
Mit Herbrand und den Höchsten des Heeres allzuhand
Und gehrte von ihm Urlaub; sie wollten heim zu Land.
Da ging vor Herrn Wolfdietrich der junge Hildebrand:
»Gib einen Schild mir, Herre, daß ich in keinem Land
Mich fürder dürfe schämen: drei Wölfe von Golde rot
Will ich durch deinen Namen stets führen bis zum Tod
In einem grünen Felde, darum ein blauer Ring!«
Jungherr Hildbrand vom Alten das Wappen hier empfing.
Mit großen Ehren gab man den Schild in seine Hand.
Vom Wolf und Ringe wurden die Wölfinge genannt,
Die von der Sippe kamen, die führten auch den Schild.
Da sie nun Urlaub nahmen vom Fürsten kühn und mild,
Da fuhren die Herren wieder heim in das römische Land
Und büßten deren Schaden, die man im Leide fand.

Wolfdietrich in dem Orden Gott manche Dienste tät,
In jeder frommen Weise mit Fasten und Gebet.
Ihm war alles zu ringe, er glaubte nicht allein
So leicht die Schulden zu büßen. Er bat die Brüder sein
Um eine schwerere Buße, daß er in einer Nacht
Würd' seiner Sünden ledig. Das wurde bald bedacht.
Sie ließen eine Bahre dort in dem Münster stehn,
Den edlen Fürsten ließen die Mönche dazu gehn,
Daß er drauf säß alleine wohl eine ganze Nacht,
So hätt' er reiche Buße für alle Schuld gebracht.
Das tat er auch mit Willen; der Tag ein Ende nahm,
Da saß er auf der Bahre, der Fürste lobesam.
Mit allen Seelen, die er zu Tode je erschlug,
Mußt' er die Nacht durch fechten; da hatt' er Leids genug.
Da gaben ihm die Geister gar manchen Stoß und Schlag.
Was er bei seinen Zeiten je harter Stürme pflag,
Das war ein Wind zu diesem; er mußte sich gestehn,
Daß er wohl tausend Riesen, viel lieber wollte bestehn.
Wem er was tat zu Leide, der kam feindlich genug;
Es hallte wie ein Bette, was er auf sie auch schlug.
Er kam von ihnen allen die Nacht in große Not,
Denn die er mußt bestehen, die forchten nicht den Tod.
Das trieb der Held Wolfdietrich eine winterlange Nacht,
Ihm ward von manchem Toten gar bittres Weh gebracht.
Von Müde und von Hitze ward ihm des Nachtes weh',
Das Haar auf seinem Haupte war ihm weiß wie der Schnee.

Des Morgens, da die Mönche zur Mette wollten gehn,
Da ließen erst die Geister den Mann in seinen Wehn.
Ihm war der Sinn geschwunden, er lag allda für tot.

Die Mönche voller Trauer, die hatten große Not.
Er kam zu Kräften wieder, da wurde er gelabt:
»Nun lobet Gott vom Himmel, daß ihr gebüßet habt!«

So war in diesem Kloster Wolfdietrich sechzehn Jahr',
Er diente unserm Herren, sagt uns die Mär' fürwahr.
Die Engel an dem Ende ließen die Seele gehn
Zu Gott ohn' Missewende. So mög' auch uns geschehn.

Darnach im andern Jahre führte zu seinem Weib
Den Fürsten man im Sarge. So war der dreier Leib
Beisammen: Liebgard, Ortnid, Wolfdieterich zugleich.
Gott gnade ihrer Seele dort in dem Himmelreich!

Amelung

An die Sage von Wolfdietrich schließt sich die von seinem Sohne Hugdietrich, von dem »Dietrichs Flucht« berichtet, und die große von seinem Enkel Amelung, den die nordischen Quellen, die Thidreksaga und die dänischen Volkslieder Samson oder Samsing nennen. Unsere süddeutschen Überlieferungen über Dietrichs Ahnen werden hier aufs wünschenswerteste durch die skandinavischen Berichte ergänzt. Amelung Samsing gewinnt Hildeswind, die Tochter des Herzogs von Salern, worunter doch wohl nicht das tirolische Salurn zu verstehen ist, sondern die unteritalienische Provinz, berühmt unter Langobarden und Normannen, mit der Stadt und dem auf einer Anhöhe liegenden Kastell. Amelungs Söhne sind Ermanrich, der nach ihm Kaiser zu Rom wird, Dietmar, der Elsungs Tochter Otilia und dessen Stadt Verona (Bern) erhält, und Diether. Dietmars Sohn ist der berühmte Dietrich von Bern. Zu ihm kommt Hildebrand, der Sohn des Herebrand von Venedig, als Freund und Erzieher. Die Sagen von dieser Generation werden den Hauptkern der folgenden Lieder bilden.

Nun ist denn tot gelegen Wolfdietrich lobelich;
So kam sein Sohn zum Reiche der junge Hugdietrich.
Der nahm von Alten Troje die reiche Königinne
Zu seinem Eheweibe, die schöne Siegeminne.
In ihres Vaters Lande er Arbeit um sie litt,
Mit auserwählter Mannheit er sie von ihm erstritt,
Bis er die edle Fraue hinbrachte in sein Reich.
Wohl fünfundvierzig Jahre lebt' er mit ihr zugleich.
Er hinterließ im Tode nur einen Sohn allein:
Jung Amelung so hieß er, der ward biderb und rein.
Sein Haar und Bart war dunkel wie Pech und überlang,
Er war an Wuchs ein Riese und auch an Kraft und Gang.
Lang war und breit sein Antlitz, gar grimmig sein Gesicht,
Die Brauen waren lange, so groß und schwarz und dicht,
Als ob zwei Raben säßen auf seinen Augen breit;
Sein Hals war dick, die Schultern die waren stark und weit.

Sein Arm war anzufühlen so hart wie Stock und Stein,
Die Hand war wohlgewachsen, weichfingrig, schön und fein.
Und zu den großen Kräften hatt' er Behendigkeit;
Zu guten Ritterspielen da war er stets bereit.
Er war gar mild und höflich mit allen, arm und reich,
Zum mindsten Manne sprach er so wie zum höchsten gleich.
Gar weise und scharfsinnig war er, vorsichtig auch,
Und mild und gar freigebig. Es war niemals sein Brauch,
Beistand und Gut zu sparen gegen die Freunde gar,
Wenn mächtige Not auch drohte und drängende Gefahr.
Er war so kühn und tapfer, daß er in keiner Not
Sich jemals fürchten mußte, er scheute nicht den Tod.
Er kämpfte oft mit vielen, doch nimmer kam's zum Streit,
Daß er die bess'ren Lose nicht hatte allezeit.
Fest waren sein Worte, und was er auch verhieß,
Ob gut es war, ob Böses, davon er nimmer ließ.
Von dem, was er sich vornahm, da ließ er nimmermehr,
Bevor es ganz vollführt war; er wär gestorben eh'r.
Durch alles dies zusammen ward schon sein Ruhm so hoch,
Daß ihn die Freunde lobten, die Feinde scheuten ihn doch.
Nimmer aber rühmte der Held sich einer Tat,
Und hörte schweigend, wenn man belobte, was er tat.

Nun hebt hier an die Sage und sagt von einem Herrn,
Der Rodger war geheißen und herrschte in Salern.
Der hatte eine Tochter, die schöne Hildeswind;
Sie war der Maide schönste, die auf der Erde sind.
Sie war auch wohlerfahren in jeder Kunst und List,
Die besser zu besitzen als zu vermissen ist.
Gar hold war ihr der Vater, sie hatte aller Gunst
Ob ihrer Schönheit, Milde und allerhande Kunst.
Auch Amlung faßte Liebe zur Maid in seinem Mut,
Daß er sie haben wollte, es geh' bös oder gut.
So diente er dem Fürsten gar heimlich manches Jahr
Und stand in großer Ehre, wie zu erwarten war.
Drum daß ihn niemand kenne alldorten in Salern,
Ließ er sich Samsing nennen vom Volk und von dem Herrn.

Nun wars, daß eines Tages Rodger zu Tische saß,
Und vor ihm stand Herr Samsing; der Fürst des nicht vergaß,
Die besten Leckerbissen von seinem Tisch geschwind
Sandt er auf goldnen Schüsseln der schönen Hildeswind.
Samsing nahm diese Schüsseln, eine in jede Hand,
Trug sie davon und sagte zum Knappen hingewandt:
»Geh, nimm mein Roß und Waffen, und halte sie bereit,
Wenn ich aus diesem Hofe fortgeh, zur rechten Zeit!«

Nun ging der Ritter Samsing; man öffnet ihm das Tor,
Er ging hinauf die Feste zum höchsten Turm empor.
Da saß die schöne Jungfrau mit wenigen Frauen im Saal,
Er ging zu ihr, verneigte sich hold und sprach zumal:
»Heil, Jungfrau, dir und allen euch, die hier innen sind!«
Da grüßten ihn die Frauen. Die schöne Hildeswind
Bat ihn, mit ihr zu essen und auch zu trinken sodann.
Er tat also und brachte bald seine Werbung an.
»Hör an, du edle Hildeswind, du bist so schön und fein,
Sag an, ob du willst werden die Allerliebste mein?«
Sie sprach: »Wie kann ich werden die Allerliebste dein?
Mein edler Vater gab mir schon einen Bräutigam fein.«
Er sprach: »Nein Jungfrau, sammle dein Gold in einen Schrein!
Du mußt mit mir; gesattelt ist schon das Grauroß mein.«

Und als das Mal vorüber, da nahm sie ihren Hort,
Und sprach zu ihren Frauen mit weinenden Augen das Wort:
»Hier ist nun Ritter Samsing gekommen mit dem Mut,
Daß er mich will entführen, es geh' bös oder gut.
Wie sollen wir das wehren, was er ausführen will?
Wär'n hier auch hundert Ritter, er scheute sie nicht viel.
Drum nahm ich die Kleinode und meinen Hort mit mir,
Wiewohl es eine Schande, mit einem Mann von hier
Mich also fortzustehlen, vom Vater und von euch
Und von den lieben Freunden, von aller Ehr zugleich.
Auch will ich euch nun bitten; daß ihr die Tat mit Fleiß
So lang als möglich hehlet dem Vater, denn ich weiß,
Daß er uns bald ereilet; und träf er uns im Feld,
So ist der Ritter Samsing ein so gewalt'ger Held,
Eh er sein Leben ließe, so müßt es wohl geschehn,
Daß ich viel liebe Freunde zur Erd' mag stürzen sehn.«

Da setzte Ritter Samsing die Maid auf seinen Arm
Und trug sie aus der Feste zu der Jungfrauen Harm.
Und als er aus dem Hofe heraus kam vor das Tor,
Da stund auch schon sein Knappe mit zweien Rossen davor,
Das eine mit dem Sattel, das andre für den Schatz.
Nun wappnete sich der Ritter, sprang auf mit einem Satz,
Und nahm dann seine Fraue vor sich auf seinen Schoß.
So ritt er rasch von dannen, denn die Gefahr war groß.

Sie ritten über die Gasse mit also leisem Schritt,
Daß man nicht hören konnte des guten Rosses Tritt.
Sie ritten über die Brücke so listig überall,
Daß niemand hören konnte der Rosseshufe Schall.

Und als sie drüben waren wohl oberhalb der Stadt,
Begegnet ihnen ein Ritter, der dort die Wache hat.
Herr Amelung schwang in die Höhe sein gutes Schwert mit Macht:
»Nun sag' dem Herzog Rodger, du Ritter, gute Nacht!«
Der Ritter hüllte vor Trauer das Haupt in sein Gewand,
So ging er vor den König zum Saal hin allzuhand,
Da sagte er dem König die neue Trauermär:
»Wohin hast du den Samsing geschickt, o König hehr?
Ihr sitzet hier im Saale und trinket Met und Wein;
Fort ritt der Ritter Samsing mit deinem Töchterlein!«

Der König ließ gebieten allübrall seinen Bann:
»Wohlauf, ihr kühnen Helden, nun legt die Brünne an!
Wohlauf, ihr meine Mannen! Wer hätte das geglaubt?
Hildeswind, meine Tochter, ist mit Gewalt geraubt!
Wohlauf, ihr guten Mannen, nun gilt es jedenfalls,
Denn Samsing, ihr Verführer, hat einen harten Hals.
Ihr sollt im Lande reiten und scheuen keine Not,
Bis ihr mir Samsing bringet lebendig oder tot!«
Die Bocksfellstiefel legten die guten Helden an;
Von rotem Gold die Sporen, die schnallten sie daran.
Als auf die grüne Wiese sie kamen alsobald,
Wie ließen sie da springen die Rosse hin zum Wald!

Bald waren sie im Walde, der war ganz unbewohnt.
Da Amelung sich dachte, er bliebe dort verschont,
So hatte er ein Häuslein im Dickicht sich erbaut,
Dort dachte er zu wohnen in Frieden mit der Braut.
Nur seine alte Mutter, Frau Siegeminne, war
Am Orte, zu empfangen das junge Liebespaar.
Herr Amelung, der koste mit seinem Weibe eben:
»Nun schläfst du oder wachst du, mein schönes, junges Leben?«
Sie sprach: »Gar keine Ruhe kann ich bei dir gewinnen,
Die Furcht vor meinem Vater kommt mir nie aus den Sinnen.«

Das Wort der schönen Jungfrau war noch nicht halb gesagt,
Als schon des Königs Mannen zum Hofe kamen gejagt.
Und als die Reiter kamen beim Tor des Hauses an,
Stand außen seine Mutter und ruhte sich daran.
»Nun hör', du liebes Mütterchen, du bist so schön und fein,
Wo mag wohl Ritter Samsing allda zu finden sein?«
Sie sprach: »Samsing zog gestern aus dieser Burg fürwahr
Und wird nicht wieder kommen vor Julzeit dieses Jahr.«
Sie sprachen: »Willst du weisen uns Ritter Samsing hold,
So wollen wir dir geben das allerroteste Gold.«

Sie breiteten zur Erde einen blauen Mantel fein
Und legten ohne Säumen das rote Gold hinein.
Siegminne, seine Mutter, war nicht dem Helden hold;
Die Üble, sie verkaufte ihn um das rote Gold.
Sie sprach: »Dein Gold, das rote, ist gut in meinem Schrein
Und Amelung der wilde ist schlimm dem Mütterlein.
Kann ich von euch empfangen das feuerrote Gold,
So will ich euch hinweisen zum Ritter Samsing hold.
In unserm Hofe zu Norden da ist ein Haus gebaut,
Da liegt der Ritter Samsing mit seiner jungen Braut.«

Des Königs Mannen ritten in Samsings Hof sogleich,
Sie meinten zu gewinnen den Sieg mit einem Streich.
Sie stießen an die Türe mit Spieß und Schwert und Schild.
»Bist du hier innen, Samsing, so geh heraus; es gilt!«
Er sprach: »Ich bin nicht Samsing, ich bin sein Gast im Schloß;
Im Stalle hängt mein Scharlach, steht mein gesattelt Roß.«
»Und gehst du, Ritter Samsing, nicht gleich zu uns heraus,
So brechen wir die Türe, so brennen wir das Haus!«
Herr Amelung, der schaute zum Fenster da heraus;
»Wie sind doch euer viele, ich bin allein zum Strauß
Ihr guten Königsmannen, noch harret kurze Zeit,
Bis ich mich kleiden möge, bald bin euch bereit.«
Die junge Braut des Ritters, sie war ihm ohne Falsch,
Sie schnallte ihm die Brünne um seinen weißen Hals.

Herr Amelung sprang zum Fenster hinaus in das Gedräng,
Er machte weite Straße, wo's noch zuvor war eng,
Zuerst erschlug er viere, dann schlug er fünf zumal,
Darauf erschlug er dreißig, die andern flohen all.
Er hieb in sie so lange, bis müd schon war sein Mut;
Da stund der kühne Recke in fünfzig Ritter Blut.
Herr Amelung der gürtete sein Schwert sich an die Seiten,
Er wollte aus dem Hofe zu König Rodger reiten.
Und als er bei der Pforte des Hofes langte an,
Da stand noch seine Mutter und ruhte sich daran.
Er sprach: »O meine Mutter, du warst mir wenig hold,
Du wolltest mich verkaufen wohl für das rote Gold.«
Da langte Ritter Amelung sein gutes Schwert hervor,
Die eigne Mutter hieb er zu Stücken vor dem Tor.

Als nun Fürst Rodger hörte, wie dies vollendet ward,
Was Samsing unternommen, dazu auf welche Art,
Da härmte er sich lange und gar nicht wußte er,
Wie nun für diese Schande Rache zu nehmen wär'.
Er legte auf den Ritter den allerschwersten Bann,
Und hieß ihn gleich erschlagen, wo man ihn träfe an.

Als Amlung, der im Walde dort wohnte nahebei,
Erfuhr, daß er verwiesen und friedlos worden sei,
Da ritt er aus dem Walde zu Rodgers Höfen hie
Und schlug und brannte nieder alles, Mensch und Vieh;
Und was ihm in den Weg kam, das flüchtete sich bald.
Doch als er wieder kehrte zu seinem Haus im Wald,
Da kam mit sechzig Mannen Herr Rodger auf ihn los.
Sobald dies Amlung schaute, da wandte er sein Roß.
Er schlug es mit den Sporen und ritt gar kühnlich drein,
Er spannte Helm und Brünne und legte die Lanze ein.
Und mit dem ersten Stoße stieß einen Feind der Held
Durch Harnisch, Brust und Schultern und warf ihn auf das Feld.
Nun zog er aus der Scheide sein Schwert gar breit und lang,
Das beste aller Schwerter und schlug im ersten Schwang
Den Helden, der das Banner des Herzogs Rodger trug,
So daß er Bauch und Panzer ganz auseinander schlug;
Und auch die Bannerstange zerhieb er wie im Spiel,
So daß das schöne Banner hin auf die Erde fiel.
Und auf der andern Seite da hieb er einen gar
Über den Sattelbogen durch seinen Harnisch dar,
So daß er in zwei Stücken hin zu der Erde fiel.
Nun machte er den Fürsten selber sich zum Ziel;
Er hieb ihm nach dem Halse durch Helm und Harnisch, schlug
Im selben Hieb des Rosses Kopf ab mitsamt dem Bug,
So daß zugleich hinsanken der Fürst und auch sein Roß.
In kurzem machte Amelung noch fünfzehn siegeslos,
Und hatte keine Wunde. Da floh die ganze Schar,
Der dünkte sich am wohlsten, der ihm am weitesten war.
Darauf ritt Ritter Amelung zu seiner Frauen bald;
Gar manchen Tag verweilte er dort im finstern Wald.

Die Ritter aber kamen wieder nach Salern
Und sagten von dem Falle der Mannen und des Herrn.
So war nun ohne Häuptling die Burg und auch das Reich.
Da ließ Herrn Rodgers Bruder, Herr Brunstein alsogleich
Ein Thing ansagen und wurde als König anerkannt.
Er ritt mit manchem Manne an manchem Tag durchs Land,
Herrn Samsing aufzusuchen, doch unerschrocken fuhr
Der Held in Brunsteins Höfe und schlug und raubte nur.

Schon hatte durch zwei Winter gedauert dieser Strauß,
Da ritt nach Samsing wieder der König Brunstein aus,
Und mit ihm hundert Ritter. Doch fand er ihn nicht bald.
Am Abend ritt der König zu einem Schloß am Wald
Und blieb die Nacht; doch Amelung kam hin um Mitternacht.
Nun war die Burg verschlossen, von Wächtern wohl bewacht.

Ein Dorf war bei dem Schlosse, dorthin ging Amelung schnelle,
Nahm Feuer mit und legte es an ein Haus zur Stelle.
Drauf nahm er lodernde Brände und schleuderte sie ins Schloß,
Bald brannten alle Gebäude; da war der Jammer groß.
Damit erwachten die Wächter; sie sprangen eilig auf
Und bliesen in die Hörner und riefen die Helden zuhauf.
Doch jeder, der erwachte, ergriff nur sein Gewand
Und einer trieb den andern zu flüchten ohn' Widerstand.
Der Ruf kam auch zum König; der kleidete sich bald,
Sprang auf sein Roß und jagte von dannen durch den Wald,
Und mit ihm noch sechs Ritter. Da rannte jeder Mann
So schnell er nur vermochte; sie wandten sich zum Tann.
Sie flohen fort zu Rosse oder auch ohne Roß,
Etliche wohl gewappnet, etliche kleiderlos.
Gar großen Schimpf und Schaden da König Brunstein nahm,
Amlung schlug viel zu Tode, bevor der Tag herkam.
Nun ritt der König Brunstein gar lang durch Wald und Au,
Er fand ein Haus und außen vorm Tor stund eine Frau.
Der König gleich erkannte, es wäre Hildeswind,
Die eigne Blutsverwandte; er fragte sie geschwind,
Warum im Wald sie wäre und wo ihr Liebster sei,
Und ob sie mit ihm wolle. Sie antwortet ihm frei:
»Herr, hier ist meine Herberg in diesem kleinen Haus,
Aber mein Herre Amelung ritt gestern abends aus,
Und wenn du ihn nicht sahest, so weiß ich nicht führwahr,
Wohin er sei geritten. Wie aber kommst du dar
Zu diesem dunklen Walde? Was reitest du bei Nacht?
Dein Nachtlager, wo war es? Was hat dich hergebracht
So zeitig? Denn die Sonne ging eben erst herauf;
Man braucht nach diesem Walde wohl einen Tageslauf.«

Da antwortete König Brunstein von Salern:
»Frau, du hast wahr gesprochen; der Weg ist lang und fern.
Ich ritt zu diesem Walde wohl einen ganzen Tag.
Ein Schloß ist da mein eigen, wo ich zur Nachtzeit lag,
Und ich erwachte nicht eher, als bis das ganze Haus
In Feuer stand und Hörner mich mächtig riefen heraus.
Und da wir schliefen, waren wir hundert Männer doch,
Nun hab' ich in dem Walde nur die sechs Ritter noch.
Ich kann fürwahr nicht wissen, woher das Heer uns kam.
Da sprach die schöne Hildeswind zum König lobesam:
»Ist's also, wie ich wähne, hat Amelunges Hand
Die Mannen dir erschlagen, dazu dein Schloß verbrannt.«
Da sprach der König Brunstein zu Hildeswind der schönen:
»Fürwahr, du bist recht töricht und unklug, so zu wähnen,
Daß Amlung hundert Hörner geblasen habe zugleich,
Und unser Schloß verbrannt hab. Nimm deine Schätze reich

Und fahr mit uns nach Hause! Zu lange warst du hier
Zur großen Schmach den Deinen, den Freunden, so wie dir!«
Da antwortet dem König die schöne Hildeswind:
»Ich denke nicht zu fahren mit dir so gar geschwind!
Du wirst zu tun bekommen noch mehr zu dieser Frist.
Sprich nur zuerst mit jenem, der da gekommen ist!«

Und jetzo sah der König, wie Amlung ritt herzu.
Sie sprengten aufeinander und zogen die Schwerter im Nu,
Da hieb Amlung dem König durch Helm zugleich und Haupt,
Daß er vom Rosse stürzte, des Lebens schier beraubt.
Und mit dem nächsten Schlage traf er den zweiten auch.
Den dritten Ritter rannte er mitten durch den Bauch.
Da flohn die andern. Amelung verfolgte sie im Flug
Und ließ nicht eher von ihnen, bis er noch zwei erschlug.
Nur einer sollte entkommen mit einer Wunde schwer,
Der kam heim in die Halle und sagte diese Mär,
Wie Amlung mit dem König pflag der Zusammenfahrt,
Und auch auf welche Weise der Streit geschlichtet ward.
Und alle, die das hörten, die sagten, daß kein Mann
Mit Amelung, dem Ritter, sich je vergleichen kann.

Nun kam zurück Herr Amelung und sprach zu seiner Frau:
»Schon allzulange sind wir allhier in dieser Au.
Nicht länger hier im Walde verweil' und berg ich mich;
Nimm alle deine Schätze, mein Lieb, bereite dich!«
Und also tat die Fraue, drei Rosse nahm er gleich,
Die er belud mit Golde und manchem Kleinod reich.
Dann brachte er ein viertes zur Fahrt für Hildeswind,
Er selbst bestieg ein fünftes und ritt dahin geschwind.

Nun ist davon zu sagen, daß dieses kühne Paar
Hinritt, bis daß es nimmer weit aus dem Walde war.
Da sahn sie im Gereute zwölf Mannen licht und groß
Ihnen entgegenreiten, jeden auf hohem Roß,
Mit manchem breiten Schilde, mit Helm und dickem Speer;
Sie selber waren herrlich und ritten schnell einher.
Da sprach der Degen Amelung zu seiner Frauen zart:
»Wer sind wohl diese Ritter, die reiten solche Fahrt?«
Da sprach zu ihrem Manne die schöne Hildeswind:
»Gemahl und Herr, ich weiß nicht, wer diese Männer sind.
Fürwahr, sie reiten stattlich einher auf dieser Fahrt.
Solltest du nicht erkennen, ihr Wappen, ihre Art?«
Da antwortete Amelung der Frauen minniglich:
»Sie kenn ich nicht, jedennoch die Wappen kenne ich.

Der vorderste der Männer hat einen roten Schild,
Drauf einen goldnen Löwen, und dieses Wappenbild
Das führte stets mein Vater und sein Bruder Dietmar.
Dasselbe Wappen führet auch mein Schild immerdar.
Daran mag ich erkennen, daß die mir Freunde sind.«

Indessen kamen jene noch näher gar geschwind.
Da fragt' er, wer sie wären, die Männer, und woher,
Wohin sie fahren wollten. Da sprach ihr Hauptmann hehr:
»Wir sind schon weit geritten, viel langen Weg hieher,
Und gut ist's, daß wir rückwärts nicht kehrten schon vorher,
Dieweil wir nun erreichen unser gewünschtes Ziel.
Wir haben längst erfahren von deiner Arbeit viel,
Mit welchen starken Gegnern dir hier zu schaffen sei,
Wie wenige deiner Freunde dir dazu standen bei.
Doch du bist unser Blutsfreund, mein Amelung, fürwahr
Wenn ich dich recht erkenne, und ich bin dein Dietmar.
Dein Vaterbruder; dies sind die beiden Söhne mein:
All deine Freunde mögen wir fern und nahe sein.
Wir suchten nach dir lange, weil wir dir hülfen gern.«
Da dankte Ritter Amelung gar freundlich diesen Herrn.

Nun ritten sie zusammen nach einer Stadt alsbald,
Die hatte König Rodger vorher in der Gewalt.
Die Bürger sahn sie nicht eher, als bis die waren im Tor,
Da merkten erst die Leute, Herr Amlung sei davor,
Der König Rodgern, Brunstein und manchen andern Mann
Im Kampf erschlagen hatte, und sie bedachten dann,
Wie große Heldenwerke er wirkte immerdar
Und welch gewaltger Recke der Held in allem war,
Und wie sie ohne Herren wären zu dieser Zeit;
Da gingen ihre Weisen zu Rate allbereit.
Und ehe sie sich trennten, faßten sie den Beschluß,
Daß man mit diesem Helden sich wohl vergleichen muß.
Drauf gingen mit Gefolge sie stattlich zu ihm hin
Und fanden ihn mit den Seinen in einem Saale drin;
Da hatte er Herberge. Da boten sich alsbald
Die Bürger auf den Knien dem Herrn in seine Gewalt,
Daß sie Dienstmannen würden und er ihr Häuptling sei,
Auch wollten sie ihm geben die Burg und Macht dabei.
Die Rede nahm Herr Amelung gar günstig auf, der Held.
Drauf ward ein Thing gehalten und er zum Herzog erwählt.

Bald drauf ritt Herzog Amelung heraus aus seinem Schloß
Und mit ihm noch fünf Ritter und anderer großer Troß.
Er ritt zu einer Burg hin, die noch viel reicher war.
Da schickte er zur Feste einige seiner Schar,

Daß sie sich sollten ergeben oder wehren der Gewalt.
Als dies die Bürger hörten, berieten sie sich bald,
Und hielten eine Versammlung. Vor allem Volke dann
Hielt eine lange Rede ein wohlberedter Mann:
»Wie manche Heldentaten Herr Amelung vollbracht,
Wie Burgen er und Länder gewonnen habe mit Macht,
Wie milde und leutselig und gegen Freunde gut
Er sei, doch gegen Feinde gar grimm und hartgemut.
Wie standmutig er wäre in Taten manigfalt,
Wie übel er dem Rodger und Brunstein habe bezahlt.
Dasselbe hätten die Bürger von ihm jetzt zu erfahren,
Denn sie vermöchten nimmer sich gegen ihn zu wahren.
Drum rat' ich, daß aufs beste man ihn empfangen soll.«
Damit schloß er die Rede. Das dünkte die andern wohl.
Daß er dagegen spräche, so kühn war keiner da.
Und als man Herzog Amelung zur Burg herkommen sah,
Da waren die Tore offen und er ritt mit dem Heer in die Stadt.
Da ward ein Thing gehalten und ihm im vollen Rat
Die Herrschaft überlassen und alles Land fortan,
Auch boten ihm die Bürger den Königsnamen an.
Doch wollte er nicht heißen nur König in der Ferne,
Bevor er aufgerichtet sein Banner in Salerne.

In jener Burg verweilte fünf Tage Amelung,
Und als er nun herausritt, der Degen kühn und jung,
Hatt' er zweitausend Ritter und einen großen Troß.
Die führt' er gen Salerne; da war nicht Burg noch Schloß
Auf seinem Weg, daß sich nicht ergeben hätte gern.
Nun sandt' er seine Boten voraus hin nach Salern,
Und ließ den Bürgern künden die Botschaft also frei,
Er wolle die Burg besitzen, wie es auch immer sei,
Wohlfeil oder teuer, und daß er fallen wollte
Mit seinem Heere eher, als daß er weichen sollte.

Ob dieser Zeitung waren die Bürger sehr betroffen,
Und hielten miteinander Ratschläge viel, teils offen,
Teils heimlich und im stillen; und so auf diese Art
Ward manchen Tag geraten, eh' was beschlossen ward.
Als nun die Bürger hörten, daß er schon nahe weile,
Da ritten sie zusammen hin vor die Burg in Eile
In Waffen und Kriegsgewanden, mit ihren Fahnen all,
In ihrer besten Rüstung, mit Prangen und mit Schall
Und allerlei Ergötzung, auch manchem Saitenspiel,
Mit Harfen, Fiedeln, Geigen, und dazu Trommeln viel.
Und als dem Herzog Amelung sie nahten vor dem Tor,
Stiegen sie von den Rossen, die Vornehmsten zuvor,

Demnächst auch alle Ritter und gaben alsobald
Die Burg und auch sich selber in Amelungs Gewalt.
Der Herzog dankte ihnen für ihren Willen so
Dann stiegen alle wieder auf ihre Rosse froh
Und folgten ihrem Herzog zur Burg und Königshalle,
Setzten ihn auf den Hochsitz und gaben ihm dann alle
Den rechten Königsnamen, und öffneten ihm den Hort,
Den Rodger einst besessen und Brunstein an dem Ort.
Drauf sandte der König Boten wohl über all das Reich,
Das Brunstein hatte besessen, daß alle Mannen sogleich
Nun vor ihn kommen sollten, dem Königsdienste nach;
Und keiner war so kühne, daß er dagegen sprach.

So herrschte König Amelung im Reiche weit und breit.
Davon wird noch gesungen, daß er in dieser Zeit
Ein Söhnelein erzeugte mit der Frau Hildeswind,
Das Ermanrich genannt ward. Es wuchs das edle Kind
Und ward gar stark und wacker; der König liebt' es sehr.
Herr Amelung vergrößerte sein Reich noch immermehr.
Er fuhr weit über die Lande, besiegte Westerland
Und viele andre Reiche, der er sich unterwand.

Es zeugte König Amelung noch einen andern Sohn
Von einem Kebsweib; Dietmar hieß er, wie einst sein Ohm.
Und als der Knabe aufwuchs, da ward er klug und groß
Und männlich wie sein Vater, ein guter Heldengenoß.

Nun ward der König Amelung zu einem alten Mann,
Und Ermanrich erwachsen, ein Jüngling lobesan.
Dietmar war fünfzehn Winter. Und eines Tags geschahs,
Daß Amelung der König auf seinem Hochsitz saß,
Und vor ihm stand und diente sein Sohn Ermanrich;
Da sprach der König Amelung zum Sohne lobelich:
»Mein Sohn, ich will nicht länger, daß du hier dienst im Land,
Ich will ein Reich dir geben westwärts in Spanienland
Über zwölf starke Burgen, die ich gewonnen habe.
Erobre dir noch mehre; auch mir wards nicht zur Gabe.«
Als dies der junge Dietmar vernahm, trat er darnach
Vor seinen Vater, neigte sich gegen ihn und sprach:
»Nun gibst du deinem Sohne Ermanrich ein Reich;
Sonst ward doch stets geteilet zwischen uns beiden gleich.
Drum mögst du dieses bessern noch jetzo alsobald
Und mir auch höhern Namen verleihn und mehr Gewalt!«
Der König Amelung hörte des Jünglings Rede an;
Er sprach kein Wort, nein, blickte den Knaben zornig an.
Als Dietmar keine Antwort erhielt vom König dort,
Da ging er schweigend wieder an seinen frühern Ort.

Herr Amelung saß einmal in seinem prächtigsten Saal
Auf seinem Hochsitz, alle die Ritter mit beim Mal,
Der Saal war schön umhangen, die Tische reich an Kost,
Da gabs zu trinken weißen Wein und dazu roten Most.
Auf seinem eignen Tische war alles von Silber und Gold,
Vor ihm mit großen Gefäßen standen drei Schenken hold.
Mittag war's und die Sonne schien durch die Fenster ein,
Und breitete über die Halle, die ganze, lichten Schein.
Auch war da alle Kurzweil, so man erdenken mag.
Da streckte König Amelung die Hände aus und sprach:
»Nun saß ich zwanzig Winter im Reiche ruhig schier,
Und alle meine Mannen die halten Frieden hier.
Ich habe nicht erweitert in dieser Zeit das Reich,
Nicht steht mehr unsre Ehre, den hohen Ahnen gleich.
In unserm Saale waltet wohl Herrlichkeit und Pracht,
Er strahlt von wackren Degen und teurer Mannen Macht.
Auch ist er wohlgeschmücket, manch' Spiel ist hier bereit,
Doch viel hat sich verändert seit jener früheren Zeit.
So schwarz als wie ein Rabe war sonst mein Bart und Haar,
Und weiß ist jetzo beides, wie eine Taube gar.
Mein Arm war rot und blau sonst, und jetzo ist er weiß.
Was mag davon die Schuld sein? Mein Harnisch, kam mit Fleiß
Mir sonst ein Vierteljahr lang nicht von dem Leibe ja,
Desgleichen meinen Rittern, die Schwerter waren da
Von starken Hieben schartig, von frischem Blute rot,
Jetzt scheinen sie vom Roste nur schartig mehr und rot.
Nun ist mein Helm verrostet, zerborsten ist mein Schild.
Wo sind nun unsre Hengste, die durch das Feuer wild
Einst liefen? Einen Zelter nun jeder reiten will,
So sanft, daß jede Feder bleib' auf dem Helme still.
Doch was bedeutet anders dies weiße Taubenhaar,
Als daß, wie wohl ich sitze auf meinem Hochsitz klar,
Und nicht heraus will kommen aus meiner Burg Salern,
Ich doch von hier muß fahren, wie all die andern Herrn.
Dann aber wenn ich tot bin, ist auch die Ehre tot
Durch unser Ruheleben. Nur Heldenkämpfe und Not
Sind immer frisch und dauernd, ob tausend Winter vergehn.
Drum will ich keinen Tag mehr hier in Salern bestehn.
Auch laß ich laut verkünden wohl über all mein Reich,
Königen, Herzogen, Grafen und allem Volk zugleich,
Daß sie sich in drei Monden bereiten zu der Fahrt.
Auch will ich noch drei Männer bestellen edler Art
In jeder Stadt, die sollen mit eiferlichem Mut
Die Rosse wohl zureiten, die Sättel rüsten gut,
Die Waffen blank auch machen, so wie sie vormals waren,
Und wenn die Zeit verstrichen, sollen alle zu mir fahren.«

Nun ließ auch Briefe schreiben der König Amelung
Und gab sie gleich sechs Rittern, wohl gerüstet und jung;
Im Briefe stand geschrieben: »Der König Amelung
Schickt Botschaft an den mächtigen langbärtigen Elsung;
Du hast zu lang versäumet, uns Ehre zu bezeigen
Durch Schatzung und Gesandtschaft, drum sollst du uns zu eigen
Dein Töchterlein herschicken, die soll mein jüngrer Sohn
Zum Kebsweib dann bekommen, daß sie stets bei ihm wohn'.
Auch sende sechzig Mägde, edel und wohlgetan
Und sechzig Rittersleute gar schön und lobesan
Mit ihrer besten Rüstung; und jeder Ritter soll
Zwei gute Rosse haben und einen Knappen wohl.
Auch sechzig gute Sperber sollst du noch senden mir,
Alle wohl abgerichtet, und sechzig Hunde schier,
Und der beste dieser Hunde, der trag' ein Goldband zart,
Das Seil dran sei geflochten aus deinem langen Bart,
Auf daß du wissest, mächtiger sei Amelung als du.
Und willst du's nicht, so rüste im dritten Mond dich zu
Mit deinen festen Burgen, dazu mit Mann und Pferd,
Damit man sehen möge, wie ihr euch tapfer wehrt!«

Mit diesem Briefe fuhren des Weges jene Herrn.
Bis daß zur Burg sie kamen, die heißt das wälsche Bern.
Dort herrschte König Elsung. Die Ritter kamen dar.
Der König saß bei Tische; da brachte ihm die Schar
Den Brief mit Amlungs Siegel; sie überreichten ihn.
Da nahm den Brief der König und las selber darin.
Doch als er gelesen hatte, da ward er rot wie Blut,
Und sprach zu seinen Mannen also mit Heldenmut:
»Uns hat Botschaft gesendet der König Amlung hier,
Daß ich ihm Schatzung gebe; er fordert jetzo schier
Von uns so üble Dinge, da wir nun sind bei Jahren,
Die wir doch nie gewährten, als wir noch jünger waren.
Ich soll mit Schmach ihm dienen und seine Feindschaft haben!
Doch eh' ich ihm das gebe, was er verlangt zu Gaben,
Soll jede Burg zerbrochen werden in meinem Reich
Und mancher Ritter hauptlos: eh' sterb' ich selber gleich!«
Da ließ er die Ritter fahen und gleich den Führer der Schar
Am höchsten Baum aufhängen, der da zu finden war.
Viere verloren die Köpfe, der sechste die rechte Hand,
Das war von ihnen der kleinste, der wurde heimgesandt.
Drauf ließ er seine Burgen mit Wall und Graben versehn,
Und über alle Toren mußt gutes Wurfzeug stehn.
Die Ritter ließ er rüsten mit Heergerät und Roß;
Da war in seinem Reiche der Mut und Eifer groß.

Der Ritter aber kehrte heimwärts nach Salern
Und sagte von der Botschaft Amelung, seinem Herrn.
Als Amelung dies hörte, tat er in seinem Mut,
Als hab' er nichts vernommen, es wäre bös oder gut.
Und als nun die drei Monde nicht mehr dem Ende fern,
Da zog ein mächtig Kriegsheer zusammen in Salern.
Darauf ritt König Amelung aus seiner Burg von dannen,
Drei Könige, viel Herzöge und andre Lehensmannen.
Wohl fünfzehntausend Ritter folgten ihm allzuhand.
Dies Heer nun führte Amelung in König Elsungs Land.
Als er im Land zwei Tage herumgefahren war,
Da kam ihm auch entgegen Herrn Elsungs Heeresschar.
Der hatte zehntausend Ritter und sonst ein großes Heer;
Viel Helden waren mit ihm und Volk von weit umher,
Von Norden über den Bergen aus Schwaben und Ungerland.
Als sie zusammentrafen, ein harter Sturm entstand.
Voran ritt König Amelung und seine Söhne beide,
Ermanarich und Dietmar ritten an seiner Seite.
Und Amlung schlug der Rosse und Mannen alsoviel,
Daß ihm zu beiden Seiten eins übers andre fiel.
So ritt er vorwärts mitten in seines Feindes Heer;
Blutig war seine Rüstung, sein Roß war's noch viel mehr.
Sein Schwert schwang er so mächtig, daß laut die Klinge klang,
Und man im ganzen Heere nur hörte ihren Sang.
Da rief der König Amlung über die Feinde her:
»Wenn ich auch ganz alleinig ins Heer geritten wär'
Und hätte keine Mannen, doch müßte meine Hand
Herrn Elsungs Mannen schlagen allsamt in seinem Land!«
Seine Stimme scholl entsetzlich, erschreckend war sein Ruf.

Als aber Elsung schaute den Schaden, den er schuf,
Und daß er nichts ausrichte, da rief er laut hinein:
»Dringt tapfer, meine Mannen, dringt in die Feinde ein!
Dann ist der Sieg wohl unser und ihrer ist der Tod;
Denn unsre Streiter fechten viel besser in der Not.
Und dieser harte Drache empfange den Todesstreich,
Oder ich selbst will fallen. Entscheide sich's sogleich!«
Da schlug der König Elsung sein Roß wohl mit dem Sporn
Und ritt hin gegen Amelung allein in grimmem Zorn
Er hieb den Schild des Feindes entzwei von oben an,
Im zweiten Hiebe traf er die linke Achsel dann,
So daß die Ringe rissen und wund ward Amelung.
Doch schnell traf dieser wieder den Hals des Herrn Elsung,
So daß der Kopf hinabfiel. Da nahm Amlung den Kopf
Und hub ihn in die Höhe bei seinem weißen Schopf
Und fragte Elsungs Mannen: »Erkennt ihr wohl dies Haupt?
So stehet ab vom Streite, denn es ist Elsungs Haupt!«

Da endete das Streiten nach Elsungs Fall alsbald,
Und Elsungs Mannen kehrten in Amelungs Gewalt.
Darauf ritt König Amelung mit seinem Heer gen Bern.
Und niemand war so kühne weder nah noch fern,
Die Burgen oder Schlösser zu wehren in dem Land.
Und als er kam vor Berne, da waren schon zuhand
Die Tore aufgeschlossen, und sieh, der Bürger viel
Gingen ihm entgegen mit Sang und Saitenspiel.
Die Schätze König Elsungs, die zeigten sie ihm bald
Und übergaben alles in Amelungs Gewalt.

Nun ließ der König Amelung in Bern ein Mahl bereiten
Und bei dem Mahle gab er vor allen seinen Leuten
Otilia, Elsungs Tochter, als Weib in Dietmars Hand,
Gab ihm den Königsnamen mit Bern und Elsungs Land,
Dazu noch Langobarden und auch das Österreich,
Friaul und römische Erde, das Inntal auch zugleich.
Ermanarich dem König, dem gab der Herre stark
Apulien und Kalaber und dazu Wernhers Mark.
Dem dritten Sohne Diether, des Mutter unedel war,
Dem gab er Baiern, Breisach und Herzogsnamen klar.

Hierauf fuhr König Amelung mit König Ermanrich
Nach Romburg gegen Süden. Der König lobelich,
Der starb auf diesem Zuge. Ermanarich, sein Sohn,
Besaß nun alle Lande. Er zog darauf gen Rom.
Der beste Teil von Romburg der wurde sein Gewinn
Und andre starke Burgen bis gen Apulien hin.
Er gewann auch viel des Reiches von Griechenlandes Meer
Bis nordwärts ans Gebirge und viele Inseln umher.
Er ward der größte König seit langem weit und breit
Und war beliebt und friedsam in seiner ersten Zeit.

Der König Dietmar herrschte auch mächtig über Bern;
Er war ein kühner Degen und ruhmreich nah und fern,
Weise und klug im Herrschen, ein tapfrer Kriegesheld
Und mild und gar freigebig, beliebt bei aller Welt.
Otilia, seine Gattin, war freundlich und auch weis',
Die trefflichste der Frauen, man gab ihr stets den Preis.
Ein Sohn ward ihr geboren, den hieß man Dieterich;
Als dieser Knabe heranwuchs, da ward er sicherlich
Der größte aller Recken im Land zu seiner Zeit,
Und doch war er kein Riese. Sein Antlitz war lang und breit,
Scharf waren seine Augen und waren dunkelbraun,
Sein Haar war stark und schöner als geschlagnes Gold zu schaun,

Und wallte herab in Locken allseits in schöner Art;
So alt er je auch wurde, er hatte keinen Bart.
Seine Schultern maßen zwei Ellen, die Arme waren so hart
Wie Stein und dick wie ein Baumstamm, die Hand war schön und zart.
Er war um seine Mitte gar wohl gewachsen und schmal,
Doch seine Hüften und Schenkel waren so dick zumal,
Daß es ein Wunder däuchte; schön war auch sein Fuß,
Stark seine Waden und Knöchel, wie ein Held haben muß.
So groß war seine Stärke, daß sie noch niemand, traun,
Hat ganz ermessen können; er wußt' es selber kaum.
Er war auch heiter und freundlich, freigiebig und mild,
Daß er an seinen Freunden nichts sparte noch behielt,
Nicht Schätze noch Kleinode, nicht Silber und nicht Gold
Noch andres gegen niemand, der es nur haben wollt'.
Das sagten alle Männer, die Amelung hatten gesehn,
Daß an Gestalt und Tugend ihm Dietrich gleich möcht' stehn.
Die aber König Amelung niemals hatten gekannt,
Meinten, daß so wie Dietrich noch nie ein Mann erstand.
Dietmar schlug ihn zum Ritter, da er zwölf Winter war,
Und setzte ihn zum Häuptling über der Ritter Schar.

Da war auch Herzog Berchtung von Venedig und Meran,
Der Tapfere und Strenge, Wolfdieterichs Dienstmann.
Zwei seiner Söhne waren Berchther und Herebrand,
Die wurden dann Herzöge von Venedig und Schwabenland.
Berchters Sohn war Reginbald, Sintram war dessen Sohn;
Es wird noch in der Folge die Rede sein davon.
Der Herzog Herbrand hatte zum Sohn den Hildebrand;
Als dieser fünfzehn Winter alt war, trat er zuhand
Vor den Hochsitz seines Vaters, der ihn zum Ritter schlug
Und über alle andern zum Häuptling setzte mit Fug.
Der wackerste der Männer war Ritter Hildebrand,
In ritterlichen Künsten geübt mit starker Hand.
Er war groß, lang und mächtig, gar schön und wohlgemut,
Breit war und licht sein Antlitz, die Augen wundergut,
Die Nase wohlgebildet, sein Haar und Bart durchaus
Goldgelb wie reine Seide, wie Hobelspäne kraus.
Er war von allen Männern der ansehnlichste Mann,
Dabei bescheiden, weise, ein guter Rather dann.
Er war fest in der Freundschaft, so daß er nimmermehr
Den Freund verlassen wollte, auch mild und freundlich sehr.

Als aber dreißig Jahre war Ritter Hildebrand,
Sprach er zu seinem Vater, dem Herzog Herebrand:
»Nun will ich großer Männer berühmte Sitten lernen;
Nicht kann ich Ruhm erwerben, wollt ich mich nie entfernen

Aus unsrer Stadt Venedig, oder nach Schwabenland
Zu meinem Oheim Berchther sollt werden hingesandt.«
Da fragte Herzog Herbrand, wohin er fahren wollt'.
Da antwortete Hildebrand dem edlen Vater hold:
»Ich hörte von einem König, der Weg hin ist nicht lang;
Das ist Dietmar von Berne, dahin sei erst mein Gang.«

Dann rüstete er sich selber, mit ihm zwölf Rittersmann,
Die waren alle wacker und herrlich angetan.
Nun ritt er seines Weges, der kühne Hildebrand,
Bis daß er kam nach Berne und König Dietmarn fand.
Der nahm ihn auf mit Ehren und setzt ihn neben sich;
So war er lang beim König Herrn Dietmar lobelich.

Als Dietrich, Sohn des Dietmar, ward sieben Winter alt,
Da setzte ihn Herr Hildebrand zu sich und alsobald
Pflegte er sein in Treuen, bis er zwölf Winter war,
Da wurde er am Hofe gemacht zum Ritter klar.
Und jeder war dem andern in Liebe zugewandt,
Daß nie sich Männer liebten wie Dietrich und Hildebrand.

Riesenalter

Entstehung der Welt; aus Feuer und Eis entsteht der Urriese Imer. Die Götter töten ihn und machen aus seinen Gliedern die Welt. Der Regenbogen soll Himmel und Erde verbinden. Den Gestirnen wird feste Bahn gewiesen; Lenker werden ihnen bestellt.

Schweigen gebiet' ich allem heiligen Menschengeschlecht,
Heimdalls göttlichen Kindern, dem Könige wie dem Knecht.
Allvater hat geboten, daß ich zu seinem Preis
Der Vorzeit Sagen künde, die hehrsten, die ich weiß.
Ich gedenke der Erstgebornen der Welt, der weisen Riesen,
Die mir die Lehre gaben und mir die Sage wiesen.
Ich weiß der Welten neune, mir sind die Räume kund
Am weitberühmten Weltbaum und auf der Erde Grund.

Im Osten unsres Heimes da strömt ein Fluß gar hehr,
Tanais geheißen, der fließt ins schwarze Meer.
Er scheidet all Europa, das westliche Wanenland,
Vom Land und Heim der Asen, das Asien ist genannt.
Die Hauptburg in dem Lande war Asgard; darin schalt
Wodan, der seinem Volke als Götterkönig galt.
Er war ein großer Heermann und fuhr durch alle Welt
Auf Krieg und Kampf; er machte die Erde zum Schlachtenfeld.
Stattlich war er von Ansehn; wenn er bei Freunden saß,
So lachte allen das Herze, daß jeder der Trauer vergaß.
Doch wenn er im Heere kriegte, erschien er grimm und wild.
Er redete klug und weise, dem Schützling hold und mild.
Und alles sprach er in Liedern, so wie man jetzo singt.
Er füllte mit Begeistrung die Seinen mutbeschwingt.
Auch mancher starke Zauber war kund dem Asenherrn:
Er wußte sein Aussehn zu ändern, er fuhr durch die Lüfte fern.

Zwei Brüder hatte Wodan, Wille und Weih genannt,
Der Wanen Herrscher. Viele Sagen sind mir bekannt
Von ihm und seinen Genossen, vom Anbeginn der Welt.
Wie ich sie hörte, seien sie euch anheim gestellt.

Dies erfuhr ich als Erstes, daß im Beginne der Zeit
Nicht Erde war noch Himmel, nur Öde weit und breit.
Das war das Riesenalter, als Imer lebte hehr.
Da war nicht kühle Woge, nicht Sand, noch See, noch Meer.
Nicht Erde fand sich irgend, noch Überhimmels Spur,
Auch Gras und Kräuter nirgend, die »gaffende Gähnung« nur.
Im Norden aber der Gähnung Nibelheim erstand,
Darinnen sich der Brunnen Wergelmer befand.
Im Süden der Gähnung aber heißt Muspelheim der Ort;
Es ist so licht und lohend, so heiß und brennend dort,
Daß es unfahrbar dünket jedem Menschenkind
Und allen, die von Anfang nicht dort inländisch sind.
Er heißt mit Namen Surter, der dort am Sunde sitzt
Und mit dem lohenden Schwerte die Stätte streng beschützt.
Jedoch am Ende der Zeiten fährt er mit Heeresmacht
Hervor, um zu zerstören im Brand der Erde Pracht.

Was schuf sich, ehe die Menschen entstanden, vor der Zeit?
Da flossen eisige Wogen aus Nibelheim so weit,
Bis daß das Wasser erstarrte und nimmer weiter rann.
So füllte sich die Gähnung mit Eis gen Norden an.
Der südliche Teil der Gähnung ward aber bald erwärmt
Durch Funken, die da kamen aus Muspelheim geschwärmt.
Hier war nur Licht und Flamme, dort dunkle Eisesflut.
Und wo das Eis berührte die heiße Dampfesglut,
Da schmolz das Eis und tropfte, und aus den Tropfen ward
Durch Kraft des Herrn der Hitze ein Mann von Riesenart,
Urgelmer bei den Riesen, Imer bei Menschen genannt,
Von dem die Stämme kommen der Riesen allzuhand.
So kam aus Eis und Feuer der Riesen Geschlecht zusammen;
Drum sind sie wild und wütig, wie Frost und wilde Flammen.
Wie wuchsen aber die Riesen aus eines Mannes Leib?
Wie zeugte der die Kinder ohne ein liebendes Weib?
So kam es, daß er müde in tiefen Schlummer kam;
Da wuchs ihm Knab' und Mädchen auf einmal wundersam
Aus seinem eigenen Leibe; Trudgelmer hieß der Sohn,
Der zeugte den Bergelmer in jener Urzeit schon.

Wie wohnte aber Imer, und wovon lebte er?
So wird davon gesungen: das Eis zerschmolz noch mehr,
Bis eine Kuh daraus ward, die Audumla heißt.
Der Milchstrom ihrer Euter hat den Riesen gespeist.
Wovon die Kuh sich nährte, das höre, wer da mag:
Sie leckte das Salz des Eises, und sieh, am ersten Tag
Kam aus dem steinigen Salze des Abends Manneshaar,
Darauf am andern Tage Mannes Haupt fürwahr.
Jedoch am dritten Tage vollkommen sich entwand
Ein schöner Mann dem Eise, der wird Bure genannt.
Er zeugte einen Sprößling, der Bor geheißen ward,
Der nahm zur Gattin Bestla, ein Weib von Riesenart,
Des Riesen Bösdorn Tochter, und schuf der Söhne drei:
Wodan hieß der erste, die andern Wille und Weih.
Das ist, was manche glauben, daß von den Brüdern drei
Der Himmel und die Erde geschaffen worden sei.
Was war nun dieser Brüder alleraltester Rat,
Daß man sie hält für Götter und göttlich ihre Tat?
Woher auch kam die Erde, der Überhimmel woher,
Im Anfang aller Zeiten, da nichts vorhanden wär'?
Die Söhne Bors des hohen erschlugen auf eigenen Rat
Den alten Riesen Imer; das war die erste Tat,
Die zwischen ihnen gesühnt ward. Sie trafen den Riesen gut;
Er fiel; aus seinen Wunden entquoll so vieles Blut,
Daß drin ertrinken mußte aller Riesen Leib;
Bergelmer nur entrann noch zu Schiff mit seinem Weib.
Von diesem stammen fürder die Riesen alle ab,
Die es seit jenen Zeiten auf uns'rer Erde gab.
Die Söhne Bors, die nahmen des Riesen Leib so groß
Und warfen ihn inmitten in jener Gähnung Schoß.
Aus seinem Leib, den Gliedern erschufen sie die Welt
Und alles, was die Erde und was der Himmel enthält.
Aus Imers Fleisch der Erde Grund erschaffen ward,
Aus Beinen und aus Knochen Gebirg' und Felsen hart.
Aus den zerbroch'nen Splittern, den Zähnen, dem Gebiß,
Den mächtigen Backenknochen, da schufen sie Klippen und Kies.
Die Bäume aber schufen sie aus des Riesen Haar,
Aus seinen Brauen den Garten Mittgard wunderbar.
Aus seinem Blut, das mächtig in Strömen sich ergoß,
Erschufen sie die Meerflut, die um die Erde floß.
Aus seiner Schädelschale ward der Himmel gemacht,
Den setzten sie darüber, wie man ein Haus bedacht,
Mit vier geschied'nen Ecken. Und unter jeden Ort
Da setzten sie die Zwerge: Ost, West und Süd und Nord.
Sie nahmen auch sein Gehirne und warfen's in die Luft;
Draus wurden schwere Wolken und leichter Nebelduft.
So wundergroße Werke wurden da vollbracht:
Das sind die größten Kunden von dieser Götter Macht.

Wie aber war die Erde beschaffen im Anfang dort?
Wo war der Riesen Wohnung, der Götter und Menschen Ort?
Ringrund ist ja die Erde, und draußen liegt die See.
Sie ließen die Riesen wohnen dort an des Seestrands Näh',
Der Erde Mitte wurde den Menschen zugedacht;
Dort ward aus Imers Brauen die Burg Mittgard gemacht.
Wie aber heißt das Wasser, das da verteilt den Grund
Zwischen den Söhnen der Riesen und zwischen dem Götterbund?
Ifing heißt das Wasser, das die Gebiete teilt
Zwischen den Riesensöhnen und Göttern unverweilt.
Offen rinnen soll es für alle Zeiten der Welt,
Nie wird Eis auf dem Wasser, so lang nicht die Erde zerfällt.
Wo ist der Weg vom Himmel bis auf die Erde her?
Eine Brücke schufen vom Himmel zur Erde die Götter hehr
Regenbogen geheißen, bei Göttern »Bebende Rast«,
Sie ist von dreien Farben und übermächtig fast.
Das Rote in dem Bogen ist eitel brennendes Feuer:
Hinauf zum Himmel würden ja geh'n die Ungeheuer,
Wenn nicht das Feuer brennte auf jener Beberast,
Und wenn die Fahrt auf der Brücke erlaubt wär' jedem Gast.
Die Brücke ist von größrer Kunst als alle Werke;
Doch wird sie einst zerbrechen trotz aller ihrer Stärke,
Wann Muspels Magen kommen und reiten drüber her,
Um mit den Göttern zu streiten. Von ihren Leibern schwer
Wird dann die Brücke brechen; manch Roß von Riesenart
Schwimmt dann über das Wasser: so endet jene Fahrt.
Doch sind die Götter nimmer ob jenes Werks zu schelten.
Gut ist die hehre Brücke, berühmt in allen Welten;
Doch ist kein Ding so mächtig, daß es noch dauern kann
Auf dieser Erde länger, wenn Muspels Söhne nah'n.

So schufen Bors Entspross'ne die ganze weite Welt.
Mittgard, die berühmte, stund nun auf freiem Feld.
Da schien die Sonne von Süden hin auf das kahle Gestein,
Da ward der Grund begrünet mit grünem Kraute rein.
Die Sonne, die Gesellin des Monds am südlichen Rand,
Stieß auf die Himmelstore mit ihrer rechten Hand.
Doch wußten Mond noch Sonne nicht ihren Sitz und Rang,
Es wußten noch die Sterne nicht ihren Stand und Gang.
Da gingen alle Götter zu Richterstühlen hin,
Die hohen, heiligen Richter berieten sich darin:
Sie nahmen Feuerfunken, die flogen frei umher,
Von Muspelheim entsprungen aus jenem Flammenmeer.
Die setzten nun die Götter hoch an das Himmelszelt,
Um zu erleuchten den Himmel, das Land und jede Welt.
Sie gaben Stätte den Feuern am Himmel, einigen fest,
Anderen frei zu fliegen von Osten her nach West.

Sie satzten allen die Bahnen und schufen ihren Gang,
Sie unterschieden die Tage, der Jahreszeiten Rang,
Sie gaben Namen dem Morgen und auch dem Mittentag,
Dem Under und dem Abend, daß man sie zählen mag.
Der Nacht sowie dem Neumond gaben sie Namen gar,
Das war das erste Alter, eh daß die Erde war.

Wer aber ist die Sonne, der Mond, die Nacht, der Tag,
Der Sommer und der Winter, die man so heißen mag?
Nor hieß ein alter Riese dort in der Riesen Land,
Der hatte eine Tochter, die wurde Nacht genannt.
Sie war so schwarz und dunkel, wie der Stamm, aus dem sie war,
Sie war zuerst die Gattin des Riesen Nagelfar,
Und sie gebar den Auder. Darauf ihr zweiter Mann
War Onar; dessen Tochter heißt Erde nun fortan.
Ihr dritter Mann hieß Delling, der war vom Asenland,
Dem ward ein Sohn geboren, der wurde Tag genannt.
Der war gar licht und lieblich nach väterlichem Schlag.
Allvater nahm die Nacht nun und ihren Sohn, den Tag,
Und gab ihnen zwei Rosse und Wagen wohlbestellt,
Damit sie an dem Himmel führen um die Welt.
Reifmähne heißt die Mähre, die zieht die Nacht herauf
Und alle guten Geister, die jener folgen zu Hauf.
Es tröpfelt jeden Morgen der Schaum von ihrem Gebiß,
Davon kommt in die Tale der Morgentau gewiß.
Scheinmähne heißt ein Hengst noch; den lichten Tag zieht der
Über die Menschengeschlechter, er folgt der Nacht so hehr;
Das ist der Hengste bester, ganz golden ist sein Glanz,
Es leuchtet Luft und Erde von Mähne, Huf und Schwanz.
Ein anderer Riese wurde geheißen Mundelfar,
Der hatte zwei der Kinder, so licht und schön fürwahr,
Daß er den Knaben Mond hieß und Sonne nannte die Magd;
Dem Glanz gab er die Tochter zum Weibe, wie man sagt.
Die Götter aber reizte der große Übermut;
Sie nahmen diese Geschwister und setzten das Riesenblut
Oben an den Himmel und ließen die Sonne im Bogen
Durch zwei Hengste führen, die den Sonnenwagen zogen.
Den hatten die Götter geschaffen, zu leuchten über die Welt,
Aus jenen Feuerfunken, die Muspelheim enthält.
Die beiden Hengste heißen: Frühwach und Allgeschwind;
Sie sollen die Sonne ziehen zu Nutz dem Menschenkind.
Und unter den Bug der Hengste setzten die Götter zuhand
Zwei Blasebälge zur Kühlung, Eisenkühle genannt.
Kühler heißt der Schild auch, der vor der Sonne steht,
Daß nicht die Glut der Gottheit zu stark zur Erde geht:
Berg und Brandung würden verbrennen im Feuer wild,
Wenn einstens von der Sonne zur Erde fiele der Schild.

Doch Mond, der schöne Knabe, der steuert des Mondes Lauf
Bei Neulicht wie bei Vollicht. Der nahm zwei Kinder auf
Zu Dienern, einer Huke, der andere Bil genannt.
Waldfinne heißt ihr Vater, ein Riese wohl bekannt.
Sie gingen von einem Brunnen, der Berger wird geheißen,
Und einen Eimer sieht man auf ihren Achseln gleißen
An einer starken Stange; so folgen sie dem Mond,
Wie man's von unsrer Erde zu sehen ist gewohnt.
So fahren Mond und Sonne am Himmel jeden Tag,
Darnach der Stamm der Menschen die Jahre zählen mag.

Schnell aber fährt die Sonne, als wäre sie in Not;
Nicht würde sie rascher eilen, bedrohte sie der Tod.
Das ist nicht zu verwundern, denn nah ist ihr der Feind,
Der sie zu fassen trachtet, sodaß kein Ausweg scheint,
Sie renne denn von dannen. Der diese Furcht ihr schafft,
Das ist ein Wolf, ein wilder: Schall heißt, der nach ihr klafft.
Den fürchtet sie, daß eimal er endlich sie ergreift;
Und der heißt Haß, des Ruhmwolfs Sohn, der vor ihr läuft
Und nach dem Mond will fassen, wie es auch werden muß,
Wenn sie die Braut des Himmels verschlingen einst zum Schluß.
Es wohnt eine alte Riesin im Osten von Mittelgard
Im wilden Eisenwalde; die ist von böser Art.
In jenem Walde wohnen die Riesenweiber all,
Die Eisenwaldinen heißen, gar übermächtig an Zahl.
Und jene alte Riesin erzog zu Söhnen im Wald
Gar viele Riesen und alle in wilder Wolfsgestalt.
Von dannen sind gekommen die grimmen Wölfe her,
Der Sonnenhund und Mondhund. Wollt ihr noch wissen mehr?
Windkalt ist als Vater des kalten Winters bekannt,
Kaltwinds Sohn des grimmen, Windbote auch genannt.
Gar grimmig ist das ganze Geschlecht und kaltgemut;
Doch Süßwind, Sommers Vater, der ist gar mild und gut.
Das Jahr durch sollen diese die Welt befahren stät,
Bis daß die Götter vergehen und bis die Welt vergeht.
Woher der Wind mag kommen, der hinfährt über die See?
Nie sehn ihn ja die Menschen selber mit Augen je.
Leichenschlinger heißt er, der Riese, keinem fremd;
Der sitzt am Himmelsende nordwärts im Aareshemd;
Von seinen Schwingen, sagt man, komme her der Wind,
Der saust hin über die Erde, wenn jener zu fliegen beginnt.
Nie sehen ihn die Menschen selber mit Augen je,
Und doch ist er so mächtig, daß er aufrührt die See
Und starke Feuer anfacht: so mag auch wohl bestehn
Der andern Götter mancher, läßt er sich auch nicht sehn.

Die Nornen

Zwergenalter und Goldalter

Aufzählung der Asen und Asinnen sowie der Göttersitze im Himmel. Entstehung der Zwerge. Lokes Kinder: Hela, Mittgardswurm und Fenrir, der Wolf. Die Kleinode der Götter werden von den Zwergen und von Loke geschmiedet. Freias Halsschmuck.

Mächtiges haben die Götter in Wahrheit da vollbracht,
Als Erd' und Himmel also erstund durch ihre Macht;
Sonne und Himmelssterne hatten Stätte jetzt;
Geschieden waren die Tage, die Zeiten waren gesetzt.
Dazu erbauten die Asen die Burg inmitten der Welt:
Asgard ist sie geheißen, der keine gleich sich stellt.
Nun aber will ich einmal vor aller Menschen Scharen
Herzählen alle Götter, die dort in Asgard waren.
Das kann ich, soll ich der Asen und Alben Namen wo
Und ihre Zeichen sagen. Wenige können es so.
Zwölfe sind der Asen von Götterart entstammt,
Und nimmer sind die Asinnen von minder heiligem Amt.

Wodan ist der Asen erster weit voraus;
Wie Kinder einem Vater, dient ihm sein ganzes Haus.
Er hat der Namen viele; Allvater aber heißt
Der Gott als aller Götter und Menschen Vater zumeist.
Das ist sein höchster Name, der zweite Herian,
Der dritte der ist Neckar, der vierte Nix sodann,
Zum fünften heißt er Füller, zum sechsten Wunsch so hehr,
Wahn heißt er dann zum siebenten, Beblind zum achten mehr,
Zum neunten und zehnten Schwinder und Schwenderer zumal
Zum elften heißt er Wetterer und Alk zur zwölften Wahl.
Walvater heißt er ferner; Wunschsöhne sind ihm die,
So auf der Walstatt fallen; von dannen schaffen sie

Walküren fort nach Walhall und Wingolf in den Saal;
Sie heißen da Einheerer, gar groß ist ihre Zahl.
Er heißt auch Sieggott, Hangegott und Hastgott, Lastengott.
Verschieden sind die Namen, doch ist's derselbe Gott.
Er heißt auch Grimm und Gangler und Dank und Helmber,
Wunderer und Tunderer, Ebenhehr und Hehr,
Dritt, Helblind, Sand und Schweifer, Wahrsager und Mildauge,
Heerheiter, Böswerk, Grimmer, dazu Flammenauge.
Siegvater, Langbart, Tiefhut, Neckwunder, Truggeschwind
Und Vielgeschwind, Ausreiter: dies Wodans Namen sind.
Mit einem einzigen Namen nannt' er sich nimmer und nie,
Seitdem er fuhr als Wandrer zu Erdenvölkern hie.
Als Schlitterer zog er den Schlitten, als Droher geht er zum Ting,
Gundler hieß er und Herbart, wenn er zu Göttern ging;
Wecker, Wacker, Schilbung, Wabwind, Ruhmesgott,
Weber, Gaut und Schweber, Schrecken, Männergott.
Allvaters erste Gattin, das war die heilige Nacht,
Die hatte ihm als Tochter die Erda dargebracht,
Als unter Onars Namen er ihre Liebe errang;
Das war im ersten Alter der Welt, vor Zeiten lang.
Erda, Wodans Tochter, ward Wodans zweites Weib;
Den überstarken Donner gebar ihr edler Leib.
Sein dritts Weib ist Fricka, Fergwins Tochter hehr;
Von dieser stammen viele der edlen Asen her.

Doch Donner ist der erste von Wodans Söhnen, Tor
Und Asenthor geheißen oder Wagenthor,
Der stärkste aller Götter und aller Menschen hier.
Sein Land und Reich heißt Trudwang, die Halle Wolkenschier.
Fünfhundert und vierzig Golfe mit Bogen sind darin;
Es ist der Häuser bestes, gebalkt mit klugem Sinn.
Er ist der Herr des Wagens, den die zwei Böcke ziehn,
Zahnknirscher und Zahnknisterer, die wie der Blitz hinflieh'n.
Er hat drei Kostbarkeiten: den Hammer, Malmer genannt,
Der brach gar manchen Schädel; er ist den Riesen bekannt.
Das zweite ist der Machtgurt; wenn er den um sich spannt,
Da wächst ihm um die Hälfte die Asenmacht zuhand.
Ein drittes Ding noch hat er: der Eisenhandschuhe Kraft,
Die mag er nicht wohl missen für seinen Hammerschaft.
Er heißt der Sohn der Erda, Meile's Bruder dann,
Wing's und der Lora Pflegling, der Sippe rechter Mann;
Die trug ihm eine Tochter, die wunderschöne Trud.
Die Riesin Eisensaxa gebar ihm den Macht und den Mut.
Kraftwalt der Götter, Weiher Asgards und Mittgards auch,
Ihn also anzurufen, ist mancher Männer Brauch.
Doch keiner ist so weise, daß er erzählen kann
Alle seine Taten; und fing ich davon an,

So würden Stunden vergehen, bis ich mit allem Fleiß
Alles gekündet hätte, was ich hörte und weiß.
Der zweite Sohn des Wodan ist Balder, und von ihm
Ist gutes nur zu sagen und was ihm wohl geziem'.
Ihn loben alle; von Antlitz ist er so prächtig und schön,
Daß es weit von ihm leuchtet. Ein Kraut nur ist zu seh'n,
Aller Gräser weißestes, das Balders Brauen gleicht;
Und davon mögt ihr merken des Gottes Schönheit leicht,
Beides am Haar und am Leibe. Er ist der weiseste As,
Der mildsamste, beredtste; ihm eignet ferner das,
Daß keiner seine Urteile jemalen schelten kann.
Er wohnt am Himmel in Breidablick, nichts Böses kann da heran.
Sohn Wodans und der Fricka, Nannas Ehgemahl,
Forsetes Vater, Eigner des Schiffs und Rings zumal,
Feind Haders, Hels Geselle, der gute Tränengott:
So ward er angerufen von Menschen in der Not.

Der dritte unter den Asen ist aber Niord genannt;
Bei Naustatt dort am Meere hat er seinen Stand.
Er lenkt den Gang des Windes, legt Meer und Feuer bei.
Man hat ihn angerufen zur See und Fischerei.
Er ist gutreich, wohlhabend, sodaß er geben mag
Gut und fahrende Habe dem Mann, der ihm behag'.
Niord ist jedoch mit nichten von gleichem Asengeschlecht;
Er ward erzogen in Wanheim, drum heißt er auch mit Recht
Wanensproß und Wane, desgleichen Wanengott,
Der Vater Fro's und Freias, der gütergebende Gott.
Auch er ist Sohn Allvaters; der zeugte ihn einmal
Im Osten bei den Riesen in Ägirs schrecklichem Saal.
Fro ist der Sohn des Niord, der menschenfreundliche Gott;
Er ist bei allen Asen von Tadel frei und Spott.
Er richtet über Regen und über Sonnenschein,
Auch über alles Wachstum. Er ist es, der allein
Um Ernte und um Frieden angerufen ward,
Zudem von reichen Männern und Frauen edler Art.
Sohn Niords, der Freia Bruder, Wansproß, Wangott, Wan,
Und Jahresgott, Gutgeber; also rief man ihn an;
Auch Eigner des Schiffs Schlittplatt, des Ebers, der da heißt
Goldborst oder Schlitzzahn, doch Ingo-Fro zumeist.
Der beste aller Reiter in Asgard ist er dann;
Kein Mädchen macht er weinen, er löst aus Banden den Mann.
Der fünfte ist ein Ase, der da Zio heißt;
Er ist gar kühn und richtet über den Sieg zumeist.
Drum war der Kriegesmännern ihn anzurufen gut.
Er ist kein Friedensstifter; nach Streit begehrt sein Mut.
Er wird auch Himes Pflegling, sonst Wodans Sohn genannt,
Wolfsfütterer und Wegegott, zum Schlusse Einhand.

Brage heißt der sechste, des Weisheit ist bekannt.
Er ist des Wortes fertig, der Sprache wohl gewandt.
Er ist es, der am meisten die Dichtkunst weiß und kann.
Hauptschmied des Gesanges, Langbärtiger, Iduns Mann:
So wird er angerufen. Auch er ist Wodans Sohn,
Er gibt der Dichtkunst Gabe den Seinigen zum Lohn.

Heimdall ist der siebente, der weiße Ase genannt.
Er ist gar groß und heilig; von ihm ist dies bekannt,
Wie wunderbar geboren er ward in Urzeit schon:
Neun Müttern war er Mage, neun Schwestern war er Sohn.
Ihn trugen neun der Schwestern, entstammt aus Riesenland,
Den friedeberühmten Asen dort an der Erde Rand:
Gelf, Greif, Eistla, Urgeba, Wolfrun, Angeia, Sind,
Atla und Eisensaxa gebaren so das Kind.
Er ward genährt mit Erdkraft, mit hehrem Sühneblut
Und kalter See. Die Zähne sind ihm von Golde gut.
Er wohnt in Himmelbergen, allwo die Brücke steht;
Da trinkt er im wonnigen Hause froh jenen guten Met.
Er ist der Wart der Götter und sitzt am Himmelsrand
Und waltet der Weihestätten und schützt mit treuer Hand
Die Brücke vor der Riesen drohendem Überfall.
Minder Schlaf bedarf er als selbst die Vögel all.
Er sieht vielhundert Rasten entfernt so Nacht wie Tag,
Wobei er Gras und Wolle auch wachsen hören mag.
Gellerhorn geheißen ist sein Horn; das hört
Man über alle Heime, Haupt ist genannt sein Schwert.
Sein Hengst der heißet Goldzopf. So rief man selbst ihn an:
Sohn der neun Urmütter, Glattschlitter, Goldenzahn, Weißer Ase, Wärter der Götter und ihr Genoss',
Windler, Eigner des Goldzopfs; er ist auch Wodans Sproß.

Hader ist der achte der Asen; der ist blind,
Und seine Macht ist mäßig; doch wäre den Göttern gedient,
Wenn sie den unter den Asen nicht nennen dürften mehr:
Sein Werk wird lange haften im Sinn der Götter schwer.
Des Mistelzweiges Schießer heißt er und Hels Genoss',
Balders Töter, Wales Feind und Wodans Sproß.
Widar heißt der neunte, der schweigende Ase dazu,
Der stärkste Gott nach Donner. Er hat die Eisenschuh'.
Von diesem haben die Götter in allen Bedrängnissen Trost,
Drum ward er zum Rächer der Götter, zum Töter des Wolfs erlost.
Drum wird er der Wiedererbauer der Vaterstätten genannt,
Als Bruder aller Asen und Wodans Sohn erkannt.
Ale oder Wale, so heißt der zehnte Gott,
Wodans Sohn und Rindas, tapfer in Kriegesnot

Und gar ein guter Schütze, wie man ihn rühmen soll.
Er ist der Fricka Stiefsohn, ihm ziemt der Ehre Zoll
Als Rächerase Balders, Haders Töter und Feind,
Erbauer der Vaterstätten, dereinst mit Widar vereint.
Uller heißt der elfte, der Sippe eigen Blut,
Des edlen Donner Stiefsohn, ein Bogenmann gar gut
Und Schlittschuhfahrer; keiner ist, der ihm gleichen kann.
Er ist gar schön von Antlitz gleich einem Heeresmann.
Er wurde angerufen im Einzelkampf und Not,
Als Schlittschuhherr und Bogenas, Weidase, Schildergott.
Forsete heißt der zwölfte, der ist des Balder Sproß,
Nanna, die Tochter Gewars und Neps, sie zog ihn groß.
Er hat den Saal im Himmel, der da Glitzer heißt,
Allwo die Säulen von Golde, das Dach von Silber gleißt.
Da waltet und wohnt Forsete wohl den ganzen Tag
Und schlichtet alle Streite, die man ihm bringen mag;
Und alle, die ihm nahen, die sind versöhnt sofort.
Das ist bei Göttern und Menschen zum Richten der beste Ort.

Zwei sollen zu den Asen auch noch gerechnet werden;
Die sitzen auf Wodans Hochsitz, wenn über Himmel und Erden
Allvater pflegt des Gerichtes, da gilt ihr Rat gar sehr:
Der erste heißet Hainer, der schnelle Ase hehr,
Er heißt auch Wodans Sprecher, Beisitzer und Genoss'
Und Wasserkönig, Langfuß; traun, seine Macht ist groß.
Als letzter Ase und Wodans Beisitzer wird genannt,
Der als der größte Lästerer der Götter ist bekannt:
Loder oder Loke, des Riesen Farbaut Kind;
Und seine Brüder heißen Glanzauge und Helblind,
Laubeia seine Mutter; er ist schön von Gesicht,
Verständig über viele, ein ganz verschlagener Wicht.
Viel Böses schafft er den Göttern, doch löst er sie auch davon.
Sein Eh'weib heißt Sigune, Narwe heißt sein Sohn.
Doch hat er noch andere Kinder von jenem Riesenweib,
Angerboda in Riesenheim; und es gebar ihr Leib
Drei Kinder: erst den Fenrirwolf, den Mittgardswurm sodann
Und Hela noch, von denen die Welt viel Leid gewann.
Das ist der Feind der Götter; doch Wodan ist ihm gut,
Weil beide in Urzeiten zusammenmischten ihr Blut.

Wie heißen nun die Asinnen? Die erste Asin heißt
Fricka, deren Halle Fensal prächtig gleißt.
Die zweite heißet Saga, sie wohnt in Sagabach
An einer schönen Stätte; dort trinkt sie im Goldgemach
Froh aus gold'nen Bechern mit Wodan kühlen Met,
Allwo die kühle Woge rauschend drüber geht.

Heil heißt die dritte Asin, der Heilfrau'n beste sie;
Mit ihren Schwestern sitzt sie sicher vor Freias Knie.
Dietwara, Holda, Berta, Lebenskraft und Leben,
Mild, Heil, Aurboda, Frieda, die Schwestern neun, sie geben
Dort auf dem Lebensberge Heilung allen Frommen,
Die ihrer da bedürfen und hin zu ihnen kommen.
Gesion heißt die vierte der Asinnen, die Maid;
Und die als Maide sterben, die dienen ihr allzeit.
Doch trug sie einst vier Söhne von wildem Riesenblut.
Sie kennt der Menschen Schicksal wie Wodan ebensogut.
Fulla heißt die fünfte, auch sie wird Maid genannt;
Sie trägt die Haare lose und um das Haupt ein Band.
Sie raunt gar heimliche Räte der hehren Fricka zu.
Sie wahrt des Schreins der Göttin und ihrer goldenen Schuh'.
Freia ist nach Fricka ausgezeichnet zumeist.
Sie ward dem Manne gegeben, welcher Oder heißt.
Oder fuhr lange Wege; nach ihm weint Freia hold;
Da wurden ihre Tränen lauter rotes Gold.
Freia hat viele Namen; die trug sie damals nur,
Als sie zu fremden Völkern, Oder zu suchen, fuhr:
Meerdold, Horn und Geberin und Syr, so heißt die Holde.
Sie schmückt sich mit dem Halsschmuck, dem edlen Brisinggolde.
Volkwang ist ihre Wohnung, Seßraum ist ihr Saal,
Wo sie der Sitze gebietet. Sie kürt die Hälfte der Wahl,
Wenn sie zum Kampfe reitet bei Helden manchen Tag,
Indes die and'ren Wodan nach Walhall bringen mag.
Sie fährt mit zweien Katzen, wenn sie im Wagen sitzt.
Sie ist es, die am meisten anrufende Männer beschützt.
Nach ihr sind edle Weiber auch Frauen hier genannt.
Den Minnesang, den liebt sie. Auch das ist wohlbekannt,
Daß Freia in der Liebe gut anzurufen sei.
Auch Wanengöttin heißt sie, Niords Tochter, Schwester des Frei.

Die siebente Asin ist Sippia, die mächtig Sorge trägt,
Daß stets der Mut der Menschen zur Liebe sich bewegt.
Mutter der Trud und Ullers, Donners rechtes Weib,
Haarschöne Göttin: also preist man ihren Leib.
Die achte Asin ist Liebe; sie ist so gut und mild,
Daß sie Urlaub von Fricka und Wodan auch erhielt,
Die Menschen zusammen zu bringen, wenn es auch anders schwer
Auf Erden geschehen könnte oder verboten wär'.
Wehre heißt die neunte; sie hört der Männer Eid
Und straft die Eidesbrecher auf Erden alle Zeit.
Wahra heißt die zehnte, sie ist gar weise und späh',
Keiner kann verbergen ein Ding vor dieser je.
Sühne heißt die elfte; sie sitzt am Hallentor
Und schließt es ab vor jenem, der bleiben soll davor.

Sie kommt auch zu Gerichte und hilft dem frommen Mann,
Daß er sich von der Rache durch Sühnung lösen kann.
Lehne heißt die zwölfte; sie ist gesetzt zur Wacht
Den Männern all, die Fricka zu schützen ist bedacht.
Die dreizehnte heißt Snotra, die höflich ist und weis',
Frauen wie auch Männer singen ihren Preis.
Gna heißt noch eine Asin, die sendet Fricka aus
Zu allen ihren Geschäften in jedes Land und Haus.
Nicht fliegt sie, doch sie reitet durch Luft und Wind und Welle
Auf Hufwerf, den Gardrofa mit Hamskerp zeugte, die schnelle.
Auch Sonne, Wolke, Erde und Rinda, Mutter des Wal,
Die sind mit Fug gerechnet unter der Asinnen Zahl,
Und Idun, Brag's Gattin; die hegt in ihrem Schrein
Die Äpfel, so die Götter genießen ganz allein.
Durch dieser Äpfel Tugend bleiben sie frisch und jung
Bis an das Ziel der Zeiten, die Götterdämmerung.
Das sind die Asen alle, die Asinnen dazu,
Die dort im neuen Asgard pflagen seliger Ruh'.

Was schuf nunmehr Allvater, als Asgard fertig schien?
Er setzte zwölf der Asen auf Richterstühle hin,
Um eifrig zu beraten, die Ordnung all der Welt.
Das war in Asgards Mitten, im weiten Idafeld.
Da war die erste Arbeit, daß sie mit allem Fleiß
Den Hof, drin die zwölf Sitze stunden, schufen im Kreis,
Dazu den Hochsitz Wodans. Das alles war von Gold;
Drum nannte man auch Glanzheim die Stätte reich und hold.
Drauf schufen sie die Halle der Asinnen zumal;
Wingolf ist geheißen der wunderbare Saal.
Und nun sind große Kunden vom Himmel noch zu sagen,
Von jenen Götterstätten, die dort noch herrlich ragen.
Donner wohnt in Trudheim, Uller in Eibental.
Fro wohnt im schönen Albheim; ganz golden ist der Saal.
In Walaschelf haust Wodan; der Lugerker steht dort,
Ein Sitz, von dem Allvater sieht über jeden Ort.
In Sagabach wohnt Saga, darob die Welle geht,
Wo Saga trinkt mit Wodan aus goldenen Bechern den Met.
Glanzheim heißt die Stätte, wo jene Walhall prangt,
Wohin es tote Helden nach blutigem Streit verlangt.
Trimheim heißt die Halle, die Thiasse, der Riese, gebaut,
Und welche Skade, die Tochter, bewohnt, die Götterbraut.
Breitblick heißt die Halle, wo Balder Wohnung hat;
Dort sind die wenigsten Greuel, es ist die schönste Statt.
Himmelberg liegt dorten, wo Heimdall treu bewacht
Die Weihestätten des Himmels bei Tag wie bei Nacht.
Das ist am Himmelsende, allwo die Brücke steht;
Da trinkt der Götterwächter im wonnigen Hause den Met.

FRIGGA
E. ADE. XA.

In Volkwang ist's, wo Freia die Sitze selbst bestimmt;
Die halbe Wahl hat Wodan, die halbe Freia nimmt.
In Glitzner ist von Silber das Dach, von Gold die Säulen.
Da muß Forsete richtend den ganzen Tag verweilen.
Naustatt ist die Halle, die hat Niord erbaut.
Auf Widars Weide aber wächst hohes Gras und Kraut.
Südwärts am Himmelsende heißt Gimle jener Saal,
Der allerschönste, schöner als selbst der Sonne Strahl.
Wenn beide, Himmel und Erde, vergehn, soll er bestehn.
Ihn werden dann für ewig die guten Menschen sehn.
Was aber schützt die Stätte, wenn Gurt alles verbrennt?
Ein andrer Himmel ist drüber, der, den man Weitblau nennt,
Ein dritter über diesem, der Andlang wird genannt:
Dort hat die helle Halle ewig ihren Stand.
Lichtalben nur bewohnen die Stätte dort allein,
Die sind von Antlitz schöner als selbst der Sonne Schein.
Die Dunkelalben wohnen tief in der Erde drin,
Wie Pech so schwarz von Antlitz, dazu von düsterem Sinn.

So fanden sich die Asen auf Idafeld alldort,
Sie bauten Hof und Halle und schmückten jeden Ort,
Erprobten ihre Kräfte, versuchten alles kühn,
Sie legten an die Öfen, ließen die Zangen glühn,
Schmiedeten erst Geräte und edle Kleinode dann
Von Erzen, Holz und Steinen, jedoch zumeist voran
Aus reinem Goldeserze, woran kein Mangel war:
Drum nennt man auch das Alter Goldalter immerdar.
Sie spielten da mit Täflein, die waren von rotem Gold;
Sie hatten keine Sorge, sie waren heiter und hold,
Bis drei der Riesenmaide, die Nornen, kamen daher.
Da ging das Alter zu Ende, da spielten sie nicht mehr.
Denn diese Mären brachten die drei aus Riesenheim:
Es habe mit der Riesin Angboda Loke geheim,
Der Vaterbruder der Asen, gezeugt der Kinder drei:
Den Wunderwolf, den Weltwurm und Hela noch dabei;
Von diesen werde kommen der Untergang der Welt,
Wenn durch den Wolf einst Wodan im Kampfe selber fällt.

Da gingen alle Götter auf ihre Richtstühle hin,
Die hohen heiligen Richter berieten sich hierin,
Womit sie wehren könnten dem drohenden Untergang
Und Helfer sich verschaffen gegen der Riesen Drang.
Da dachten sie, wie einstens in Imers Riesenleiche
Die Zwerge das Leben bekamen, das dumpfe, madengleiche.
Nun sprachen sie das Urteil, daß durch der Götter Gewalt
Die Zwerge Sinn bekämen und menschliche Gestalt,
Und in Gestein und Erde nun wohnten fürderhin.
Mutsauger ward der Erste, der zweite war Durin.

Aus Imers Blut und Beinen schufen die Götter sie;
Die Meister aller Zwerge wurden die beiden hie.
Und so wie Durin sagte, so schufen diese zwei
Noch menschengleicher Zwerge aus Erde fünfzig und zwei,
Die hießen Neumond, Vollmond, Süd, Ost und West und Nord,
Alldieb, Nar, Nain und Dwalin und weiter also fort:
Niping, Dain und Piffer, Paffer, Pumper, Nor,
Ai, Einer, Ander, Metwolf, und diese noch zuvor:
Weich, Gandalb, Windalb, Donnrer, Train und Dank und Wicht.
Dazu noch diese andern: Dorn, Neurat, Neu und Licht,
Haft, Wille, Hander, Schwede; Brunn, Billing, Bauer, Bild,
Frisch, Frech und Lohn, Hornborer; Jar, Erdwang, Eichenschild,
Ratgeschwind und Regin, richtig aufgezählt,
Fahl, Kahl und Fund, auch Nal noch, daß wahrlich keiner fehlt.
Zeit ist auch noch, die Zwerge in jenes Dwalin Schar
Vollständig aufzuzählen bis auf Lofar dar:
Das waren Traufer, Dolgdreist und Hügelspürer, Har,
Dur, Glüher, Ur und Lewang, Taucher und Andwar.
Alf, Schürfer, Werfer, Schaufler, Ai, Ingo, Eichenschild,
Fels, Frost und Finne, Zaubrer; so ist die Zahl erfüllt.
Das sind die Ahnen Lofars; die zogen vom Salzgestein
Nach Erdfeld, Erdwangs Sitze. Sie stammen aus Imers Gebein.
Drum wohnen sie im Felsen; doch in der Erde gesamt
Wohnen die früheren Zwerge, aus Imers Blute entstammt.

So waren die Zwerge geschaffen. Drauf sandte Wodan bald
Nach Riesenheim, die Kinder des Loke mit Gewalt
Nach Asgard herzuschaffen, den Wolf, die Hel und den Wurm;
Denn mächtig bangte den Göttern vor jenem drohenden Sturm.
Und als die Kinder kamen, warf er den Wurm sogleich
Ins Meer, das da herumliegt um alles Erdenreich.
Dort wuchs der Wurm um alle Lande rings im Reif;
So liegt er um die Erde und beißt sich in den Schweif.
Die Hel jedoch warf Wodan nach Nibelheim alsbald;
Dort über neun der Heime gab er dem Weibe Gewalt,
Daß sie die Wohnung gebe den toten Männern hier,
Die nicht im Kampfe starben und die er sandte zu ihr.
Sie hat dort großen Hofstaat, davon künd' ich euch noch:
Die Türen sind erhaben, die Wälle wunderhoch.
Plage heißt ihre Halle, Hunger die Schüssel dort,
Ihr Knecht der nennt sich Ganglang, Ganglaß die Magd am Ort,
Das Messer Schuld, doch Schicksal die Tür, die sich dreht,
Leiden heißt das Bette, in das die Göttin geht,
Und Krankheit heißt ihr Lager, des Vorhang Sorge heißt.
Sie ist halb blau am Leibe, die andere Hälfte gleißt
Von lichter Fleischesfarbe: man kennt sie leicht daran.
Und grimm ist sie und finster, selten liebt sie ein Mann.

Fenrir, den Wolf, erzogen die Asen dort im Hain.
Der Ase Zio hatte die Tapferkeit allein,
Ihm Essen darzubringen und ihm näher zu geh'n.
Die Götter aber konnten sein täglich Wachstum seh'n,
Und alle Sprüche sagten, daß er zu übler Tat
Bestimmt sei. Darum faßten die Asen diesen Rat,
Daß sie die stärkste Fessel durch der Zwerge Hand
Mit Kunst bereiten ließen, »Zauberding« genannt.
Die brachten sie dem Wolfe und redeten ihn an:
»Wir möchten gern erproben, was deine Stärke kann;
So laß zum Spiel dich fesseln und zeige deine Kraft;
Zerreiße diese Fessel, daß es dir Ehre schafft!«
Den Wolf, den starken, deuchte die Fessel nicht zu schwer;
Drum ließ er mit sich machen ganz nach der Asen Begehr.
So ward er denn gefesselt; doch gleich beim ersten Streich,
Als er sich kaum nur streckte, zerbrach die Fessel gleich.
Da schufen nun die Asen ein zweites Fesselband,
Noch halbmal stärker als jenes: das Band wird »Zwang« genannt.
Sie kamen nun zum Wolf hin und sprachen da das Wort:
»Brächst du auch diese Fessel, so würdest du hinfort
Ob deiner Kraft berühmt sein und das mit vollem Rechte,
Da dich auch dies Geschmeide zu fesseln nicht vermöchte.«
Der Wolf bedachte sich lange, er fürchtete Gefahr;
Doch weil ihm auch indessen die Kraft gewachsen war,
Und er berühmt sein wollte durch seine große Kraft,
So wollt' er sich entschließen zu dieser stärkeren Haft.
Da legten denn die Asen dem Wolf die Fessel an
Mit Macht; und als sie sagten, es wäre nun getan,
Da reckte sich der Grimme, schlug mit der Fessel, bloß
Sich stemmend, an die Erde, so daß vom starken Stoß
Die Fessel brach; da flogen die Stücke weit und breit.
So zwängte sich aus »Zwange« der Wolf zur rechten Zeit.
Nach diesen Taten fürchteten die Asen sich gar sehr,
Sie möchten Fenrirs Fesselung nicht leicht erreichen mehr.
Da sandte nun Allvater vom hellen Asenheim
Schirner, den Götterboten, hin nach Schwarzalbenheim,
Den Zwergen zu; die machten ein Band mit List und Macht.
Aus sechs verschiedenen Dingen ward es zusammengebracht:
Wohl aus dem Ton des Katzentritts, und aus dem Bart der Weiber,
Und aus der Berge Wurzeln, den Sehnen der Bärenleiber,
Und aus der Fische Atem, der Vögel Speichel gar.
All das ist heut verschwunden, drum scheint die Sage wahr.
Ganz schlicht war jene Fessel und weich wie Seidenband,
Doch stärker und fester als alles; sie wurde »Blendung« genannt.

Als jene Fessel vollendet und abgeliefert war,
Da dankte wohl dem Schirner der Götter ganze Schar.
Es fuhren nun die Asen zum Wasser Amschwarz hin,
Zur Heidekräuterinsel mit listenvollem Sinn.
Sie riefen nach dem Wolfe und zeigten ihm das Band
Und sagten so zu diesem, der in der Mitte stand:
»Die Fessel ist wohl stärker, als sie vom Anseh'n scheint.
Das prüfe, wer sie etwa leicht zu zerreißen meint!
Uns wird es kaum gelingen, so stark hier viele sind;
Doch dir ists nur zum Spiele, du mächtiges Riesenkind!«
Da reichte es einer dem andern, sie prüften ihre Kraft,
Doch keiner konnte brechen des Bandes starke Haft.
Nun reichten sie's dem Wolfe, daß er es brechen solle.
Da sagte aber wieder der Wolf, der argwohnsvolle:
»Nicht würd' ich Ruhm erringen, wenn ich das dünne Band
Vermöchte zu zerreißen. Doch ist hineingebannt
Ein Zauber und Geheimnis, obwohl es kaum so scheint,
Dann kommt es an die Füße mir nimmer, wie ihr meint.«
Die Asen aber sagten zum Ungetüm alsbald:
»Leicht wirst du es zerreißen, hast du doch mit Gewalt
Das Eisenband zerbrochen. Und kannst du solches nicht,
So wird uns nimmer schrecken ein also schwacher Wicht.
Dann lösen wir die Fessel und zwingen dich nicht mehr.«
Da sprach der Wolf, der grimme, nun zu den Göttern hehr:
»Wohlan, eh ihr, o Götter, mir absprecht allen Mut,
Will ich mich fesseln lassen, doch nur, wenn einer tut
Die Hand in meinen Rachen: das sei zum sicheren Pfand,
Daß von euch keine Falschheit und List sei angewandt.«
Da schaute aber jeder der Asen den anderen an;
Vielfältige Verlegenheit kam über alle sodann.
Da wollte keiner geben die eigne Hand zum Pfand;
Endlich ermannte sich Zio und streckt' in den Rachen die Hand.
Nun banden den Wolf mit der Fessel die Götter; die Fessel sodann
Banden sie an eine Kette, die an einen Felsen an.
Den senkten sie in die Erde gar tief, und einen Stein
Warfen sie noch drüber als Widerhalt hinein.
Jetzt war der Wolf gebunden vollkommen auf jede Art.
Und er begann sich zu recken; da ward die Fessel hart.
Je mehr er widerstrebte, je schärfer schnitt das Band.
Da lachten alle außer Zio: – seine Hand
Biß ab der Wolf; der schnappte und stemmte stark sich an
Und wollte alle beißen. Die Götter steckten sodann
Ein Schwert in seinen Rachen: nach unten steht der Griff,
Im Obergaumen die Spitze; das schneidet scharf und tief.
Gar gräßlich ist sein Heulen, Geifer entrinnt dem Mund;
So liegt er bis zum letzten Gericht gebannt am Grund.
Du fragst, warum die Asen nicht töteten sogleich
Den Wolf, von dem sie Übles besorgten für ihr Reich?

Traun, ihre Weihestätten ehren sie also gut,
Sie wollten nicht besudeln die Stätte durch sein Blut,
Obwohl der Spruch der Nornen es hatte voraus gesagt,
Er werde Wodan töten, wenn einst das Ende tagt.

Mit jener Fessel leisteten den Göttern großen Dienst
Die Zwerge. Wie die Götter noch weiteren Gewinnst
Von ihnen hatten, dessen sei Kunde nun gebracht,
Und wie der Götter große Kleinode wurden gemacht.
Loke, der Sohn Laubeias hatte den Frevel getan
Aus Bosheit gegen Donner, Sippes mächtigen Mann,
Daß er der Sippia heimlich abscherte alles Haar.
Jedoch als Donner dessen wütend ward gewahr,
Ergriff er den Loke und würde ein jedes Bein dem Wicht
Fürwahr zerschlagen haben, wenn schwere Eide nicht
Loke geschworen hätte, durch die Schwarzalben dort
Für Sippia goldene Haare schmieden zu lassen sofort,
So daß sie wachsen sollten gleich einem lebenden Haar.
So kam noch Loke glücklich aus dieser großen Gefahr.
Er fuhr zu jenen Zwergen, die Iwalds Söhne sind,
Und ließ von diesen schmieden allgoldenes Haar geschwind,
Dazu auch jenes Fahrzeug, das Schlittplattner heißt,
Und jenen Ger, den »Gungner«, der wie der Blitzstrahl gleißt.
Da waren auch zwei Zwerge, Dachs und Sinter, dabei.
Mit diesen wettete Loke sein Haupt, daß sie nicht drei
So gut Geschmeide zu schmieden vermöchten wie diese hie.
Sie waren es zufrieden; zur Schmiede gingen sie.
Da legte Meister Sinter, von Feuereifer entbrannt,
Eine Schweinshaut in den Ofen und sprach, zum Bruder gewandt:
»Nun blase lieber Bruder und laß nicht früher ab,
Als bis ich weggenommen, was ich in den Ofen gab.«
Dann ging er aus der Schmiede; der Bruder aber blies.
Da setzte sich ein Flieglein auf seine Hand und ließ
Nicht ab, ihn scharf zu stechen; er aber blies mit Fleiß,
Bis Sinter das Geschmeide nahm aus dem Ofen heiß.
Das war ein großer Eber mit Borsten vor Golde fein.
Drauf legte Bruder Sinter ins Feuer Gold hinein
Und bat den Bruder wieder, nicht früher abzulassen
Vom Blasen, bis er käme. Dann ging er seiner Straßen.
Da kam die Fliege wieder und setzte sich dem Zwerg
An seinen Hals und stach ihn noch fester, doch das Werk
Ließ er darum nicht ruhen. Er blies, bis daß das Ding
Ward aus dem Ofen genommen, und das war »Draupner« der Ring.
Nun legte Sinter Eisen ins Feuer hin zuletzt.
Mit guten Worten bat er wieder den Bruder jetzt:
»Nun blas zum letzten Male mit Macht ins Feuer heiß,
Denn wenn du's nun versäumtest, so wär' umsonst mein Fleiß!«

So bat er, daß der Bruder die Bälge nicht verließ.
Da setzte sich zum dritten die Fliege, als er blies,
Hin zwischen seine Augen und stach ins Lid ihn da,
Daß ihm das Blut herabfiel und er vor Schmerz nichts sah.
Da griff er zu mit Händen aufs schnellste zorniglich
Und ließ die Bälge liegen und jagte die Fliege von sich.
Da kam der Schmied zum Ofen und sprach, als er dies sah:
»Nun wäre meine Arbeit vergebens, traun, beinah,
Weil du die Bälge ließest, so sehr ich auch dich bat,
Doch soll es jener büßen, der dich gehindert hat!«
Dann nahm er aus dem Ofen den Hammer wohlbekannt,
Gab die Geschmeide alle dem Bruder in die Hand
Und bat ihn mitzufahren nach Asgard alsofort,
Die Wette dort zu lösen nach der Götter heiligem Wort.

So brachten sie denn alle die Kostbarkeiten hin.
Da setzten sich die Asen auf Richterstühle hin
Und sagten, daß das Urteil für alle gelte so,
Wie's Wodan spräche und Donner und noch zum Dritten Fro.
Da gab Loke dem Wodan den Ger, Gungner genannt,
Für Sippia dann das Goldhaar dem Donner in die Hand,
Dem Fro das Schiff Schlittplattner, den wunderkünstlichen Kahn,
Und sagte die Eigenschaften all' dieser Geschmeide an:
»Der Speer verfehlet niemals das Ziel, das er erkürt;
Das Haar ist selberwachsend, sobald er das Haupt berührt;
Schlittplattner ist der Schiffe bestes und so groß,
Daß es die Götter alle fasset mit Waffen und Roß.
Stets hätt', es guten Fahrwind, wenn's auf das Wasser käm',
Wohin man fahren wolle; auch könnte man's bequem
Gleichwie ein Tüchlein falten und in die Tasche tun.«
Da brachten auch die Zwerge die Prachtgeschmeide nun;
Sie gaben den Ring dem Wodan und sagten zu dem Gott:
»Kein besser Kleinod hast du, das glaub' mir ohne Spott,
Als diesen Ring, den »Traufer« ich nenne; habe Acht:
Acht gleiche Ringe tropft er in jeder neunten Nacht.«
Der Zwerg gab dann den Eber dem Fro und sprach dazu:
»Goldborst und Schlitzzahn nenne den gold'nen Eber du,
Und nimm sein wahr mit Eifer: durch Luft und Meere groß
Rennt er bei Nacht und Tage viel besser als ein Roß.
Und nie wird es so dunkel bei Nachtzeit und im Wald,
Daß nicht genügend leuchtete des Ebers Glanzgestalt.«
Dann gab er noch dem Donner den Hammer mit dem Wort:
»Den Hammer nenne Malmer; er wird dein bester Hort!
Mit diesem magst du schlagen der Riesen viele noch.
So mächtig du ihn schwingest, nicht bricht der Hammer doch.
Soweit er auch mag fliegen, stets fliegt er wieder zurück.
Das fehlt nur, daß der Vorschaft zu kurz ist um ein Stück.

Doch willst du's, wird der Hammer, der große dir so klein,
Daß er in deinem Hemde verborgen könnte sein.«
Da urteilten die Asen, dieser Hammer wär'
Das kostbarste Geschmeide, zugleich die beste Wehr.
So hatten denn die Zwerge gewonnen ihre Wette.
Da Loke ohne Gnade sein Haupt verloren hätte,
Da bot er, sich zur Lösung, den Zwergen vieles an.
Die Zwerge aber sagten: »Laß allen Hoffnungswahn!«
Da sprach der listige Loke zum kleinen Zwerge schnell:
»So nimm mich denn und greif' mich, wenn du es kannst, Gesell!«
Kaum hatten Lokes Lippen gesprochen dieses Wort,
So wollte der Zwerg ihn fassen, doch Loke war schon fort.
Er hatte die Schuhe, die da flogen durch Luft und Meer.
Da bat der Zwerg den Donner, er sollt' ihn bringen her:
»Du hast das Urteil gesprochen, du hast den Hammer schier;
Nun schaff' den Widersacher uns zum Gericht allhier!«
Der Bitte folgte Donner, er eilte nach dem Wicht
Und brachte ihn gefesselt herwieder zum Gericht.
Da wollten gleich die Zwerge ihm abhau'n Hals und Haupt;
Doch Loke sagte listig: »Das ist euch nicht erlaubt,
Den Hals auch abzuhauen; ihr habt das Haupt ja nur!«
Da nahm der Zwerg ein Messer und eine Riemenschnur
Und wollte Löcher stechen in Lokes Lippen und
Gar fest zusammennähen des Lästerers losen Mund.
Das Messer aber biß nicht in Lokes Lippen ein;
Die stärkste Ahle brauchten die grimmen Zwergelein.
Nun nähten sie zusammen die Lippen gut gewiß;
Doch Loke tat den Mund auf so fest, daß er zerriß
Die Ränder seiner Lippen; drum ist das Riemenband,
Womit sein Mund vernäht war, »Maulzerreißer« genannt.

Damals ward auch geschmiedet der Brisingschmuck, der hehre,
Das Brustkleinod der Freia; davon ist diese Märe:
Es waren vier der Zwerge gewandt vor andern sehr,
Sie hießen Alberich, Dwalin, Berling sowie Grer.
Sie wohnten in einem Felsen vor Asgards hohem Tor
Und ragten an Geschicklichkeit vor vielen andern hervor.
Da kam nun eines Tages zum Felsen Freia hin;
Der Fels war eben offen, und Freia sah darin
Die Zwerge einen Goldschmuck schmieden mit allem Fleiß;
Der war so voll von Künsten, wie man sonst keinen weiß.
Gefallen fand da Freia an jenem roten Gold;
Die Zwerge fanden Gefallen auch an der Göttin hold.
Da handelte die Göttin um dieses Halsgeschmeid
Und bot dafür viel Goldes und Silbers allbereit.
Die Zwerge aber sprachen, von Liebesglut entbrannt:
»Es mangelt nicht an Golde und Silber unserm Land;

Doch fehlt uns darin schmerzlich so schöner Frauen Leib.
Drum willst du nur vier Tage hier sein als unser Weib,
So wollen wir dir geben das Goldgeschmeide licht
Zum Lohne deiner Liebe, doch anders wahrlich nicht!«
Da half kein weitres Handeln. Freia wollte einmal
Im guten oder schlimmen das Kleinod ihrer Wahl.
So ging sie ein den Handel und brachte nach Verlauf
Von vier Tagen und Nächten den Schatz in schnellem Lauf
In ihre Götterwohnung und ließ in seliger Ruh
Die Götter drüber reden; sie hörte doch nicht zu.
Nun ward des Loke inne, Freia hätte das Gold,
Auch daß sie drum gegeben so reichen Minnesold.
Das trug er zu dem Wodan, denn er war es gewohnt,
Ihm jede Märe zu bringen; das ward ihm wohlgelohnt.
Da heischte Wodan dieses von seinem treuen Gesell:
»Auf, Loke, stiehl der Göttin das Goldgeschmeide schnell!«
Doch Loke sprach zu Wodan: »Das scheint unmöglich mir,
Daß einer ohne Willen der Göttin hold und zier
In ihr Gemach gelange.« Doch Wodan sprach dagegen:
»Geh' nur, du schlauer Bruder, zu Freia allerwegen!
Du sollst nicht früher kommen wieder vor mich her,
Eh' nicht das teure Kleinod in deinen Händen wär!«

So machte sich denn Loke seufzend auf die Fahrt.
Doch fröhlich harrte seiner der Gott in Asengard.
Zu Freias Haus kam Loke, er fands verschlossen fest;
Zu mächtig war gefüget der hohen Göttin Nest.
Er spähte nach einer Spalte, doch war kein Eingang hier.
Kalt wars da draußen grimmig, Loke erfror noch schier.
Da wandelte sich der Schlaue in einer Fliege Gestalt
Und kroch durch alle Löcher und Ritzen hin gar bald.
Wo er nur fand ein Löchlein, da schlüpfte er hinein;
So kam er endlich mühevoll in Freias Kämmerlein.
Erst spähte er noch sorgsam im ganzen Hof umher,
Ob nirgend wohl zur Wache ein Hüter etwa wär'.
Doch alles lag im Schlafe. Da sah er auf dem Bette
Die holde Freia liegen. Sie hatte die goldene Kette
Fest um den Nacken gewunden, sodaß sie mit der Brust
Auf deren Halsschild ruhte. Das schaute Loke mit Lust.
Er ward durch starken Zauber zu einem kleinen Floh,
Sprang auf der Göttin Wange und stach die Schöne so,
Daß sie schleunig erwachte und sich nach oben kehrte.
Darauf entschlief sie wieder, wie Loke deutlich hörte.
Da warf von sich der Listige die schwarze Flohgestalt,
Löste ab den Halsschmuck, schloß dann alsobald
Die Türen ihrer Wohnung von innen alle auf
Und eilte mit der Beute zu Wodan hin im Lauf.

Freia die holde erwachte wohl um die Morgenzeit
Und sah, daß alle Türen geöffnet waren weit,
Und keine doch zerbrochen, jedoch ihr teuerstes Gut
Geraubt. Da wußte jene sogleich im ahnenden Mut,
Wer diesen bösen Diebstahl verbrochen hätt' allein.
Sie kleidete sich schleunig und ging zur Halle ein,
Wo Wodan waltend weilte, und sprach zu ihm das Wort:
»Du hast gar übel gehandelt, da du mir raubtest fort
Mein allerliebstes Kleinod durch deinen bösen Gesellen.
Befiehl ihm, mir den Halsschmuck alsbald zurückzustellen!«
Allvater aber sagte zur wunderschönen Fraun:
»Den Schmuck sollst du nicht haben, so wahr ich lebe, traun,
Als nur mit einer Bedingung; die merke dir nur gut!
Ich will ein Geschlecht von Männern schaffen voll von Mut,
Die mir einst helfen sollen gegen der Riesen Macht.
Die sollst du alsdann reizen zu Streit und Tod und Schlacht
Und dann zu mir her bringen. Der Helden halbe Wahl
Magst du selber haben, die führ' in deinen Saal!
Die andere Hälfte aber, die bleibt mir zugesellt
Bis an das Ende der Zeiten, den Untergang der Welt.«
Und so wie Wodan sagte, so ward der Streit entschieden.
Sie nahm das Brustgeschmeide, mit Wodans Wort zufrieden.

Menschenalter

Entstehung der Menschen. Die Weltesche und die Nornen. Einsetzung der Stände durch Heimdall-Riger. Entstehung der Heldengeschlechter. Wodan zieht aus Asgard nach Norden und läßt in Sachsen, Frankenland, Dänemark, Schweden und Norwegen seine Söhne als Herrscher zurück. König Gilfe von Schweden verliert so sein Reich. Wie das Gold zu den Menschen kommt. Iduns Raub. Thiasses Tod.

Wie wurden aber die Menschen, die da bewohnen die Welt?
Es gingen drei der Götter dahin von Idafeld,
Bors übermächtige Söhne, Wodan, Wille und Weh,
Die starken, liebreichen Asen; sie kamen zum Strande der See
Und fanden dort am Lande zween Bäume ohne Kraft,
Ohne Namen und Anseh'n, des Schicksals unteilhaft.
Sie hatten keine Ahndung, nicht Odem, Leben und Blut,
Nicht Witz, Vernunft und Sprache, Gesicht noch Farbe gut.
Die Götter erhuben die Bäume und schufen Menschen daraus,
Sie teilten ihre Gaben den beiden reichlich aus.
Wodan gab ihnen Leben, gab Ahndung, Seele und Geist,
Witz und Vernunft und Odem gab, der da Wille heißt.
Gesicht, Gehör und Sprache und frisches, rotes Blut
Gab ihnen Weh, der dritte, und Farb' und Anseh'n gut.
Sie gaben ihnen Kleider und Namen, der da bleib',

Und hießen Ask den Menschen und hießen Embla das Weib.
Von daher ist gekommen der Menschen Stamm und Art,
Dem Wohnung ward gegeben im Kreis von Mittegard.
Woher ist dann gekommen der Menschheit ganzes Geschick,
Daß manche Unglück haben und manche reiches Glück,
Und manche langes Leben und manche raschen Tod,
Und manche Ruhm und Ehre und manche Schande und Not?
Eine Esche weiß ich stehen, des Schreckers Baum genannt,
Der über Urdas Brunnen in ewigem Grün erstand.
Da kamen her die Nornen, die mächtig weisen drei,
Vom Saal dort bei dem Baume zu jenen Menschen herbei.
Urda heißt die Eine, die zweite Werdand stolz,
Schuld aber heißt die dritte; sie schnitten Runen auf Holz,
Sie legten den Menschen die Lose, sie kürten Leben dann
Den Altern der Geborenen, das Schicksal sagten sie an.

Viel Wunders ist zu sagen von jener Esche dort,
Wo täglich auch die Götter die Tingstatt hegen am Ort.
Die Esche ist der Bäume höchster und bester Baum,
Und ihre Zweige breiten sich über allen Raum;
Sie ragen über den Himmel. Drei Wurzeln halten den Stamm,
Die steh'n nach dreien Wegen gar mächtig breit und stramm.
Die erste Wurzel raget über Nibelheim;
Hela wohnt darunter und waltet insgeheim.
Unter dieser Wurzel liegt Wergelmer, der Born.
Es nagt an ihr Nidhacker, der Wurm, in grimmem Zorn.
Die andere Wurzel aber geht gegen Riesenhain,
Dort, wo in früheren Zeiten die Gähnung klaffte herein;
Und unter dieser Wurzel ist Mimers Quell so klar,
Worin Verstand und Mannwitz allzeit verborgen war.
Mimer heißt der Riese, der jenen Brunnen hat;
Er ist voll tiefer Weisheit und voll von gutem Rat,
Weil er von jenem Brunnen schöpft aus dem Gellerhorn;
Wodan selbst besucht ihn und trinkt aus jenem Born.
Und an der dritten Wurzel, da ist der Götter Hort;
Sie steht ob Urdas Saale; bei jener Wurzel dort
Liegt Urdas Born, der hehre, der mächtig heilig heißt;
Da haben ihre Tingstatt die Götter auch zumeist.
Da reiten alle Tage die Asen alle hinauf
Über die Asenbrücke, die Beberast, im Lauf.
Zu jenem Tinge aber geht Donner nur zu Fuß,
Wobei er drei Gewässer mit Müh' durchwaten muß.
Doch mehreres ist zu sagen von jener Esche noch:
Ein Aar sitzt in den Ästen des Wunderbaumes hoch
Und weiß gar manche Dinge; ein Habicht hat den Sitz
Zwischen seinen Augen, der heißet Wetterblitz.
Ein Eichhorn heißet Bohrzahn, das rennet auf und nieder

Und trägt des Aares Worte hinab zum Drachen wieder.
Vier Hirsche von den Ästen der Esche immer beißen,
Die Tod und Ohnmacht, Dämmer und Schlaf mit Namen heißen.
Und manche Würme liegen tief unterm Boden noch
Bei Nidhacker, und niemand kann sie zählen doch,
Grabwolfs grimme Söhne: Grund und Mold genannt,
Graurücken, Weifer, Schweifer, Grabfelder wohlbekannt.
Die hohe Esche duldet mehr Leid als Menschen wissen:
Die Seite fault, von oben und unten wird sie zerbissen.
Jedoch die hehren Nornen vom Saal bei Urdas Quell
Nehmen täglich Wasser aus jenem Brunnen hell
Und gießen es auf die Esche, daß diese nicht verdorrt.
So heilig ist das Wasser aus Urdas Brunnen dort,
Daß alles weiß und rein wird, was man damit besprengt.
Es kommt der Tau von dannen, der in den Talen hängt.
Zwei Vögel sind in Urdas Born gar hold und hehr,
Von diesen stammen alle die schönen Schwäne her.
Vom Bronnen an der Esche darunter aus dem Saal
Kamen jene Maide, die riesigen, zumal:
Urda, Schuld und Werdand, die Nornen hehr und groß,
Und legten jenen Menschen das Schicksal und das Los.
Es sind noch and're Nornen; verschieden ist ihre Macht.
Nicht alle sind vom selben Geschlecht hervorgebracht.
Einige sind den Asen, and're den Alben verwandt,
Einige Töchter Dwalins, des Zwergen wohlbekannt.
Sie kommen zu jedem Menschen, sobald er geboren ward,
Und schöpfen ihm das Alter, das Schicksal und die Art.
Und wenn sie da beraten der Menschen schwer Geschick,
Da teilen sie oft schrecklich uneben aus das Glück.
Die guten Nornen schaffen auch alles gut und recht,
Voll Unheil aber walten die von bösem Geschlecht.

Wie wurden aber die Stände der Menschen eingesetzt?
So sagen alte Sagen davon, daß Heimdall jetzt,
Der treue Wart der Götter, hin zu den Menschen kam
Und, sich verhüllend, den Namen Riger an sich nahm.
Es ging die grünen Wege der kundige Ase fürwahr,
Der starke, mächtig steigend, bis wo die Stätte war
Am Seestrand; weiter ging er den mittleren Weg darauf.
Er kam zu einem Hause, die Türe stieß er auf,
Hinein setzt er die Schritte, im Golf war Feuer da;
Zwei hehre Eheleute saßen dem Herde nah',
Er Ahn genannt, sie Edda, in uraltem Gewand.
Riger saß da mitten auf die Bank zuhand;
Zu seinen Seiten saßen der Eh'mann und sein Weib.
Da nahm die Frau den rauhen, schweren, dicken Laib,
Gedrängt von gelbem Korne, gab Schüsseln auf den Tisch;

Der Sud war in der Bolle, den setzte sie vor gar frisch.
Da war die beste Speise ein weichgesottenes Kalb.
Dann stand man auf und schickte sich zum Schlafen beiderhalb.
Er blieb drei Nächte dorten, dann ging er fort allein
Den mittleren Weg von dannen. Und nach der Monde neun.
Gebar ein Kindlein Edda, tauft' es mit Wasser recht;
Den dunklen Knaben nannten die beiden Alten Knecht.
Ihm war die Haut gar runzlig, mit krummen Knöcheln und dicken,
Die Fersen lang, das Antlitz häßlich, krumm der Rücken.
Doch wuchs er gar gedeihlich, die Kräfte prüfte er aus,
Band Bast, bereitete Bürden, brachte Reisig nach Haus.
Da kam zur Hürde gegangen, narbig, sonnenverbrannt,
Niedergedrückt die Nase, das Mägdlein, Dirne genannt.
Die setzten sich zusammen, sie redeten, raunten dort,
Sie richteten ihr Lager zusammen bald am Ort,
Sie bauten und gewannen, viel Kinder zeugten sie;
Ich denke, daß sie heißen: Greim, Kuhstaller, sowie
Heuhaufen, Gaul und Kessel, Füller, Drum, Digrald,
Troß und Höswer ferner, dann Luder und Leggiald.
Sie düngten Äcker, züchteten Schweine, hüteten Geißen
Und gruben Torf. Die Töchter die mochten also heißen:
Drumba, Kumba, Rauhkalb, Adlernase, zum Schluß:
Ambt, Isja, Eichendirne, Lumpfetzen, Kranichfuß.
Und davon sind der Knechte Geschlechter hergekommen.

Doch Riger hatte weiter den graden Weg genommen,
Er kam zu einer Halle, im Riegel schloß die Tür;
Er ging hinein zum Golfe, ein Feuer brannte dafür.
Großvater und Emma, die hielten dorten Haus.
Da saßen die Eheleute, sie hielten beim Werke aus.
Zum Weberbaume schälte der Mann sich einen Stamm,
Den Bart gekämmt, die Haare vorn an der Stirne stramm
Geschoren, im knappen Schurze. Ein Schrank stand dort im Gang.
Das Weib, im Golfe sitzend, den Spinnerocken schwang,
Sie breitete aus den Faden und webte ihn mit Lust,
Sie, die am Haupt den Schleier, den Schmuck auf ihrer Brust,
Ein Tuch an ihrem Halse, Gewirk an den Achseln trug.
Doch Riger wußte ihnen Rat zu sagen klug.
Er setzte sich inmitten zu ihnen an den Tisch,
An jeder Seite saßen die Eheleute frisch.
Sie aßen gute Speise und sprachen viel dazu.
Dann hub man sich vom Borde und richtete sich zur Ruh'.
Er blieb drei Nächte dorten, dann ging er fort allein
Den mittleren Weg von dannen. Und nach der Monde neun
Gebar ein Kindlein Emma und tauft' es mit Wasser gleich.
Sie nannten es Karl und hüllten es in ein Tuch gar weich.
Rothaarig war's, rotwangig, ihm rollten die Äugelein.
Er fing wohl an zu wachsen und kräftig zu gedeih'n,

Freya

Den Pflug zu halten, Häuser zu zimmern, Ochsen zu zähmen,
Scheunen zu bauen, Karren zu machen, den Pflug zu nehmen.
Er nahm die schlüsselbehängte, geißfellbekleidete Braut,
Mit Namen Schnur; dort saß sie gehüllt in Linnen traut.
Sie wohnten als Eheleute, die Ringe wechselten sie,
Bereiteten ihren Haushalt, bestellten das Lager hie.
Sie bauten, gewannen und zeugten viel Kinder ihrer Art:
Hal, Knappe, Holde, Degen, Schmied, Breitbond, Bondenbart,
Bauer, Bonde, Breitbart und Mann, so hießen sie.
Die Töchter aber hießen: Kluge und Braut, sowie
Männin, Genossin, Sprecherin, nicht minder auch Gemahl,
Sprund, Weib und Feine, Ristel und andere zumal.
Davon sind aller Karle Geschlechter hergekommen.

Doch Riger hatte weiter den rechten Weg genommen;
Da kam er zu einem Saale; gen Süden schaute das Tor,
Die Tür war angelehnet, es hing ein Ring davor.
Er ging hinein, gerade zum Golf, mit Sand bestreut;
Da saßen Eheleute und sah'n sich an voll Freud'.
Die hießen Vater und Mutter, vertrieben sich die Weile,
Der Hausherr bog den Bogen, wand Stränge, schäftete Pfeile.
Jedoch die Hausfrau pflegte der Arme, strich das Gewand
Und stärkte Ärmel, faltete den Schleier mit weißer Hand.
Ihr Hemd war blau, mit Schnallen geschmückt, und ihr Gesicht
Leuchtete; ihr Hälslein war wie der Schnee so licht.
Und Riger wußte denen zu raten viel und lang,
Er setzte sich inmitten zu ihnen auf die Bank.
An jeder Seite saßen die Eheleute im Saal.
Da nahm die schöne Mutter gemerktes Tuch zumal
Vom allerweißesten Linnen und deckte schön den Tisch.
Sie nahm dann dünne Laibe von Weizen weiß und frisch,
Sie brachte volle Schüsseln, in reines Silber gefaßt,
Mit Speck und Fleisch, gebrat'nen Gevögels eine Last.
Wein war in vollen Kannen, es waren Kelche da.
Sie tranken viel und tagten, schon war der Abend nah'.
Und Riger war nur immer Rat zu sagen bedacht;
Worauf sie sich erhuben, zu ruhen bei der Nacht.
Er blieb drei Tage dorten; dann ging er fort allein
Den mittleren Weg von dannen. Und nach der Monde neun
Gebar die Mutter ein Knäblein; sie hüllt' ihn in Seidengewand
Und taufte ihn mit Wasser; Herr ward er genannt.
Blond war sein Haar, die Wangen erglänzten hell und rein,
Mutig blinkten die Augen wie einem Schlängelein.
Aufwuchs der schöne Knabe dort auf den Fliesen im Haus,
Den Schild begann er zu schütteln, bereit zu Streit und Strauß.
Den Bogen lernt' er beugen, Pfeile zu schäften auch
Und Spieße zu werfen, Lanzen zu schwingen nach Herrenbrauch.
Auch Hengste lernt' er zu reiten, Hunde zu hetzen zur Jagd,
Schwerter zu schwingen, zu schwimmen: das hat ihm wohlbehagt.

Da kam einst aus dem Walde der weise Gott einher,
Er lehrt' ihn hohe Runen und and're Weisheit mehr,
Er gab ihm seinen Namen und nannt' ihn seinen Sohn
Und reizte ihn, zu trachten nach Hof und Burg und Kron'.
Da ritt der Sohn von dannen hin durch den dunklen Wald,
Weit über Nebelberge; zu Burgen kam er bald.
Den Schaft begann er zu schwingen, er schüttelte den Schild,
Den Streithengst ließ er laufen, das Schlachtschwert zog er wild.
Wig begann er zu wecken, begann zu röten das Feld,
Wal begann er zu fällen, er focht um die Lande der Welt,
Bis er allein beherrschte achtzehn Höfe in Ruh',
Viel Gut begann er zu teilen und wies es allen zu,
Geschmeide und Kleinode, schwankrippige Mähren auch;
Er spendete gold'ne Ringe und Bauge nach Herrenbrauch.
Da fuhren seine Genossen die feuchten Wege hin,
Bis sie zur Halle kamen; Herse saß darin.
Der hatte die schön gegürtete, weiße und weise Maid,
Die Erna ward geheißen im Lande weit und breit.
Sie baten um die Schöne für ihren Herren traut;
Da brachten sie dem hehren die linnenweiße Braut.
Beisammen wohnten beide, gewannen vieles Feld,
Erzeugten edle Geschlechter, genossen froh der Welt.
Bur hieß ihr erster Sprößling, Barn hieß der zweite schon,
Kind, Edel, Erbe, Mage, Nider und Nidung, Sohn,
Und Swein, Gunt und König die andern nach der Reih'.
Sie begannen zu spielen, zu schwimmen, zu tafeln froh und frei.
Sie zähmten Hengste, bogen Schilde, schäfteten Pfeile
Und schüttelten Speere: also vertrieben sie die Weile.
Aber König der junge kannte der Runen Gebrauch:
Ewigrunen, Zeitrunen. Des weiteren konnte er auch
Menschen heilen, Ecken stumpfen, stillen das Meer;
Er lernte den Sang der Vögel und manches andere mehr:
Feuer zu kirren, Seelen beschwichtigen, Sorgen zu legen.
Er hatte Kraft und Stärke von acht mannlichen Degen.
Mit seinem Vater selber stritt er in Runen gar.
Er übte Künste, besser verstand er's noch fürwahr.
Dadurch errang er dieses und empfing es zum Lohn,
Riger selber zu heißen, als Rigers Sohnessohn.
Es ritt der junge König durch Busch und Wald und Feld,
Den Jagdspieß hatt' er geworfen, Vögeln nachgestellt.
Da krächzte eine Krähe von einem Zweigelein:
»Was sollst du, junger König, nur jagen Vöglein klein?
Besser ziemte dir, Hengste zu reiten und Heere zu fällen,
Als den kleinen Vögeln im Walde nachzustellen.
Dan, der Herr von Danstatt hat edleres Gut als ihr;
Und Dana ist seine Tochter, die Jungfrau schön und zier.«
So sang die kleine Krähe. Da zog der König aus
Zu höherer Jagd und gründete das erste Königshaus
Und brachte die edle Dana als Gattin sich ins Haus.

Nun laßt uns aber der Helden Geschlechter auch einmal
Aufzählen und erkunden der edlen Stämme Zahl.
Woher sind die Schildungen, die Schilbungen woher?
Woher die Adelinge, die Wölfinge so hehr;
Woher die Amelunge,die Welsunge so gut?
Woher der Botelunge, der Nibelunge Blut?
Woher die Tagelinge, die Hildinge woher,
Die Bragninge, Loftunge, Sieglinge und noch mehr?
Wer sind die Holdgebor'nen von heergebor'ner Art,
Die höchste Wahl der Männer hier unter Mittegard?
Von Wodan stammen alle die hehren Helden ab,
Und dieses ist ihr Ursprung, wie ich vernommen hab'.
Durch Weissagung und Sprüche erfuhr der hehre Gott,
Es würde einst im Norden geehret sein Gebot
Und aller Asen Namen. Da hub er eine Fahrt.
Von Asgard aus nach Norden mit Söhnen seiner Art.
Wille und Weh die Brüder ließ er in Asgard dort.
Er selber zog in Eile gegen Gardareich fort.
Er pflog nicht eher der Ruhe, als bis er kam in ein Land
Im Norden dieser Erde, das Sachsland ist genannt.
Hier blieb er lange wohnen und setzte dort im Hain
Drei seiner hehrsten Söhne zu Landbeherrschern ein.
Wigtag der Held ward König über Ostsachsenland.
Witergils der edle, so war sein Sohn genannt.
Der hatte zwei der Söhne: Ritta, Heingests Vater,
Und Siegeger, des Swiptag Zeuger und Berater.
Ein zweiter Sprößling Wodans erhielt Westfalenland;
Der ist Balder geheißen. Sein Sohn hieß aber Brand,
Der dann den Burg erzeugte, der zeugte den Iwig dann,
Der drauf den edlen Gawe zum Sohne sich gewann.
Wodans dritter Sprosse war aber Siege genannt.
Den ließ der Vater herrschen über das Frankenland.
Sieges Sohn hieß Rere, Welse dessen Sohn;
Die Welsungen sie alle mit Siegfried stammen davon.
Allvater zog nun weiter noch mehr gen Norden fort
Nach Gotland, wo nun Dänemark und Jütland heißt der Ort.
Schild, seinen edlen Sprossen, ließ er als König da.
Von diesem stammen alle Schildungen fern und nah.
Schilds erster Sohn war Friedlieb; doch groß ist sein Geschlecht
Und weitberühmt in allen Landen gar mit Recht.

Allvater zog noch weiter nordwärts über die See
Und wohnte auf dem Eiland, das heißt nun Odensee.
Da sandt' er seine Tochter Gesion über den Sund,
Um Länder dort zu suchen auf festem Landesgrund.
Damals war König Gilfe in Schweden dort zu Haus
Vom Stamm der Winterriesen. Der staunte überaus,

Als nun die schöne Göttin in seine Lande kam,
An deren holdem Sange er so viel Freude nahm,
Daß er zum Lohn der Ergötzung ihr soviel Landes verhieß,
Als sich mit vieren Ochsen im Tage pflügen ließ.
Da nahm die hehre Göttin der stärksten Ochsen vier,
Die sie selber erzeugte mit einem Riesen schier,
Und spannte sie dem Pflug vor. Da ging so tief der Pflug,
Daß er ein großes Landstück vom Schwedenlande schlug.
Das ist die große Insel, Seeland nun genannt.
So schaffte sich Allvater mit Macht ein neues Land.

Der König Gilfe aber verwunderte sich sehr;
Der Asen Macht bedünkte ihm übermächtig und hehr.
Um dieses zu erkunden, fuhr er verborgener Weise
Zu Wodan hin nach Asgard, gleich einem schwachen Greise.
Er kam zur Burg der Asen, zur Halle hin; die schien
So hoch, daß er mit Mühe nur schaute drüber hin.
Das Dach schien ihm gedecket mit goldenen Schilden gar,
Wie sonst mit hölzernen Schindeln; drob staunte er fürwahr.
Am Tor der Halle aber sah Gilfe einen Mann,
Der spielte gar behende mit Messern auf dem Plan,
Daß sieben Messer auf einmal umflogen in der Luft
Da hört er, wie der Künstler ihm laut entgegen ruft:
»Wie heißest du, o Fremder, von wannen kommst du heran?
Was schaffst du hier zur Stelle? Das sag' mir richtig an!«
Da gab zur Antwort Gilfe und sagte zu dem Mann:
»Ich heiße Gangler, komme aus weiter Ferne an
Und bitte um Herberge für diese eine Nacht.
Doch sag' mir, wem diese Halle gehört von solcher Pracht?«
Da gab zur Antwort jener: »Die Wahrheit sag' ich dir;
Die Halle ist zu eigen dem großen König hier.
Ich will dich zu ihm führen und dein Begehren sagen;
Da magst du ihn dann selber um seinen Namen fragen.«
Alsbald ging in die Halle mit Gilfe dieser Mann.
Dicht hinter seiner Ferse schlug zu die Tür. Alsdann
Sah er gar viele Gemächer und Volkes eine Menge:
Die spielten, jene zechten, die fochten im Gedränge.
Er sah sich um, und vieles schien ihm unglaublich gar.
Da sah er drei Hochsitze, königlich fürwahr,
Einen über dem andern; auf jedem saß ein Mann.
Er fragte, wie sie hießen; so sprach der Führer dann:
»Der in dem tiefsten Hochsitz, der heißt mit Namen Hehr
Und ist ein großer König. Der heißet Ebenhehr,
Der in dem nächsten sitzet; und Dritter ist genannt,
Der in dem höchsten Sitze sitzet unverwandt.«
Da fragte Hehr den Gilfe und sprach zu ihm das Wort:
»Was bist du auszurichten gekommen an den Ort?«

Sieh, Essen und auch Trinken das steht bereit für dich
Und alle in der Halle des Hehren sicherlich.«
Da gab zur Antwort Gilfe und sprach zu Hehr im Saal:
»Ich bin nicht hergekommen zu Trinkgelag' und Mahl,
Ich bin jedoch gekommen aus fernen Landen her,
Zu fragen, ob hier innen ein weiser Mann wohl wär'.«
Da gab zur Antwort Wodan, der Hehr sich nennen ließ:
»Du kommst nicht heil von dannen, das sag' ich dir gewiß,
Wenn du nicht weiser fragest, als wir dir Antwort geben.«
Und da begann der König viel' Fragen zu erheben
Über die hehren Asen und über die ganze Welt.
Da ward so unerhörtes von jenen aufgestellt,
Daß er gar sehr bestaunte der Asen Weisheit und Macht
Und ihre großen Werke, die all sie hätten vollbracht.
Er mußte sich als Besiegter ergeben allzuhand.
Die Asen aber hatten den König wohl erkannt.
Um nun sein Haupt zu lösen, bot er sein ganzes Reich
Den Asen und verließ dann die Halle alsogleich.
Um in Besitz zu nehmen des Königs Lande dort,
Zog Wodan jetzt nach Schweden und setzte an dem Ort
Zum König ein den Ingo, das war sein eigener Sohn.
Die Inglinger, die hohen, stammen alle davon.
Und es gefiel dem Gotte so gut das Schwedenland,
Daß er die Burg dort baute, die Siegtun ist genannt.
Dann aber fuhr er weiter bis an das große Meer,
Da wo es heißt Norwegen. Säming, den Helden hehr,
Ließ er dort als Herrscher, der Skade und seinen Sohn:
Die Herrscher der Norweger stammen alle davon.

Schild aber,Sohn des Wodan, er, der zum Weib bekam
Die Göttin Gesion selber, und der den Sitz einnahm
In Seeland, er vermehrte mächtig sein Geschlecht.
Halbdan gilt als der höchste der Schildungen mit Recht.
Er schlug den König Siegtreu und nahm zum Weibe sich
Almweig, des Königs Eymund Tochter minniglich,
Des Herrschers über Holmgard. Sie hatten der Söhne neun,
Und deren Namen müssen für immer rühmlich sein.
Hild, Nibel, Aud, Schilf, Brage; Lost, Siegher, Botel, Tag,
So heißen diese Söhne, die jeder preisen mag.
Hild, Lost und Siegher waren Heerkönige allwegen,
Aud, Botel, sowie Nibel Seekönige dagegen,
Tag, Schilf und Brage saßen in Ruh' auf ihrem Land
Und das sind die Geschlechter der Helden auserkannt:
Tag nahm zum Weibe Tora und zeugte der Söhne vier:
Ale, Am und Eber, Arngrimm, die Degen zier.
Arngrimm erzeugte Eber, Angandeos Vater.
Das sind die Tagelinge, des Heldenwerks Berater.

Brage zeugte den Agnar, dieser den Alb sodann,
Alb jedoch den Erich; Erich aber gewann
Die Hilde, Halbdans Mutter des milden; dessen Sohn
War Glutrot, und es stammen die Bragninge alle davon.
Schilf war Schilds Erzeuger; den Erich zeugte der.
Der ward der Vater Alberichs und anderer Söhne hehr.
Von diesen ist entsprungen der Schilbungen Geschlecht.
Als Pfleger großer Schätze galten diese mit Recht.
Hild war der Vater Hildebrands, der zeugte den Wigbrand.
Der ist der Vater worden des Hild und Herebrand.
Daraus sind nun in Ehren die Hildinge entsprungen,
Davon in manchen Sagen gesagt wird und gesungen.
Siegeher erzeugte den edlen Siegeger.
Der nahm zu seinem Weibe die schöne Sieglind hehr,
Des Königs Welsung Tochter, zu seinem Heile nicht.
Des Siegher zweiter Sprößling war Siegmund klar und licht,
Der Dietwart auch geheißen ist. Er nahm zum Weibe sich
Die Hilde oder Minne, denn sie war minniglich.
Sie war die Tochter Gretgard's, des Königs von Westermeer,
Der auch Ladiner heißet, ein König mild und hehr.
Siegmund Dietwart zeugte den Siegeher alsdann;
Der galt dem Ortnid als Vater, dem vielberühmten Mann.
Doch Siegeher erzeugte Siegelind, die Maid,
Um welche Hagbart freite, verhüllt im Weiberkleid.
Das alles ist geheißen der Sieglinge Geschlecht,
Berühmt in alten Sagen und Liedern gar mit Recht.
Lost war ein großer König; er zwang sich Gotenland,
Und seine Söhne waren Scheckel und Schill genannt.
Schill war Egdeos Vater, Helmdeo war sein Sohn,
Des Königs Eilime Vater, den kennt die Sage schon
Als Herdis Vater, welche den Siegfried einst gebar.
Loftunge sind geheißen die allesamt fürwahr.
Aude, Herr von Walland war Frodes Vater; der
Der Vater Kars, des Vaters der Älrun schön und hehr,
Die einst der Bruder Wielands, Eigel, gewann zum Weib.
Odlinge sind geheißen, die stammen von Audes Leib.
Botel eroberte Sachsland; Etzel war sein Sohn,
Der Vater Wifels, Läfe stammt wiederum davon,
Des jüngeren Botel Vater; der hatte der Söhne zwei:
Blödel und König Etzel, eine Tochter auch dabei:
Brünhild, die weitberühmte, so weise wie wonnesam.
Das ist all miteinander der Botelungen Stamm.
König Nibel aber ward Heimars Vater dann,
Des Vaters Einefs, welcher zum Sohn den Rake gewann.
Das ist der Vater Gibichs und dieser ist bekannt
Als Gunthers Vater, des Königs von Burgundenland,
Und Vater Gernots, Giselhers, Krimhildens auch mit Recht
Und Gudnes sowie Goldrands: das ist Nibelungengeschlecht.

Aus Wodans Blut ist ferner auch Amala entsprungen;
Von dem entstammt das hohe Geschlecht der Amelungen.
Anz war von diesen einer; sein Sohn war Hugdietrich,
Der den Wolfdietrich zeugte, der einen Hugdietrich
Und Dietmar. Hug erzeugte den edlen Amelung,
Den Vater Kaiser Ermanrichs, Dietmars und Diethers jung.
Dietmar bekam zum Weibe Odilia die Maid,
Die Tochter König Elsungs von Bern zu jener Zeit.
Von dieser ward geboren Herr Dieterich von Bern,
Der Riesen und Drachen Besieger und aller Helden Stern.
Nun sind die Heldenstämme richtig aufgezählt,
Die hehren Söhne Wodans, die rühmlichsten der Welt.
Daher sind die Schildungen, die Schilbungen daher,
Daher die Odelinge, die Wölfinge so hehr,
Daher die Amelungen, die Welsungen so gut,
Daher die Botelungen und der Niblungen Blut.
Daher die Tagelinge, die Hildinge daher,
Die Bragninge, Loftunge, Sieglinge und noch mehr.
Das sind die Holdgebor'nen von heergeborener Art,
Die höchste Wahl der Männer hier unter Mittegard.

Wie entstund der Volkskrieg, der erste auf der Welt?
Das höret nun: Drei Asen fuhren von Idafeld,
Wodan, Hain und Loke, die Welt zu erkunden, fort.
Sie kamen zu einem Wasser und gingen am Ufer dort
So weiter, bis sie gelangten zu einem Wasserfall.
Da saß ein Otter am Strande, der blinzelnd zu seinem Mahl
Einen Lachs verzehrte. Loke nahm einen Stein,
Warf ihn nach dem Otter und traf ihn ins Haupt hinein.
Da prahlte rühmend Loke: »Nun hab' ich reiche Beute
Mit einem Wurf erbeutet; wohl gelang mir's heute.«
Nun nahmen sie den Otter und Lachs, und trugen die
Mit sich. Zu einem Hofe gelangten weiter sie.
Da wohnte jener Bauer, der Reidmar war genannt,
Gar mächtig durch sich selber und dazu zaubergewandt.
Es baten sich die Asen dort Nachtherberge aus
Und sagten: »Sieh', wir haben der Speise genug zum Schmaus!
Wir haben hier erbeutet gar eine reiche Beute,
Als auf der Fahrt wir kamen zum Wasserfalle heute.«
Doch als der Bauer Reidmar den toten Otter sah,
Schnell rief er seinen Söhnen Fafner und Regin da
Und sprach: »Weh' mir, daß Otter, mein Sohn, erschlagen ist!
Das haben diese Fremdlinge verübt mit arger List.
Er war ein mächtiger Weidmann und hat in Ottersgestalt
Mir Fische oft gefangen, die bracht' er mir alsbald.
Groß war sein mächtiger Zauber. O weh mir dieser Not!
Wie ward mir großer Schade durch meines Sohnes Tod!«

Nun ging er mit den Söhnen wild auf die Asen los;
Sie griffen sie und banden die Götter hehr und groß.
Da boten nun die Asen für Reidmars toten Sohn
So viel zur Lebenslösung und Buße, als hievon
Reidmar und seine Söhne begehren wollten mit Fug,
Und das ward unter ihnen beschworen fest genug.
Da zog der Bauer Reidmar den Balg dem Otter ab
Und sprach: »Seht zu mit Eifer, daß ich den Balg da hab'
Gehüllet und gefüllet mit rotem Golde rein!
Das soll zur Lebenslösung und Eurer Buße sein!«

Da sandte Wodan den Loke hin nach Schwarzalbenheim,
Allwo die Zwerge hatten des Goldes viel geheim.
Und Loke kam zum Zwerge, des Name Andwar ist.
Der schwamm als Fisch im Wasser; da griff ihn Loke mit List
Und heischte, daß zur Lösung des Leibs er alles Gold,
Das er in seinen Steinen bewahrte, geben sollt'.
Da war kein and'rer Ausweg, es brachte denn der Zwerg
Die Schätze, die er hatte, hervor aus tiefem Berg.
Doch barg er noch in Händen einen kleinen Ring.
Loke sah's und heischte von ihm das glänzende Ding.
Der Zwerg bat nun mit Weinen: »Nimm mir nicht ab das Gold,
Da mir von diesem Ringe das Gut stets wachsen sollt',
Wenn ich nur den behalte!« Doch Loke drohte schwer:
»Du sollst auch nicht behalten den letzten Pfennig mehr!«
Er nahm den Ring und eilte fort aus dem Felsenhaus.
Der Zwerg jedoch verwünschte den Reif und schrie hinaus:
»Nun soll zum Mörder werden der Ring jedwedem Mann,
Der ihn mag jemals tragen! Nimm ihn mit diesem Bann!«
Da sagte aber Loke, als er vernahm den Fluch:
»Gar wohl behagt mir, Andwar, dein morddrohender Spruch.
Ich will auch dafür sorgen, daß dieses Zwergen Wort
Zu Ohren jedem komme, der da nimmt von dem Hort.«

Dann fuhr er fort zu Wodan und zeigte dem das Gold.
Als der den Ring erschaute, däucht' er ihm gar zu hold.
Er nahm ihn von dem Gute; doch Reidmar nahm den Schatz,
Damit er den Balg anfülle, soviel nur hätte Platz.
Dann setzte er steif ihn aufrecht; gefüllt war er schon ganz;
Nun sollte Wodan hüllen den Balg vom Kopf zum Schwanz
Mit Golde. Und das tat er; worauf er also sprach:
»Sieh', ob wir alles taten deinem Willen nach!«
Reidmar trat zum Balge und spähte gar genau;
Ein einzig Barthaar spähte er aus und sagte schlau:
»Ich seh' ein einig Barthaar meines Sohnes noch;
Kannst du nicht dies auch hüllen, so mußt du sterben doch:«

Da zog Wodan vom Finger den Ring und hüllte das Haar
Und sagte d'rauf zum Bauer, des Zornes voll fürwahr:
»Nun ist die Sühne geleistet, das Recht ist dir gescheh'n;
Nun denk' ich, daß wir frei sind und weiter mögen geh'n.«
Da Wodan aber hatte genommen seinen Speer
Und Loke die Flügelschuhe, und durften nimmermehr
Sich fürchten, da sprach Loke, der argen Tücke voll:
»Nun magst du, Reidmar, hören, wie sich's verhalten soll
Mit diesem Ring von Golde! Darauf hat schweren Fluch
In höchster Not gesprochen ein Zwerg; das ist sein Spruch:
Zum Mörder soll er werden jedwedem, der ihn trage.
Nun lebe wohl und denke des Worts, das ich dir sage!«
Drauf fuhren schnell von dannen die heiligen Asen dort
Zu andern Abenteuern an einen anderen Ort.

Jedoch der Fluch des Zwergen war nimmer eitel Lug.
Der Reif ward Jedes Mörder, der ihn am Finger trug,
Wie noch die Sage kündet. Drum ist das Gold, wie bekannt,
Notgeld der Asen, Streiterz und Ottergeld genannt.
Noch vieles wird zu sagen von jenem Golde sein.
Es wollte Bauer Reidmar den Schatz für sich allein;
Fafner sowie Regin wollten dies nich leiden;
Doch keinen Pfennig gönnte der Vater diesen beiden.
Da kam's dazu, daß Fafner den Vater selbst erschlug
Des roten Goldes willen und es von dannen trug.
Nun wollte aber Regin, daß Fafner alles Gold
Zur Hälfte mit dem Bruder ehrlich teilen sollt'.
Doch Fafner gab zur Antwort: »Des Dings ist wenig Wahn,
Daß ich das Gold da teile mit dir. Heb dich hindann!
Ich hab' den eignen Vater erschlagen um das Gold;
Der soll dasselbe erfahren, der mir's bestreiten wollt'.
Ich will es besser wahren, als Reidmar tät vorher!«
Und Fafner nahm gar schleunig den Helm des Reidmar hehr,
Der Ägirshelm genannt war; den setzte er sich aufs Haupt.
Das ist der Helm, der Schrecken einflößt und Mut entraubt.
Er nahm das Schwert, das Runting sich nennt und schrecklich gleißt.
Dagegen hatte Regin das Schwert, das Ridel heißt.
Der floh hinweg; doch Fafner fuhr hin nach Gnitaheide,
Grub sich ein Bett und legte als Wurm sich aufs Geschmeide.
Dort ward er dann erschlagen von Siegfried um den Hort.
Das war in späteren Zeiten, da hub sich Mord auf Mord.
So ward zum großen Weltkrieg hier der Beginn gemacht;
So ward mit Eisengeren der Goldzeit Ende gebracht.
Das Gold, das in der Halle des Hehren einst gebrannt,
Das lebt nun auf der Erde allzuwohl bekannt.
So oft es auch gebrannt wird, stets wird es wieder geboren;
So oft es stirbt, ersteht es, nimmer geht es verloren.

Der letzte Kampf

Heid ward es da geheißen, wo's zu den Häusern kam,
Als listsprechende Zauberin. Die machte Geister zahm,
Sie zauberte, was sie konnte mit ränkesüchtigem Mut;
Stets war sie das Vergnügen der üblen Menschenbrut.

Nun hebt sich neue Sage: die Asen fuhren fort,
Wodan, Hain und Loke von jenem Unheilsort.
Sie zogen über Berge und Marken in die Welt;
Da war es wieder übel um ihre Kost bestellt.
Und da sie also hungrig kamen in ein Tal,
Sah'n sie eine Ochsenherde, weiden ihnen zur Wahl.
Die Ochsen aber waren Thiasse's des Riesenherrn,
Der in Gestalt des Aares dort weilte nicht gar fern.
Da nahmen sie einen Ochsen, schlachteten ihn sofort
Und wollten ihn nun sieden und essen gleich am Ort.
Und da sie also dachten, daß er gesotten wär',
Und sie den Sud versuchten, da staunten sie gar sehr,
Denn er war ungesotten. Darauf zum andern Mal,
Als eine Stunde vergangen, versuchten sie das Mahl.
Doch trotz des starken Feuers war's immer noch nicht gar.
Da dachten sie untereinander, dies wäre wunderbar.
Nun hörten sie in der Eiche so sprechen über sich:
»Daß euer Sud nicht siedet, das schaffe wahrlich ich,
Der ich hier oben sitze. Nie wird der Sud euch gar!«
Sie losten zu; da saß dort ein gar nicht kleiner Aar,
Der sprach: »Wollt ihr mir geben mein Teil vom Ochsen gut,
Dann will ich sieden machen das Fleisch und auch den Sud.«
Das dünkte Recht die Asen; sie sagten ihm das zu.
Da ließ er sich nieder vom Baume, saß am Sud im Nu,
Und nahm zuerst die Lenden und beide Bugen schwer.
Darob ward Loke zornig, ergriff einen großen Speer
Und stieß aus allen Kräften den Adler in den Kropf.
Da flog empor der Adler, die Stange in seinem Schopf.
Jedoch am andern Ende haftete Lokes Hand.
Der Adler flog so niedrig, daß Lokes Leib den Sand,
Wurzeln und Bäume streifte, Hände jedoch und Arme
Drohten ihm zu reißen. In seinem Schmerz und Harme
Rief er und bat erbärmlich um Frieden den schrecklichen Aar.
Der aber sprach: »O Loke, los wirst du nimmerdar,
Wenn du mir nicht schwörest einen Eidschwur schwer,
Daß du mit ihren Äpfeln mir Idun bringest her.«
Da schwur den Eidschwur Loke; so kam er endlich los
Und fuhr zu seinen Genossen; da war die Freude groß.
Für diesmal wird nichts weit'res von ihren Fahrten vernommen,
Als daß so schnell wie möglich sie wären heimgekommen.
Doch zur gesetzten Stunde sprach Loke zu Idun:
»Komm mit in jenen Wald hin, denn sieh', ich habe nun

Goldäpfel aufgefunden, die dir Kleinode schienen;
Doch nimm auch deine Äpfel mit zum Vergleich mit ihnen!«
Mit dieser listigen Rede verlockte Loke die Holde,
Daß sie zum Wald ihm folgte voll Neugier nach dem Golde.
Da kam Thiasse aber, der Riese in Aaresgestalt,
Nahm Idun auf vom Boden und flog mit ihr alsbald
Nach Trimheim hin zu seinem Gehöft in schnellem Jagen,
Wo er mit seiner Tochter hauste seit alten Tagen.

Die Asen aber wurden voll Angst beim Schwinden der Maid;
Denn grau und greis erschienen sie bald in kurzer Zeit,
Weil ihnen die Nahrung fehlte von Iduns goldener Frucht;
Nur ihre Äpfel bannen Tod, Alter, Gram und Sucht.
Da ward ein Ting gehalten und nachgeforscht genau,
Wohin Idun gekommen, Brages holde Frau.
Sie ward zuletzt gesehen, da sie mit Loke ging,
Drum ward der Arge ergriffen und hingeschleppt zum Ting.
Da gingen alle Götter auf ihre Richtstühle hin;
Die hohen heiligen Richter berieten sich hierin,
Ob sie den Unfried sollten vergelten mit Lokes Tod,
Oder Sühnung sollten empfangen dieser Not.
Und also war ihr Urteil: »Wenn Loke nicht sogleich
Die Holde wieder schaffe, treff' ihn der Todesstreich.«
Doch Loke sprach voll Schrecken: »Wohlan, ich will ja schier
Die holde Idun suchen, wenn nur Frau Freia mir
Das Falkenhemd mag leihen!« Das Hemd gab sie geschwind;
Da flog er fort gen Norden nach Trimheim wie der Wind
Und kam desselben Tages zu Thiasses Wohnung dort.
Er war auf die See gerudert, doch Idun war am Ort.
Da zauberte Loke die Holde in einer Nuß Gestalt
Nahm sie in seine Klauen und flog zurück gar bald.
Als Thiasse aber heimkam und jene vermißte im Haus,
Nahm er sein Aareshemde und flog zum Tor hinaus.
Es rauschte das Adlersgefieder. Doch da die Asen sah'n
Den Falken kommen mit Idun und auch der Aar schon nah'n,
Da gingen sie vor die Feste und trugen Bürden groß
Von Hobelspähnen zusammen. Der Falke aber schoß
Zur Burg und ließ sich nieder, der Asenmauer nah'.
Schnell legten die Götter Feuer an jene Spähne da.
Der Aar jedoch vermochte den Flug zu hemmen nicht,
Als ihm der Falke plötzlich verschwand aus dem Gesicht.
Da schlug das helle Feuer ins Federkleid dem Aar
Und sengte seine Schwingen. Das ward sein Tod fürwahr.
Er fiel; die Asen schlugen zu Tode ihn geschwind.
So starb Thiasse der Riese, Älwalts mächtiges Kind.
Gar mächtig war er selber und mächtig war sein Stamm;
Denn Älwalt war so goldreich, daß, als er zu sterben kam

Und seine Söhne sollten sich um das Erbe vergleichen,
Sie mit dem Mund nur maßen den Hort, den überreichen.
Drum heißt das Gold die Rede der Riesen im Gesang.
Thiasses Brüder hießen mit Namen Ide und Gang.

Wanenkrieg und Frodefriede

Zwischen den Wanen und Asen entsteht Krieg, der endlich beigelegt wird. Kwasers Entstehung und Tod. Der Dichtertrank wird von den Zwergen bereitet, von den Riesen geraubt. Mimers Tod. Skade, Thiasses Tochter, wird Niords Gattin. König Frode und der Frodefriede. Erbauung der Götterburg Walhall.

Wodans Brüder, Wille und Weh, das edle Paar,
Herrschte über Asgard, wenn Wodan ferne war.
Und so geschah es damals, als Wodan fernhin eilte
Und sich in fremden Landen allzulang verweilte,
Sodaß schon keine Hoffnung auf seine Heimkehr schien,
Da nahmen seine Brüder das Erbe, ihnen gelieh'n,
Und teilten es untereinander; doch Fricka, Wodans Braut,
Trachteten sie zu besitzen als edle Gattin traut.
Doch kurz nachher kam Wodan wieder in sein Reich,
Er nahm so Frau wie Erbe und rächte diesen Streich.
Das war der Anfang dessen, daß Krieg erhoben ward
Zwischen den Asen und Wanen. Es zog mit Heeresfahrt
Wodan den edlen Wanen feindlich an die Hand,
Die Wanen aber standen und wehrten wohl ihr Land.
Den Speer schleuderte Wodan und schoß ihn über das Feld;
Das war der größte Heerkrieg, der stattfand in der Welt.
Es hatten bald die Wanen und bald die Asen den Sieg,
Beide verheerten der andern Gebiet; so währte der Krieg.
Gebrochen ward der Bordwall der Burg der Asen zum Schluß,
Siegweissagend zerstampfte die Felder der Wanen Fuß.
Mit seiner Axt zerklobte Niord Asgards Tor;
Der Untergang der Götter stand drohend schon bevor.
Als aber nun jedwedem verleidet war der Mord,
Bestimmten zum Vergleiche die Müden Zeit und Ort
Und machten wieder Frieden und gaben Geiseln her.
Die Wanen gaben den Asen die besten Männer nunmehr:

Niord, den reichen König, und seinen Sohn, den Frei;
Die Asen aber dagegen den Hain, und sagten dabei,
Er sei am allerbesten zu einem Häuptling geschickt,
Denn größeren Mann und schöner'n hätt' keiner noch erblickt.
Mit diesem sandten sie Mimer, den weissagungskundigsten Mann.

Doch andere Friedensstabung hatten sie sodann:
Sie setzten sich zusammen im feierlichen Ting,
Jeder von den Göttern zu einem Kessel ging,
D'rein er den Speichel spukte. D'raus schufen sie zum Pfand
Des Friedens einen Mann noch, der Kwaser ward genannt.
Der ist so weise, daß keiner erfragt, was alles er weiß.
Er zog umher in den Landen und sang der Götter Preis.
Er fuhr, die Menschen Klugheit zu lehren, weit umher.
Doch als er zu zween Zwergen als Gast gekommen wär',
Fialar und Galar mit Namen, da ließen ihn diese ein,
Erschlugen ihn aber und ließen sein Blut so heilig und rein
In einen Kessel rinnen, als »Geistreger« bekannt,
Dazu in zwei Gefäße, »Gebot« und »Sühne« genannt.
Sie mischten süßen Honig mit des Ermordeten Blut,
D'raus einen Met zu machen; der ist so zaubergut,
Daß wer davon nur nippet, zum Sänger wird fortan.
Die Zwerge aber sagten den Asen dieses an,
Es wär' erstickt der Weise in seinem eig'nen Verstand,
Darum, weil er auf Erden keinen so klugen fand,
Der all sein Wissen konnte erfragen aus dem Grund.

Die Zwerge aber verloren den Met in kurzer Stund.
Sie luden zu sich den Riesen Gilling und sein Weib;
Und da sie mit dem Riesen zu gutem Zeitvertreib
Hin auf die Meerflut ruderten, da stießen an ein Riff
Die Zwerge weit vom Lande und warfen um das Schiff.
Gilling war kein Schwimmer und er ertrank alldort.
Aber die Zwerge richteten das Schiff empor sofort
Und kehrten um und sagten's dem Weibe Gillings an.
Diese ertrug es übel und fing zu greinen an.
Da sprach der Zwerg Fialar: »Dir wird noch Trost zur Frist,
Wenn du die Stätte schauest, wo er ertrunken ist.«
Das war ihr Wunsch. Da eilte Galar, der Bruder, schnell
Und stieg über die Türe, und ließ, als sie zur Stell'
Hinaus trat, einen Mühlstein fallen auf ihr Haupt,
Weil ihn ihr Klagen leidete. So ward ihr das Leben geraubt.
Dies hörte Riese Suttung, Gillings Brudersohn.
Er fuhr dahin zur Rache, ergriff die Zwerge mit Droh'n,
Führte sie auf die Meerflut hinaus und setzte sie dort
Auf eine Flutenklippe. Da riefen sie flehend das Wort:

»Schenk' uns das Leben, Suttung, und Frieden, der treu besteht!
Wir bieten dir zur Lösung und Sühnung jenen Met!«
Dem Suttung däuchte genügend als Buße und Vatergeld
Der Dichtermet, der teure; so ward die Sühne bestellt.
Und Suttung führte heimwärts mit sich den teuern Trank
Und barg ihn dort im Neidberg, wo er den edlen Fang
Durch seine Tochter Gunlad bewachen ließ voll Neid,
Bis daß ihn Wodan raubte darauf in späterer Zeit.
Drum nennen wir die Dichtkunst noch heute Kwasers Blut,
Der Zwerge Trank und Füllung und ihre Lösung gut,
Ihr Fahrgeld, Geistesreger, Sühne und Gebot,
Des Suttung Met, des Neidbergs Lauge, Gillings Tod.
Dies ist der Dichtkunst Ursprung, gar wundersamlicher Art.

Nun hört, was aus den Geiseln der Götter weiter ward!
Als Hain, der Redegeselle Wodans, nach Wanheim kam,
Ward er sogleich zum Häuptling gemacht zu seinem Gram.
Ihn lehrte Mimer Räte gar heimlich, weise und klar.
Doch kam's, daß auf den Tingen Mimer nicht nahe war,
Und eine zweifelhafte Rechtssache schwankte noch,
Da sprach er immer dasselbe: »Ratet ihr anderen doch!«
Da ahnten wohl die Wanen, die Asen hätten sie
Beim Männertausch betrogen, und taten solches hie:
Sie nahmen Mimer den Weisen und hieben ihm ab das Haupt
Und sandten es den Asen. Doch Wodan, des Raters beraubt,
Salbte mit Gewürzen das Haupt dem weisen Mann,
Daß es nicht faulen sollte, und sang darüber dann
So wunderkräftige Zauber, daß Mimer alles sagte,
Als ob lebend wäre, was man Verborgenes fragte.
Aber die Geiseln der Wanen, Fro und sein Vater Niord,
Weilten in großen Ehren stets bei den Asen dort.
Niord hatte bei den Wanen die eigne Schwester zum Weib
Wohl nach der Wanen Gesetzen; es waren ihrem Leib
Fro und Freia entsprungen. Doch bei den Asen da
War es verboten, zu wohnen in Blutsfreundschaft so nah'.
Drum schloß er bei den Asen bald neuen Ehebund.
Davon ist diese Sage wissenden Männern kund.

Als nämlich Thiasses Tochter, Skade, die schöne Maid,
Vernahm, wie dort ihr Vater gesunken wär' im Streit,
Da nahm sie Helm und Brünne und ihre Waffen all'
Und fuhr dahin, zu rächen des lieben Vaters Fall.
Die Asen aber boten ihr diese Buße an,
Daß sie sich kiesen sollte aus ihnen einen Mann,
Doch so, daß sie die Füße nur sehe, sonst nichts mehr.
Das war die Maid zufrieden und ging zur Wahl daher.

Sie sah vor allem leuchten eines Mannes Fuß;
Da rief sie, denn sie sehnte sich sehr nach Balders Gruß:
»Den kies' ich; wenig wird wohl an Balder häßlich sein!«
Doch das war Niord von Naustadt. Sie fügte sich darein;
Nur wollte sie das Eine zu ihrer Sühnung noch,
Obwohl sie dachte, daß es geschähe nimmer doch:
Daß einer der Asen sie selber zum Lachen solle bringen.
Da machte Loke solches, daß er vor allen Dingen
Den langen Bart einer Ziege an seine Lenden band,
Daß sie sich beide zerrten. Da schrie er unverwandt
Vor Schmerz und fiel zum Schlusse hin vor der Skade Knie.
Da mußte die Zornige lachen, und alle lachten hie.
So ward die Sühne verhandelt zwischen den Asen und ihr.
Zur Überbuße nahm noch Wodan der Augen Zier
Aus Thiasses Haupt und warf sie an den Himmel hinan,
Wo man sie als zwei Sterne seither erblicken kann.
So hatte Niord die Gattin, die man Skade heißt,
Und die als Schlittschuhgöttin der Sang vor anderen preist.

Nun wollte Skade wohnen dort, wo ihr Vater gewohnt,
In Trimheim an den Bergen; doch Niord war es gewohnt,
Nahe der See zu hausen: so trug er ihr das an,
Neun Nächte in Trimheim zu wohnen und drei zu Naustatt dann.
Aber da Niord zurückkam von Trimheim, sprach er das Wort:
»Leid sind mir doch die Berge; ich war zu lange dort,
Neun Nächte stets in einem; mich deute übel der Klang
Des Wolfsgeheuls zu hören gegen der Schwäne Gesang!«
Und Skade seufzte also, da sie in Naustatt war:
»Hier kann ich nimmer schlafen am Meeresstrand fürwahr
Vor all der Vögel Lärmen; denn jeden Morgen nahm
Den Schlummer mir die Möwe, die von dem Meere kam!«
Da fuhr von dannen Skade in ihres Vaters Haus,
Nur um das Wild mit Bogen zu schießen, fährt sie aus,
Und Schlittschuhfahren liebt sie. Hier blieb sie lang allein,
Bis Wodan sie besuchte: dem mußte sie günstig sein.
Und sie gebar ihm fürder gar manche Söhne hehr.
Säming hieß der hehrste, zu Norweg saß er am Meer.

In diesen Tagen herrschte Friede in aller Welt,
Auch trug so reiche Früchte wie nie zuvor das Feld.
Die Zeit ist bei den Menschen Frodes Friede genannt;
Davon ist diese Sage den Wissenden bekannt.
Schild, Wodans edler Sprößling, hatte sich festgesetzt
Dort, wo es einst hieß Gotland und Dänmark heißt anjetzt.
Dort herrschte über die Lande der Schildungen Vater, Schild
Und dessen Sohn war Friedlieb, ein König gut und mild.

Der hielt nach Schild die Lande. Doch König Friedliebs Sohn
War Frode, nach dem Vater nahm er die Königskron'.
In diesen Zeiten herrschte Augustus allbekannt
In Romaburg und legte Frieden auf jedes Land.
Da ward auch der Heiland geboren. Dieweil nun Frode war
Im Nordland aller Könige mächtigster fürwahr,
So wurde jener Friede nach ihm also benannt
Und ist den Nordermännern als Frodes Friede bekannt
Kein Mann befehdete damals selbst seinen größten Feind,
Noch war er am Vatersmörder sich zu rächen gemeint.
Da war auch nirgend zu sehen ein Raubmann oder Dieb,
Sodaß drei Winter und Sommer ein Goldring liegen blieb
Damals im fernen Jütland auf Jalangsheide dort.
Das hatte bald ein Ende; der Friede ging wieder fort.

In Dänemark dem Lande, da waren zu der Zeit
Zwei große Mühlensteine, so mächtig, schwer und breit,
Daß niemand also stark war, daß er sie konnte dreh'n;
Auch manches Wunder war noch an ihnen zu erseh'n:
Sie konnten alles mahlen, was einer tagelang,
Indessen er sie drehte, beim Mahlen sagte und sang.
Grotte hieß die Mühle, Hängrachen war genannt
Der Mann, der König Froden die Steine hatte gesandt.
Nun schickte König Frode zu König Füller hin,
Ingos edlem Sohne, der saß in Schweden drin.
Das war derselbe Füller, der, wie die Sage geht,
Darnach ertrank bei Frode in einem Faß voll Met.
Von diesem kaufte Frode zwei Riesenmaide hehr,
Fenja genannt und Menja, stark und mächtig sehr.
Dann ließ er schleunig führen die beiden Mägde dort
Zu jener Wundermühle und sprach das strenge Wort:
»Nun mahlet Gold dem Frode, Frieden und Segen dazu!
Gönnt euch nicht länger Weile, gönnt euch nicht Schlaf noch Ruh',
Als lang der Kuckuck schweiget oder ein Lied sich sang!«
Da mahlten die beiden Mägde und sangen, daß es klang:
»Nun sind wir beide gekommen zu König Frodes Saal,
Zukunftwissende Frauen, Fenja und Menja zumal.
Bei Frode, Wodans Enkel, Friedleibs Sohn des alten,
Werden wir mächtigen Maide als dienende Mägde gehalten.
Zur Mühle sind wir gewiesen, um hier zu schroten den Gries;
Ohne Weil' und Ruhe er uns hier singen ließ.
So singen wir denn beide, so mahlen wir zu zwei'n,
So legen wir die Mühle, drehen den schweren Stein!«
Da ruhten sie; doch Frode ließ ihnen keine Ruh';
Da sangen sie wieder und drehten den schweren Stein dazu,
Indessen Frodes Mannen im Schlafe lagen schon lang.

Da sprach die hehre Menja diesen Mühlengesang:
»Gut mahlen wir dem Frode, Allsegen auch dazu
Auf dieser Wunschesmühle ohne Rast und Ruh'.
Sitz' er in seinem Gute! Schlaf' er auf Daunen ein!
Wach' er dann auf nach Willen! Das soll gemahlen sein.
Es soll hier keiner den andern befehden in diesem Land,
Zum Bösen keiner wirken, zum Tod nicht heben die Hand,
Nicht hau'n mit scharfem Schwerte, ob er zu seinem Weh
Den Mörder seines Bruders gebunden vor sich säh'!«
So sang sie, aber Frode rief: »Schlafet beide nicht
Länger, als der Hahn schläft oder ein Lied sich spricht!«
Da sangen wieder die Maide: »Vorsichtig warst du nicht,
Als du die Mägde kauftest. Hör', was ihr Sang nun spricht!
Du kürtest nach der Stärke und nach dem Antlitz mehr;
Nach dem Geschlechte aber fragtest du nicht sehr.
Hart war Rungner der Riese, sein Vater war auch hart,
Doch war Thiasse denen noch überstärker an Art.
Ide sowie Urner, die sind vom selben Korn,
Die Brüder der Bergriesen; von diesen sind wir gebor'n.
Nicht käme diese Mühle hervor aus felsigem Berge
Noch jener harte Feldstein aus tiefem Hort der Zwerge,
Noch müßte also mahlen der Bergriesenmaide Hand,
Wenn das Wie und Wesen den Menschen wäre bekannt.
Wir waren neun der Winter Gespielinnen bewährt.
Tief unter der Erde, kräftig aufgenährt,
Standen wir Maide zu Machtwerken keck,
Rückten selber Berge von der Stätte weg,
Wälzten schwere Steine von der Burg der Riesen,
Daß die Felder bebend drunten mußten erdießen.
Wir wälzten die schweren Steine vor die Halle hin,
Daß Menschen sie empfingen zu unserm Ungewinn.
Als dann zum Schwedenvolke wir beide kamen wieder,
Wir vor wissenden Frauen zum Menschenvolk hernieder,
Da beuteten wir Bären, brachen Schilde schwer,
Gingen kühn entgegen graugepanzertem Heer.
So hielten wir es lange; wir schürten mit scharfem Speer.
Rotes Blut aus Beinen, röteten Brand umher.
Wir stürzten Könige nieder, stützten andere da,
Gewährten manchen Beistand, dem König Guthorm nah'.
Nun sind wir aber gekommen zu König Frodes Reich,
Gnadlos und als Mägde gehalten, Knechten gleich.
Nässe beißt die Sohlen, Kälte von oben das Haupt,
Traurig ist's bei Frode, wir sind der Freiheit beraubt.
Die Hände sollen nun weilen, der Stein nun stehen muß,
Gemahlen ist auf der Mühle von uns genug zum Schluß.
Nun muß uns Frode gönnen zu ruhen ohne Groll,
Nun wird ihm gemahlen dünken genug und übervoll.
Wache bei Zeiten, Frode, wenn du lauschen willt

Unseren alten Sängen und Sagen blutig und wild!
Feuer seh' ich brennen, im Osten der Burg den Brand!
Wigbotschaft weckt dich: das wird Rache genannt.
Nun sollen harte Hände Schiffsschnäbel halten bereit
Und bluttriefende Waffen! Erwache, Frode, bei Zeit!
Es wird ein Heervolk kommen; schon bricht es hierher ein
Und brennt den Bau dem Bauherrn, verwüstet Holz und Stein.
Nicht lang' mehr wirst du halten Leidras Königssitz,
Nicht mehr sind rote Ringe und edle Gesteine dir nütz.
Wir halten an der Mangel, wir Mägde, heute gern;
Sind wir auch Walküren, dem Walblut bleiben wir fern.
Es mahlet furchtbar mächtig meines Vaters Maid,
Denn sie sieht todverfallen die Helden, weit und breit.
Starke Stücke stieben von der Riesenmühle Bord
Fernhin über die Erde; doch mahlen wir noch fort!
Doch mahlen wir noch ferner! Bald wird nun Irsas Kind
Von Halbdan, jenem hehren, den Frode rächen geschwind.
Er wird von ihr geheißen ihr Bruder und ihr Sohn.
Das steht in ferner Zukunft: wir beide wissen es schon.«

Weiter mahlten die Mägde, erprobten ihre Macht,
Die starken Maide waren von Riesenmut entfacht.
Es sprang der schwere Schaftbaum, daß die Mühle überschoß;
Es brach risch auseinander der Stein so schwer und groß.
Doch der Bergriesen Bräute sangen noch den Sang:
»Gemahlen ist dem Frode nunmehr der letzte Gang!«
Und eh' die beiden ließen vom Zaubersang und Spruch,
Da mahlten sie dem Frode ein Heer durch ihren Fluch.
Da kam der König Mausing noch in derselben Nacht,
Tötete den Frode und stürzte seine Macht
Und nahm da mächtige Beute. So schnell und wundersam
Endete Frodes Friede. Doch König Mausing nahm
Die Mühle, sowie Fenja und Menja herrisch mit,
Als er zur Heimwärtsreise sein langes Schiff beschritt.
Und er gebot den Mägden, ihm Salz zu mahlen sofort.
Da fragten sie den König um Mitternacht an Bord,
Ob ihm nunmehr genüge gemahlenen Salzes Maß,
Doch er gebot den Mägden zu mahlen noch fürbaß.
Da mahlten diese weiter, bis niedersank das Schiff,
Da ward die See gesalzen. Noch steht das Mühlsteinriff.

So endete bei den Menschen die kurze Friedenszeit.
Doch auch den Göttern drohte von neuem schweres Leid.
In ihren Sorgen bauten sie die neue Burg Walhall
In größerer Pracht und Stärke nach jener alten Fall
Im Kriege mit den Wanen. Das ist des Sanges wert.

Ein Schmied war da gekommen allein mit seinem Pferd,
Der sich erbot den Asen zum Bau mit diesem Wort:
»Ich will die Burg euch bauen, ihr Götter, alsofort
In dreien halben Jahren, so sicher und so fest
Vor aller Feinde Drängen, gleich wie ein Adlernest.
Dafür will ich zum Lohne Freia die Göttin hehr,
Den Mond und auch die Sonne und fürder sonst nichts mehr.«
Da hielten erst die Asen für sich gar eifrig Rat;
D'rauf ward der Kauf mit jenem geschlossen in der Tat:
»Was er bedungen, stehe dem Schmied zu nehmen frei,
Wenn nur in einem Winter die Burg vollendet sei.
Doch wenn noch etwas fehle am ersten Sommertage,
So soll des Lohns verlustig der Schmied sein ohne Klage.
Auch darf er dazu Hilfe empfangen von keinem Mann,
Als nur von seinem Hengste.« So ward der Kauf getan.
Mit starken Schwüren wurde befestigt der Vertrag,
Da viel dem Riesenschmiede an seiner Sicherung lag.
Er fürchtete den Donner, wenn dieser käme nach Haus,
Der war auf Osterwegen hinweg zu fernem Strauß.
Nur auf den Rat des Loke ward es ihm zugesagt.
Der Schmid fing an zu bauen die Burg gar unverzagt
Am ersten Wintertage; und auch der Hegst bei Nacht
Trug ungeheure Steine zum Bau herzu mit Macht,
Daß drob die Asen staunten. Er schleppte Fels und Stein
Und leistete doppelte Arbeit, als jener Schmied allein.
Und als der lange Winter dem Ende nahe ging,
Da war schon stark gefördert der Bau am Burgenring.
Unüberwindlich schien er, gewirkt mit Kunst und List;
Es fehlte nur das Burgtor. Drei Tage war noch Frist.

Da gingen alle Götter auf ihre Richtstühle hin,
Die hohen heiligen Richter berieten sich darin:
Sie fragten einer den andern und suchten rechten Rat.
Sie zürnten dem, der vormals geraten zu der Tat,
Daß man dem Riesen habe versprochen Oders Maid
Und daß so Luft wie Himmel wär' durch Verrat entweiht,
Da man verhandelt habe die Sonne und den Mond,
So daß des Riesen Arbeit zu teuer wäre gelohnt.
Und dieses ward beschlossen: »Da der's geraten hab',
Der schon viel üble Räte den hohen Göttern gab,
Loke, der Sohn Laubeias, so büß' er's mit dem Tod,
Wenn er nicht Rettung fände den Göttern in der Not,
Sodaß der Schmied den Handel verliere und den Lohn.«
Da drangen sie auf Loke mit überlautem Droh'n.
Doch jener sprach zu ihnen mit unerschrockenem Mut:
»Getrost, ihr guten Götter! Ich schwör's bei meinem Blut,
Daß ich drauf denken werde, jenen Riesenschmid

Den Kauf verlieren zu lassen, wie gut ihm's auch geriet.«
Und an demselben Abend, als jener Schmied nicht ruhte,
Steine herbeizutragen, und auch sein Hengst, der gute,
Da lief risch aus dem Walde eine Stute ledig und frei
Gerade auf den Hengst zu und wieherte laut dabei.
Doch als der Hengst erkannte, was Rosses dieses war,
Da ward er wild und wütig, zerschliß die Bande gar
Und lief nach jener Mähre; doch sie zum Wald davon.
Der Schmied lauft nach dem Hengste, will ihn ergreifen schon,
Doch dieser sprengt von dannen und rennt die ganze Nacht.
So ward der Schmied beim Baue um eine Nacht gebracht.
Darnach am andern Tage ward nicht gewerkt so gut,
Wie's früher war gegangen. Da sank des Schmiedes Mut
Er sah, es werde nimmer vollbracht zur rechten Zeit.
In Riesenzorn geriet da der Schmied vor großem Leid,
Sodaß die heiligen Asen das für gewiß erfanden,
Er sei daher gekommen aus feindlichen Riesenlanden.
Da schonten sie nicht der Eide, nach Donner riefen sie.
Kaum daß sie ihn gerufen, war er auch schon allhie.
Traun, selten bleibt er sitzen, wenn er solches erfährt.
Er kam, vor Wut ganz trunken, mit seinem Hammer bewehrt.
Hernieder fuhr der Malmer; da wurde wohl gelohnt
Dem Schmiede seine Arbeit, doch nicht mit Sonne und Mond.
Er schlug mit einem Schlage sein Haupt in Stücke klein
Und sandte ihn darnieder zum düstern Nibelhain.
Da gingen in Stücke die Eide, die Schwüre und das Wort,
Und alle mächtigen Male, die schlug sein Hammer fort.
Doch Loke war die Stute, die bei dem Hengste war
Und eine Weile später ein Füllen gar gebar;
Das war aschgrau von Farbe und hatte der Füße acht;
Es wird bei Göttern und Menschen kein besserer Hengst gedacht.
Schleifner ist er geheißen und darf geritten sein
Von keinem Gott noch Menschen als nur von Wodan allein.
Aber der Hengst des Riesen war Swadelfar genannt;
Der beiden große Werke sind aller Welt bekannt.

Gar wunderliche Mären sind nun herausgesagt.
Ein mächtiger Bau ist Walhall, der dort in Asgard ragt.
Fünfhundert Türen und Tore, dazu noch viermal zehn
In Walhall meines Wissens hoch aufgerichtet steh'n.
Achtundert Einheerer geh'n da aus einem Tor
Mitsammen, wenn sie fahren zu Kampf und Spiel hervor.
Es steht mit goldenem Laube der Glashain vor dem Saal;
Das ist der Wälder schönster bei Göttern und Menschen zumal.
Im Feld steht das Walgitter heilig vor heiligem Tor;
Alt ist das Gitter, wenige nur kennen das Schloß davor.
Der Donnerfluß tönt drunten, drin Dietwolfs Fisch sich freut,

Den Riesen zu durchwaten ist dieser Strom zu breit.
Ein hoher Hirsch heißt Eichdorn, der um die Halle geht
Und abbeißt von den Zweigen des Baumes, der da steht.
Es tropft hin nach Wergelmer von seinem ästigen Horn;
Dort haben alle diese Gewässer ihren Born:
Seid, Weid und Sache, Ache, Kühl, Guntrau heißen sie,
Und Last und Schreckensrede, Rhein und Rennend, sowie
Gerwimmel, Greis und Geifer, Gaffer; diese dort
Wenden sich im Kreise rings um der Götter Hort.
Die sind noch dort zu finden: Toll, Holl, Grad sowie Thyn
Und einer, heißet Guntwurm, ein anderer heißet Win.
Wina heißt auch einer, Wegswin ein anderer dort,
Neid und Not, Dietnuma, die sind am selben Ort.
Wand und Strand und Nonne, Schleid, desgleichen Neid,
Gall und Luft und Nonne, dazu noch Wan und Weid.
Die fließen zu den Menschen. Jedoch zu Hel alsbald
Fallen diese Flüsse: Kerlaug und Warm und Kalt.
Die muß Donner durchwaten, wenn er zum Tinge fährt;
Die hehre Asenbrücke würde sonst versehrt.

Nun höret: alle Männer, die hier im Kampfe fallen
Vom Anbeginn der Zeiten, die sollen mächtig wallen
Zu Wodan hin nach Walhall. Groß ist die Menge da;
Noch größer soll sie werden, wenn einst das Ende nah.
Und doch wird's nicht genügen, wenn jener Wolf einst kommt;
Die größte Männerfülle da wenig Nutzen frommt.
Doch niemals ist so mächtig die Männerfülle im Saal,
Daß ihnen nicht genügte ein einziger Eber zum Mahl.
So groß ist dieser; gesotten wird er an jedem Tag
Und ist doch heil am Abend. Der Koch, der das vermag,
Ist Andrimner geheißen, sein Kessel Feuerrauch,
Doch Schwarzrauch jener Eber. Und wissen es wenige auch,
Womit sich die Einheerer dort nähren wunderbar,
Dies Fleisch ist doch das beste, das ist gewißlich wahr.
Was haben die Einheerer zu trinken, welchen Most,
Der ihnen würdig dünke zu dieser guten Kost?
Fürwahr, nicht wird Allvater Volkskönige sicherlich
Und andere Heldenmänner hin entbieten zu sich,
Und ihnen Wasser geben, das ihnen wenig frommt.
Das weiß ich meiner Treue, daß mancher nach Walhall kommt,
Dem allzu teuer schiene erkauft solch Wassertrinken,
Wenn bessere Bewirtung ihm dort nicht würde winken,
Ihm, der doch Wunden duldete und Pein und Brand und Tod!
Doch Andres kann ich sagen; des Trankes ist nicht Not.
Heidrun heißt eine Ziege, die um die Halle geht;
Sie beißt des Baumes Sprossen, der hoch in Walhall steht.
Aus ihren Eutern rinnet des Mets, soviel man mag;

Ein Schaffgefäße füllet man leichtlich jeden Tag,
So groß, daß alle Helden volltrunken sind davon.
Nie mangelt es des Trankes: das ist der Helden Lohn.
Ja, Heidrun ist den Helden ein gar behagliche Geiß
Und trefflich ihr Getränke, wie nur der Wissende weiß.

Wodan genießt das Gleiche nicht, wie die Helden dort.
Die Kost auf seinem Tische gibt er alsbald fort
An Gier und Frech, zwei Wölfe. Der Kost bedarf er nicht;
Wein ist ihm beides, Speise und Trank, in Walhalls Licht.
Auf seinen Achseln sitzen zwei Raben und raunen ihm zu,
Was auf der Welt geschehen, und er erfährt's im Nu.
Hug und Mun, so heißen sie; die sendet er beide aus.
Sie fliegen bei Tagesanbruch in alle Welten hinaus;
Sie kommen am Abend wieder zur Abendmahlzeit her;
Davon weiß manche Mären der weise Rabenherr.
Doch fürcht' ich sehr um Hugi, daß er nicht wiederkehrt,
Und sorg' noch mehr um Muni, daß er einst Leid erfährt.
Noch sind gar holde Maide in Walhalls hehrem Saal,
Die tragen Trank und warten des Tischgeräts beim Mahl.
Rist und Mist, die bringen das Horn dem Wodan allein;
Hild, Hagel, Trud und Hackild, Locke, Herfessel fein,
Gell, Gerhad, Randgrid, Radgrid und Reginleib zum Schluß,
Die bringen den Einheerern das Bier mit lieblichem Gruß.
Die heißen alle Walküren. Die sendet Wodan aus.
Sie küren die Todgeweihten aus edlen Helden heraus
Und richten über die Siege. Grundrosta auch und Schuld,
Die jüngste der drei Nornen, die reiten mit Ungeduld
Immer, die Wahl zu küren, zu jedem Männerkrieg;
Sie lenken die Entscheidung und walten über den Sieg.

Großmächtige Männerfülle herrscht in Walhall fürwahr,
Gar mächtig lenket Wodan und steuert seine Schar.
Doch was verrichten die Helden bei Heervater im Saal,
Bis daß der Weltkampf nahet? Was ist ihr Spiel zumal,
Wenn sie nicht eben trinken? – Das tun sie jeden Tag:
Es wappnet sich ein jeder, dann zieh'n sie in den Hag
Vor Walhalls hohe Tore und kämpfen lang und viel,
Bis sie einander fällen. Das ist ihr liebstes Spiel.
Und wenn's zur Abendmahlzeit kommt an jedem Tag,
Dann reiten sie vom Ringplatz einträchtig zum Gelag.
Dann kommen sie zur Halle, sitzen beisammen in Ruh',
Trinken Bier mit den Asen und essen vom Eber dazu.

Balders Tod

Balder und dessen Stiefbruder Hader wetteifern um Nannas Liebe. Träume und böse Vorzeichen verkünden Balders Tod. Vergebens befragt Wodan die Idun, den Mimer und die Wala. Fricka sorgt für Balders Sicherheit, er kommt aber doch durch eine Mistel zu Falle. Vergebens geht Hermut in die Unterwelt, vergebens weinen alle Wesen um Balder.

Allvater wirkte, – Alben verstehn,
Wanen wissen, – Nornen weisen und sehn,
Iwidien stärken, – Menschen tragen Not,
Tursen trachten, – Walküren drängen zum Tod.

Wie zwischen den Göttern selber nun schwerer Streit entstund,
Davon ist diese Märe den wissenden Männern kund.
Wodan zeugte den Hader beim König Gewar dort,
Der Nöckwe auch genannt wird und Nep mit anderem Wort.
Gewars Gattin wurde des Hader Mutter da;
Blind ward der Knabe geboren, der spät das Licht erst sah.
Jedoch an Leibesstärke besiegte er jeden Mann;
Auch mancher guten Künste Kenntnis er gewann.
Im Schwimmen, Bogenschießen und Ringen bracht' er's weit,
Er überholte alle durch seine Schnelligkeit.
Auf Zither und auf Harfe konnt' er der Künste viel,
Auf Klapper und auf Fiedel, dazu im Flötenspiel.
Er wußte durch manche Weisen die Herzen zu Haß und Lieb',
Zu Freud' und Leid zu rühren, so wie sein Mut ihn trieb.
Nun hatte König Gewar noch eine Tochter gut,
Nanna war sie geheißen, die war von seinem Blut.
Hader und Nanna wuchsen mit einander auf;
In Haders Herzen keimten die Leiden der Liebe auf.
Da traf sich's eines Tages, daß Balder, Wodans Sohn,
Der Nanna Leib im Bade erblickte und davon

Zur Liebe nach dem Mädchen plötzlich ergriffen ward:
So groß war ihre Schönheit und ihre holde Art.
Als Hader solches merkte, ergriff ihn mit Gewalt
Die Eifersucht, er suchte nach einem Mittel bald,
Den Nebenbuhler zu töten, denn ihm war wohl bewußt,
Ihm werde Balder rauben der süßen Liebe Lust.

Trüben Mut's ging Hader jagen in den Wald.
Ein dichter Nebel hemmte ihn auf dem Wege bald,
Und eine Schar von Jungfrau'n erblickte er im Tann,
Die riefen ihn bei Namen und sprachen ihn also an:
»Sei uns gegrüßt, o Hader; weißt du wohl, wer wir sind?
Walküren sind wir alle, den Tapferen hold gesinnt,
Wir wählen die Sieger und Toten, wir küren Fall und Sieg,
Unsichtbar sind wir zugegen bei jedem Streit und Krieg.
Wir bringen unseren Freunden heimliche Hilfe oft;
Drum sei nur ohne Sorge; das Heil kommt unverhofft!
Daß du schön Nanna minnest, das ist uns wohl bekannt,
Auch daß nach jener Balder in Liebe ist entbrannt.
Du willst den Bruder töten; doch hast du Kunde davon,
Daß keine Waffe fürchtet der Fricka hehrer Sohn?
Willst du den Feind bestehen, so sei darauf bedacht:
Mit zauberlosen Waffen gewinnst du nie die Schlacht.«
So sangen die Walküren und schwanden plötzlich dahin.
Zu König Gewar kehrte Hader mit finsterem Sinn,
Erzählte ihm dies alles und bat mit flehendem Wort:
»O gib die holde Nanna zum Weibe mir sofort!«
Ihm gab darauf zur Antwort der König Gewar hehr:
»Gern gäb' ich dir die Tochter, doch fürcht' ich allzusehr
Den Zorn des Gottes Balder. Zur Braut hat er erseh'n
Die Maid, und seinem Willen mag niemand widersteh'n.
Ein Schwert nur ist zu finden, das ihn bezwingen mag,
Das hält der Waldgott Miming verborgen Nacht und Tag.
Er hat auch jenen Armring, der durch geheime Kraft
Dem Träger wunderbare Stärke mehrt und schafft.
Doch ist der Weg zum Zauber weglos und voll Gefahr;
Mit ewigem Schnee verschleiert ist er immerdar.
Drum rat' ich, spann' an den Schlitten Renntiere, starke doch,
Und fahr so über das grimme froststarrende Bergesjoch!
Dort lauere auf Miming vor seiner Höhle so lang,
Bis dir vielleicht gelinge der wunderseltene Fang.
Reichtum und Kriegsglück schafft dir das Schwert sowie der Ring,
Auch wird dein Ruhm in allen Landen nicht gering.«
So sprach der kluge Gewar. Nicht träge ging daran
Hader, auszuführen, was Gewar klug ersann.
Er kam zur Höhle Mimings, überraschte den Riesensproß,
Griff ihn an mit dem Speere, überwand ihn mit einem Stoß,

Schlug ihn in schwere Bande und sprach zu ihm das Wort:
»Umsonst suchst du zu fliehen; du kommst mir nimmer fort,
Gibst du mir nicht die Ringe, dazu dein Schwert gleich her.
Doch weigerst du's, erwarte zu leben länger nicht mehr!«
Zögernd gewährte der Waldgott des Heiles teuren Sold.
Freudig brachte Hader zur Heimat den Stahl und das Gold.

Als aber Gelder, König von Sachsen, dies erfuhr,
Da geizte er so heftig nach jenen Kleinoden nur,
Daß er mit manchem Kriegsschiff den Hader überfiel,
Die Beute ihm abzugewinnen; doch er verfehlte sein Ziel.
Durch Gewars kluge Räte errang Hader den Sieg.
Ergebung erzwang er von Gelder; so endigte der Krieg.
Zum holden Friedenszeichen hängte den roten Schild
An den Gipfel seines Mastes Gelder, der König mild,
Und wurde des glücklichen Hader Freund und Bundesgenoß:
In seine Dienste trat er mit seinem ganzen Troß.
Noch einen andern Genossen erwarb sich Hader dann:
Den König Helgo von Helgoland, einen gewaltigen Mann.
Er warb mit süßen Worten für diesen um die Braut
Tora, des Finnenkönigs Kuso Töchterlein traut.
Mit seinen beiden Freunden und einem großen Heer
Zog Hader nun zum Kampfe gen Balder kühn daher.
Zwischen Göttern und Menschen erhub sich da die Schlacht.
Mit Balder kämpfte Wodan und aller Götter Macht.
Erschrecklich war der Ansturm, wild wütete der Krieg;
Doch Haders Zaubergaben errangen ihm den Sieg.
Er hieb mit Mimings Schwerte des Donner Hammerschaft
Entzwei; so ward den Göttern der Siegesruhm entrafft.
Als Zeuge dieses Kampfes heißt noch derselbe Strand
Der Baldeshafen; sie kämpften zu Wasser und zu Land.
Noch quillt auch jene Quelle, die Balders Zauberkraft
Den Asen zur Erquickung dort an das Licht geschafft.
Doch auch der Sachsenkönig Gelder fiel in der Schlacht;
Zum Scheiterhaufen wurde daselbst sein Leib gebracht.
Gar wenig aber nützte dem Hader der Gewinn,
Zum milden Balder zog es doch aller Herzen hin.
Beschämt mußt' er entweichen ins ferne Riesenland,
Indes mit der Geliebten Balder sich verband.

Als Hader so umherzog in trüber Sorgen Bann,
Traf er in einer Höhle wieder die Walküren an,
Die ihm geraten hatten zu manchem Zaubertand
Und die ihm einst gegeben ein unverwundbar Gewand.
Als er sie dort erblickte, schwoll ihm der Zorn empor,
Er fluchte seinem Glauben und klagte laut, der Tor.

Baldur

Da sprachen die Jungfrauen mit spöttisch lächelndem Mund:
»Dir ist der Lauf der Dinge, o Hader, wenig kund.
Heut ist der eine Sieger, der andere unterliegt;
Und der noch heut erlegen, hat morgen schon gesiegt.
Gut waren unsere Räte, doch groß ist Balders Macht.
Das kommt von einer Speise; die wurde ausgedacht,
Des Gottes Kräfte zu mehren; die Nornen wahren sie.
Wer solche süße Speise genießt, ermattet nie.«
Aus dieser Jungfrau'n Rede zog Hader neuen Mut.
Er suchte neue Taten; und es gelang ihm so gut,
Daß er einst die drei Nornen ersah bei dunkler Nacht,
Sie, die die Wunderspeise dem Balder hatten erdacht.
Er kam zu ihrer Wohnung und sah mit Schaudern an,
Wie sie das Gift drin mischten aus dreier Nattern Zahn.
Er trat in ihre Behausung; sie fragten, wer er sei,
Als einen Harfenspieler bekannte er sich frei.
Da reichten sie dem Fremdling die Leier von der Wand,
Damit er zeigen möge, ob er die Kunst verstand.
Nun rührte er die Saiten zu wunderbarem Klang
Und ließ ein Lied ertönen, das also lieblich drang
Ans Ohr der strengen Nornen, daß Werdand sowie Schuld
Den Trank ihm hätten gegeben in übergroßer Huld,
Wenn nicht der Nornen älteste, Urda, es verbot,
Getreu dem holden Balder, bedacht auf seine Not.
Doch Werdand schenkte dem Hader einen Gürtel von Golde klar
Und Schuld eine schöne Binde, die sieggewaltig war.
Hader empfing die Gaben, doch nicht auf offenen Streit
Bedacht, wollt' er erharren zur Rache gelegnere Zeit.
Er ging nach Walhall, als dächt' er des Streites nimmermehr;
Doch tief im Herzen saß ihm der alte Groll gar sehr.

Die Asen aber gedachten der üblen Sprüche nun;
Böse Würfe der Runen ließen sie nicht ruhn:
Urda sollte bewachen ihren Trank in der Not,
Dem großen Leid zu wehren, das allen Göttern droht.
Hug, Wodans Rabe flattert hinaus; er sucht und eilt.
Es graut dem Gott; er fürchtet, weil er so lang verweilt.
Wie schwerer Traum, so fällt es auf jenen Zwerg, den Train,
Wie Wahnestraum umfängt es jenen anderen, Dain.
Der Zwerge Kräfte schwinden; die Welten und Heime all
Drohn zur gaffenden Gähnung hinabzusinken im Fall.
Allgeschwind, der Sonne Hengst, fällt oft darnieder,
Oft von dem schweren Falle sammelt er sich wieder.
Nicht Strand noch rote Sonne stehn länger unverletzt;
Es enden Luft und Lohe im dunkeln Strom zuletzt.
Im mären Mimersbronnen da birgt allein sich doch
Das Wissen aller Männer. Was wißt ihr weiter noch?

Idun, die Gattin Brages, Albengeschlechtern verwandt,
Von Iwalts älteren Kindern als jüngster Sproß bekannt,
Die zukunftwissende Göttin in tiefen Talen weilt;
Vom Weltenbaum sich neigend, traurig sie enteilt.
Doch es behagt gar übel der himmelentstammten Maid;
Unter des Hochbaums Stamme weilt sie zu ihrem Leid.
Sie schickt sich von den Göttern am wenigsten zur Nacht,
An wohnlichere Sitze gewöhnt in Himmelspracht.
Es seh'n die Siegesgötter von Sorgen sie bedrängt;
Den Balg des wilden Wolfes hat sie sich umgehängt.
Da änderte die Göttin ihren göttlichen Sinn;
Sie spielte mit Unweisheit, ihr Mut war all' dahin.
Da wählte Wodan den Heimdall, den Götterwächter schier,
Den Bläser des Gellerhornes, daß er erfrage von ihr,
Was die Göttin wisse vom Schicksal künftiger Zeiten;
Brage der Sänger und Loke sollten den Boten begleiten.
Sie sangen Zauber und ritten auf Ungeheuern fort,
Heimdall und seine Genossen, zu Iduns traurigem Ort.
Es lauschte der Wetterer Wodan in Lugecks Hochsitz bang,
Indes die Boten weilten auf Wegen fremd und lang.

Heimdall befrug nun Idun, die Spenderin der Kraft
Von Banden der Geburten, von dunklen Schicksals Haft,
Von Himmel und von Hölle, vom Heim, ob ihr's gefiel,
Zeit und Dauer zu künden und Weltenalterziel.
Doch Idun mochte nicht reden; nicht vermochte sie dort
Den Boten Sprüche zu sagen; sie sprach kein einzig Wort.
Verlorne Zähren drangen nur aus den Augen hervor;
Verhehlt mit Mühe, brachen sie immer wieder empor.
Auf einmal kam von Osten aus eisigen Strömen schwer
Der Dorn von jenem Acker des kalten Tursen her,
Mit dem der Menschen Scharen Dain schlägt, der Zwerg, mit Macht
Im mären Mittelgarten zu jeder neuen Nacht.
Da dumpfen alle Taten, es dorret jede Hand,
Es schwankt der weiße Schwert-As, vom Schwindel festgebannt.
Ohnmacht befällt die Götter in Iduns kalter Gruft,
Es schwanken ihre Sinne vor jener eisigen Luft.
Vom Schlaf gefesselt wanket Iduns müdes Haupt;
Der Rede scheint die Arme in ihrem Leid beraubt.
Je länger sie verstummte, je stärker drängten sie,
Je minder gab sie Antwort; ihr Mund erschloß sich nie.

Da fuhr Heimdall, der Führer der Fragungsfahrt, zurück,
Der Hüter von Herians Horne, ohne Erfolg und Glück.
Den Loke nahm er mit sich, den klugen Sohn der Nal;
Doch Brage, Wodans Sänger, blieb bei der Gattin im Tal.

Wingolf erreichten Wodans erhabene Boten nun,
Von Wölfen hingetragen. Sie geh'n, ohne zu ruh'n,
Dahin, um zu beraten der Asen heilige Schar,
Die beim Gelage Wodans ringsher versammelt war.
»Heil sei dem hehren Gotte, dem segenvollsten schier!
Stets mög' er freudig walten der Gastfreundschaft allhier!
Stets mögen die heiligen Götter sitzen beim gastlichen Mahl,
Ewig selige Wonne mit Wodan behalten im Saal!«
Sie setzten sich auf Bänke nach Allvaters Geheiß.
Es sättigt sich am Eber der ganze Götterkreis.
Die Schenkin am vollen Schaffkar bei Wodans Tischgerät
Maß zu in Minnehörnern jeglichem süßen Met.
Mancherlei über der Mahlzeit befragten die Götter dort
Den Heimdall sowie Loke um Iduns Götterwort,
Ob wohl die spröde Göttin Sprüche hätte erteilt?
Vom Nachmittag bis Abend fragten sie unverweilt.
»Übel ist geworden, erfolglos unsere Fahrt,
Gering ist die Erfahrung, der Ruhm geringer Art.
Und wollt ihr von der Schwanfrau Antwort noch erlangen,
So werden in den Nöten nur Listen hier verfangen.«
Da antwortete Wodan, es lauschten alle dem Wort:
»Die Nacht soll man benützen zu neuem Rat hinfort!
Es denke, wie er wirke, jeder bis zum Morgen,
Zur Rettung aller Asen um guten Rat zu sorgen.«
Die beiden Sonnenrosse, des Wolfes künftige Beute,
Rannten längst schon matter im fernen Westen heute.
Es gingen von der Gilde die Götter hin zur Ruh',
Sie grüßten Wodan und Fricka; es fuhr die Nacht herzu.
Da trieb der Sprosse Dellings, der Tag, durchs Himmelstor
Sein Roß, das mit Gesteinen geschmückte, schnell hervor.
Es glänzte von der Mähne weit über Mannheim hin,
Es zogen die Sonnenrosse das Spielzeug des Dwalin.
Am nördlichen Himmelsroßtor, am Erdengrunde dort
Hinunter zur äußersten Wurzel des Weltenbaumes fort
Gingen wieder die Riesen und Riesinnen zur Ruh',
Geister der Toten, Zwerge und Dunkelalfen dazu.
Auf stunden da die Götter, das Albrot rückte herauf,
Nördlich nach Nibelheim zu nimmt die Nacht den Lauf.
Aufwärts über die Brücke der Welt stieg Wolfruns Sproß,
Der Gellhornbläser Heimdall, der treue Göttergenoß.

Nun hebt sich leide Märe, sodaß auf Erden hie
Von schweren Weltgeschicken man leidere hörte nie.
Das ist des Leides Anfang: eben jene Nacht
Hatte dem guten Balder schwere Träume gebracht.
Unheil ward dem Gotte im tiefen Schlaf zu teil,
Im Schlummer schien entwichen schnell alles Glück und Heil.

Denn Hel, die traurige Göttin, dacht' er im Traum zu schau'n.
Sie sprach zu ihm die Worte, die jäh ihm schufen Grau'n:
»Nun werd' ich, guter Balder, gar bald genießen dein;
In wenig Nächten wirst du in meinen Armen sein.«
Den Traum den sagte Balder den hehren Asen nun.
Da eilten, sich zu versammeln, alle, ohne zu ruh'n,
Die Asinnen und Asen, und pflogen eifrig Rat,
Warum dem Balder wären so schwere Träume genaht.
Sie rieten, zu befragen weissagungskundige Riesen,
Ob Unheil diese Träume dem guten Gotte wiesen.
Da ging Wodan zu Mimers Haupt bei jenem Born
Und heischte von dem Riesen einen Trunk aus seinem Horn.
Doch er empfing ihn nicht eher, als bis er erlegte zum Pfand
Sein eines Auge beim Bronnen. Das ist gar wohlbekannt.
Mimers Sprüche sagten: »Todverfallen ist
Balder, der Geliebte der Götter, ohne Frist.«
Das brachte Angst der Fricka und Wodan in der Tat,
Dazu den anderen Göttern. Sie festeten diesen Rat,
Man solle Boten senden an alle Wesen geschwind,
Um Frieden sie zu bitten, daß weder Luft noch Wind
Baldern schaden wolle, den alles liebe so sehr.
Da wurden gesendet Boten ringsumher,
Die Eide einzufordern von jedem Wesen und Ding;
Und Fricka, Balders Mutter, die Schwüre all empfing.

Walvater aber fürchtete, es sei noch unbekannt
Ein Mangel, die schützenden Geister hätten sich abgewandt.
Und wieder rief er die Asen, wieder verlangte er Rat.
Beim Mahl wird manches geraten. Er eilt zu neuer Tat.
Aufstund der alte Gote; er hofft, es würde ihm glücken,
Er legt rasch den Sattel auf seines Rosses Rücken.
Von dannen ritt er nieder; den Weg zur Hel er nahm,
Da lief ein Welf ihm entgegen, der dort von Hela kam.
Der junge Hund war blutig vornen an der Brust;
Kiefer und Rachen schwollen von beißfrecher Lust.
So ging er ihm entgegen und bellte lange und laut,
Da er des Zaubers Vater, Allvater, geschaut.
Doch vorwärts ritt der Hehre, der Feldweg erdonnerte tief.
Er kam zum hohen Hause der Hel, wo die Wala schlief.
Da ritt Allvater weiter bis vor das östliche Tor;
Er wußte jener Wala Grabeshügel davor.
Alleine saß sie außen; ihr kam der Alte nah,
Der Schreckenssohn der Asen, der ihr in die Augen sah.
Den Totenzauber zu sprechen der Zauberkluge begann.
Er blickte auf nach Norden, legte die Stäbe dann.
Klug begann er zu sprechen, verfolgte weise sein Ziel,
Er bot ihr goldne Ringe und goldnen Schmuckes viel.
Weissagungssprüche heischte dafür der herrliche Held.
Da sah sie weit in die Zukunft, weit über jede Welt.

Wer ist bei mir der Männer, mit unkund, eingekehrt,
Der mir mein schweres Sinnen so mächtig hat vermehrt?
Tot war fürwahr ich lange, ich war vom Schnee beschneit,
Geschlagen vom Regen, betroffen vom Tau zu meinem Leid.«
So sprach die wölfische Wala, die Worte weise wählend.
Doch Wodan gab zur Antwort, den Namen klug verhehlend:
»Wegtam, also heiß ich, ich bin des Waltam Kind.
Ich bring von oben Kunde; doch künde du geschwind,
Wem sind allhier die Bänke besät mit Baugen hold?
Wem sind die schönen Betten all überflutet mit Gold?«
So fragte der hehre Wodan; es zwang sie der Runenstab;
Da gab die Wala Antwort dort auf ihrem Grab:
»Dem Balder steht, dem Gotte, allhier gebraut der Met,
Der klare Trank zur Labung; der Schild darüber steht.
Gar sehnsuchtvoll erwarten ihn schon im Totenberge
Die trauervollen Seelen, die Schwarzalben und Zwerge.
Ich sehe schon dem Balder, dem blutigen Opfergott,
Wodans holdgeborenem, verborgen des Urlogs Not,
Jenen Zweig der Mistel, der schön gewachsen steht,
In frischem Schmucke prangend über die Felder erhöht.
Die Asen aber werden sich in Verzweiflung neigen.
Genötigt hab' ich gesprochen; nun aber will ich schweigen.«
»So schweig nicht, Wala, Wölfin; denn ich befrage dich doch,
Bis daß mir alles kund ist. Dies will ich wissen noch:
Wer wird dem guten Balder zum Mörder also werden
Und Wodans edlem Sohne das Leben so gefährden?«
»Es kommt von jenem Baume das unheilvolle Reis,
Das balb zu häßlichem Harme Hader zu schießen weiß.
Dieser bringt den Balder zum Scheiterhaufen hin;
Er wird sein Mörder werden zu Nibelhels Gewinn.
Er wird des Lebens berauben Wodans und Frickas Eigen.
Genötigt hab' ich gesprochen; nun aber will ich schweigen.«
»Nein, schweig nicht, Wala, Wölfin; denn fragen will ich dich doch,
Bis daß mir alles kund ist. Dies will ich wissen noch:
Wem wird für Haders Frevel Rache einst gelingen?
Wer wird den Töter Balders zum Scheiterhaufen bringen?«
»Rinda gebiert den Wale in den Westersälen dort,
Den Sohn des hehren Wodan, einnächtig kämpft er sofort;
Die Hand nicht wird er waschen, das Haupt nicht kämmt das Kind,
Bis es für Haders Frevel die volle Rache gewinnt,
Bis daß sich Balders Feinde zum Scheiterhaufen neigen.
Genötigt hab ich gesprochen. Nun aber will ich schweigen.«

Nein, schweig nicht, Wala, Wölfin, dich will ich fragen noch;
Bis daß mir alles kund ist, will ich's erforschen doch.
Wer sind die leidigen Maide? Nach Wunsche weinen sie hie
Und gegen Himmel werfen der Hälse Schleier sie.«
»Weh mir! Du bist nicht Wegtam, wie ich gedacht fürwahr!

Nein, vielmehr bist du Wodan, der alte Gote gar.
Was kamst du, mich zu fragen? Warum versuchst du mich?
Alles weiß ich, Wodan! Ich weiß es sicherlich.
Ich weiß verborgen Heimdalls, des Gottes, heiliges Horn
Unter dem heiligen Baume bei Mimers Wunderborn.
Wasser seh' ich fallen daraus in feuchtem Fall
Aus Walvaters Pfande. Wer weiß noch dieses all?
Ich weiß auch ferner, Wodan, wo du dein Auge verlor'n:
Bei Mimer dort, in jenem mächtigen Mimersborn.
Es trinkt an jedem Morgen aus Siegvaters Pfand
Mimer jenen Met dort. Wem ist noch mehr bekannt?
Ich seh' Walkürenmaide, sie kommen weit daher,
Bereit sind sie zu reiten zum großen Götterheer.
Schuld die erste; Schenkin, die zweite, trägt den Schild;
Es folgen ihr Gerschüttel und Gundel und Gundhild.
Doch Fricka wird beweinen im schönen Fensal dort
All das Weh von Walhall. Willst du noch weiter ein Wort?«
So sprach die wölfische Wala den schweren Schicksalspruch.
Da wich von ihr Allvater und sprach noch diesen Fluch:
»Du bist nicht Wala, grimme! Bist nicht das weise Weib!
Nein, dreier Tursen Mutter ward einst dein leidiger Leib.«
Da sang die wilde Wala noch diesen Abschiedssang,
Bevor der Schlaf des Todes auf immer sie umrang:
»Heim reite du, o Wodan, und bleibe ruhmesreich!
Mir soll der Männer keiner mehr nah'n in Helas Reich,
Bis Loke seiner Bande los und ledig geht
Und bis zur Götterdämmerung der Richter aufersteht.«
So sprachen in Wechselreden die Wala und Wodan hehr;
Allvater aber kehrte nach Walhall nunmehr.

Derweilen nahm dort Fricka die Schwüre alle an
Von Feuer, Wasser, Eisen und allen Erzen dann,
Von Steinen, Erden, Bäumen, von Vögeln und Getier,
Von Würmen, von den Giften und allen Suchten schier,
Daß alle schonen sollten Balders edlen Leib.
Als alles dies getan war durch Wodans hehres Weib,
Da wurde solches Scherzspiel von allen Göttern ersehn:
Sie ließen Balder aufrecht im Hofe drunten stehn,
Indes sie alle hieben, schlugen, stießen, schossen,
Speere und Steine warfen nach ihrem Spielgenossen.
Was aber auch getan ward, es schadete Baldern nicht.
So strenge hielten alle Wesen des Eides Pflicht.
Dies freute alle Götter. Nur Loke, als er's sah,
Ward unwillig im Herzen, es ging ihm neidisch nah.
Da sann er aus groß Unheil: in alten Weibes Gestalt
Schlich er sich hin zu Fricka nach Fensal alsobald.
Da fragte Fricka eifrig, als sie ersah das Weib –

Sie wußte nicht, daß Loke sich barg in ihrem Leib:
»Was bringst du neue Mären, du gute Alte dort?
Sag, kommst du von den Asen, oder von anderem Ort?«
Da gab zur Antwort Loke in jenes Weibes Gestalt:
»Ich komme von den Asen soeben hergewallt.
Dort hebt sich hohe Freude, sie spielen neues Spiel;
Auf Balder, jenen Guten, schießen sie zum Ziel.
Doch kann ihm nichts verfangen. Das dünkt mich wunderbar,
Daß keine Waffen bringen dem guten Balder Gefahr.«
Da sagte wieder Fricka zu jenem alten Weib:
»Es kann wohl niemals Waffe noch Weide Balders Leib
Verletzen; schwere Eide empfing ich ja von allen
Den Wesen auf der Erde: nie wird er einem fallen.«
Da fragte wieder Loke in jenes Weib's Gestalt:
»Das dünkt mich großes Wunder, daß jegliche Gewalt
Dir Eide habe geschworen, und daß dir nicht entging
Auf Erden und im Himmel ein allereinzig Ding.«
Da gab zur Antwort Fricka: »Es wächst ein Zweig im Land,
Im Westen Walhalls, dieser ist Mistelzweig genannt.
Den Eid von ihm zu fordern, schien mir nicht Not zu sein.
Denn er ist gar zu schwächlich, er ist auch gar zu klein.«

Als Loke aber solches erfuhr auf diese Art,
Da wandt' er sich gar balde zurück auf neue Fahrt.
Er fand die kleine Mistel, brach sie und ging zum Ting.
Da stand der arge Hader zu äußerst im Männerring
Und nahm nicht teil am Spiele. Doch Loke sprach im Spott:
»Warum willst du nicht schießen auf Balder, den guten Gott,
Den anderen gleich, mein Hader? Gefällt dir nicht das Spiel?
Oder fürchtest du, du könntest verfehlen gar das Ziel?«
Da sprach der arge Hader zu Loke reich an List:
»Du weißt, daß ich nicht seh'n mag, wie Balder glücklich ist;
Zum andern bin ich ohne Waffen und Geschoß.«
Da sprach der listige Loke, Wodans Redegenoß:
»So tu nun doch desgleichen wie jeder andere Mann,
Dem guten Balder zu Ehren, weil dir's nichts helfen kann.
Ich werde dich hinführen, dahin, wo Balder steht.
Schieß nur mit diesem Zweige nach ihm, wie's auch ergeht.«
So nahm Hader die Mistel, nicht gut dem Gotte gesinnt,
Und schoß nach Lokes Weisung. Da flog der Zweig geschwind
Auf Balder, und der Gute fiel zu der Erde tot.
Das war bei Göttern und Menschen die allergrößeste Not.

Da Balder war gefallen, entfiel den Göttern das Wort;
Es lahmte die Hand den Asen, sie konnten nicht vom Ort.
Es sahen stumm einander sich an die Asen all,
Erfüllt von einem Gedanken: zu rächen Balders Fall.
Doch durften sie's nicht wagen, die Tat zu rächen am Ort.

Hel

So mächtige Friedensstätte ist auf der Weihstatt dort.
Und als sie endlich versuchten, zu sprechen in ihrem Gram,
Da war das Erste dieses, daß ihnen das Weinen kam,
Sodaß dem andern keiner vermochte auszusagen
Den großen Harm mit Worten. Sie konnten's kaum ertragen,
Alle, aber Wodan trug es am schwersten noch,
Denn den Verlust der Asen kannt' er am besten doch.
Doch als die Götter endlich zu sich gekommen waren,
Da sprach die hehre Fricka vor allen Götterscharen:
»Wer ist's, der bei den Asen so kühn ist und so hold,
Der meine Huld und Liebe so ganz gewinnen wollt',
Und der hinunterritte den Helweg alsofort,
Zu suchen, ob er Baldern wol fänd' am düstern Ort,
Und der Auslösung biete der unbarmherzigen Hele,
Ob sie nach Asgard heimwärts entließe Balders Seele?«
Doch Hermut, Sohn des Wodan, der Sendmann wohlbekannt,
Der war's, der sich zur Sendfahrt bereit zu reiten fand.
Da ward Schleifner genommen, Wodans schnelles Roß.
Hermut bestieg es eilig und fuhr vom Götterschloß.

Die Asen aber trugen die Leiche hin zur See
Auf Balders Fahrzeug Ringhorn, das größte Schiff voreh.
Dies wollten die Götter bereiten zu Balders Totenschiff.
Doch da sie's nehmen wollten und mit gewaltigem Griff
Vom Land ins Wasser schieben, da hielt es mächtig stand.
Nicht eines Haares Breite rückte es fort vom Land.
Da ward gesandt zur Riesin Hirrokin geschwind.
Sie kam auf einem Wolfe geritten wie der Wind,
Eine beißende Schlange diente ihr als Zaum.
Sie sprang von ihrem Hengste. Doch vier Beserker kaum,
Die Wodan rief zur Hütung, konnten bezähmen das Tier,
Bis daß sie den Wolf zu Boden brachten, keuchend schier.
Da ging die mächtige Riesin hin an das Götterschiff
Und stieß es vor im Anprall sogleich beim ersten Griff.
Feuer fuhr aus den Walzen, es bebte rings das Land.
Darob war Donner zornig, den Hammer nahm er zur Hand
Und wollte schon zerbrechen das Haupt der Riesenmaid;
Doch baten die Götter um Frieden den Wütenden noch bei Zeit.
Da war die Leiche Balders aufs Schiff hinauf gebracht.
Als aber dies sein Weib sah, Nanna, da ward die Macht
Des Harms so stark, daß ihr Herze vor großem Leid zersprang
Und sie tot hinfiel zur Erde. Da ward sie mit Geprang
Geführt zum Scheiterhaufen, darauf mit Balder zusammen,
Dem hehren Sohne Wodans, verbrannt in heiligen Flammen.
Und Donner stund daneben und weihte den brennenden Stoß
Mit Malmer, seinem Hammer. Doch Licht, ein Zwergensproß,
Rannte vor seinen Füßen; da stieß ihn mit dem Fuß

Donner in das Feuer, daß er verbrannte zu Ruß.
Manche Geschlechter und Stämme kamen zu diesem Brand
Mit Wodan und den Asen. Es ging an Wodans Hand
Frick mit den Walküren, die Raben folgten auch;
Doch Fro fuhr mit dem Eber im Wagen nach seinem Brauch.
Die andern Asen ritten auf Hengsten hin zur Schar,
Die Hengste sind geheißen: Gold, Leichtfuß, Glanz und Klar,
Schnellbrimer, Sehnig, Geißel, Fahlhuf, Silberzopf;
Und Heimdall kam geritten auf dem Hengst Goldenzopf.
Das sind der Asen Rosse, alle wohl bekannt;
Doch Schleifner ist der beste, den leitet Wodans Hand.
Mit ihrem Katzenwagen fuhr Freia hin zum Brand;
Es kam auch eine Menge von Riesen aus Riesenland.
Und Wodan legte den Goldring Draupner auf den Stoß,
Den er einst von den Zwergen erhielt, ein Kleinod groß.
Acht Ringe tropfen von ihm jede neunte Nacht.
Auch Balders Hengst mit allem Geschirr ward hingebracht.
Was aber Wodan sagte dem Sohne in das Ohr,
Eh' um des Gottes Leiche die Flammen wogten empor,
Dies Wort mag niemand wissen, es ist nicht zu erfragen,
Es ist so heilig, daß man's nicht singen darf noch sagen.

Dies aber ist zu künden vom kühnen Herimut:
Neun dunkle, tiefe Tale durchritt er mit kaltem Blut;
Zum Gellerfluß gelangte der Bote ungeschreckt,
Da wo die Gellerbrücke aufragt mit Gold gedeckt.
Mutgund, die hehre Jungfrau, bewacht die Brücke dort.
Die redete den Helden an und sprach zu ihm das Wort:
»Wer bist du? Wie dein Name und was ist dein Geschlecht?
Nicht siehst du wie ein Toter, noch wie ein feiger Knecht.
Fünf Völker toter Männer ritten gestern hier;
Doch tönte nicht die Brücke so stark als unter dir.«
Da gab zur Antwort Hermut, Allvaters hehrer Sohn:
»Hermut bin ich geheißen und komme von Wodans Thron,
Zu Hel hin will ich reiten, Baldern such' ich dort.
Hast du ihn nicht gesehen? Kam er nicht an den Ort?«
Da sprach die hehre Mutgund, der Brücke Wächterin:
»Wohl kam der Gott geritten über die Brücke hin
Den dunkelvollen Helweg hinab gen Norden dort.
Wenn du den Balder suchest, so bist du recht am Ort.«
So sprach sie. Wodans Bote den Weg nun weiter nahm,
Bis er dahin zu Helas hochragendem Gitter kam.
Da stieg er von dem Hengste und gürtete ihn baß.
Stieg auf und stieß mit den Sporen, daß reichlich das blutige Naß
Den Lenden des Rosses enttropfte. Da nahm sich der Hengst einen Schwung
Und setzte über das Gitter mit einem gewaltigen Sprung.
Dann sprengte Hermut weiter zu Helas Halle hin

Und stieg von Rosses Rücken. Da fand er wohl darin
Im Endsitz Balder sitzen, den lieben Bruder dort;
Hochgeehrt von allen war Balder an dem Ort.
Da wurde zum Empfange dem Hermut Platz gemacht,
Und er blieb dort in Helas Wohnung diese Nacht.
Am Morgen aber bat er sich dies von Hela aus,
Sie möge mit ihm Balder ziehen lassen nach Haus.
Er sagte, welche Trauer dort bei den Asen war.
Doch Hela gab zur Antwort Hermut, dem Boten klar:
»Ist Balder so liebselig, wie du mir hast gesagt,
Wird er in allen Heimen von allen Wesen beklagt,
Wenn Lebende wie Tote weinen über ihn,
So mag er wieder fahren zu den Asen hin.
Doch wird nur Einer gefunden, der Baldern nicht beweint,
So soll er mit mir bleiben in Ewigkeit vereint.«
Da stund Hermut vom Sitze. Als er von dannen ging,
Von Baldern noch geleitet, gab der ihm seinen Ring,
Für Wodan zum Gedächtnis. Auch sandte noch zur Minne
Nanna der hehren Fricka ein wunderbar Gespinne;
Der Fulla aber sandte sie hin ein Fingergold.
Drauf ritt den Helweg wieder der Bote kühn und hold
Und kam zurück nach Asgard und sagte alles an,
Was er gesehen hätte dort in der Hela Bann.

Da sandten die Asen Boten in alle Welt alsbald
Und baten, daß man Baldern weine aus Helas Gewalt.
Und Götter, Menschen, Lebende wie Tote taten das,
Die Erden, alle Erze und Steine, Baum und Gras.
Und da die Boten wieder befriedigt fuhren nach Haus
Und meinten, ihre Geschäfte gingen glücklich aus,
Da fanden sie eine Höhle, in der eine Riesin saß,
Die sich Dank benannte; ihr Auge war nicht naß.
Da baten sie die Riesin, auch Baldern zu weinen aus Hel.
Das weigerte aber die dunkle und gab zur Antwort scheel:
»Dank kann wohl weinen, doch trockene Zähren nur,
Daß der lichte Balder zum Scheiterhaufen fuhr.
Nicht tot und auch nicht lebend nützte mir sein Rat:
So mög' ihn Hel behalten, weil sie ihn einmal hat.«
In der Gestalt der Riesin war wieder Loke verborgen.
Der hatte schon den Asen zuviel geschafft der Sorgen.

Balders Rächung

Wodan befragt erst den weisen Riesen Wabtrud, dann den Riesen Roßdieb, wie die Rache für Balder zu erringen sei. Wale, sein und Rindas Sohn, führt sie aus und tötet den Hader. Wodan bringt den Dichtertrank aus der Gewalt des Riesen Suttung. Die Riesen beklagen sich darüber bei den Göttern. Diese verbannen den Wodan.

Wodan aber befragte Weissagungskundige viel
Und forschte unermüdet nach diesem einen Ziel,
Wie wohl der Mord des Sohnes dereinst zu rächen sei;
Denn seine mächtige Gottheit war darin nicht mehr frei.
So sprach der Gott zu Fricka, zur Reise schon gerüstet:
»So rate mir nun, Fricka, da mich's zu fahren gelüstet
Zu Wabetrud dem Riesen, den mächtiges Wissen schwellt
Über die ältesten Runen und Weissagungen der Welt.«
Da sprach Fricka zu Wodan, dem göttlichen Gefährten:
»Heimhalten möcht' ich, Wodan, dich in der Götter Gärten.
Ich fürchte, daß der Riese dir allzu mächtig ist
An Stärke wie an Wissen, dazu an arger List.«
Da sprach zu seiner Gattin wieder der Ase hehr:
»Viel hab' ich schon befahren und viel versucht bisher:
Erprobt hab' ich die Götter, die Wala dann zumal;
Nun will ich auch besuchen des Riesen Wabtrud Saal.«
Da sprach die hehre Fricka zum Vatergott der Lieder:
»So fahr' denn heil zum Ziele, so komm denn heil auch wieder!
Es mög' dein Witz dir taugen, wenn du nach deiner Lust
Wirst mit dem Riesen sprechen, so daß du siegen mußt!«

So fuhr Wodan von dannen, den Sinn und weisen Mut
Des Riesen zu versuchen, des mächtigen Wabetrud.
Zur Halle kam er gegangen, hinein ging er alsbald
Zum Saale, den Ims Vater beherrschte mit Gewalt.
»Heil sei dir, Riese Wabtrud, da ich zur Halle kam,

Um dich selber zu sehen, von dem ich viel vernahm.
Dies will ich vorerst wissen, ob du so weise seist
Und also viel bewandert, wie man dich, Riese, preist.«
Also grüßte Wodan den Riesen Wabetrud;
Da rief ihm der entgegen mit überstolzem Mut:
»Wer bist du denn der Männer, der hier in meinem Saal
Das stolze Wort mir zuwirft und mich stört am Mahl?
Du sollst hinaus nicht kommen aus meinen Hallen mehr,
Wenn du nicht als der Klügere kamst von uns beiden her!«
Da sprach Allvater wieder zum Riesen Wabetrud,
Und barg noch seinen Namen mit überlistigem Mut:
»Gangrat bin ich geheißen, gekommen bin ich vom Gang,
Durstig zu deinen Sälen, gefahren bin ich lang.«
Da sprach der weise Riese, der urgeborne, wieder
Zu Wodan, Bors Erzeugtem, dem Vatergott der Lieder:
»Warum denn sprichst du, Gangrat, vor meinem Flur allein?
Komm doch auf unsere Sitze hier in den Saal herein!
Da soll erwiesen werden, wer mehr der Weisheit faßt,
Ich, der alte Sprecher, oder du, der neue Gast.«
Wodan aber weigerte, zu treten in den Saal,
Und sprach noch auf dem Hausflur dieses Wort zumal:
»Der arme Mann, der wallend zum reichen Herren kommt,
Der schweige oder spreche Bedürftiges, das ihm frommt.
Zu viel zu sprechen, mein ich, bekommt nicht gut dem Mann,
Der zum kaltherzigen Manne bittend tritt heran.«

Und nun begann die Rede. Es fragte Wabetrud,
Und Wodan gab die Antwort mit unverzagtem Mut.
»So sage mir denn, Gangrat, dieweil du vor dem Flur
Die Tugend deiner Rede willst versuchen nur:
Wie heißt der Hengst am Himmel, der dort an jedem Tag
Heraufzieht über die Menschen und über Welt und Wag?«
»Scheinhaar ist er geheißen, der über Welt und Wag
Heraufzieht und die Menschen erfreut an jedem Tag.
Der Hengste bester dünkt er den Göttern allen zu sein;
Immer erglänzt die Mähre von ihrer Mähne Schein.«
»Nun sage du mir Gangrat, dieweil du vor dem Flur
Die Tugend deiner Rede willst versuchen nur:
Wie heißt das Roß, das gute, das her aus Ost die Nacht
Den Göttern und den Menschen heraufgeleitet mit Macht?«
»Reifhaar heißt die Mähre, die führt von Ost mit Macht
Den Göttern und den Menschen herauf die heilige Nacht.
Tropfen läßt sie fallen an jedem Morgen schier.
Davon kommt her der Taufall in unsern Talen hier.«
»Nun sag du weiter, Gangrat, dieweil du vor dem Flur
Die Tugend deiner Rede willst versuchen nur:
Wie wird das Wasser geheißen, das immer teilt den Grund

Freyr

Zwischen der Riesen Söhnen und zwischen dem Götterbund.«
»Ifing heißt das Wasser, das zwischen dem Götterbund
Und zwischen den Riesensöhnen ewig teilt den Grund.
Offen rinnen soll es die ganze Weltenzeit.
Kein Eis wird auf dem Wasser nimmer weit und breit.«
»Nun sag noch dieses, Gangrat, dieweil du vor dem Flur
Die Tugend deiner Rede willst versuchen nur:
Wie ist das Feld geheißen, darauf sich findet zur Schlacht
Surt mit allen Riesen und der süßen Götter Macht?«
»Wigried heißt das Gefilde, darauf der Götter Macht
Mit Surter und den Riesen sich finden wird zur Schlacht.
Wohl hundert Rasten hat es nach jeder Seite hin;
Dies Feld ist jenem Kampfe bestimmt von Anbeginn.«
So gab zur Antwort Wodan auf Riese Wabtruds Fragen.
Nicht blieb ein Wort er schuldig; da mußte der Riese sagen:
»Klug bist du, weiser Fremdling; so komm zum Riesensaal!
Im Sitze laß uns sprechen mit Ruhe hier einmal.
Den Kopf verwetten wollen wir in der Halle drin,
O Gast, um höhere Weisheit und um den klügeren Sinn.«

Da folgte nun Allvater dem Riesen in den Saal
Und fing an, so zur Wette zu fragen jedesmal:
»Wolan, so sag das eine, taugt dir dein Witz und Mut,
Und meinst du dies zu wissen, Riese Wabetrud:
Woher ist die Erde gekommen, der Überhimmel woher?
Zuerst, o weiser Riese, künd' mir davon die Mär!«
»Aus Imers hartem Fleische die Erde geschaffen war,
Jedoch aus seinen Beinen die Berge wunderbar,
Der Himmel aus dem Hirne des Riesen ungeschlacht,
Aus seinem Schweiße aber ward die See gemacht.«
»So sage du zum andern, taugt dir dein Witz und Mut
Und meinst du das zu wissen, o Riese Wabetrud,
Woher der Mond am Himmel gekommen ist vor Zeit,
Und woher ist die Sonne, die lichtvoll glänzende Maid?«
»Mundelfahrer heißt er, der einst der Vater war
Des Mondes und der Sonne; das weiß ich offenbar.
Die sollen um den Himmel hinkreisen jeden Tag,
Daß das Geschlecht der Menschen die Zeiten zählen mag.«
»So sage du zum dritten, taugt dir dein Witz und Mut
Und meinst du das zu wissen, o Riese Wabetrud:
Woher der Tag, der glänzend über die Menschen fährt?
Woher die Nacht, die immer mit Voll- und Neumond kehrt?«
»Delling heißt des Tages Vater offenbar;
Die Nacht dem alten Norwe dereinst geboren war.
Den Neumond und den Vollmond die Götter einst uns gönnten,
Damit die Menschenalter die Zeiten zählen könnten.«
»So sage du zum vierten, taugt dir dein Witz und Mut,

Und meinst du dies zu wissen, o Riese Wabetrud:
Wo kam der kalte Winter von allem Anfang her
Und auch der warme Sommer; weißt du noch diese Mär?«
»Windkühl ward des Winters alter Vater genannt;
Aber Süßwind wurde als Vater Sommers erkannt.
Diese beiden sollen durchfahren all das Jahr,
Bis daß der Götter Herrschaft geht zu Ende gar.«

So sage du zum fünften, taugt dir dein Witz und Mut,
Und meinst du dies zu wissen, o Riese Wabetrud,
Wer denn das älteste Wesen in Ururzeiten ward,
Ob von den göttlichen Asen oder von Riesenart?«
»Unzählige Zahl von Wintern, ehe die Erde war,
Da ward geboren der Riese Berggelm offenbar.
Trudgelm, jener Alte, war dessen Vater schon;
Der war des ältesten Mannes, des Urgelmer Sohn.«
»So sage du zum sechsten, taugt dir dein Witz und Mut,
Und meinst du dies zu wissen, o Riese Wabetrud:
Woher ist denn gekommen das alte Riesengeschlecht
Von Anfang mit Urgelmer? Das künde mir nach Recht!«
»Aus frostigen Eiseswogen sprangen Tropfen von Eis:
Das wuchs, bis daß es wurde ein Riese, wie ich weiß.
Daraus sind unsere Geschlechter alle zusammen gemacht;
Darum sind auch die Riesen so wild und ungeschlacht.«
»So sage du zum siebenten, taugt dir dein Witz und Mut,
Und meinst du dies zu wissen, o Riese Wabetrud,
Wie sich der kühne Riese den Sohn im Anfang zeugte,
Da sich ihm keine Riesin in trauter Liebe neigte?«
»Unter der Hand des Riesen soll da gewachsen sein
Ein Sohn und eine Tochter zusammen, nicht allein.
Und es erwuchs, o Wunder, aus jenes Riesen Fuß
Der sechshäuptige Sprößling, wie ich wohl wissen muß.«
»So sage mir zum achten, taugt dir dein Witz und Mut,
Und meinst du dies zu wissen, o Riese Wabetrud:
Was weißt du als das Erste und Frühste allermeist?
Du bist ein kluger Riese, wenn du noch dieses weißt.«
»Unzählige Zahl von Wintern, ehe die Erde war,
Da ward geboren der Riese Berggelm offenbar.
Das weiß ich als das Erste, daß jenen Riesen klug
Aus großen Wasserfluten ein gutes Boot enttrug.«

So sage mir zum neunten, taugt dir dein Witz und Mut,
Und meinst du dies zu wissen, o Riese Wabetrud:
Woher der Wind, der wilde, der hinfährt über die See?
Nicht wird er von den Menschen gesehn in Wahrheit je.«
»Leichenschlinger heißt er, er ist mir wenig fremd,

Der ungeheure Riese in seinem Adlershemd.
Von seinen mächtigen Schwingen rauscht es her geschwind;
Davon kommt über der Menschen Geschlechter aller Wind.«
»So sage mir zum zehnten, Wabtrud, weiser Geist,
Dieweil du so der Götter alle Geheimnisse weißt:
Woher denn zu den Asen einst Niord gezogen ist,
Der bei den hehren Asen doch nicht erzogen ist?«
»In Wanaheim erschufen die weisen Götter ihn
Und gaben ihn als Geisel den hehren Asen hin.
Doch wieder wird er kommen im Endgericht der Welt
Hin zu den weisen Wanen, wenn es ihm so gefällt.«
»So sage mir zum elften, Wabtrud, weiser Geist,
Dieweil du ja der Götter alle Geheimnisse weißt,
Was wohl im Haus Heervaters alle Einheerer tun,
Bis daß die Götter vergehen, ohne auszuruhn?«
»Sie alle, die Einheerer in Wodans hohem Hag
Kämpfen mit einander immer jeglichen Tag.
Da wird die Wal geküret, dann reiten sie von der Schlacht;
Sie sitzen dann im Frieden zusammen die ganze Nacht.«
»Nun sage mir zum zwölften, Wabtrud, weiser Geist,
Dieweil du ja der Götter alle Geheimnisse weißt:
Von den Runen der Riesen und von den Göttern allen
Sage du das wahrste, wenn so dir's mag gefallen!«
»Von Runen weiser Riesen und von den Göttern allen
Kann ich dir Sicheres sagen, Gangrat, dir zu gefallen.
Wohl bin ich ja gekommen durch alle Welten neun
Bis Nibelheim da nieden; dort geht's zu Hel hinein.«

So rühmte sich der Riese, sein Witz war scharf gewetzt;
Da fragte nach der Zukunft der Welt Allvater jetzt:
»Viel bin ich gefahren, viel hab' ich erfragt,
Mit vielen von den Göttern und Riesen hab' ich getagt.
Wer bleibt noch übrig zu leben, daß ihm das Leben frommt,
Wenn jener Schreckenswinter einst zu den Menschen kommt?«
»Lebenskraft und Leben, so heißen jene zwei;
In Mimers Baum verborgen bleiben sie Todes frei;
Da haben sie zur Speise nur reinen Morgentau;
Und davon kommen wieder die Menschen, Mann und Frau.«
»Viel bin ich gefahren, vieles hab' ich erfragt,
Viel hab' ich mit den Göttern und auch mit Riesen getagt.
Woher kommt eine Sonne an unsern Himmel wieder?
Denn jene alte Sonne, die zwingt der Wolf darnieder.«
»Die junge schönere Tochter gebiert die Sonne wohl,
Eh' sie der Wolf, der wilde, zum Schluß erfassen soll.
Sie soll dann wieder fahren nach aller Götter Tod
Die alten Wege der Mutter, die Jungfrau frisch und rot.«
»Viel bin ich gefahren, vieles hab' ich erfragt,

Viel hab' ich mit den Göttern und auch mit Riesen getagt.
Sag', welches sind die Maide, die über das weite Meer
Zu Menschensöhnen fahren, die kluggesinnten, daher?«
»Von Magetrostes Maiden sind das der Scharen drei,
Die übers Meer herfahren wohl zu den Menschen frei,
Die Schutzgeister aller, die in den Welten fahren,
Obwohl sie bei den Riesen aufgezogen waren.«
»Viel bin ich gefahren, vieles hab' ich erfragt,
Viel hab' ich mit den Göttern und auch mit Riesen getagt.
Sag, welche Asen besitzen dereinst der Götter Gut,
Wenn gänzlich ist erloschen des heißen Surter Glut?«
»Widar und Wale bauen, wenn einst des Surter Glut
Ist wiederum erloschen, der Götter heilig Gut.
Mut und Macht, die sollen den Hammer Malmer haben,
Wenn einst ihr Vater Donner liegt selbst in Glut begraben.«
»Viel bin ich gefahren, vieles hab' ich erfragt,
Viel hab' ich mit den Göttern, mit Riesen auch getagt.
Was wird dem Wodan werden zu seinem Lebensschluß,
Dieweil die Schar der Götter einst doch vergehen muß?«
»Der Wolf wird einst Allvater verschlingen zum Beschluß,
Doch das wird Widar rächen, wie ich dir künden muß.
Den kalten Kiefer des Wolfes wird er zerklieben da
Im Kampfe mit dem Untier, dann ist das Ende nah.«

So kämpften miteinander in Frag' und Antwort weise
Die beiden; doch zum Schlusse sprach Wodan so zum Greise:
»Viel bin ich gefahren, vieles hab' ich erfragt,
Viel hab' ich mit den Göttern, mit Riesen auch getagt.
Was sagte dem Sohne Wodan in's Ohr, der Fricka Gatte,
Als jener den Scheiterhaufen schon bestiegen hatte?«
Auf diese Frage wußte der Riese nichts zu sagen,
Und dran erkante er Wodan und sprach mit lautem Klagen:
»Weh, keiner kann das wissen, was du zu dieser Zeit
Ins Ohr dem Sohne sagtest. Zum Tode selber geweiht,
Sprach ich da meine Sprüche und dünkte mich weise noch.
Nun hab' ich mit Wodan gestritten: Du bist der Weiseste doch!«
So hatte Wodan siegend mit Wabetrud getagt
Und ferne Zukunftsgeschicke vom weisen Riesen erfragt.
Dort war es, wo ihm Grida, die Riesenmaid so hold,
Widar gebar, der einstens den Vater rächen sollt'.

Darauf ging Wodan weiter zum Riesen Roßdieb hin
Der Heid vielwissendem Bruder; Rimner zeugte ihn.
Und er befragte den Riesen, wie er für Balders Tod
Rache gewinnen könne, ohne Pflicht und Gebot
Absichtlich zu verletzen. Da gab der Riese klug

Die Weissagung dem Gotte gar ohne Fehl und Trug:
»Du wirst, Allvater Wodan, in deiner großen Not,
Dir einen Sohn erzeugen, der frei von jedem Gebot
Die Rache für den Bruder noch fordern wird bei Zeit;
Rinda wird ihn gebären, Billings edle Maid.«
Da fuhr Wodan von dannen und hehlte sein Gesicht
Im Hute, daß sein Ausseh'n den Gott verrate nicht.
Er ging zum Reußenkönig, nahm Kriegesdienst als Recke,
Damit er Rindas Liebe durch kühne Taten wecke.
Er kämpfte gegen die Feinde und nahm den schönsten Sieg,
Er einzig gegen alle, und endete so den Krieg.
Der König nahm ihn zum Freunde und gab ihm alle Macht,
Begabte ihn mit Geschenken zum Lohn der geschlagenen Schlacht.
Und als der Gott nun Rinda zu seinem Weibe begehrt,
Da wird sie ihm vom König mit Freuden auch gewährt.
Doch als er von dem Mädchen verlangte einen Kuß,
War eine Maulschelle der Jungfrau bester Gruß.

Nicht schreckte ihn vom Vorsatz, die Schmach und Schande ab.
Er fuhr davon, als ob er auf sie verzichtet hab',
Und kam in fremdem Gewande wieder das nächste Jahr,
Greisenhaft von Ausseh'n, schmutzig ganz und gar.
Roster ließ er sich nennen, sagte, er wäre ein Schmied,
Und schuf viel Erzgestalten. Da alles wohl geriet,
Empfing er von dem König ein großes Gewicht an Gold,
Daraus er für die Frauen Kleinode schmieden sollt'.
So schuf er manch Geschmeide. Einstmals bot er der Maid
Einen Armring an aus Golde von großer Künstlichkeit
Und mehrere andere Ringe, geschmiedet mit gleicher Kunst;
Doch konnt er nicht erringen des Mädchens Liebesgunst.
Da bat er wieder den König um seiner Tochter Leib.
Der war geneigt dem Künstler, doch wenig war's das Weib.
Denn als er ihr ein Küßchen zu reichen begierig war,
Da traf ihn Rinda zornig mit einem Faustschlag gar.
Heftig schalt sie der Vater und fuhr das Mägdlein an,
Daß sie die Vermählung verschmähe mit so kunstreichem Mann.
Obwohl nun Wodan zweimal schon abgewiesen schien,
Kam er zum dritten Male doch wieder zum König hin,
Veränderte wieder das Aussehn, rühmt' sich der Fechterkunst
Und gab ein herrlich Schauspiel wohl um des Mädchens Gunst.
Doch ob er es den Besten auch kühnlich tat zuvor,
Des Mädchens Strenge schuf es, daß er die Mühe verlor.
Und als er ihr zum Schlusse den Lohn entreißen wollt',
Empfing er von der Jungfrau einen Stoß so wenig hold,
Daß er hinfiel zur Erde schmählich auf sein Kinn.
Da rührte mit Runenstäben Wodan des Mädchens Sinn,
Daß sie auf einmal wurde Wahnsinntrunkenen gleich.
Noch weiter aber schritt er zum Ziele listenreich.

Er nahm nun Weiberkleider und ging zum vierten Mal,
Ein unermüdeter Wand'rer, hin zu des Königs Saal.
Einem Weibe war er ähnlich an Aussehn und am Leib;
Weccha ließ er sich nennen als heilkundiges Weib.
Er ward auch aufgenommen in der Mägde Schar
Und übernahm die Dienste einer Dienerin gar.
Der lieblichen Gesundheit war ja das Mädchen beraubt;
Da ward, die Königstochter zu heilen, ihm erlaubt.
So sprach der Listenreiche: »Ich muß zur Heilung der Sucht
Ihr einen Heiltrank geben von also bitterer Frucht,
Daß man in Banden legen wird müssen die kranke Maid,
Damit sie mög' ertragen der Heilung Herbigkeit.«
Als dies der Vater hörte, da zögert' er länger nicht,
Die Tochter fesseln zu lassen und heischte bei ihrer Pflicht
Von ihr, zu sicheren Heilung alles mit Geduld
Zu nehmen, was da böte der weisen Heilfrau Huld.
So ward das spröde Mädchen von Wodan endlich betört,
Statt bitteren Trankes ward ihr süßeste Liebe gewährt.
Da gebar in den Westersälen Rinda den mächtigen Sohn
Wale, der auch Bo heißt' einnächtig kämpfte er schon.
Seine Hand nicht wusch er, nicht kämmte er das Haupt,
Bis daß er Balders Gegner des Lebens hatte beraubt.
Elfe waren der Asen damals nur gezählt,
Als Balder am Totenhügel sich neigte zur Unterwelt.
Dies zeigte sich Wale zu rächen würdig und bereit.
Des Bruders Töter, den Hader, erschlug er zu jener Zeit.

Doch größeres wirkte Wodan, nachdem er Rinda verließ;
Da war es, daß er den Göttern Suttungs Met verhieß.
Davon ist diese Sage: der Met so köstlich und gut,
Den einst die Zwerge hatten bereitet aus Kwasers Blut,
War nun in der Macht der Riesen. Suttung bewahrte ihn schlau
Und keinen Schluck vergönnte er weder Mann noch Frau.
Bauge hieß sein Bruder. Da fuhr nun Wodan aufs neu'
Dahin, wo für den Bauge neun Knechte mähten Heu.
So sprach er zu der Knechte schwer arbeitenden Schar:
»Mich dünken eure Sicheln allzu stumpf fürwahr.
Doch hab' ich einen Schleifstein; mit diesem Steine wollt'
Ich eure Sicheln schleifen, daß ihr euch freuen sollt.«
Die Knechte wollten es sehen. Da nahm in Knechtes Gestalt
Allvater einen Schleifstein aus seinem Gürtel bald
Und schleifte ihre Sicheln. Drob freuten sie sich sehr,
Denn ihre Sicheln bissen weit besser als vorher.
Sie feilschten um den Schleifstein, ob er nicht wäre feil.
Allvater aber sagte darauf zu seinem Teil:
»Wenn ihr den guten Schleifstein von mir kaufen wollt,
Braucht ihr dafür zu geben nur gar geringen Sold.«
Sie sagten aber alle, sie wollten Käufer sein,

Und jeder bat, er möge nur ihm verkaufen den Stein.
Er aber warf den Schleifstein hoch durch die Luft hinauf,
Und als ihn fangen wollten die Knechte alle zuhauf,
Entzweiten sie sich also dabei zu ihrer Not,
Daß sie mit ihren Sicheln einander brachten den Tod.

Allvater fuhr nun weiter, bis er Nachtstätte fand
Beim Riesen, Suttungs Bruder, der Bauge war genannt.
Und Bauge erzählte dem Wodan gleich seine neue Not:
»Sie, meine Knechte brachten einander grimmen Tod.
Nicht hab' ich, neue zu finden, Hoffnung oder Wahn.
Willst du vielleicht mir dienen? Wer bist du denn; sag an!«
Da gab Wodan dem Riesen die Antwort allzuhand,
Doch hehlt' er seinen Namen, daß er nicht würde erkannt:
»Ich bin Böswerk geheißen, ein rüstiger Arbeitsmann,
Weil ich neun Männer Werk zugleich verrichten kann.
Und gern will ich dir dienen den Sommer über stät,
Wird mir dafür zum Lohne ein Trunk von Suttungs Met.«
Da sagte aber Bauge, Suttungs Bruder, zum Knecht:
»Der Met gehört dem Bruder, ich hab' daran kein Recht.
Doch will ich mit dir fahren und sehen, ob es geht,
Daß wir vielleicht empfangen ein Trünklein von dem Met.«
Den Sommer über wirkte neun volle Männerwerke
Böswerk, der fremde Werkmann, und zeigte seine Stärke.
Zum Winter aber bat er um den bedungenen Lohn.
Da fuhr von dannen Böswerk mit Bauge, Gillings Sohn,
Und kam zum Riesen Suttung beim Neidberg endlich an.
Da sagte Bauge bittend zum Bruder, daß der Mann
Ein Schlücklein nur begehre vom guten Zwergenmet.
Doch jeden Tropfen weigerte Suttung. Umsonst gefleht
Hatte der reiche Bruder. Da sprach zu Bauge der Gott:
»Versuch doch, ob wir etwa, dem neidigen Riesen zum Spott,
Zu seinem Mete kommen durch irgend eine List!
Ich trau mir's wohl zu erringen, wenn du mein Beistand bist.«
Da sagte seine Hilfe der Riese zu; jedoch
Im Herzen dacht' er anders, er heuchelte nur noch.
Nun zog der rüstige Böswerk einen mächtigen Bohrer hervor
Und sprach zum Riesen Bauge dort vor des Berges Tor:
»Nun hilf mir, mit dem Bohrer die starke Felsenwand
Ohn' Zögern zu durchbohren, und rege deine Hand!«
Da gingen sie zur Arbeit und förderten das Werk,
Bis Bauge sprach, nun wäre gänzlich durchbohrt der Berg.
Doch Böswerk blies vorsichtig hinein ins Bohrerloch;
Da flogen ihm die Spähne zurück. Viel fehlte noch.
Wohl sah er, daß der Riese zur Falschheit sich gewandt,
Und zwang ihn, weiter zu bohren gänzlich durch die Wand.
Er bohrte weiter; Böswerk blies nun zum anderen Mal;
Da flogen hinein die Spähne; durchbohrt war nun der Wall.

Nun wandelte sich Wodan in eines Wurms Gestalt
Und kroch in das Loch des Bohrers. Doch Bauge mit Gewalt
Stach nach ihm mit dem Bohrer; doch er verfehlte ihn.
Da fuhr durch Stein und Felsen Wodan zu Gunlad hin,
Der Wächterin des Trankes, und zwang zur Liebe sie,
Daß sie ihn freundlich aufnahm im schrecklichen Neidberg hie,
Zum Trotz dem grimmen Suttung. Dort war er der Nächte drei;
Da ließ die Maid ihn trinken vom Met drei Trünke frei.
Und mit dem ersten Trunke trank er den Kessel leer,
Der da Geistreger heißet, voll von dem Met so hehr.
Und mit dem zweiten Trunke und dritten ohne Graus
Trank er die beiden Gefäße Gebot und Sühne aus.
So hatte er nun alles durch jenes liebende Weib.
Nun wandelte Wodan in Adlers Gestalt den göttlichen Leib
Und flog, so schnell er konnte, aus Suttungs Sälen da.
Doch als der Riese Suttung den Adler fliegen sah,
Nahm er sein Adlersgefieder selber und flog ihm nach.
Da sahen die Asen von weitem, wie Wodan flog so jach,
Und setzten ihre Kessel in Walhalls Garten hinaus.
Als Wodan nun hereinflog ob Asgards Mauer im Saus,
Da spie er in die Kessel all seinen Met hinein.
So nah schon mocht' ihm aber Suttung gekommen sein,
Daß er ihn fast erreichte. Da sandt er hinter sich
Einen Teil vom Dichtermete; der gilt nicht als förderlich.
Das habe, wer da wolle; es ist des Dichterlings Los.
Doch Suttungs Met gab Wodan den hehren Asen bloß
Und Menschen, die zu schaffen verstehen am Erdengrund.
Drum nennen wir die Dichtkunst Wodans Fang und Fund,
Und seine hehre Gabe, und elder Asen Trank.
Drum schulden ihm die Götter und alle Menschen Dank.

Nun ist von unerhörten Zeitungen zu sagen,
Die in des Hohen Halle beim Mahl sich zugetragen.
Am selben Tage kamen die Frostriesen alle,
Der Götter Spruch zu begehren wohl in des Hohen Halle.
Sie fragten da nach Böswerk, ob er wär' angekommen,
Oder ob ihm Suttung das Leben habe genommen.
Sie klagten nun Allvater gar übler Taten an,
Die er zu seiner Schande vor kurzem habe getan,
Erzählten, wie da Böswerk zu Bauge wär gekommen,
Wie er dem Suttung habe den teuern Met genommen;
Wie er betöret habe der holden Rinda Leib,
Wie er sich gar verwandelt hätte in ein Weib.
Und als die Götter vernahmen, daß er in ihrem Kreise
Den Ruhm der Gottheit habe befleckt so mancher Weise,
Beschlossen sie, zu stoßen aus ihrer Gilde den Gott,
Daß sie nicht alle träfe der Menschen Verachtung und Spott.

Zu seinem Stellvertreter ward Uller eingesetzt;
Der hatte seine Ehre und Gottheit Fülle jetzt.
»Den Meineid hat ja Wodan geschworen ohne Graun!
Wie soll man fürder jemals seinen Treuen traun?
Den Suttung hat er betrogen um jenen Trank mit List
Und machte weinen Gunlad, die seiner nie vergißt.
Die Rinda hat er bezwungen mit allzu schnöder Gewalt,
Und hat sich gar verwandelt in eines Weibs Gestalt!«

Des Hehren Sprüche

Wodan teilt mit näheren, früher nicht erwähnten Einzelheiten aus seinen Abenteuern bei Gunlad und Rinda auch die Runenweisheit mit, die er unter so großen Opfern und Gefahren errungen hat.

Das sind des Hehren Sprüche, die er dort sang am Ting,
Bevor er von den Göttern in die Verbannung ging.
Bezwungen und begeistert von Kwasers heiligem Blut,
Sang er hohe Weisheit mit göttlich freiem Mut:
»Zeit ist es nun zu reden am Rednerstuhle da
Bei Urdas heiligem Bronnen. Zu lange schwieg ich ja.
Lange sah und schwieg ich, lange saß ich und sann,
Lange hört' ich die Reden der Männer schweigend an.
Den alten Riesen besucht' ich, nun bin ich wieder zurück;
Schwerlich hätt' ich schweigend dort erlangt mein Glück!
Manche Worte sprach ich zu meinem Frommen dort
In Suttungs Sälen: also bracht' ich zurück den Hort.
Die holde Gunlad schenkte auf goldnem Stuhl mir ein
Von diesem teueren Mete drei kleine Trünkelein.
Übele Entgeltung ließ ich sie dafür haben
Für ihre gute Seele, für ihre teuren Gaben.
Den eignen Kopf doch setzt' ich bei diesem Spiele ein;
Den Mund des Bohrers ließ ich nagen durch den Stein.
Der Riesen Wege stunden über und unter mir.
Ich hab' mein eignes Leben eingesetzt dafür.
Des wohlgekauften Trankes hab' ich genossen dann:
Wie wenig ist doch nötig der List dem klugen Mann!
Denn Kwasers Blut ist wieder nunmehr heraufgekommen
Zur Erde des Weltengottes, allen Menschen zu frommen.
Zweifel heg' ich, ob ich je wiedergekommen wär'
Dort aus der Riesen Gärten, wenn nicht Gunlada hehr
Mir treulich hätte geholfen, jenes gute Weib,

Das mir die Arme legte liebend um meinen Leib.
Ich weiß, daß ich gehangen an jenem windigen Baum
Neun ganze schwere Nächte, ich weiß es, wie im Traum,
Mit scharfem Speer verwundet, dem Wodan gar geweiht,
Selber ich mir selber in meinem höchsten Leid,
Dort an jenem Baume, von dem nie Kunde ward,
Aus welchen Wurzeln er sprosset, auf welche Weise und Art.
Man speiste mich nicht mit Brote, noch mit dem labenden Horn.
Da spähte ich hernieder in Schmerzen und in Zorn.
Auf nahm ich heilige Runen, weinend nahm ich sie auf,
Wieder sank ich hernieder, wieder nahm ich sie drauf.

Neun Hauptlieder nahm ich von dem berühmten Sohn
Bösdorns, Vater der Bestla, bekannt in Urzeit schon.
Und einen Trunk empfing ich von jenem teuren Met,
Geschöpft aus Kwasers Blute, der dort bei Suttung steht.
Da begann ich zu erstarken und klug zu werden sogleich,
Zu wachsen und zu gedeihen; da dünkt ich mich gar reich.
Ein Wort vom Worte leitete mich wiederum zum Wort;
Ein Werk vom Werk zum Werke leitete mich fort.
Von Runen hört' ich reden, von Schicksalssprüchen hie'
Weder vom Runenritzen noch Raten schwiegen sie.
Was ich da hörte sagen, nun sollen's hören alle
Wohl bei des Hehren Halle und in des Hehren Halle:
Runen wirst du finden und wohlgeratene Stäbe,
Mächtig starke Stäbe, mächtig feste Stäbe.
Die fand der Hauptredner; Allrichter bereiteten die,
Die ritzte der Rufgott der Götter, Wodan den Asen hie,
Dain bei Alben, Dwalin bei Zwergen sicherlich,
Allgeschwind bei den Riesen, und einige selber auch ich.
Weißt du, wie man ritzen und man sehen soll?
Weißt du, wie man malen und wie man spähen soll?
Weißt du, wie man bitten und wie man spenden muß?
Weißt du, wie man schlachten und wie man senden muß?
Besser ist ungebeten als dargebracht zuviel;
Denn immer sieht die Gabe auf der Vergeltung Ziel.
Besser ist nicht gespendet, als verschwendet zuviel;
Nicht gemalt ist besser als nur versucht zum Spiel.
Denn also ritzte es tunder dem ganzen Menschengeschlecht,
Als er sich erhoben hatte und wieder kam zum Recht.

Diese Lieder kann ich, die kann kein Königsweib
Und keines Mannes Sprosse, allgut für Seele und Leib:
Hilfe heißt das eine, das dir helfen muß
Gegen Suchten und Sorgen und jeglichen Verdruß.
Zum andern kann ich eines, das brauchen jene schier,

Die als Heilmänner wollen gelten auf Erden hier.
Das kann ich dann zum dritten, ist mir die höchste Not
Gegen meine Feinde bis auf den grimmen Tod:
Ich mache alle Schärfen der Widersacher stumpf,
Daß weder Stab noch Waffe versehren meinen Rumpf.
Das kann ich dann zum vierten, wenn böse Männer gar
Mir Bande an die Beine bringen in Leid und Gefahr,
So sing' ich, daß ich geh'n mag; da springt durch Zauberkraft
Mir von den Füßen die Fessel und von den Händen die Haft.
Das kann ich noch zum fünften, wenn ich den scharfen Pfeil
Geschossen seh' vom Feinde und fliegen in den Keil,
Nicht einer fliegt so schnelle, den ich nicht stellen kann,
Wenn ich ihn nur erspähe mit meines Blickes Bann.
Das kann ich noch zum sechsten, wenn eines Helden Macht
Mit eines wilden Baumes Wurzeln siech mich macht:
Den Mann, der mich zum Zorne reizet, sicherlich,
Den fressen seine Zauber viel eher noch als mich.
Das kann ich noch zum siebenten, wenn ich sehe lohen
Um meine Sitzgesellen den ganzen Saal, den hohen,
Es kann so breit nicht brennen, daß ich's nicht löschen kann;
Ich kann der Flamme singen so zauberstarken Bann.
Das kann ich auch zum achten, und das ist allen Not
Und nützet vielen Helden wider den grimmen Tod:
Wenn bei den Heldensöhnen jach aufwächst wilder Haß,
So kann ich den vershöhnen, gar eilig kann ich das.
Das kann ich noch zum neunten, wenn mich des zwingt die Not:
Mein Fahrzeug kann ich bergen, wie viel die Flut auch droht.
Die Winde kann ich kirren wohl auf dem weiten Meer,
Ich kann die See einschläfern, die ganze, um mich her.
Das kann ich auch zum zehnten, wenn ich Gespenster sehe
Spielen, schweben und weben, in Luft, in der Höh', in der Nähe:
Die kann ich also zwingen, daß sie gleich müssen fahren
Wieder in ihre Leiber, darin sie einstens waren.
Das kann ich auch zum elften: soll ich zu einer Schlacht
Geleiten alte Freunde, vermehr' ich ihre Macht;
Unter die Schilde fing' ich, und jene fahren heil
Zum Kampf und aus dem Kampfe, nicht wird der Tod ihr Teil.
Das kann ich noch zum zwölften, seh' ich auf einem Baum
Hängen einen Gehenkten; das kann ein anderer kaum:
So ritz' ich solche Runen und male Runen hier,
Daß jener Mann sich reget und geht und spricht mit mir.
Das kann ich zum dreizehnten, wenn ich einen Degen soll,
Einen jungen, mit Wasser weihen, daß er gedeihe wohl,
Nicht wird er jemals fallen, umkämpft ihn auch ein Heer,
Nicht neigt vor scharfen Schwertern ein solcher Mann sich mehr.
Das kann ich zum vierzehnten, wenn vor der Menschen Schar
Ich soll die Götter alle aufzählen ganz und gar,
Daß ich wohl alle Zeichen der Asen und Alben weiß;

Ich denke, kein Unweiser errang sich gleichen Preis.
Das kann ich zum fünfzehnten, das Lied, das einstens sang
Der Zwerg vor Dellings Toren, es war vor Zeiten lang:
Er sang da Kraft den Asen, den lichten Alben Frommen,
Dem Ruhmesgott Gedanken; das hab' ich wohl vernommen.
Das kann ich zum sechszehnten, will ich die kluge Maid
Zu Lust und Freude haben wohl zur rechten Zeit:
Den Sinn kann ich ihr wenden dem Schneeweißarmigen Weib,
Ich lenke mir zur Minne die Seele und den Leib.
Das kann ich zum siebzehnten, daß immer bei mir bleib'
Und nimmer mich verlasse das minnigliche Weib.
Das kann ich zum achtzehnten, was ich doch niemals lehre
Der Maid noch Mannes Weibe, wer immer auch es wäre;
Denn allweg ist es besser, wenn es nur Einer kann.
Das macht den Schluß der Lieder. Nimmer erfährt's ein Mann,
Ausgenommen die Eine, die mich in die Arme nimmt
Oder die eigene Schwester. Nur dieser ist es bestimmt.

Eh' in ein Haus du eintrittst, besieh dir jede Tür.
Wer weiß denn, vielleicht sitzet ein böser Feind dafür.
Heil sei dem guten Geber, wenn er bewirtet den Gast,
Der von der Ferne herkommt und Not hat großer Hast.
Feuer braucht der Fremdling, es frieren ihm die Knie;
Auch Speise sowie Kleider versag' dem Gaste nie!
Wasser braucht er, Handtuch und holder Nötigung viel;
Man soll ihn reden lassen und schweigen, wie er will.
Witz bedarf der Reisende; zu Haus geht alles leicht,
Der Klügste in der Fremde gar leicht zum Spott gereicht.
Zu viel soll keiner prahlen mit seinem großen Verstand;
Wer klüglich wenig redet, der hat auch weniger Schand'.
Besseren Freund als Vorsicht hat selten gewonnen ein Mann.
Es spähe mit Augen und Ohren ein jeder, so viel er kann.
Selig jener, der sich erworben Lob und Gunst!
Den anderen zu gefallen, ist eine große Kunst.
Selig, der sich selber wohl beraten kann!
Denn gute Räte kommen selten von anderem Mann.
Bessere Last trägt niemand auf Reisen als großen Verstand;
Das ist des Armen Reichtum, das ist des Schwachen Hand.
Bessere Last trägt niemand auf Reisen als großen Witz,
Und schlechtre nicht als Trunkenheit, die ist ihm selten nütz.
So gut nicht, wie sie sagen, ist Menschensöhnen das Bier;
Je mehr mag einer trinken, je weniger weiß er schier.
Der Reiher des Vergessens schwebt über Biergelagen;
Von dieses Vogels Gefieder weiß ich auch leider zu sagen.
Aus des schlauen Fialar Felsen, aus Gunlads düsterem Haus,
Da trug ich ohne Trübung nicht meinen Sinn heraus.

Thor

Verschwiegen, klug, kriegstapfer soll sein ein Königssohn;
Der Mann sei froh und munter: stets ist der Tod sein Lohn.
Der Feige wünscht zu leben und scheut sich vor dem Kriege.
Er denkt nicht, daß das Alter ihn jedenfalls besiege.
Der Tor mag lang verhehlen den Fehler, der ihn druckt;
Doch offen wird sein Herze, hat er das Bier geschluckt.
Nur jener ist erfahren, nur dieser heiße weise,
Der vieler Menschen Sitten erfuhr auf mancher Reise.
Halt dich zum Becher, trinke mit Maß und mit Verstande;
Und willst du schlafen gehen, das schelte keiner Schande!
Der Mann, der nicht das Maß kennt, der ißt sich selbst den Tod;
Oft schafft dem törichten Manne der Magen Spott und Not.
Die Kuh weiß, wann sie heim soll und geht dann satt vom Gras;
Doch niemals kennt der Törige seines Magens Maß.
Es lacht bei jeder Sache der übelgeschaffene Mann
Und weiß nicht, daß am meisten man ihn belachen kann.
Der Tor wacht ganze Nächte und denkt an alles ja;
Am Morgen ist er müde, die Sorge ist immer noch da.
Ein Tor hält die für Freunde, die ihn mit Lächeln grüßen,
Weiß nicht, was Arges folge dem Lächeln auf den Füßen.
Ein Tor hält die für Freunde, die ihm mit Schmeicheln nah'n,
Kommt es zum Ernst, dann trifft er keinen auf seiner Bahn.
Der Tor meint sich gerettet, hat er ein einzig Loch;
Doch kommt es zur Erprobung, verzagt der Arme doch.
Der Tor soll lieber schweigen, wenn er zu Menschen kommt'
Dann hält man ihn für weise, was ihm am meisten frommt.
Doch freilich, wer ein Tor ist, ist so der Torheit voll,
Daß er auch nicht verstehn kann, wann er schweigen soll.
Wer fragen kann und Antwort erteilen, der ist klug;
Unwissenheit verbergen kann man durch keinen Trug.
Wer niemals schweigt, der kann auch nicht immer Kluges sprechen;
Die allzu rasche Zunge wird sich noch selber stechen.
Zum Spott hab' nie den Fremden, scheint er auch wundersam!
Der hat gar leicht zu lachen, der nie vom Ofen kam.
Der dünkt sich klug, der spottet und dann von dannen geht;
Wie großen Grimm er weckte, erfährt er oft zu spät.
Selbst gute Freunde streiten beim Mahle immer fast.
Der Streit wird ewig währen; es wütet Gast gegen Gast.
Früh nehme der Mann den Imbiß, der nicht zum Gastfreund zieht,
Da aller Witz und Tatkraft dem Hungrigen entflieht.
Zum bösen Freund ist Umweg der allergeradeste Steg;
Jedoch zum guten Freunde ist kurz der längste Weg.
Man soll an einer Stelle nicht ewig bleiben als Gast;
Bleibst du zu lange sitzen, wird Liebe Unlieb fast.

Ein Haus sei dein, ob klein auch, denn jedes Heim ist hold;
Zwei Geißen, eine Hütte, ist besser als betteln um Gold.
Von seinen Waffen soll ein Mann im Feld nicht schrittbreit weichen.
Wer weiß, ob dir nicht mangeln wird die Zeit, sie zu erreichen!
Es ist kein Mann so goldreich, der nicht Geschenke nähme,
Und keiner so freigebig, der zürne, wenn er bekäme.
Des Guts, das du erworben, sollst du nicht Mangel leiden;
Du sparst nur für die andern, mußt einst doch davon scheiden.
Mit Waffen und mit Kleidern sollen sich Freunde erfreuen.
Geschenke machen Freundschaft, geschiehts in guten Treuen.
Dem Freunde soll man Freund sein und Gabe vergelten mit Gaben;
Der Feind soll Spott für Spotten und Lug für Lüge haben.
Dem Freunde soll man Freund sein, des Freundes Freunden auch;
Doch Freundes Feinde Freund sein, das ist nicht guter Brauch.
Dem Freund, dem du vertrauest und der dir nützen soll,
Den sollst du oft besuchen, freigebig, liebevoll.
Den Freund, dem du mißtrauest, doch der dir nützen kann,
Den sollst du gut behandeln, doch hüte dich vor dem Mann!
Den Mann, dem du nicht trauest, der dir verdächtig ist,
Mit dem sollst du wohl lachen, doch List vergelten mit List.
Als ich jung war, versenkte ich mich in die eigene Brust;
Nun freu' ich mich am Freunde; der Mann ist Mannes Lust.
Der Tapfere lebt am besten; der Milde kennt keine Sorgen;
Der Feige fürchtet sich immer, der Geizige vor jedem Morgen.
Ich schenkte meine Kleider zwein Vogelscheuchen im Feld;
Nun dünken sie sich Männer, denn nackt ist keiner ein Held.
Es dorrt der Baum im Dorfe, von Rinde nicht mehr umgeben:
So ist der Mann, den Niemand liebt; was soll er länger leben!
Heißer brennt als Feuer die Liebe fünf Tage oft,
Am sechsten dann erlischt sie auf einmal unverhofft.
Nicht große Gabe ist nötig, genügt doch kleine schier;
Ich warb mir schon Genossen mit einem Becher Bier.

Doch feiner sind die Gedanken, als Körner im Sand, bestellt.
Verschieden sind die Menschen, zwei Hälften hat die Welt.
Der Mann sei mäßig weise, zu weise sei er nie!
Der Mann, der nicht zu viel weiß, der lebt am besten hie.
Der Mann sei mäßig weise, zu weise sei er nicht!
Der Mann, der allzuviel weiß, zeigt selten ein frohes Gesicht.
Der Mann sei mäßig weise, er wisse nicht zu viel!
Wer sein Geschick voraus weiß, hat Sorgen nur zum Ziel.
Feuer zündet Feuer, Brand brennt an Brand;
So weckt der Mann am Manne den Mut und den Verstand.
Wer manches will gewinnen, der muß wohl früh aufstehn:
Liegender Wolf, schlafender Mann wird wenig Beute erspähn.
Früh aufsteh'n soll der Werkmann und nach dem Werke schau'n
Zur Morgenzeit. Die Raschheit ist halber Reichtum traun.

Wieviel du brauchst des Holzes wohl für ein Vierteljahr,
Wenn dir soviel bewußt ist, das ist genug fürwahr.
Gewaschen und gespeiset, so reite der Mann vom Haus;
Ist er nicht gut gekleidet, da mach' er sich nichts draus.
Es wisse dein Geheimnis zu höchst ein einziger Held;
Denn wenn es zweie wissen, weiß es die ganze Welt.
Verlangend lechzt der Adler allein auf unendlicher See;
So gehts dem Mann, der keinen Genossen sieht in der Näh.
Der Stärkste halte seine Stärke stets im Maß;
Denn stets ist noch ein stärkerer; erfahren wird er das.
Vorsichtig und verschwiegen sei stets im Freundesvertrauen;
Sonst wirst du schnell Vergeltung zu rascher Worte schauen.
Zu früh kam ich schon manchmal und manchmal auch zu spät;
Da war das Bier getrunken, dort noch nicht fertig der Met,
Da war noch niemand gekommen, dort waren alle fort:
Zur rechten Zeit kommt selten, den man nicht wünscht am Ort.
Oft hätte man mich geladen, müßt ich nicht essen was,
Oder wenn zwei Schinken wüchsen, sobald ich einen aß.

Feuer ist das Beste; darnach der Sonne Schein,
Zum dritten ohne Krankheit und ohne Schuld zu sein.
Kein Mensch ist ganz unselig; des einen Lust und Stärke
Sind Söhne, Freunde, Güter, des andern gute Werke.
Glücklich ist der Lebende, wer auch im Unglück lebt.
Magst alles du verlieren, nur fröhlich fort gestrebt!
Der Lahme reite zu Pferde, der Taube werde Bote,
Der Schwache weide die Herde: ganz unnütz ist nur der Tote.
Ein Sohn, ob spät auch geboren, erhalte dein Geschlecht
Und wahre dein Angedenken; sonst steht es darum schlecht.
Zwei Feinde machen ein Heer aus, eine Zunge bringt dir Tod.
Unter jedem Gewande steckt eine Faust, die dir droht.
Wen Haus und Kost erwartet, der freut sich auf die Nacht;
Doch kann's noch oftmals wettern vor Abend, eh' er gedacht.
Ein Mann ist reich, ein andrer ist arm. Doch ist nicht groß
Der Unterschied. Vom Reichtum wird mancher ein Affe bloß.
Es stirbt das Vieh, die Freunde, du selber auch mußt sterben:
Der Glanz des Ruhms stirbt niemals; den such' dir zu erwerben!
Es stirbt das Vieh, die Freunde, su selbst mußt weitergehn;
Das Urteil über den Toten bleibt einzig nur bestehn.
Ich sah des Reichen Söhne mit einem Bettelstabe;
Der Reichtum ist ein Augenblick, er ist die schlechteste Habe.
Dem Toren, der Gut gewinnet oder Frauengunst,
Schwillt nicht der Witz, nur Hochmut wie eine Feuersbrunst.
Erfragst du alle Runen, die dir die Weisen zeigen,
Dies findest du als höchstes: nichts besseres ist als Schweigen.

Am Abend soll man loben den Tag, das Schwert in der Not,
Die Maid, wenn sie vermählt ist, ein Weib, ist sie tot,
Das Bier, ist es getrunken. Auch lobe nicht das Eis,
Als bist du heil hinüberkamst: also bist du weis'.
Am Feuer soll man Bier trinken, am Eise Schlittschuh laufen,
Das Schwert soll man schmutzig, mager die Mähre kaufen,
Zu Haus den Hengst füttern, den Hund doch weit vom Haus.
Holz haue im Winde; im Wetter rudre hinaus!
Im Dunkel aber rede nur mit der holden Maid;
Viel sind des Tages Augen; sonst erfährst du Leid.
Das Schiff soll man gebrauchen zur Fahrt, das Schwert zum Streit,
Aber den Schild zum Schutze, zum Küssen aber die Maid.
Weibes und Mädchens Worten der Mann nicht trauen soll;
Am Drehrad ward erschaffen ihr Herz, des Truges voll.
Krachendem Bogen, brennender Lohe auch,
Krächzender Krähe, gähnendem Wolfesbauch,
Grunzendem Schweine, wurzellosem Baum,
Wallendem Kessel, wachsender Woge Schaum,
Fliegendem Pfeile, ebbendem Sturm,
Einnächtigem Eise, ringelndem Wurm,
Gebrochenem Schwerte, Kosereden der Braut,
Spielendem Bären, Hofleuten traut,
Krankem Kalbe, freigelassenem Knecht,
Schmeichelnder Hexe, Scheintotem im Gefecht,
Heiterem Himmel, bellendem Hunde,
Lachendem Herren, trauriger Kunde,
Ungesätem Acker: dem traue nie kein Mann,
Noch allzu schnell dem Sohne, weil er sich ändern kann.
Das Wetter beherrscht den Acker, der Witz bestimmt das Kind;
Gefährlich ist ein jedes und ändert sich geschwind.
Dem Mörder deines Bruders, der dich zur Zwiesprach' lud,
Halbverbranntem Hause, in dem noch glimmt die Glut,
Allzuschnellem Rosse, dem leicht ein Fuß noch bricht:
Diesem allen traue der Mann zu sicher nicht!

So ist die Liebe der Weiber, die da von falscher Weise:
Ein Ritt mit unbeschlagnem Pferd auf glattem Eise,
Mit munterem zweijährigem, übelgezähmt mit Not,
Oder in wütendem Winde ein steuerloses Boot,
Oder wie wenn ein Lahmer ein Renntier verfolgte im Sprung:
So ist die Liebe der Weiber, voller Veränderung.
Offen will ich nun sprechen, ich hab' es ja erfahren:
Wandelbar gegen die Weiber ist auch der Männer Gebaren.
Wir sprechen oft am schönsten, wenn wir am falschesten denken,
Und kümmern uns gar wenig, ob wir die Guten kränken.
Willst eines guten Weibes Liebe du erringen,
Sollst du ihr schöne Reden und gute Gaben bringen.

Die Schönheit sollst du loben der sonnenlichten Maid;
Der wird sie wahrlich fangen, der schmeicheln kann bei Zeit.
Kein Mann soll einem andern die Liebe zum Vorwurf machen;
Sie macht aus Klugen Toren und läßt mit sich nicht lachen.
Kein Mann soll das beschelten, was allen kann gescheh'n;
Der Liebe können selten die Klügsten widersteh'n.
Es gibt nicht schlimmere Krankheit als schwere Liebessucht;
Das weiß, wer es erfahren; ich hab' es auch versucht.
Das hab' ich selbst erfahren, als ich im Rohre war;
Auf meine Minnigliche harrte ich fürwahr.
Mehr als Leib und Seele war mir die kluge Maid,
Obwohl sie um so härter mich fühlen ließ das Leid.
Auf ihrem Lager fand ich sie schlafen, Billings Maid;
Eines Fürsten Wonne däuchte mich zur Zeit
Gering, dürft' er nicht leben mit dieser schönen Gestalt.
Das sonnenweiße Mägdlein, es sprach zu mir alsbald:
»Den Abend sei du, Wodan, wiederzukommen bereit,
Wenn du dir willst vermählen die wohlgeneigte Maid,
Denn unerlaubt ist gänzlich all meine Liebeshuld;
Wir zwei alleine dürfen nur wissen solche Schuld.«
Und also kehrt' ich wieder; ich glaubte, geliebt zu sein;
Ich meinte, ihr ganzes Herze böt' mir das Mägdelein.
Doch als ich kam, da wachte die ganze Kriegerschar;
Mir war der Weg zur Freude verstellt mit Fackeln gar.
Und als ich gegen Morgen wiedergekommen war,
Schlief wohl das ganze Saalvolk und jene Kriegerschar,
Doch fand ich ein junges Hündlein bellend an der Stätte,
Und das war angebunden an jener Jungfrau Bette.
Manches gute Mädchen ist falschgesinnt dem Mann;
Das erfuhr ich damals, als ich gar wenig gewann.

Nun höre weise Räte, wenn du verständig bist:
Geh' nicht vors Haus bei Nachtzeit, wenn es nicht nötig ist.
Das rat ich dir zum zweiten, dein Nutz' ist dann nicht klein:
Mit einem Zauberweibe laß du dich nimmer ein!
Sie läßt dich sonst vergessen des Rechtes und der Pflicht;
Du willst nicht Trank und Speise mehr, und Schlaf und Freude nicht.
Das rat' ich dir zum dritten, du wäg' es wohl im Sinne:
Die Ehfrau eines andern verlocke nie zur Minne!
Das rat ich dir zum vierten, auf daß du werdest weise:
Befährst du fremde Wege, versieh dich wohl mit Speise!
Das rat ich dir zum fünften, in bittern Kümmernissen:
Laß du dem üblen Manne dein Unglück niemals wissen!
Niemals wirst du Vergeltung deines Vertrauns erhalten;
Oft machten falsche Zungen den besten Mann erkalten.
Das rat ich dir zum sechsten, du hör' und nutze das:
Laß auf dem Weg zum Freunde nie wachsen grünes Gras!

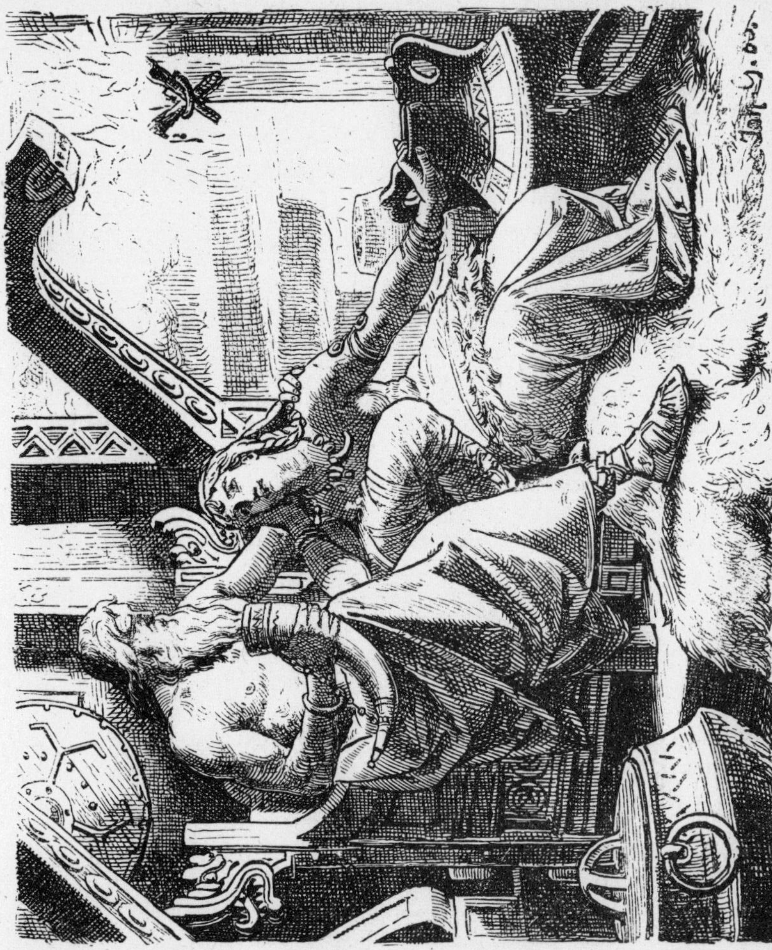

Odin bei Gunnlöd

Das rat ich dir zum siebenten, was dir wohl nützen kann:
Erwirb zu deinem Freunde dir einen guten Mann!
Das rat ich dir zum achten: brich nie zuerst den Bund!
Weh dir, kannst du nicht Einem vertraun von Herzensgrund!
Das rat ich dir zum neunten, es wird dir Nutzen schaffen:
Du wechsle niemals Worte mit einem unweisen Affen!
Dir wird doch nimmer nützen und helfen ein übler Mann;
Der Gute nur in Wahrheit dir Ruhm erbringen kann.
Das nur ist wahre Freundschaft, wenn man dem Freunde frei
Den ganzen Sinn kann sagen ohne Schmeichelei.
Das rat' ich dir noch weiter: hadre mit keinem Wicht!
Oft muß der Bessere weichen, weicht auch der Schlechtere nicht.
Das rat' ich dir noch ferner: mach' keinem andern Schuh!
Wenn ihn der Fuß wird schmerzen, wer trägt die Schuld? Nur du.
Das rat' ich dir noch ferner: da wo du Feindschaft weißt,
Gib nicht den Feinden Frieden, ruf' sie heraus nur dreist!
Das rat' ich dir noch ferner, du wahr' es ist der Brust:
Freu' dich an keinem Schaden, hab' stets am Guten Lust!
Das rat' ich dir noch ferner: sieh' nicht umher in der Schlacht!
Oft werden Menschensöhne so um den Mut gebracht.
Das rat' ich dir noch ferner: versprichst du einer Maid
Was Schönes, laß' es fest sein und halt' es alle Zeit!
Das rat' ich dir noch ferner: sei nie der Vorsicht leer
Mit Weibern, Bier und Dieben, doch auch nicht allzusehr!
Das rat' ich dir noch ferner: des Wanderers spotte nie;
Von welchem Geschlecht er sein mag, das ahnst du selten hie.
Gemischt sind Fehler mit Tugend; kein Mann ist völlig gut,
Noch völlig schlecht, daß gar nichts taugen würde sein Mut.
Das rat' ich dir noch ferner: du spotte nie des Greisen,
Ist Armut auch und Krankheit verbunden mit dem Weisen.
Das rat' ich dir noch ferner: treib' nicht von deiner Tür
Den Armen; gib ihm reichlich: dir wird noch Lohn dafür.
Stark müßte wohl sein der Riegel, um allen aufzutun;
Doch willst du Fluch nicht wecken, so gib ihm einmal nun!
Das rat' ich dir zum Schlusse: ruf an der Erde Kraft,
Willst du vom Biere trinken, weil sie den Rausch entrafft.
So wie das Feld die Fluten, so wie das Feuer die Sucht,
Wie Eiche die Verhärtung, Vergiftung der Ähre Frucht,
Der Hallengeist die Zwietracht, der Mond den Zorn auflöse,
Das Beißkraut Bisseswunden, so lösen die Runen das Böse.
Nun sind des Hehren Sprüche gesprochen bis zum Schluß,
Bedürftig den Menschensöhnen, den Riesen nicht zum Genuß.
Heil dem, der sie gesprochen, und der sie hörte an!
Es nütze sie nach Wunsche, der sie kennt und kann!

Donners Fahrten

Der Riese Trimm stiehlt den Hammer des Donner. Loke sucht ihn und kommt dabei auch zum Riesen Gerut. Donner bei Gerut, bei Trimm, wo er den Hammer wieder gewinnt. Er nimmt einen Diener, Dalp, an. Seine Abenteuer mit dem Riesen Außergardloge. Sein Kampf mit Rungner, wobei ihm sein Sohn Macht zu Hilfe kommt. Seine Verwundung wird von Groa nur halb geheilt.

So ging in die Verbannung Wodan aus Walhall hin.
Doch Suttungs Met, der ihm selber begeisterte Mut und Sinn,
Hatte den mächtigen Donner wohl allzu trunken gemacht.
So ward ihm der Hammer gestohlen von Riesen in jener Nacht.
Nun erwachte der Gott aus dem Rausche; der Hammer war nirgend zu seh'n.
Nun hatte er aber im Sinne, mit Riesen zum Kampfe zu geh'n.
Da wurde wild der Donnerer, als er vom Schlaf erstand
Und seinen Malmer suchte und ihn doch nirgend fand.
Den Bart begann er zu schütteln, zu raufen begann er das Haar,
Es fuhr der Sohn der Erde umher in der Götter Schar.
Das war die erste Rede, die er da konnte sagen:
»Weh, höre du nun, Loke, was Donner dir muß klagen,
Was man noch nicht im Himmel noch auf der Erde ahnt:
Ich bin um den Hammer bestohlen; sei du zur Hilfe gemahnt!«
Da gingen diese beiden der schönen Freia nach,
Und Loke war der erste, der diese Worte sprach:
»Wirst du mir, süße Freia, dein Federhemd wohl borgen,
Damit ich unsern Donner befreie von bitteren Sorgen?
Ihm wurde der Malmer gestohlen; das geht uns allen nah.«
Da sprach die schöne Freia, als sie den Jammer sah:
»Gern will ich dir es geben, und wär' es auch von Gold
Und Silber, Donner zu Liebe; denn diesem bin ich hold.«
Sie gab es. Loke eilte, es rauschte das Federkleid,
Er flog hinaus, stets spähend, vor Asgard also weit,
Bis eilend er dahin kam in jener Riesen Heim;
Er forschte nach allen Seiten im Falkenkleide geheim.

Da sah er Geruts Garten, des Riesen, dort im Hain.
Er flog ans Hallenfenster und sah durch den Gucker hinein.
Doch Gerut erblickte den Loke und sprach zu den Dienern das Wort:
»Fangt mir den schönen Vogel auf dem Gucker dort!«
Da kletterte der Diener hinauf die Hallenwand;
Loke blieb noch sitzen, weil er's ergötzlich fand
Zu sehn, wie jener strebte. Er dachte sich dabei,
Daß ihm noch immer Weile davonzufliegen sei,
Eh jener habe erklettert die allzu hohe Wand.
Doch als der Diener langte nach Loke mit der Hand,
Da hub er seine Flügel und wollte schnell hinweg;
Die Füße aber hafteten wie festgebannt am Fleck.
Er ward ergriffen und schleunig dem Riesen als Beute gebracht.
Als Gerut nun des Falken Augen erblickte, da dacht'
Er, dieses müsse ein Mann sein und forderte ihn auf,
Die Wahrheit zu gestehen. Doch Loke schwieg hierauf.
Da schloß Gerut den Falken in eine Kiste ein
Und ließ ihn dort drei Monde hungern ganz allein,
Worauf der grimme Riese ihn wieder nahm und frug.
Und Loke gestand, wer er wäre und was da bezwecke sein Flug.
Da sprach der Riese Gerut zu Loke dieser Art:
»Willkommen heiß' ich den Loke allhier in Gerutsgard!
Doch soll er nicht von dannen mir kommen vor der Zeit,
Er wolle mir denn schwören zur Stelle diesen Eid,
Er werde den Donner ehstens nach Gerutsgard herbringen,
Doch ohne Hammer und Machtgurt; so will ich mit ihm ringen.«
Da schwur zur Lebenslösung Loke den schweren Eid;
Dann flog er weg gar eilig von Gerutsgard so weit.
Er spähte nach dem Hammer, ob ihn ein Riese nahm.
So flog er stets, bis daß er zum Riesen Trimm hinkam.

Trimm saß auf einem Hügel, der Tursen mächtiger Herr;
Den schnellen Hunden schnürte er die Bänder von Golde schwer
Und kämmte seinen Mähren die Mähnen im Hofe dort.
Er kannte wohl den Loke und sprach zu ihm das Wort:
»Wie steht es mit den Asen, wie mit den Alben fein?
Sag' an, warum du kamest nach Riesenheim herein?«
Da gab zur Antwort Loke und sprach zu ihm das Wort:
»Schlecht steht es mit den Asen und mit den Alben dort.
Sie sind ob manchen Unheils in überbangen Sorgen.
Sag' an, hast du des Donnrers Hammer etwa verborgen?«
Da sagte Trimm der Riese: »Den Hammer hab' ich wohl,
Acht Rasten unter der Erde er ewig liegen soll.
Durch keine Macht erlangt ihn Donner jemals mehr,
Er bringe mir denn Freia, die schöne, zum Weibe her.«
Wieder flog da Loke, es rauschte das Federkleid,
Er eilte hinauszukommen aus der Riesen Gärten so weit.

Er eilte, bis er wieder kam in der Asen Gärten;
Da traf er an den Donner, den Zorn und Wut verzehrten.
Das war der Worte erstes, das Donner zu ihm sprach:
»Sag', Loke, kamst du treulich deinem Geschäfte nach?
Sag' schleunig deine Zeitung noch aus den Lüften dort!
Wer weiß, wenn du erst sitzest, ersinnst du ein Lügenwort!«
Da sagte Loke schleunig: »Ich hab' das Geschäft vollbracht.
Trimm hat, der Tursenherrscher, den Hammer in seiner Macht.
Und keine Macht, o Donner, bringt ihn dir jemals mehr,
Du brächtest ihm denn Freia, die schöne, zum Weibe her.«
Da gingen diese beiden der schönen Freia nach,
Und Loke war's, der wieder zuerst die Worte sprach:
»Nun binde dich, o Freia, mit bräutlichem Linnen sogleich!
Wir zweie wollen fahren sofort ins Riesenreich.
Für dich gibt Trimm den Hammer des Donner gern heraus.
Laß dich den Kauf nicht reuen; er ist von mächtigem Haus.«
Wie ward da Freia zornig! Sie fauchte allzumal,
Vor ihrer Wut erbebte der Asen wonniger Saal.
Es zitterte ihr am Halse das mächtige Brisinggold.
So sprach die holde Freia – sie schien nun wenig hold:
»Ich müßte wahrlich immer die Männersüchtigste sein,
Wenn ich mit dir wollt' fahren zu Trimm nach Riesenhain.
Eh' müsse Erd' und Himmel und alle Götter vergeh'n,
Eh' daß der wilde Riese mich bei sich sollte seh'n!«

Da rief man alle Götter zur Ratsversammlung dort;
Die Asinnen und Asen, sie waren gleich am Ort.
Darob berieten eifrig die reichen Götter nun,
Wie man den Hammer gewänne, und was da wäre zu tun.
Da sagte solches Heimdall, der weiseste der Asen
Und Wanen, den die Götter zum Himmelswart erlasen:
»So laßt den Donner gehen; als Braut schmück' er sich nun;
Er mag die bräutlichen Linnen, den Goldschmuck um sich tun.
Es sollen ihm unter dem Gürtel die tönenden Schlüssel erklingen
Und wallende Weiberkleider um seine Knie sich schlingen.
Breite Steine sollen ihm schmücken die mächtige Brust;
Auch wollen wir ihm zieren das Haupt mit aller Lust.«
Als Donner dieses hörte, rief er, dem Zorne nah:
»Mich würden wohl einen Argen schelten die Asen da,
Wenn ich mich binden ließe mit bräutlichem Linnen zum Hohn!«
Da sagte wieder Loke, Laubeias listiger Sohn:
»Nun schweig' nur, starker Donner, und tu, was nötig ist!
Wenn du nicht deinen Hammer dir schaffst in kurzer Frist,
So werden bald die Riesen in Asgard sein allhier.«
Da ließ sich, wenn auch grollend, Donner mit bräutlicher Zier,
Mit blankem Linnen schmücken, dem Brisingkleinod auch;
Er ließ die Schlüssel erklingen am Gurt nach Weiberbrauch,

Weite Weiberkleider umwallten ihm die Knie
Und um die Brust erglänzten ihm breite Steine hie.
Sie zierten ihm nach Sitte das Haupt mit einer Kron'.
Da sagte wieder Loke, Laubeias listiger Sohn:
»Willst du als Braut nun gelten, so will ich Magd dir sein.
Wohlan, wir wollen fahren, wir zwei nach Riesenheim.«
Schnell wurden da die Böcke getrieben von der Weide;
Man spannte sie an die Deichsel. Hinschossen sie nun beide,
Daß Berge krachten; es brannte die Erde lichterloh.
Nach Riesenheim gelangten die hehren Asen so.

Doch nicht vergaß da Loke des Eids, vor allen Dingen
Den Donner ohne den Hammer nach Gerutsgard zu bringen.
Und als sie nach Riesenheim kamen, da gingen sie zuvor
Zur Gastung einer Riesin, die Grida hieß, empor.
Sie war die Mutter Widars, der war des Wodan Kind;
Drum war sie auch den Asen hold und gut gesinnt.
Sie warnte den Donner vor Geruts, des weisen Riesen Mut
Und lieh ihm ihren Machtgurt und Eisenhandschuhe gut,
Auch einen Stab von Eisen, bekannt als Gridastab.
So fuhr denn Donner weiter zu jenem Fluß hinab,
Der Wimmer heißt, der Flüsse mächtigster am Ort.
Da spannte er den Machtgurt um seinen Leib sofort
Und stützte vor der Strömung sich auf den Gridastab.
Loke hielt sich am Gürtel, daß es ihn nicht risse hinab.
Die Böcke und den Wagen zog Donner hinterdrein.
Doch als er in die Mitte des Stromes kam hinein,
Da wuchs so übermächtig das Wasser, daß es bald
An Donners Achseln reichte; da rief er mit Gewalt:
»Weh, wachse nicht, o Woge, wachse nicht, Wimmer du,
Da mich zu waten gelüstet den Riesengärten zu!
Weißt du nicht, wenn du wachsest, wächst mir die Asenmacht
Hoch auf bis an den Himmel; nie werd' ich zu Falle gebracht!«
Da blickte Donner aufwärts in eine hohe Kluft,
Dort stand Gelf, Geruts Tochter, hochragend in die Luft
Über dem reißenden Flusse und ließ da wachsen die Flut.
Da nahm der Gott aus dem Strome einen mächtigen Stein in Wut,
Warf ihn nach der Riesin und rief hinauf zum Schluß:
»Wohl an der Mündung soll man stauen jeglichen Fluß!«
Er fehlte nicht die Riesin; da fiel der Fluß zuhand,
Im selben Augenblicke gelangt' er auch ans Land.
Er griff nach einem Sperberbaum und schwang sich aus dem Wag;
Davon man dies Gesträuche Tors Bergung heißen mag.

So kamen sie zu Gerut. Sie wurden beide da
Ins Gästehaus gewiesen, der Riesenhalle nah'.
Dort stand ein einziger Sessel im ganzen weiten Saal.

Auf diesen setzte sich Donner; da fühlte er auf einmal,
Daß dieser Stuhl sich aufhub bis an das Dach beinah'.
Den Stab der Grida stieß er nun gegen die Balken da
Und drückte mit allen Kräften fest auf den Stuhl dabei.
Da hörte man großes Gekrache, drauf folgte lautes Geschrei.
Da fand man unter dem Stuhle Geruts grimme Maide,
Gelf und Greif; die hatten den Rücken zerbrochen beide.
Da sprach der starke Donner: »Wohl mir! Die Asenmacht
Nützt' ich zu meinem Heile, nun ich zu Fall gebracht
Gelf und Greif, die Töchter Geruts in Gerutsgard;
Die wollten mich ja heben bis an den Himmel hart.«
Nun forderte Gerut den Donner voll Wut zu einem Gang.
Dort brannten starke Feuer die ganze Halle entlang.
Und als nun Donner stürmend zum Kampf mit Gerut kam,
Der Riese mit der Zange ein glühend Eisen nahm;
Das warf er schnell nach Donner. Doch Donner fing es auf
Mit seinen Eisenhandschuhn und warf es zurück hierauf.
Gerut sprang, sich duckend, hinter die Eisensäule;
Das glühende Eisen aber schlug durch, zerbrach die Säule,
Durchstürmte dann den Riesen und noch die Hallenwand,
Bis daß es endlich draußen tief in der Erde stand.

So löste Loke die Eide, die er dem Gerut schwor.
Dann fuhr er mit Donner weiter zu Trimms, des Riesen, Tor.
Da bargen sie die Waffen, die waren nun nicht Not,
Und nahmen die Weiberkleider, den Schmuck von Golde rot.
Trimm sah die beiden kommen, da rief er fröhlich das Wort:
»Steht auf, steht auf, ihr Riesen, bestreut die Bänke sofort!
Nun bringen sie mir Freia von Asgard her zum Weibe,
Die schönste aller Frauen, daß mein sie ewig bleibe.
Goldhörnige Kühe wandeln genug im Garten mir,
Dazu allschwarze Ochsen zu meiner Lust und Zier.
Viel hab' ich da der Schätze, Kleinode viel und Gold;
Mir mangelte nur Freia, die Göttin schön und hold!«
Der Abend war gekommen, da speiste man zu Nacht.
Es wurde an die Tische das Bier herein gebracht.
Einen Ochsen und acht Lachse aß Donner ganz allein
Und alles, was da Schleckwerk der Weiber sollte sein.
Dann stürzte er drei Tonnen des starken Metes aus.
Drob überkam den Bräutigam der Freia fast ein Graus.
Es sprach der Tursen Herrscher, der Riese Trimm, das Wort:
»Nie sah ich schärfer beißen Bräute, an keinem Ort,
Noch mehr des Metes trinken ein Mädchen irgendwo,
Als Freia trinkt, die holde, die schöne Schwester des Fro.«
Doch Loke saß, der listige, als kluge Magd davor;
Der fand die rechte Rede für Trimms, des Riesen, Ohr:
»Nichts aß die holde Freia acht volle Nächte ja,

So war sie voll der Sehnsucht, eh' sie den Bräutigam sah.
Nun da sie dich gesehen, ihr allerhöchstes Glück,
So kam ihr mit der Freude der Hunger wieder zurück.«
Trimm lugte unter's Linnen; zu küssen gelüstete ihn;
Doch rückwärts fuhr er auf einmal durch den ganzen Saal dahin.
Was er gesehen hatte, das schreckte ihn allzusehr.
Nachdem er sich erholte, sprach er so nunmehr:
»Wie sind so schrecklich furchtbar die Augen Freias nur!
Mich dünkt, daß ihren Augen ein brennendes Feuer entfuhr.«
Doch Loke saß, der listige, als kluge Magd davor,
Er fand die rechte Rede für des Riesen Ohr:
»Nicht schlief die holde Freia acht volle Nächte ja;
So war sie voll der Sehnsucht, eh' sie den Bräutigam sah.
Davon sind ihre Augen so heiß und auch so rot,
Daß sie zu brennen scheinen; das schaffe dir nicht Not!«

Nun kam herein in die Halle des Riesen Schwester traut,
Das Brautgeschenk zu erbitten von des Bruders göttlicher Braut:
»Nun gib du von den Händen die roten Ringe mir,
Willst du meine Liebe gewinnen im Riesenlande hier!«
Da sprach auch Trimm, der Herrscher der Tursen, dieses Wort:
»Nun bringt herein den Hammer, des Donnerers hehren Hort,
Und legt den heiligen Malmer der Braut auf ihre Knie!
So weihet uns zusammen: das walte Wahra hie!«
Da lachte dem starken Donner das Herz in seiner Brust,
Als er den harten Hammer erkannte mit inniger Lust.
Den Trimm, den Tursenherrscher, traf da sein erster Streich;
Des Riesen ganze Sippe folgte jenem sogleich.
Die alte Riesenschwester traf dann sein letzter Schlag;
Ihr ward ein übles Brautgeschenk an diesem Hochzeitstag.
Für Schillinge erloste Maulschellen gar das Weib,
Statt goldener Ringe zierten ihr Hammershiebe den Leib.

So kam zu seinem Hammer wieder Wodans Sohn.
Drauf fuhr er schleunig weiter gegen Osten davon,
Mit Riesen dort zu kämpfen, wie seine Absicht wär.
Doch manches Abenteuer erfuhr er noch vorher.
Denn als am andern Tage er fortfuhr über Land
Im Wagen mit den Böcken, und Loke ihm zur Hand,
Da kamen sie gen Abend zum Bauer Egil hin
Und fanden da Nachtstätte im Bauernhofe drin.
Und abends nahm Gott Donner die beiden Böcke traut,
Schlachtete alle zweie, zog ihnen ab die Haut;
Drauf wurden sie zum Sieden in einen Kessel gebracht.
Und als sie gesotten waren, da aßen sie zu Nacht.
Und Donner sprach zum Bauer und seinem ganzen Haus:

In Walhalls Wonnen

»Du und dein gutes Eh'weib, nehmt teil an meinem Schmaus,
Auch Rasche, deine Tochter, und Dalp, dein schneller Sohn!
Doch spaltet nicht die Knochen, verwerft auch nichts davon;
Sondern legt die Knochen auf diese Felle hier!«
Da machten sich die Leute zum fetten Schmaus mit Gier;
Und Dalp, der Sohn des Bauers, nahm sich ein Schenkelbein;
Doch er vergaß des Gebotes, und mit dem Messerlein
Spaltete er den Knochen und sog daraus das Mark,
Doch so, daß es nicht merkte Donner, der Ase stark.
Dann gingen alle schlafen und schliefen die ganze Nacht.
Und als zur Morgendämmrung sie wieder waren erwacht,
Stund Donner auf und kleidete sich, nahm darauf beim Schaft
Den heiligen Hammer Malmer, erhub ihn mit göttlicher Kraft
Und weihte die Felle; da stunden die Böcke lebend auf;
Nur hinkte da der eine an seinem Hinterlauf.
Als Donner dieses merkte, da schrie er wütend schier:
»Weh; euch, ihr habt nicht sorglich verfahren mit meinem Tier!
Ich seh', es ist zerbrochen des Bockes Schenkelbein;
Das muß mit eurem Leben fürwahr gebrochen sein!«
Wie wurde da dem Bauer, als er mit Schrecken sah,
Wie Donner seine Brauen zog über die Augen da!
In seinem großen Schrecken gedachte das Bäuerlein,
Es müsse zusammensinken vor Donners Blick allein.
Und Donner faßte so grimmig den schweren Hammerschaft,
Daß weiß die Knöchel wurden von seiner großen Kraft.
Der Bauer aber gebarte wie ein verzweifelter Mann,
Und alle Hausgenossen schrien den Donner an
Und baten ihn um Frieden und boten ihm fürwahr
Zur Lebenslösung alles, was sie nur hatten, dar.
Als Donner sie so schaute gebaren fürchterlich,
Da ging von ihm sein Wüten; er besänftigte sich
Und nahm zur Lebenslösung des Bauers Kinder an.
Die folgten ihm getreulich bei jeder Fahrt fortan.

Dort ließ er nun die Böcke und nahm den Weg nunmehr
Ostwärts gen Riesenlanden ganz hin bis an das Meer.
Ihm folgten Dalp und Rasche, und Loke, der listige Mann;
So kamen sie nun endlich beim großen Meere an.
Da fuhren sie hinüber wohl über die See darauf;
Und als sie kamen zum Lande, da stiegen sie wieder hinauf
Und gingen eine Weile so vorwärts; alsobald
Ward auch vor ihnen sichtbar ein übergroßer Wald.
Sie gingen in dem Walde, der Abend kam heran.
Dalp, der Sohn des Bauers, ein gar fußwackerer Mann,
Trug die Tasche des Donner; doch war zum Unterhalt
Dort wenig zu bekommen. Schon ward es dunkel im Wald.
Sie suchten nach einer Wohnung; da fanden sie vor sich

Ein Häuschen mit einer Öffnung, gar klein und kümmerlich.
Dort nahmen sie Nachtlager. Jedoch um Mitternacht
Entstund ein großes Beben, es zitterte mit Macht
In Stößen all die Erde, es bebte das ganze Haus.
Da fuhr Tor aus dem Schlafe und rief seine Mannen heraus.
Sie tappten im Dunkel vorwärts und fanden ein Hinterhaus klein
Zur rechten Hand des Obdachs, da schloffen sie hinein.
Hier setzte sich Tor an die Türe, die anderen waren versteckt
Weit hinter ihm im Innern; so waren sie erschreckt.
Doch Donner hielt den Hammer und dachte sich zu wehren.
Nun ließ sich ein Gewimmer und ein Getöse hören,
Daß unseren Reisegesellen erstarrte alles Blut
Und selbst der kühne Donner beinah verlor den Mut.
Doch da es begann zu tagen, ging Donner kühn hinaus.
Er sah einen Riesen liegen vor ihm im Walde draus;
Der war ganz ungeheuer und schnarchte aus aller Macht.
Da wußte Tor, was also getost die ganze Nacht.
Er spannte sich fester den Gürtel; da wuchs seine Asenkraft.
In dieser Weile erwachte der Mann so riesenhaft,
Reckte sich in die Höhe und stellte sich grad vor ihm hin,
Daß er um vieles größer als alle Bäume erschien.
Als Donner ihn so schaute, vergaß er auf einmal
Den Hammer zu gebrauchen und ward ein wenig fahl.
Er fragte nur den Riesen, wie er wohl wäre genannt.
Da gab der Ungeheure zur Antwort allzuhand:
»Du magst mich Schreier nennen. Dich brauch ich nicht zu fragen:
Du bist der Ase Donner, das mag ich sicher sagen.
Doch sage, lieber Donner, warum hast du zur Nacht
Mir meinen Lederhandschuh hinweggeschleppt mit Macht?«
Da bückte sich der Riese und nahm den Handschuh im Nu.
Da merkte staunend Donner und seine Genossen dazu,
Daß ihnen des Riesen Handschuh als Wohnung hatte behagt
Und daß in des Handschuhs Däumling der Schrecken sie habe gejagt.
Nun fragte der Riese, ob Donner sich wohl gefallen ließ'
Des Riesen Fahrgenossenschaft. Und Donner bejahte dies.
Nun nahm der starke Riese seinen großen Nahrungssack,
Löste mit Macht die Riemen und fing an, aus dem Pack
Sein Frühstück zu verzehren, genug für einen Tag.
Der gleichen Arbeit Donner und sein Gefolge pflag.
Da bot ihm an der Riese, daß man zusammen ließ'
Den ganzen Nahrungsvorrat. Und Tor bejahte dies.
Nun band der Riese den ganzen Vorrat in seine Tasche,
Schwang sie auf seinen Rücken und vorwärts ging der Rasche.

Die stiegen stark bis zum Abend; da suchte der Riese weiche
Nachtstätten aus zum Schlafen bei einer mächtigen Eiche.
So sprach zu den Genossen der Riese alsobald:
»Ich will mich schlafen legen allhier im grünen Wald,

Denn ich bin müd' und schläfrig; auch hungert mich nicht sehr,
Ich hab' ja heut' am Morgen gegessen nach Begehr.
Wollt ihr noch etwas essen, nehm meinen Speisesack
Und zehret nach Belieben; es steckt genug im Pack.«
Er sprach es und schon schnarchte der Riese allzuhand.
Doch Donner nahm den Speisesack und wollte lösen das Band.
Jedoch soviel er sich mühte im guten und im bösen,
Kein Riemen wollte sich rühren, kein Knoten wollte sich lösen;
So waren die Riemen verknotet. Als Donner dieses sah,
Ergrimmt' er, griff nach dem Hammer mit beiden Händen da,
Ging hin und schlug den Riesen mit Macht, der ruhig schlief.
Der Riese aber erwachte ein wenig vom Schlaf und rief:
»Ist mir ein Blatt gefallen gerad' auf mein Gesicht?
Wohlan, habt ihr gegessen? Warum schlaft ihr noch nicht?«
Da suchte sich Donner ein Lager bei einer der Eichen aus;
Doch war's ihm nicht möglich zu schlafen; zu gräßlich war das Gebraus
Des mächtig schnarchenden Riesen. Es dröhnte der ganze Wald.
Da sprang der Gott von der Erde, ergriff seinen Hammer alsbald
Und schwang ihn auf's Haupt des Riesen. Es dünkte ihm dabei,
Als ob der Hammer mitten ins Hirn gesunken sei.
In diesem Augenblicke erwachte der Riese gemach,
Dehnte sich und gähnte, worauf er also sprach:
»Was ist denn das? Mir fiel wohl eine Eichel auf's Haupt herunter.
Was ist es mit dir, Donner? Bist du noch immer munter?«
Doch Donner zog sich schleunig zurück von diesem Ort.
Er konnte kaum sich fassen, bis er begann das Wort:
»Ich weiß von nichts, o Riese; ich bin nur eben erwacht.
Es ist noch Zeit zu schlafen: es ist wohl Mitternacht.«
So sprach er, doch er dachte: »Schlag' ich den dritten Hieb,
Ich glaub' nicht, daß dir, Riese, noch Zeit zum Reden blieb'.«
Er lag nun da und wachte und wartete, bis daß
Der Riese wieder schliefe, der unter der Eiche saß.
Und kurz vor Tagesanbruch vernahm er wieder im Tann
Ein Schnarchen, und da wußt' er, es schlafe der riesige Mann.
Da stand er auf, den Hammer nahm er in seine Faust,
Schwang ihn durch die Lüfte, sodaß es laut ersaust,
Und traf den großen Riesen auf seine Schläfe gar.
Da fuhr hinein der Hammer bis an den Schaft fürwahr.
Und Donner glaubte sicher, daß auf den Schlag hinauf
Der Riese nicht mehr muckse. Doch jener setzte sich auf,
Strich sich über die Wange und sagte lachend schier:
»Mich dünkt, es nisten Vögel dort oben über mir.
Denn eben, als ich erwachte, da fiel mir was ins Gesicht.
Wie, du bist hier, mein Donner? Sag, warum schläfst du nicht?
Es wird nun wohl die Zeit sein für alle aufzusteh'n,
Uns wieder anzukleiden und weiter fortzugeh'n.
Wenn ihr nun weiter wandert, kommt ihr nach kurzer Fahrt
Zu einem mächtigen Schlosse, das heißet Außergard.

Ich hab' gehört, ihr nanntet mich einen großen Mann;
Noch größ're sollt ihr treffen auf jener Burg im Tann.
Drum rat' ich euch in Treuen, seid dort nicht übermütig;
Denn Loges Herdmannen sind nicht so sanft und gütig,
Daß sie Trutzworte würden dulden zu keiner Zeit
Von solchen Hemdbuben, wie ihr mitsammen seid.
Ihr müßt euch ostwärts halten, wollt ihr nach jener Feste.
Im andern Fall bleibt ferne; das wär für euch das Beste.
Ich aber muß nach Norden zu jenen Bergen dort.«
Sprachs, nahm den Speiseranzen und warf ihn um sofort.
Man sah ihn quer von dannen durch Wald und Weidicht geh'n.
Die Asen aber sagten ihm nicht auf Wiederseh'n.

Und Donner mit den Seinen nahm weiter seinen Weg;
Sie gingen fort bis Mittag auf wildem Waldessteg.
Da sahen sie auf einmal auf einem ebenen Feld
Eine wundergroße Feste hochragend hingestellt.
So sehr sie die Hälse reckten, sie konnten immer noch
Die Burg kaum überschauen; so mächtig war sie hoch.
Sie gingen hin und fanden ein Gitter vor dem Tor,
Das war nicht aufzuschließen und strebte hoch empor.
Doch waren im Verhältnis die Reisenden so klein,
Daß sie sich zwischen die Spalten leicht schmiegen konnten hinein.
So kamen sie durch das Gitter. Da sahen sie mächtig und groß
Im Hof die Halle stehen. Sie gingen darauf los.
Es war die Türe offen; sie gingen frank hinein.
Dort sah'n sie Männer sitzen auf Bänken in zwei Reih'n,
Gar mächtige und starke. Sie sahen allzuhand
Den König dieser Halle, Außergard-Loge genannt.
Sie grüßten ihn gar höflich. Der König aber sah
Nur säumig hin. Er bleckte die Zähne und sagte da:
»Unsicher sind doch Mären aus weiter Ferne her!
Ist wirklich dieses Bürschlein, so mager und so speer,
Der starke Ase Donner? Vielleicht auch trügt der Schein,
Und seine Kraft ist stärker. Sag, welche Kunst ist dein?
Denn keiner soll hier weilen bei uns, der da nicht kann
Eine Kunst oder Wissenschaft besser als jeder andere Mann.«
Da antwortete Loke, der als der letzte ging:
»O König Ausgardloge, ich kann fürwahr ein Ding,
Das will ich hier erproben. Ich esse dir so schnell,
Wie keiner deiner Gäste. Die Kunst zeig' ich zur Stell'!«
Da sprach Außergardloge: »Das ist auch eine Kunst.
Wenn du sie hast, erprobe sie dann allhier mit Gunst!
Komm du da von den Bänken, dich mein' ich, der Lohe heißt,
Zum Golf hervor, und miß dich mit Asaloke dreist!«
Da war ein Trog genommen, den trug man gleich herein
Bis in den Golf der Halle, gefüllt mit Fleisch und Bein.

Da setzte sich Loke an eines und Lohe ans andere Ende,
Und jeder von den beiden aß also schnell und behende,
Daß sie sich in der Mitte des Troges trafen fürwahr.
Es däuchte, die es sahen, wohl alle wunderbar.
Doch Loke hatte gegessen das Fleisch nur ohne das Bein;
Lohe fraß auch die Beine, dazu den Trog noch hinein.
Und also schien es allen den Männern dort am Ziel,
Als ob der Ase Loke verloren hätte das Spiel.

Da fragte Ausgardloge: »Kann jener junge Mann
Auch eine Kunst uns zeigen?« Da hub Dalp also an:
»Ich denke, ich kann rennen so rüstig und so schnell
Wie irgend von den Männern ein rüstiger Gesell.«
Da sagte der König der Halle: »Eine gute Kunst ist dies.
Wir werden dich alle loben, wenn sie sich wahr erwies.«
Sie standen auf und fanden vor der Halle eine Bahn.
Da rief Außergardloge den Burschen Hug heran
Und sprach: »Wohlan, du renne mit Dalp hier um die Wette!«
Da liefen diese beiden dem Blitz gleich von der Stätte.
Doch Hug war um ein großes dem schnellen Dalp voran
Und wandte sich nach jenem herum am Ende der Bahn.
Da sagte Ausgardloge zu Dalp, als er kam ans Ziel:
»Du mußt dich mehr auslegen, willst du gewinnen das Spiel!
Doch will ich wohl gestehen, es kam noch nie hieher
Ein schnellerer Mann, als du bist; es leisten wenige mehr.«
Da liefen sie zum zweiten; jedoch als Hug zum Ende
Der Bahn gelangte und eben sich rückwärts wandte behende,
Da sah man einen Pfeilschuß entfernt den Dalp noch schnaufen.
Da sagte Ausgardloge: »Gut scheint mir Dalp zu laufen;
Doch daß er das Spiel gewinne, nicht trau' ich sehr darauf.
Wohlan, nun soll sichs erproben; nun rennt den dritten Lauf!«
Und Dalp versuchte wieder zum dritten Mal sein Glück.
Doch als am End des Zieles sich Hug schon wandte zurück,
War er noch kaum gekommen bis in die Mitte des Ziels.
Da sprachen alle Männer, es sei genug des Spiels.

Nun fragte Ausgardloge und tät nach Donner schaun:
»Nun bin ich schon begierig auf deine Künste, traun!
Denn mächtige Sagen haben von dir die Männer gesungen;
Von deinen großen Taten ist viel zu uns gedrungen.«
Da gab zur Antwort Donner, des Hammers gewaltiger Herr:
»Wohl, meine Kraft zu zeigen, das ist auch mein Begehr.
Willst du die Wahl mir geben, am liebsten möcht ich dann
Versuchen, zur Wette zu trinken mit irgend einem Mann.«
Da sprach Außergardloge und ging in die Halle hinein:
»Wie du's begehrt hast, Donner, so soll es also sein.

Nun folgt mir in die Halle und bringt das Strafhorn mir,
Das meine Herdgenossen zu leeren pflegen allhier.
Der es in einem Zuge vollkommen leeren kann,
Der hat gar wohl getrunken und dünkt uns ein tapferer Mann.
Doch manche Männer brauchen dazu der Trünke zwei.
So schwach ist aber keiner, der es nicht trinkt auf drei.«
Da kam der Schüsselbursche des Königs hergerannt
Mit jenem Horn und gab es dem Donner in die Hand.
Als der das Horn beschaute, schien es ihm nicht zu groß,
Obwohl von mächtiger Länge; doch auch sein Durst war groß.
Er nahm und trank und schluckte allstark und dachte zumal,
Nichts würde überbleiben noch für ein zweites Mal.
Doch als er, müd' von der Arbeit, das Trinkhorn bog zurück
Und sah, ob abgegangen beim Trunk ein gutes Stück,
Da schien ihm, was er getrunken, ein kleiner Gedanke nur;
Man sah von seiner Arbeit im Horn kaum eine Spur.
Da sprach Außergardloge, der König von Außergard:
»Das ist wohl gut getrunken, doch nicht von bester Art.
Geglaubt hätt' ich das nimmer, hätt' man mir's früher gesagt,
Daß dir, o Ase Donner, so weniger Trunk behagt.«
Nichts gab zur Antwort Donner. Er setzte das Horn an den Mund
Und dachte es auszutrinken nunmehr bis auf den Grund.
Er mühte sich zu trinken, wie ers gewohnt sein sollte,
Und dennoch wollte die Spitze des Horns nicht so hoch, als er wollte.
Er nahm das Horn ganz müde von seinem Mund im Zorn
Und sah, daß so viel eben nur leerer war das Horn,
Daß, ohne zu verschütten, man es nun tragen mochte.
Da sprach der König zu Donner, in dem der Zorn schon kochte:
»Was ist denn das, mein Donner! Ei, warum sparst du dich,
Ein kleines mehr zu trinken, als dir wohl förderlich?
Willst du im dritten Trunke austrinken das Hörnelein,
So scheint mir, daß er größer als bisher müsse sein.
Das aber will ich dir sagen: du wirst an diesem Ort
Als stark nicht gelten können wie bei den Asen dort,
Wenn du in andern Spielen nur leistest ebensoviel
Als, wie mir scheint, du leistest in diesem ersten Spiel.«
Da wurde Donner zornig, er setzte an das Horn
Und trank gar übermächtig, denn grimmig war sein Zorn.
Er trank so lang, bis daß er schon nimmer konnte mehr;
Und als ers wieder ansah, wars immer noch nicht leer.
Da ward er ganz unmutig, er bot zurück das Horn
Und wollte nicht mehr trinken. Er hatte das Spiel verlorn.

Da sprach Außergardloge, der Halle gewaltiger Herr:
»Du hast dich nicht bewiesen so stark, als wir dachten vorher.
Es war ja leicht zu sehen, hier taugtest du nicht viel.
Doch willst du dich versuchen vielleicht in anderem Spiel?«
Da gab zur Antwort Donner: »Versuchen will ich noch

Zur Stelle größere Spiele, und wundern sollte mich's doch,
Wenn solche mächtige Trünke zu kleinlich gelten hier.
Doch welches Spiel, o König, bietest du weiter mir?«
Da sagte Ausgardloge, von seinen Genossen umgeben:
»Hier pflegen die jungen Bursche meine Katze vom Boden zu heben.
Das ist nichts allzu großes. Ich spräche nicht dieses zu Tor,
Hätt' ich nicht seine Schwäche schon selber geseh'n zuvor.«
Da lief eine große Katze über den Hallengang.
Donner sprang hin voll Eifer. Unter den Bauch ihr schlang
Er die Hände und lüpfte sie mächtig. Die Katze aber bog
Den Rücken, sowie Donner sie in die Höhe zog.
So viel er sich auch mühte, sie ließ nur einen Fuß
Vom Boden. Weiter bracht' er's im Spiel nicht bis zum Schluß.
Da sagte Ausgardloge, der zusah diesem Spiel:
»Es kam so, wie ich dachte; ich erwartete nicht viel.
Groß ist die graue Katze, du bist ein kleines Kind
Nur neben solchen Riesen, wie da herinnen sind.«

Darob ergrimmte Donner und rief zurück im Nu:
»So klein ihr mich auch scheltet, geh' einer nur herzu
Und fechte auf Tod und Leben mit mir, so soll er schau'n,
Ob ich so schwach geboren. Ha, zornig bin ich traun!«
Da antwortete der König und blickte nach den Bänken:
»Ich seh hier keinen Recken, von dem ich nicht muß denken,
Daß zu gering ihm scheine, zu fechten, Tor, mit dir.
Doch laßt uns einmal sehen! Ruft jene Greisin mir,
Meine alte Amme, die Alter mit Namen heißt.
Hast du so Lust zu fechten, so ringe mit ihr dreist!
Sie hat schon stärkere Männer, als du da bist, gefällt,
Obwohl sie nur ein Weib ist; ihr widersteht kein Held.«
Er sprachs; da wankte zur Halle ein greises Weib herein.
Sie schien vor großem Alter mehr tot als lebend zu sein.
Ein scharfes Ringen hub sich zwischen den beiden; doch
Je härter Donner sich mühte, je fester stand sie noch.
Die eigne Kraft zu zeigen begann die Greisin bald;
Da wurden Donners Füße lose von ihrer Gewalt.
Hart waren ihre Stöße; es dauerte nicht lang,
Bis Donner auf den Boden mit einem Kniee sank.
Da sagte Ausgardloge und trat auf die Kämpfer zu:
»Nun laß das Ringen, Amme, und gib dem Gotte Ruh!
Ich glaube, dieser Ase wird wohl nicht weiter mehr
Zum Kampfe andere Männer fordern in unserem Heer.«
Schon war die Nacht gekommen, alldunkel war die Stätte;
Da wies Außergardloge die Gäste hin zu Bette.
Sie wohnten da und schliefen in guter Gastlichkeit
In Außergards Gemächern bis an die Morgenzeit.

Am andern Tage aber, sobald es Morgen ward,
Kleideten sich die Genossen und machten sich fertig zur Fahrt.
Da kam Außergardloge und stärkte sie zur Reise;
Er sparte keine Gastung an Trank und guter Speise.
Und da sie gegessen hatten, da wandten sie sich zur Fahrt.
Da geleitete sie der König hinaus vor Außergard.
Beim Scheiden aber sprach er zu Donner so allhier:
»Was däucht dir denn, o Donner, von deiner Fahrt zu mir?
Hast du wohl je gefunden reicheren Mann als mich?«
Da sagte aber Donner, mächtig schämte er sich:
»Ich muß gestehn, daß ich übel damit zufrieden bin;
Denn große Schande trug ich davon und wenig Gewinn.
Ich weiß, ihr werdet mich heißen einen gar zu leichten Mann.«
Da sprach Außergardloge, der stets auf Listen sann:
»O großer Ase Donner, so wisse nun zur Frist
Die ganze Wahrheit, weil du nicht in der Burg mehr bist!
So lang ich aber leben und nur zu atmen vermag,
Sollst du nicht wiederkommen' glaub mir, was ich dir sag'!
Nie wärst du hereingekommen, hätt ich zuvor gedacht,
Daß du so große Kraft hast. Du hast gar viel vollbracht;
Doch allzugroße Täuschungen hab' ich dir auch bereitet.
Das erste Mal im Walde, als ich euch hatte geleitet,
Und da du lösen wolltest den Speisesack so schwer,
Da hatt' ich ihn gebunden mit Eisenbanden vorher.
Du konntest nimmer finden des Bandes Ende schier.
Als du dann mit dem Hammer drei Schläge schlugst nach mir,
Da war der erste der schwächste, und war so mächtig doch,
Hätt' er mein Haupt getroffen, er schlug mir drein ein Loch.
Doch du trafst nur den Felsen; so täuschte ich dich da.
Hast du den Berg gesehen, dem großen Schlosse nah?
Die drei vierkantigen Täler, die man erblickt darein,
Sind deine Hammerschläge, die schlugst du in den Stein.
So war es auch mit den Spielen. Als Loke mit meinem Gesell,
Dem roten Lohe wettete, da aß er wohl gar schnell;
Doch Lohe war das wilde Feuer in Mannes Gestalt;
Dem war es leicht, zu zerstören den Trog mit der Gluten Gewalt.
Als darauf Dalp zur Wette lief mit jenem, der Hug ist genannt,
Da war das mein Gedanke; drum ist er so schnell gerannt.
Und als du darauf trankest aus jenem großen Horn,
Da däuchte dich zu langsam getrunken in deinem Zorn.
Doch weiß ich, meiner Treue, daß das ein Wunder war,
Nie hielt ich das für möglich, sah ich es nicht fürwahr.
Das andere Ende des Hornes stund außen in dem Meer;
Und es entstand eine Ebbe, als du da trankst so sehr.
Dein Kampf mit jener Katze däucht mich nicht minder groß;
Das war die Mittgardschlange; die Wahrheit sag ich bloß.
Sie liegt um alle Lande im Meere rings im Reif
Und dehnt sich also mächtig, daß sie sich beißt in den Schweif.

Und als du von der Erde sie lüpftest um einen Fuß,
Da dünkte dies die Männer schon als der Welten Schluß;
Denn du hast sie gehoben so hoch, daß allen bangte,
Daß sie mit ihrem Rücken bis an den Himmel langte.
Und als mit meiner Amme du rangest in der Halle,
Das war das Alter selber, das niederringet alle.
Du sankest nur auf ein Knie hin; doch ist es wunderbar,
Daß du nicht mußtest kommen zu Falle ganz und gar.
Ich sprach nun volle Wahrheit. Lebwohl! wir müssen scheiden;
Das wird von beider Seite das beste sein uns beiden,
Daß ihr zu meinem Schlosse nimmer wiederkehrt.
Euch wird der Weg noch besser ein andermal gewehrt
Mit solchen Zauberkünsten und größeren sicherlich.
Nie sollt ihr Macht gewinnen über mein Schloß und mich!«
So sprach Außergards König. Als Donner dies vernahm,
Griff er nach seinem Hammer aus Rachelust und Gram.
Doch als er schlagen wollte, verschwunden war der Mann.
Nun wandte er sich im Zorne zu jener Burg im Tann
Und wollte sie zerbrechen; doch wie er darnach schaute,
Sah er das Feld voll Blüten, doch keine Burg noch Baute.
So mußte er davon lassen; doch dacht' er daran lange,
Wie er sich rächen könnte an jener Mittgardschlange.

Nun aber eilte er weiter nach Grotungard dahin;
Dort mit dem Riesen Rungner zu kämpfen, war sein Sinn.
Das hatte er vor Zeiten versprochen. Das kam so:
Als Wodan noch in Asgard verweilte mächtig und froh,
Geschah es eines Tages, daß er den Schleifner nahm,
Sein Roß, auf dem er prunkend zum Riesen Rungner kam.
Da fragte Rungner mit Neide den Gott so groß und hehr:
»Wer ist's, der mit dem Goldhelm hier fährt durch Luft und Meer,
Als wenn er prahlen wolle, er hätte das beste Roß?
Und doch kenn ich ein besseres, das steht in meinem Schloß.«
Da sagte aber Wodan zum Riesen allzuhand:
»Mein Haupt will ich verwetten, daß in ganz Riesenland
Kein Hengst ist, wie der meine; das muß die Wahrheit sein.«
Da rief jedoch der Riese: »Ein guter Hengst ist dein,
Doch besser ist der meine, der da Goldhaar heißt.«
Und zornig sprang er zu Pferde, ritt ihm nach gar dreist
Und dachte ihm zu lohnen den Hochmut voll von Neid.
Doch Wodan ritt gar eilig, er war voraus schon weit.
Im Riesenzorn war Rungner; er hielt nicht früher da,
Als bis er sich im Innern des Asengitters sah.
Und als er zu der Halle kam bei der Hallentür,
Da luden ihn die Asen zum Trunke nach Gebühr.
Er ging nun in die Halle und bat, ihm zu trinken zu geben.
Da wurden nun genommen die Schalen, daraus eben

Donner gewohnt war zu trinken; denn der war nicht am Ort,
Er war nach Osten gefahren und war schon lange fort.
Rungner leerte die Schalen; und als er sich trunken gemacht,
Spart' er nicht stolze Worte und sprach mit prahlender Pracht:
»Nun will ich Walhall nehmen mit mir nach Riesenhain
Und Asgard will ich versenken und alle Götter! Allein
Freia und auch Sippia, die will ich behalten für mich!«
Da getraute sich keiner der Götter, so fürchteten sie sich,
Ihm einzuschenken, außer Freia. Da sprach er scheel:
»Hei! nun will ich austrinken das ganze Asen-Äl!«
Doch da den Asen sein Prahlen schon alle Luft benahm,
Da riefen sie nach Donner. Wie schnell der Starke kam!
Zur Hand den Hammer, rief er, zornig war er sehr:
»Wer hat dazu geraten, so alles Sinnes leer,
Daß hundweise Riesen trinken der Asen Bier?
Wer hat dem Riesen Rungner Frieden geschenkt, allhier
In Walhall zu verweilen? Und wie kann Freia wohl
Ihm Trank einschenken, wie sie nur hehren Göttern soll?«
Da gab zur Antwort Rungner, liebäugelnd nicht nach Tor:
»Mir hat zu trinken entboten Allvater Wodan zuvor.
In dessen heiligen Frieden verweil' ich hier zur Stell.«
Da sagte wieder Donner: »Dich, Rungner, wird gar schnell
Das Gastgebot gereuen, eh daß du kommst hinaus.
Wohlan, so laß uns endlich auskämpfen diesen Strauß!«
Da sprach zu Donner wieder Rungner, vom Biere schwer:
»Es wird dir wahrlich bringen wenig Ruhm und Ehr',
Mich waffenlosen zu töten. Das wär' von edlerer Art,
Wagtest du, mit mir zu kämpfen an der Mark zu Grotungard.
Das reut mich, daß ich heute zu Hause ließ zurücke
Den Schild und meinen Schleifstein. Hätt' ich die Waffenstücke,
So wollt' ich gleich versuchen den Holmgang reckenhaft.
Doch willst du so mich töten, das wäre Neidingschaft!«
Und Donner gab das Versprechen, zum Einwig mit Rungner zu geh'n,
Der ihn zum Holmgang forderte, war's auch noch nie gescheh'n.
Rungner fuhr nun weiter den Weg zurück allein;
Er rannte mächtig, bis er gelangte nach Riesenhain.
Berühmt ward seine Reise. Es staunten die Riesen fürwahr,
Weil es mit ihm und Donner zur Stabung gekommen war.

Vorwärts ging nun Donner hin gegen Grotungard,
Mit Rungner dort zu kämpfen, wie einst beredet ward.
Nicht ohne große Sorgen erwarteten den Streit
Die Riesen, denn sie wußten, daß ihnen großes Leid
Von Donner widerführe, wenn Rungner unterläge;
Denn Rungner war der stärkste von ihnen allerwege.
Da machten nun die Riesen einen großen Mann von Lehm,
Neun Rasten hoch, drei Rasten breit, und taten dem

In seine Brust von Lehme ein großes Stutenherz,
Weil sie kein größeres fanden zu ihrer aller Schmerz.
Doch Rungner hatte im Busen ein Herz von Stein sitzen,
So wie das Runenzeichen, mit dreien harten Spitzen.
Sein Haupt war auch von Stein, von Stein war auch sein Schild,
Der dicke, den er schützend vor seinen Körper hielt;
Und einen Schleifstein hatte er als Waffe in der Hand.
Den schwang er mit dem Arme, indes er auf Grotungard stand
Und harrete auf Donner. Leutselig war er nicht.
An seiner andern Seite da stund der Lehmmann dicht.
Donner fuhr zum Holmgang mit Dalp zu seiner Hand;
Der lief voraus zur Stätte, wo Riese Rungner stand,
Und sprach zu ihm mit Listen das trügerische Wort:
»Wie stehst du so unwehrhaft, o Riese Rungner, dort!
Du hältst den Schild vorm Leibe, doch Donner hat dich geseh'n,
Er kommt durch die Erde von unten; da wird dir's übel ergeh'n.«
Da warf sogleich zur Erde der Riese seinen Schild,
Sprang drauf und nahm den Schleifstein in beide Hände wild.
Da sah er Blitze leuchten und hörte des Donners Wut.
Nun kam der Gott geschritten in hehrem Asenmut
Und warf aus weiter Ferne den Hammer schon im Lauf.
Doch Rungner hub den Schleifstein mit beiden Händen auf
Und warf ihn dem Hammer entgegen; sie trafen sich im Flug.
Da brach auseinander der Schleifstein vor des Hammers gewaltigem Zug.
Ein Teil fiel auf die Erde und daraus sind geworden
Wohl alle Schleifsteinberge im Süden und im Norden.
Der andere Teil fuhr aber dem Donner in das Haupt,
Sodaß er an die Erde hinfiel, des Sinns beraubt.
Doch auch sein Malmer hatte des Riesen Haupt durchwettert,
Daß ganz in kleine Stücke sein Schädel war zerschmettert.
Vorwärts über Donner den schweren Fall er nahm,
Sodaß auf Donners Halse sein Fuß zu liegen kam.
Dalp aber, Donners Diener, stritt mit dem Lehmmann dort;
Der fiel mit kleinem Ruhme vor Dalp am selben Ort.
Nun ging Dalp hin zu Donner und mühte sich alsbald,
Den Fuß des Riesen zu heben, doch hatte er nicht die Gewalt.

Nun hatte aber Donners starker Sprößling, Macht,
Der Sohn der Eisensaxa, dies in Erfahrung gebracht,
Daß Donner mit dem Riesen streite in Grotungard.
Er hatte drum beschleunigt zum Kampfplatz seine Fahrt.
Doch war er erst gekommen, als aller Kampf vollbracht.
Er zählte erst drei Nächte, doch groß war seine Macht.
Er kam und sah den Vater so hilflos liegen dort,
Und keinen, der ihm Hilfe mochte bringen an dem Ort.
Da nahm er sich zusammen zu kräftigem Entschluß,
Er warf vom Halse Donners des Riesen schweren Fuß

Und sprach zu seinem Vater, der wieder Atem nahm:
»Sieh meinen Harm, o Vater, daß ich nicht früher kam.
Ich denke, diesen Riesen hätt' ich nach Hel gesandt
Allein mit meinen Fäusten, wenn ich ihn früher fand.«
Da stund vom Boden Donner und grüßte seinen Sohn:
»Heil dir, du wirst einst mächtig, tust du so Großes schon!
Ich will zum Dank dir geben Goldhaar, den guten Hengst,
Den Rungner hat besessen, der starke Riese, vorlängst,
Mag drum auch Wodan schelten, daß ich so reichen Lohn
Hingebe; denn er neidet dir's, einer Riesin Sohn.«

Nach Trudwang fuhr nun Donner als Sieger froh zurück.
Jedoch in seinem Haupte stak noch des Schleifsteins Stück.
Da kam er zu der Wala dahin, die Groa heißt,
Urwandlers Weib, des kühnen, der weithin war gereist.
Sie sang ihm Zaubersprüche über die Wunde hin,
Bis daß der Stein sich löste in seinem Haupte drin.
Als Donner solches fühlte und er schon Hoffnung sah,
Denn seiner schweren Wunde war rasche Heilung nah',
Da dacht' er zu belohnen der Groa Tat sofort,
Und sprach, sie zu erfreuen, dies wahrheitkündende Wort:
»Hör', Groa, gute Zeitung! Als ich auf meiner Reise
Im Norden mußte durchwaten die Wogen schwer von Eise,
Hab' ich im Eisenkorbe auf meinem Rücken zuhand
Den Urwandler getragen daher aus Riesenland.
Das sei dir das sichere Zeichen: als ihm eine Zehe erfror,
Die aus dem Eisenkorbe stand allzusehr hervor,
Brach ich sie ab und warf sie hinauf in Himmels Nähe
Und machte draus ein Sternbild; das heißt Urwandlers Zehe.
Nicht lange soll es dauern, wirst du ihn selber seh'n.
Das soll zum Lohn der Heilung, die dir gelang, geschehn.«
Als Groa solches hörte, ward sie so wirr vor Lust,
Daß sie die Zaubersprüche vergaß, die sie gewußt.
Ihr blieb auch die Erinnerung daran auf immer geraubt.
So mußte leider der Schleifstein bleiben in Donners Haupt.

Wodans Heimkehr

Wodan beim König Gerrot. Er wird wieder in Asgard aufgenommen und Uller wird verbannt. Wodan als Ferge Harbart empfängt den heimkehrenden Donner.

So zog nach Rungners Falle siegreich in guter Ruh'
Der tapfere Ase Donner der holden Heimat zu.
Indessen zog Allvater noch in der Verbannung umher,
Bis er zu Gerrot gelangte, dem König reich und hehr.
Von diesem König aber ist manches noch zu sagen,
Was sich vor Wodans Ausfahrt schon hatte zugetragen.
Raudung, der reiche König, zwei Söhne hinterließ,
Wovon der eine Agnar, der andere Gerrot hieß.
Agnar war zehn Winter, acht Winter war Gerrot.
Sie ruderten zusammen einmal auf einem Boot
Mit Fischgerät und Angel auf Kleinfischfang vom Haus.
Ein Wind trieb sie da plötzlich ins weite Meer hinaus.
Da scheiterten im Dunkel die Knaben an dem Strand
Und gingen hinauf zur Küste, wo sich ein Bauer befand.
Das war Gott Wodan selber mit Fricka, seinem Gemahl.
Fricka erzog den Agnar, Wodan den Gerrot zumal.
Im Frühling gab nun Wodan den Knaben ein neues Schiff
Und leitete sie beide hin an das Uferriff;
Doch pflog der Einzelsprache mit Gerrot erst allein.
Mit günstigem Fahrwind kamen sie zu des Vaters Hain.
Gerrot war vorn im Schiffe und sprang voraus ans Land,
Er stieß das Schiff zurücke und rief das Wort zuhand:
»Fahr zu, fahr zu in böser Gespenster Nacht und Graus!«
Da trieb das Schiff mit Agnar in die weite See hinaus.
Doch Gerrot ging zum Hofe allein und ohne Genoß.
Da ward er wohl empfangen in seines Vaters Schloß.
Und da sein Vater tot war, ward er als König dann
Von allen angenommen und ward ein rühmlicher Mann.

Bevor nun aber Wodan aus Walhall mußte ziehn,
Setzt' er zum' letztenmale sich auf den Hochsitz hin
Da blickte über die Welten und über jeden Ort
Und sprach zu seiner Gattin noch dieses letzte Wort:
»Schau, Fricka, deinen Schützling, den sanften Agnar, schau,
Der in der Höhle hauset mit einer Riesenfrau!
Mein Pflegling aber, Gerrot, ist König nun geworden
Und sitzt im Land, gepriesen im Süden und im Norden.
Wenn mich die Götter verstoßen und ich muß weiter ziehn,
Er wird mich wohl empfangen; zu diesem geh' ich hin.«
So sprach er und von dannen erhub er sich gemach.
Doch Fricka sprach ihm spöttisch noch diese Worte nach:
»Fahr hin, wo du noch ärgre Undankbarkeit erfährst
Als hier! Die Wette biet' ich dir, wenn du's so begehrst!«
So sprach sie und sandte die Fulla, ihre Schmuckmaid, hin
Zu Gerrot' diese sagte zum König mit listigem Sinn:
»Du magst dich wahren, König, vor einem Zaubermann,
Du wirst ihn dran erkennen, daß keines Hundes Wut
So groß ist, daß sie jenem den mindesten Schaden tut.«

Da kam im blauen Mantel Wodan einhergegangen.
Ihn packten nicht die Hunde; da ließ ihn Gerrot fangen
Und fragen, wer er wäre. So sprach der Gott zuhand:
»Grimmner bin ich geheißen; bekannt in manchem Land.«
Da fragte der König wieder den unbekannten Mann:
»Warum bist du gekommen? Das sage schleunig an,
Willst du nicht, daß ich die Folter hier gebrauchen soll!
Du scheinst mir bösen Zaubers und arger Tücke voll.«
Keine Antwort gab ihm der Gott auf dieses hin;
Er wollte früher prüfen des reichen Königs Sinn.
Darob ergrimmte Gerrot; er ließ ihn peinigen schwer
Und zwischen zwei Feuer setzen, daß er gestände mehr.
Doch Agnar, Gerrots Sprößling, ein Knabe, zehn Winter alt,
Wurde sofort ergriffen von tiefen Mitleids Gewalt.
Er ging zu Grimmner heimlich, bot ihm ein volles Horn
Kräftigen Mets zu trinken und sprach in bitterm Zorn:
»Übel tut mein Vater, daß er dich ursachlos
So harten Qualen preisgibt; mein Zorn darob ist groß.«

Und Grimmner nahm das Trinkhorn und trank es hastig leer;
Drauf sprach in seinen Leiden der Gott so heilig und hehr:
»Acht Nächte saß ich mitten im heißen Feuer hier
Und niemand bot mir Speise, niemand Labung mir.
So nah' kam mir die Flamme, wie sehr ich mich auch wand,
Daß sie den Lodenmantel vom Leib mir hat gebrannt.
Du nur fühltest Mitleid, Agnar, Gerrots Sohn;

Darum sollst du beherrschen der Goten Land zum Lohn.
Heil künd' ich dir, o Agnar, der Gott verheißt dir Heil!
Für einen Trunk ward niemals besserer Lohn zu teil.
Dein Land sei immer heilig, das ich da liegen seh'
In jener Asen und Alben segenreicher Näh'.
Es steh' so lang als Trudwang, Donners Halle, steht,
Bis daß die Götter fallen und bis die Welt vergeht!
Es blüh' in Eibentals Nähe, wo Uller Wohnung hat,
Der nun an Wodans Stelle beherrscht der Götter Rat!
Albheim aber gaben in Urtagen der Welt
Dem Fro die hehren Götter dereinst zum Zähnegeld.
Mit Silber ist die dritte der Götterburgen bedacht,
Waleck heißt die Stätte, gewirkt mit Kunst und Macht.
Kühle Wogen rauschen über Sagabach her;
Da trinkt Wodan und Saga den Met so heilig und hehr.
Glanzheim heißt die fünfte, wo golden Walhall prangt,
Wohin es waffentote Helden stets verlangt.
Leicht ist das Haus zu kennen, mit Schilden ists besteckt,
Gestützt ist es mit Speeren, die Bänke mit Brünnen bedeckt.
Leicht ist es zu erkennen; es hanget vor dem Tor
Ein großer Wolf im Westen, ein Aar schwebt drob empor.
Trimheim heißt die sechste, die Burg hat Thiasse gebaut;
Nun wohnt zur Stelle Skade, die schöne Götterbraut.
Breitblick heißt die siebente, einst wohnte Balder dort;
Die wenigsten Greuel, weiß ich, liegen an jenem Ort.
Himmelburg, die achte, bewohnt Heimdall stät;
Es trinkt der Götter Wächter im schönen Hause den Met.
Volkwang heißt die neunte, Freia beherrscht den Saal;
Die Hälfte aller Helden gab Wodan ihr zur Wahl.
Glitzner heißt die zehnte, mit rotem Gold gestützt.
Bedeckt mit reinem Silber, wo richtend Forsete sitzt.
Nautun heißt die elfte, die Niord beherrscht mit Ruhm,
Der frevelfreie Herrscher im hohen Heiligtum.
Mit Holz und Gras und Strauchwerk begrünt ist Widars Land;
Der wird einst seinen Vater rächen mit tapferer Hand.

Doch deiner, milder Agnar, will nimmer ich vergessen,
Du sollst in Walhalls Sälen vom Fleisch des Ebers essen,
Wenn seine beiden Wölfe Walvater wieder nährt;
Er, der nur klaren Weines zu seinem Trank begehrt.
Dann werden die beiden Raben sich wieder aufwärts schwingen
Und alle Tage Kunde aus allen Welten bringen.
Ich will dich führen über den rauschenden tunderfluß,
Vor dem der feige Kömmling zurückeweichen muß.
Dort steht das Gitter Walgrind heilig vor heiligen Türen;
Doch wenige nur wissen, wie sich das Schloß mag rühren.
Fünfhundertvierzig Tore ragen dort empor;

Achtundert Einheerer geh'n aus jedem Tor.
Fünfhundertvierzig Zimmer sind in Wolkenschier,
Meines Sohnes Halle; das ist die größte hier.
Die Ziege Heidrun nährt sich von jenes Baumes Sprossen,
Die Milch aus ihrem Euter wird dort als Met genossen.
Der edle Hirsch heißt Eichdorn, der von dem Baume beißt;
Von seinen Hörnern tropft ein Naß, das viele Ströme speist.
Die fließen zu den Menschen; jedoch zu Helas Wald
Fallen diese Flüsse; Kerlaug und Warm und Kalt.
Die muß Donner durchwaten, wenn er zum Tinge fährt.
Die hehre Asenbrücke würde sonst versehrt.
Glanz, Gold und Klar und Sehnig, Schnellbrimer, Silberzopf,
Geisel, Fahlhuf, Leichtfuß, und dazu Goldenzopf,
So sind die Rosse geheißen, auf denen jeden Tag
Zur Esche die Asen reiten und richten dort im Hag.
Drei Wurzeln unter der Esche des Schreckenträgers stehn,
Die hin zu Hel, zu den Riesen und zu den Menschen geh'n.
Bohrzahn heißt das Eichhorn, das rennt da auf und ab
Und trägt des Adlers Worte zum Drachen stets hinab.
Vier Hirsche nagen immer von jenes Baumes Sprossen:
Tod, Dämmrung, Schlaf und Ohnmacht, so heißen die Genossen.
Viel Würme, Grabwolfs Söhne, bohren daran: Weifer, Grund, Mold, Graurükken, Grabfelder und Schweifer.
So duldet Not die Esche mehr, als die Menschen wissen;
Von Würmen und von Hirschen wird sie zerbohrt und zerbissen.
Rist und Mist, ihr Maide, reichet dem Wodan den Wein!
Hild, Hagel, Trud und Hackild, Locke, Herfessel fein,
Gell, Gerhad, Randgrid, Ratgrid und Reginleib auch,
Reichet den Einheeren den Met nach Walhalls Brauch!
Ihr Rosse Frühwach, Allgeschwind, zieht aufwärts die Sonne bald;
Es jagen euch die Wölfe schon nach zum Westerwald!
Ich weiß, daß aus Imers Fleische die Erde geschaffen ward,
Das Meer aus seinem Blute, doch aus den Knochen hart
Die Berge, aus dem Haare die Bäume, doch der Himmel
Aus seinem Haupt, vom Hirne das ganze Wolkengewimmel.

Der möge aller Götter und Ullers Gnade haben,
Der mir das Feuer wegnahm und mild mich wollte laben;
Denn nun sollt ihr erfahren, wer ich, der Fremdling bin;
Nun soll ein Licht erstrahlen weit über die Welten hin.
Sowie das beste der Schiffe Schlittplattner ist,
Den die Söhne Iwalds erschufen vor langer Frist,
Wie die Esche der erste der Bäume, Schleifner das beste Roß,
Die beste aller Brücken der Regenbogen so groß,
Brage der beste Dichter, Garm der grimmigste Hund,
Habrok der Habichte erster ist auf dem Erdengrund,
So ist als der Asen erster Wodan stets bekannt.

Nun hab' ich mich vor allen Göttersöhnen genannt.
Des Heiles helfende Göttin lenk' es allzumal,
Daß nunmehr alle Asen kommen zu Ägirs Mahl.
Sie heißen mich Grimm und Gangler, Dank und Helmber,
Wunderer und Tunderer, Ebenhehr und Hehr,
Dritt, Helblind, Sad und Schweifer, Wahrsager, Wolkenauge,
Heerheiter, Böswerk, Grimmner, dazu noch Flammenauge,
Siegvater, Langbart, Tiefhut, Neckwunder, Truggeschwind
Und Vielgeschwind, Ausreiter, dies meine Namen sind.
Mit einem einzigen Namen hieß man mich nimmer und nie,
Seitdem ich fuhr als Wanderer zu Erdenvölkern hie.
Schwinder, Schwendrer hieß ich beim Riesen Mimer dort,
Als ich den Sohn des Metwolf schlug am selben Ort.
Wunsch und Wahn und Beblind, Gundler und Harbart
Und Ebenhehr bei Göttern ich stets geheißen ward,
Donnerer bei den Tingen, Wetterer in der Schlacht.
Den Namen Grimmner hab' ich zu Gerrot hergebracht.
Trunken warst du, Gerrot, du bist durch deine Schuld
Auf ewig beraubt um Wodans und aller Einheerer Huld.
Viel hab' ich dir verkündet, du hast mich nicht erkannt,
Dich haben üble Freunde vom Rechte abgewandt.
Dein Leben ist abgelaufen, zum Tode mußt du geh'n.
Zornig sind dir die Disen; nun kannst du Wodan seh'n.
Denn Wodan heiß' ich jetzo, Schrecker heiß' ich, der Gott,
Thunder, Wecker, Schilbung, Wabwind, Ruhmesgott.
Gaut, Alk und Weber, Schweifer, die Namen allgemein
Sind nur aus mir geworden und eignen mir allein.«

So sprach der hehre Grimmner in Gerrots Halle dort,
Und staunend lauschte Agnar der gute seinem Wort.
Derweil saß König Gerrot und hatte das Schwert auf dem Knie
Halb aus der Scheide gezogen, wie er es pflegte hie.
Doch da er hörte, daß Wodan, der Gott, gekommen sei,
Da sprang er auf und wollt' ihn von Banden machen frei.
Sein Schwert jedoch entschlüpfte ihm plötzlich aus der Hand,
Sodaß der Knauf am Boden, die Spitze aufwärts stand.
Da stieß daran mit dem Fuße der König und stürzte hin;
Das Schwert stand ihm entgegen zu seinem Ungewinn.
Durchbohrt vom eignen Schwerte, fiel er zur Erde schwer:
So endete König Gerrot, so rächte sich Wodan hehr.
Allvater Wodan aber verschwand darauf gar schnell;
Doch Agnar wurde König an seines Vaters Stell'.
So zog Wodan auf Erden umher gar lange Zeit,
Bis daß den Göttern selber ihr Urteil wurde leid.
Da riefen sie Allvater zurück nach Walhall dort
Und gaben ihm die Herrschaft wieder am selben Ort.
Den Uller aber bannten mit seiner Freunde Schar
Die Götter nach dem Norden fernhin auf immerdar.
So hatten Wodans Fahrten ihr Ende nun genommen.

Donner war noch damals nicht zurückgekommen
Von seinem großen Zuge. Als Wodan nun vernahm,
Daß Donner wieder nahe, in Fährmanns Weise kam
Er hin zu einem Sunde, der lag auf Donners Weg.
Doch führte über das Wasser nicht Brücke und nicht Steg.
Dorthin gelangte nun Donner nach seinem ruhmvollen Gang;
Da hub sich zwischen den beiden folgender Wettgesang.
Laut rief herüber vom Ufer Donner mit tönendem Mund:
»Wer ist der Bursch der Bursche anderseits vom Sund?«
Da gab zur Antwort Wodan am Ufer allbereit:
»Wer ist der Kerl der Kerle, der über die Wogen schreit?«
Da rief hinwieder Donner, nach Hause stund sein Mut:
»Fahr' mich nach Asgard über, ich lohn' dir's wahrlich gut
Mit Speise aus meinem Korbe, bringst du mich von der Statt.
Heringe hab' ich und Haber; ich bin für heut schon satt.«
Da gab zur Antwort Wodan im schnellen Wortgefecht:
»Rühm' dich nur deines Mahles; mir ist es viel zu schlecht!
Dein Haus und deine Küche scheint mir nicht wohl bestellt.
Tot ist wohl deine Mutter, du landfahrender Held?
Du hast wohl kaum drei Hütten zu Eigen, glaub' ich schier;
Barbeinig im Schmuck des Bettlers, so stehst du, Armer, hier.
Du hast nicht einmal Hosen zu deiner Schenkel Schutz!«
Da gab zur Antwort Donner, ergrimmt durch Wodans Trutz:
»Hieher mit deinem Nachen, Fährmann; sonst geht's dir schlecht!
Da gab zur Antwort Wodan mit spottendem Mund:
»Hildolf ist er geheißen und wohnt in Ratausund;
Er hat mir anbefohlen, nur Gute, die mir kund,
Und keinen Räuber und Roßdieb zu führen über den Sund.
Drum sage deinen Namen, willst du gefahren sein!«
Da gab zur Antwort Donner und rief mit lautem Schrein:
»Den Namen will ich sagen, wär' ich auch friedlos schon,
Und mein Geschlecht anzeigen; ich bin des Wodan Sohn,
Des edlen Meile Bruder, der Vater des Macht ist da.
Der Kraftwalt der Götter, Donner ist dir nah.
Auch dich will ich nun fragen: wie bist denn du genannt?«
Da gab zur Antwort Wodan dem Donner allzuhand:
»Harbart bin ich geheißen; den Namen hehl ich nie;
Ich kann mich wohl beschützen vor deines gleichen hie.«

Da sagte wieder Donner, ergrimmt im Herzensgrund:
»Wär mir's nicht zu beschwerlich zu waten über den Sund
Und mein Gewand zu nässen, ich wollte wahrlich dir
Die spitzigen Reden vergelten, du Hemdbube, dahier!«
Da sagte wieder Harbart: »Hier steh' ich, komm heran!
Seit Rungners Tode fandest du keinen härteren Mann.«
Da sagte wieder Donner: »Ja, Rungner, der ist tot,
Und ich wars, der ihm brachte die bittre Todesnot,

Dem Riesen mit dem Herzen und mit dem Haupt von Stein.
Was mag von dir indessen, Harbart, zu rühmen sein?«
Da sagte wieder Wodan: »Fünf ganze Winter war
Ich auf der Insel Algrün, beim König Vielwar.
Da liebten wir zu fechten, zu fällen blutige Wahl,
Auch manche schöne Mädchen versuchten wir zumal.
Wir hatten muntere Weiber, doch durften sie zahmer sein;
Wir hatten kluge Frauen, doch durften sie holder sein.
Sie wollten Stricke drehen aus staubtrockenem Sand
Und tiefe Gruben graben aus Tälern allzuhand.
Allen überlegen war ich allein an Rat,
Bei sieben Schwestern war ich der Liebling in der Tat;
Ich hatte deren aller Herz und Liebeslust.
Was tatest du inzwischen, des du dich rühmen mußt?«
Da gab zur Antwort Donner: »Ich tötete Allwalts Sohn,
Thiasse, und warf seine Augen an den heiteren Himmel zum Hohn.
Das sind die größten Zeichen der Werke, die ich getan.
Was tatest du dagegen, o Harbart, sage an!«
Da gab zur Antwort Harbart: »Minnezauber viel
Hatt' ich mit Reiterinnen, die ich zu wonnigem Ziel
Von den Männern entführte. Ein harter Riese schien
Lebart, der gab mir töricht seinen Zauber hin.
Damit hab' ich entzaubert dem Riesen Verstand und Sinn;
Üble Löhnung gab ich für gute Gaben hin.
Für sich in solchem Falle muß sorgen jeder Mann.
Was tatest du dagegen, o Donner, sag' es an!«
Da gab zur Antwort Donner und rief herüber laut:
»Ich war im fernen Osten, schlug manche Riesenbraut.
So dämpfte ich die Riesen, schützte die Menschen dann.
Was tatest du dagegen, Harbart, sag das an!«
Da gab zur Antwort Harbart und hob die Stimme mit Macht:
»Ich war gar fern im Walland und schlug da manche Schlacht.
Ich hetzte dort die Fürsten, den Frieden liebt ich nie,
Denn Wodan hat die Helden, die in den Schlachten hie
Erschlagen werden; Donner hat nur der Knechte Troß.
Denn Donners Herz ist furchtsam, ist seine Kraft auch groß.
Weißt du, wie in den Handschuh du fuhrst aus Furchtsamkeit?
Daß Donner du geheißen, entschwand dir zu der Zeit.
Du wagtest nicht zu nießen und nicht zu seufzen dort;
So groß war vor dem Zauberer die Furcht an jenem Ort.

Nun rief im grimmen Zorne Donner dazwischen schnell:
»Harbart, schändlicher Bube, ich schickte dich zur Hel,
Wenn ich nur reichen könnte über den tiefen Sund!«
Doch Harbart sprach dagegen mit bitter spottendem Mund:
»Was willst du an mir rächen? Hab' dir ja nichts getan.
Verkünde lieber, o Donner, was tatest du weiters dann?«

Da gab zur Antwort Donner mit lautem Zornerguß:
»Ich war im fernen Osten und wehrte einem Fluß.
Mich suchten Swarangs Söhne und warfen Steine mit Dreuen;
Doch ließ ich sie des Vorteils wenig sich erfreuen.
Um Frieden mußten bitten die Riesensöhne im Tann.
Was wirktest du dagegen, o Harbart, sag' mir an!«
Da gab zur Antwort Harbart dem Donner allbereit:
»Ich war im fernen Osten und sprach mit einer Maid,
Spielte mit der Leinweißen, hab' mit ihr heimlich getagt,
Erfreute die Goldprächtige; des Spiels war froh die Magd.
Gute Maidschaft hatt' ich zur Zeit an jenem Ort,
Doch deine Hilfe, Donner, hätt' ich gebraucht alldort,
Dann hätt' ich ganz errungen die linnenweiße Maid.«
Dagegen sprach nun Donner zu Wodan allbereit:
»Die Hilfe hätt' ich geleistet, o Harbart, dir gewiß,
Wenn meine weite Wanderung dazu nur Zeit mir ließ.«
Und Harbart sprach dagegen: »Ich hätte dir vertraut,
Hätt' ich nicht Furcht, du hättest mich betrogen um die Braut.«
Doch Donner sprach dagegen: »Darum sei nur in Ruh!
Ich bin kein Fersenbeißer, wie im Lenz ein Lederschuh.«
Und Wodan sagte weiter: »Ich habs auch so getan.
Was wirktest du indessen, o Donner, sag mir an!«
Da gab zur Antwort Donner über den Sund gar laut:
»Ich schlug auf Lees Eiland manche Berserkerbraut.
Alles Volk bezaubert hatten die Üblen ja.«
Doch Wodan rief entgegen: »Schande gewannst du da,
Als du die Weiber schlugest. Das tat ich wahrlich nie.«
Doch Donner sprach dagegen: »Wölfinnen waren sie
Und keine guten Weiber, zerschellten mir mein Schiff,
Das ich ans Land gezogen hatte vom Meeresriff.
Sie schreckten mit Eisenstangen den Dalp, meinen Mann.
Was tatest du indessen, o Harbart, sag mir an!«

Da gab zur Antwort Harbart dem Donner allzuhand:
»Ich war im Kriegerheere, das sich hieher gewandt,
Die Kriegsfahne zu heben, zu röten manchen Ger
Und wieder einzusetzen als König den Wodan hehr.«
Da rief entgegen Donner: »Weh, du gedenkst allnun
Des allergrößten Schadens, den du uns konntest tun.«
Da sprach entgegen Wodan: »Mit einem Ringelein
Will ich den Schaden büßen; das soll dir Sühne sein.«
Und Donner sprach dagegen: »Wo lerntest du solch Wort?
Nimmer spitzere Worte hört' ich an keinem Ort.«
Da gab zur Antwort Wodan: »Von alten Männern, entfernt
In grünen Heimeshügeln, hab' ich sie gelernt.«
Und Donner sprach dagegen: »Zu guten Namen gibst
Du da den grünen Gräbern, weil du so sehr sie liebst.

Doch übel wird dir bekommen deine Beredsamkeit,
Wenn ich gewaten komme über den Sund so breit.
Dann sollst du lauter heulen, denk' ich, als der Wolf,
Wenn ich des Hammers Hiebe dir haue überm Golf.
Da sagte wieder Harbart zu Donner mit bitterem Spott:
»Du eilst so sehr nach Hause zu deinem Weib, o Gott,
Weil du wohl ihren Buhlen bei Sippia suchst mit List.
Das ist die schwere Arbeit, die dir so eilig ist.«
Da schrie entgegen Donner: »Wie frech du die Worte fügst,
Du Feigling, sinnesblöder, ich weiß es, daß du lügst!«

Da sagte wieder Harbart und lachte in den Bart:
»Wie langsam bist du, Donner, bei deiner großen Fahrt!
Längst wärst du angekommen in deinem Hof und Haus,
Verhehltest du den Namen und gingst geradeaus.«
Doch Donner warf die Worte dem Harbart zornig zu:
»Du hast mich aufgehalten, o Harbart, Schurke du!«
Und Harbart sprach dagegen: »Wahrlich, ich dachte nicht,
Es könne Donners Fahrten hindern ein Hirte schlicht.«
Da sprach der hehre Donner, ihm schien des Zanks zuviel:
»Nun will ich Rat dir raten: rudre hieher den Kiel!
Hören wir auf zu höhnen! Komm her zu dem Vater des Macht!«
Doch Harbart sprach dagegen, auf weitern Hohn bedacht:
»Geh weiter nur vom Sunde! Umsonst ist dein Begehr.
Dir will ich das Schiff verweigern jetzt und immermehr!«
Da sagte wieder Donner: »So zeig' mir doch den Weg,
Willst du mich nicht abholen! Fremd ist mir jeder Steg.«
Und Harbart gab zur Antwort und lachte in den Bart:
»Das will ich nicht verweigern, doch lang ist diese Fahrt:
Zum Stock ist's eine Stunde, eine andere Stunde zum Stein,
Dann halte dich zur linken, so kommst du nach Lenzland hinein.
Dort wird Fergune treffen Donner, ihren Sohn.
Zu Wodans Land die Wege lehrt dich die Alte schon.«
Da fragte Donner wieder: »Werd' ich's erreichen noch heut?«
Drauf gab zur Antwort Harbart, ob des Scherzes erfreut:
»Du wirst es wohl erreichen, doch morgen frühe erst,
Wenn es beginnt zu tauen. Sieh, daß du wacker fährst!«
Da sprach zum Schlusse Donner, der mächtig waltende Gott:
»Nun kürze deine Rede! Mir wird doch nur dein Spott.
Ich lohn' dir das Verweigern, wenn wir ein andermal
Uns beide wieder begegnen, zu deiner eignen Qual.«
Da sprach zum Schlusse Harbart mit übermütigem Sinn:
»Unholde mögen dich holen! So fahr du nun dahin!«
So kam Wodan mit Donner auseinander dort.
Nach Asgard zu den Göttern ging drauf ein jeder fort.

ODHIN

Fros Hochzeit

In Wodans und Donners Abwesenheit hat sich zweierlei ereignet. Der Zwerg Allwiß hat um Trud, Donners Tochter gefreit. Donner weist ihn nun mit einem Streitgespräch ab. Fro hat sich auf Wodans Hochsitz gesetzt und die Riesentochter Gerda erblickt. Er wird von Liebe ergriffen und wirbt durch seinen Knappen Schirner um sie. Die Hochzeit wird bei den Asen gefeiert. Ägir, der Brautvater, ist auch anwesend.

So kam der tapfere Donner nach Trudwang wieder heim.
Doch während seiner Fahrten hatten insgeheim
Die Asen seine Tochter, die wunderschöne Trud,
Allwiß, dem Zwerg, verheißen für reiches Heiratsgut.
Der kam nunmehr gegangen und wollte seine Braut
Nach dem Vertrage holen. So rief er froh und laut:
»Nun sind die Bänke gebreitet; nun soll die Braut mit mir
Zusammen heim sich wenden! Nur deshalb bin ich hier.
Wohlan, man mag mich schauen bemüht um jene Maid;
Ich habe zu Hause gelassen alle Lässigkeit.«
Als Donner solches hörte, war er gar sehr erstaunt,
Und sprach, als hätte Rätsel der freche Zwerg geraunt:
»Wer ist denn das der Männer? Wie bist du so fahl um die Nase?
Warst in der Nacht bei Leichen drunten unter dem Grase?
Von riesenmäßigem Wuchse scheinst du mir nicht zu sein,
Noch für die Braut geboren, du kleines Zwergelein.!«
Da gab zur Antwort Allwiß mit trotziger Gebärde:
»Allwiß bin ich geheißen; ich wohne unter der Erde.
Mir ward die Traute gegeben mit heiligem Versprechen.
Du sollst die feste Verheißung der Götter nicht zerbrechen!«
Da sagte wieder Donner, des Wagens gewaltiger Herr:
»Ich werde sie doch brechen; mich dünkt, ich habe mehr
Des Rechts auf jenes Mädchen als alle Götter gewiß.
Ich war nicht heim zu Hause, als man sie dir verhieß.«
Da sprach das Zwerglein Allwiß – er kannte den Donner nicht:

»Was bist du für ein Recke? Nie sah ich dein Gesicht.
Was sind denn deine Würden, daß du dir nimmst ein Recht
An der schönglänzenden Jungfrau? Und was ist dein Geschlecht?«
Da gab der starke Donner dem Zwerge dieses Wort:
»Nie führst du mit meinem Willen das junge Mädchen fort!
Wing-Donner ist mein Name. Ich bin der Jungfrau Vater.
Der Sohn bin ich des Langbart, der Götter stärkster Berater.«
Da sagte Allwiß wieder, das Zwerglein, allbereit:
»Eh' daß ich missen sollte die schneeweiße Maid,
Will ich sie lieber nehmen mit Unfried und Gewalt.
Ich muß fürwahr dein Gebewort empfangen alsobald.«
Gar lästig ward dem Donner des Zwergen Zudringlichkeit;
Drum sprach er so zu jenem, ihn loszuwerden bei Zeit:
»Wohlan, du weiser Fremdling, sei nicht darum verzagt!
Es werde dir die Jungfrau nicht ganz und gar versagt,
Wenn du aus jedem Heime mir richtig kannst hersagen
Alles, was ich wissen will und was ich werde fragen.«
Der Zwerg war es zufrieden und sagte so zur Frist:
»Wohlan, du magst versuchen des Zwergen Tugend und List!
Die Heime alle neune hab' ich umfahren wohl
Und weiß ein jedes Wesen, wie man es heißen soll,
Bei Zwergen, Riesen, Menschen, Asen, Wanen und Alben,
Obherrschern, Asensöhnen, Hels Leuten allenthalben.«

Und nun hub zwischen beiden im Saal das Wettspiel an;
Die Fragen stellte Donner, der Zwerg antwortete dann.
»So sag' mir dieses, Allwiß, da dich dein Mund so preist,
Daß von den Weltendingen du alle Namen weißt:
Wie mag die heilige Erde wohl geheißen sein
In einem jeden Heime? Das künde, Zwergelein!«
»Erde heißt sie bei Menschen, bei Asen heißt sie Feld,
Weg heißt sie bei den Wanen, Singrün in der Riesenwelt,
Doch Groa bei den Alben, bei Göttern Au zuhand;
Als Imers Fleisch und Mutter des Donner ist sie bekannt.
Tochter der Nacht und des Ander, Schwester des Oder und Tag,
Braut Wodans, Sippes Schwieger man sie noch nennen mag,
Und Nebenfrau der Fricka, der Rinda und Gunlad hehr,
Der Windhallen Golf und Boden, der Tiere See und Meer.«
»So sag mir dieses, Allwiß, da dich dein Mund so preist,
Daß von den Weltendingen du alle Namen weißt:
Wie mag der hohe Himmel allzeit geheißen sein
In einem jeden Heime? Das künde, Zwergelein!«
»Himmel heißt er bei Menschen, bei Göttern Schildburg fein,
Windweber bei den Wanen, bei Riesen Oberhain,
Bei Alben schöne Wölbung, bei Zwergen Tropfensaal,
Er heißt des Riesen Imer Hirnschädel auch zumal,
Der Zwerge Last und Arbeit, der Helm des Süd und Nord,

Des West sowie des Ostes, der Sonne Land und Ort,
Des Mondes Haus und der Sterne, des Wagens und des Winds,
Das Haus der Luft und der Erde: genug der Namen sind's.«

So sag mir dieses, Allwiß, da dich dein Mund so preist,
Daß von den Weltendingen du alle Namen weißt:
Wie mag der Mond, der helle, allzeit geheißen sein
In einem jeden Heime; das künde, Zwergelein!«
»Mond heißt er bei den Menschen, Mühle bei Göttern zumal,
Doch drehendes Rad, so heißt er drunten in Helas Saal.
Schwinger heißen ihn Riesen, Zwerge nennen ihn Schein,
Jahrzähler aber heißen die Alben ihn allein.«
»So sag mir dieses, Allwiß, da dich dein Mund so preist,
Daß von den Weltendingen du alle Namen weißt:
Wie mag die schöne Sonne wohl geheißen sein
In einem jeden Heime? Das künde Zwergelein!«
»Sol heißt sie bei den Menschen, Sonne bei Göttern hier,
Dwalins Gespiel, des Zwergen, also sagen wir.
Glanzauge heißt sie den Riesen, den Alben schönes Rad,
Allschier, den schönen Namen, sie bei den Asen hat.
Die Tochter Mundelfahrers, Weib Glanzes, Schwester des Mond,
Feuer der Luft und des Himmels, so ist sie zu heißen gewohnt.«
»So sag mir dieses, Allwiß, da dich dein Mund so preist,
Daß von den Weltendingen du alle Namen weißt:
Wie mögen wohl die Wolken allorts geheißen sein
In einem jeden Heime? Das künde Zwergelein!«
»Wolke heißen es Menschen, Götter Schauerwahn.
Windspiel heißen es Wanen, wie ich dir künden kann.
Urwahn heißen es Riesen, Alben Wettermacht,
Helhelm heißt es drunten in Helas tiefer Nacht.«

So sag du dieses, Allwiß, da dich dein Mund so preist,
Daß von den Weltendingen du alle Namen weißt:
Wie mag der Wind, der schnelle, allorts geheißen sein
In einem jeden Heime? Das künde Zwergelein!«
»Wind heißt er bei den Menschen, bei Göttern Wabewind,
Bei Asen Wieherer, Weiner bei manchem Riesenkind,
Brüller und Brauser bei Alben, Wirbel heißt er bei Hel,
Sohn des Riesenvaters, des Feuers und Ägirs Gesell
Und Bruder, Brecher der Bäume, ihr Schade und Töter und
Der Masten und der Segel und Bäume Wolf und Hund.«
»So sag mir dieses, Allwiß, da so dein Mund dich preist,
Daß von den Weltendingen du alle Namen weißt:
Wie mag die Luft, die stille, allorts geheißen sein
In einem jeden Heime? Das künde, Zwergelein!«
»Luft heißt sie bei den Menschen, Lage bei Göttern jedoch,
Windschluß heißt sie bei Wanen; ferner heißt sie noch
Schwüle bei den Riesen, aber Tagesruh

Bei Alben, endlich Tagfreund bei Zwergen noch dazu.«
»So sag mir dieses, Allwiß, da so dein Mund dich preist,
Daß von den Weltendingen du alle Namen weißt:
Wie mag das Meer, das weite, allorts geheißen sein
In einem jeden Heime? Das künde, Zwergelein!«
»See heißt es bei den Menschen, Meer bei Göttern doch,
Woge bei den Wanen, bei Riesen Aalheim noch,
Trinkstoff bei Alben, Tiefe bei Zwergen, und weiter noch mehr:
Imers Blut, die Straße der Seekönige hehr,
Das Land der Ägirstöchter, der Schiffe und Fische Land,
Das Haus der Meeresvögel, so wird es auch genannt;
Vater der Ägirstöchter, Rans Eheherr,
Bruder der Luft und des Feuers, so heißt es und noch mehr.«

So sag mir dieses, Allwiß, da so dein Mund dich preist,
Daß von den Weltendingen du alle Namen weißt:
Wie mag das rote Feuer allzeit geheißen sein
In einem jeden Heime? Das künde, Zwergelein!«
»Feuer heißt es bei Menschen, bei Asen Flamme und Rauch,
Glut bei weisen Wanen, Frech bei Riesen auch,
Verbrenner bei den Zwergen, Verwüster dann bei Hel,
Der Häuser helle Sonne, des Windes und Agirs Gesell.«
»So sag du dieses, Allwiß, da dich dein Mund so preist,
Daß von den Weltendingen du alle Namen weißt:
Wie mag das Holz der Bäume allzeit geheißen sein
In einem jeden Heime? Das künde, Zwergelein!«
»Wald heißt es bei Menschen, bei Göttern Feldeshaar,
Bei Helbewohnern heißt es auch Bergtang noch führwahr.
Feuerung nennen es Riesen, Schönarm der Alben Schar,
Die weisen Wanen heißen es Busch und Rute gar.«
»So sag mir dieses, Allwiß, da dich dein Mund so preist,
Daß von den Weltendingen du alle Namen weißt:
Wie mag die Nacht, die dunkle, allda geheißen sein,
Nors, der Riesen, Tochter? Das künde, Zwergelein!«
Nacht heißt sie bei Menschen, bei Göttern Nebel jedoch,
Helm oder Grim bei Asen. Ferner nennen sie noch
Die starken Riesen Unlicht, die Zwerge Schlafeslust,
Traumgöttin dann die Alben; so viel ist mir bewußt.«

So sag mir dieses, Allwiß, da so dein Mund dich preist,
Daß von den Weltendingen du alle Namen weißt:
Wie mag die Saat, die reiche, noch geheißen sein
In einem jeden Heime? Das künde, Zwergelein!«
»Korn heißt es bei den Menschen, Gerste bei Göttern jedoch,
Gewächs bei weisen Wanen; ferner heißt es noch
Fraß bei großen Riesen, Stoff bei Alben dann,
Schwankes Schilf bei Hela, wie ich dir künden kann.«
»So sag noch dieses Allwiß, da so dein Mund dich preist,

Daß von den Weltendingen du alle Namen weißt:
Wie mag das Bier, das gute, noch geheißen sein
In einem jeden Heime? Das künde Zwergelein!«
»Äl heißt es bei den Menschen, bei Asen heißt es Bier,
Doch Weig bei weisen Wanen, die Wahrheit künd ich dir,
Lautertrank bei Riesen, bei Hela aber Met,
Und Seim bei Suttungs Söhnen, sowie die Sage geht.«
Da sprach zum Schlusse Donner zum Zwergen Allwiß hie:
»So viele Runenstäbe zusammen hört ich nie.
Doch hast du dich betrogen, o Zwerglein, dieses Mal.
Zu Steine mußt du werden; die Sonne scheint in den Saal!«
Da schien in den Saal die Sonne, da wurde der Zwerg zu Stein,
Der sich erkühnte zu werben um Donners Töchterlein.

Derweilen Wodan schweifte in weiten Fernen umher,
Hub sich im hehren Asgard noch eine andere Mär.
Da war es eines Tages, daß Niords Erzeugter Fro
Auf Wodans Sitz sich setzte in jenem Lugeck, so,
Daß er alle Welten schaute. Und als er nordwärts sah
Nach Riesenheim, erblickte er einem Baue nah
Große und schöne Gemächer und sah eine Maid darin,
Die ging vom Haus ihres Vaters zum Frauengemache hin.
Und da sie die Hände aufhob, um auf dem Weg vor sich
Die Hürde aufzuschließen, erglänzten wonniglich
Die Hände dieser Schönen, daß Wasser, Erde und Luft
Von ihrem Glanz erprangte in klarem goldigem Duft.
Als aber Fro, der hehre, ersah die schöne Maid,
Empfing er im Gemüte gar bittere Sehnsucht Leid.
So rächte sich am Gotte der große Übermut,
Daß er auf diesem heiligen Hochsitze hatte geruht.
Die Maid war aber Gerda, der Maide schönste fürwahr,
Die vom Geschlechte der Riesen Urboda gebar.
Eimer hieß ihr Vater, auch Lee nach anderer Kunde,
Und Ägir oder Woger; er wohnt im Meeresgrunde.
Doch voll von Harm die Seele, ging Fro von diesem Ort.
Und als er heimgekommen, sprach er kein einzig Wort.
Nicht schlief er und nicht trank er, nicht war er freudiglich.
Zum Wort ihn aufzufordern, getraute niemand sich.

Da ließ Niord den Schirner, Fros Knappen, kommen und sprach:
»Geh hin zu unserem Sohne und spüre emsig nach
Durch Reden und durch Fragen, warum er so zornig wär,
Warum er nimmer wolle mit Männern reden mehr.«
Da sagte noch Frau Schade zum schnellen Schirner so:
»Erhebe dich und bring doch zum Sprechen unseren Fro!
Und suche zu erfragen, wem unter den Göttern wohl

Unser kühner Erbe trage solchen Groll!«
Da sagte Schirner aber, er ging fürwahr nicht gern:
»Arge Antwort fürcht' ich zu hören von dem Herrn.
Ich habe üble Ahndung, mir werde böser Lohn;
Dennoch will ich gehen, zu fragen euren Sohn.«
Und als er zu Fro gekommen, erfrug er von diesem genau,
Warum er so traurig wäre, sowohl mit Mann als Frau:
»So sag du mir das, Herre, völkwaltender Gott,
Denn ich begehr es zu wissen, was naget dich für Not,
Daß du alleine sitzest im endlangen Saal,
Mein Herr, die ganzen Tage, und redest nicht einmal?«
Da sagte Fro zu Schirner, dem Knappen zier und fein:
»Was kümmert dich, Geselle, die mächtige Trauer mein!
Die Morgenröte leuchtet mir alle Tage wohl,
Doch nicht zu meiner Minne; ach, darum trag ich Groll.«
Da sprach zum Gotte Schirner, der Knappe zier und fein:
»Nicht also schwer zu lasten dünkt mich die Minne dein,
Daß du sie mir nicht sagest. Seit Urtagen schier
Waren wir beisammen; trauen dürftest du mir.«
Da gab der Gott zur Antwort in seinen Liebeswehn:
»Um eines schönen Weibes muß ich so harmvoll stehn;
Ich kann nicht länger leben, wie ich wohl glauben muß,
Wenn ich die schöne Gerda nicht haben darf zum Schluß.
In Gimers Gärten sah ich sie gehn, die liebe Maid;
Es leuchteten von den Armen so Meer wie Lüfte weit.
Das Mädchen ist mir lieber, als irgend einem Mann
Seit Urtagen der Erde ein Mädchen lieb sein kann.
Von Asen und von Alben will dennoch keiner dies,
Daß wir zusammen seien, wie mir's die Minne hieß.
Doch nun sollst du mir fahren, und bitte jene für mich
Um ihre Hand und bringe sie hierher sicherlich,
Ob nun ihr Vater wolle oder ob er wolle nicht!
Ich will dir das wohl lohnen nach gutes Gesellen Pflicht.«
Da sprach Schirner der schnelle zum Gott solcher Art:
»Gib mir dein Schwert und die Mähre, so fahr ich diese Fahrt:
Dein Roß, das durch die Schrecken der Waberlohe trägt,
Dein Schwert, das die Geschlechter der Riesen niederschlägt.«
Und Fro ließ das nicht fehlen. Zu Schirner sprach er dann:
»Das Roß geb ich dir gerne, das Feuer durchreiten kann,
Und dieses Schwert, das gute, das ganz von selber schlägt,
Wenn es ein Heldenmütiger in seinen Händen trägt.«
Da gab er Schwert und Mähre dem schnellen Schirner hin;
Der sprach zum guten Hengste mit heldenhaftem Sinn:
»Hei, schwarze Nacht ist außen; nun ist für uns die Zeit,
Wohl über feuchte Berge dahin zu wandeln so weit
Bis zu der Tursen Völker, ob es uns wohl gelingt
Oder ob vielleicht der Riese, der mächtige, uns bezwingt.«

So ritt zu Gimers Gärten Schirner nach Riesenland.
Dort waren wütende Hunde gelegt an starkes Band
Vor jenes Holzzauns Türe, der Gimers Saal umschloß.
Dort saß ein Hirt am Hügel; zu dem sprach Fros Genoß:
»Sag du mir dies, o Hirte, der du am Hügel sitzest,
Aller Wege wartest und dieses Haus beschützest,
Wie ich zur Sprache komme mit jener jungen Maid,
Daß mir die Hunde Gimers dabei nicht tun ein Leid!«
Da sprach der Hirt am Hügel, als er den Fremden sah:
»Bist du dem Tod verfallen, daß du dich zeigest da?
Der Ansprache verwehret sollst du wohl ewig sein
Mit Gerda, jener guten, Gimers Töchterlein!«
Da sprach zum Hüter Schirner, der nicht auf Feigheit sann:
»Besser zu kühn als furchtsam ist wohl ein fahrender Mann.
Mir ist das Alter geschaffen auf Stunde und auf Tag,
Und all das Leben geleget, was ich auch schaffen mag.«
Doch Gerda hörte sie reden und schickte die Magd hinaus:
»Was ist das für ein Lärmen, das tönt in unser Haus?
Die Erde bebt, es zittern die Gärten Gimers davon.«
Da sprach die Magd zu Gerda – sie sah den Helden schon:
»Ein Mann ist abgestiegen dort von des Rosses Rücken
Und läßt das Pferd zur Erde sich nach dem Grase bücken.«
Da sprach zur Dienerin Gerda, des Riesen Töchterlein:
»So bitt' ihn herzukommen und schenk' uns beiden ein
Von jenem Met, dem guten, obwohl mir ahnt dabei,
Als ob hier außen meines Bruders Töter sei.«

Da ging Schirner zur Wohnung; so sprach zu ihm die Maid:
»Sag', kommst du von den Alben oder den Asen weit,
Oder von weisen Wanen? Wie konnt' es dir gelingen,
Wohl über das schreckliche Feuer in unsere Wohnung zu dringen?«
Da sprach der Bote also zu Gerda, der lieblichen Maid:
»Nicht bin ich einer der Asen oder der Alben weit,
Noch einer der weisen Wanen; doch konnt' es mir gelingen,
Wohl über das schreckliche Feuer in eure Wohnung zu dringen.
Elf der Äpfel hab' ich, allgoldene, Maid, allhier;
Die will ich gerne geben, o holde Gerda, dir,
Friede zu erkaufen, auf daß du sagest dem Gast,
Daß Fro dir lebe von allen am wenigsten verhaßt.«
Doch Gerda sprach zu Schirner: »Nein, niemals nehm' ich sie
Zu keines Mannes Minne, die goldenen Äpfel hie!
Nie wohnen wir beide zusammen, ich und Fro, der Held,
So lange unser Leben dauert auf der Welt.«
Da sprach der gute Schirner: »Den Ring biet' ich zum Lohn,
Der einst verbrannt ist worden mit Wodans jungem Sohn.
Acht solcher Ringe tropfen von diesem Ringe her
In jeder neunten der Nächte, und jeder ebenso schwer.«

Loki und Sigyn

Da sprach die holde Gerda: »Laß nur den Ring, obschon
Er einst verbrannt ist worden mit Wodans jungem Sohn!
Nicht leid' ich etwa Mangel in Gimers Gärten da;
All meines Vaters Güter verteil' ich selber ja.«
Da sprach der kühne Schirner: »Sieh dieses Schwert, o Maid,
Spitz und geschmückt mit Zeichen, in meiner Hand bereit!
Das Haupt will ich vom Halse dir hau'n mit diesem hier,
Wenn du nicht auf der Stelle dich versöhnst mit mir!«
Da sprach die holde Gerda: »Zwang dulden werd' ich nie,
Niemals zu Mannes Minne, am mindesten allhie!
Ich glaube, wenn dich fände mein Vater hier am Ort,
Wär' er auch träg' zum Kampfe, es käm' zum Kampf sofort.«

Da sprach der kühne Schirner: »Sieh dieses Schwert, o Maid,
Scharf und schön gezieret, in meiner Hand bereit!
Vor dieses Schwertes Ecke neigt sich der alte Riese.
Ich träf' ihn bald zum Tode, wenn er sich blicken ließe.
Mit diesen Zähmungsrunen treff' ich dich, spröde Maid;
Denn ich will dich bezähmen zur Minne allbereit.
Und wenn du widerstrebest, so sollst du dahin geh'n,
Wo dich der Menschen Söhne in Zukunft nimmer seh'n!
Dort auf dem Aareshügel, dort sollst du sitzen eh'
Und zu der Hölle eilen und weichen aus unserer Näh'.
Mehr als der Männer einem die Schlange ist zu leid,
Soll dir die Speise leid sein, du allzu trotzige Maid.
Zum Wunderschauspiel werde, sobald du kommst heraus!
Dich starre selber Rimner, der Riese, an als Graus!
Du gaffe vor den Gittern, werde bekannter du
Als selbst der Wächter der Götter, der nie genießt der Ruh'!
Zauber und Weherunen mögen dir bringen Zähren!
Zwang- und Ungeduldrunen sollen dir Trauer vermehren!
So sitze nieder, Jungfrau; ich aber werde dir sagen
Noch schwerere Freudentrübung, verdoppeltes Trauern und Klagen.
Trolle und Riesen sollen dich ängsten den ganzen Tag
Hier in der Tursen Gärten, so viel ein jeder mag!
Zu frostiger Tursen Hallen sollst du an jedem Tag
Ohne Kost hinkriechen, hinkriechen dir zur Plag'!
An Stelle deiner Wonne sollst du nur Weinen haben!
Am Leid zahlloser Zähren sollst du dich nur erlaben!
Mit dreiköpfigem Tursen sollst du allewig wohnen,
Oder mannlos bleiben; also will ich dir lohnen.
Dein Geist mag stets sich härmen von Morgen zu Morgen bang;
Werde wie die Distel, die man in den Ofen schwang!
Zum Holz bin ich gegangen und hin zum grünen Wald,
Zauberzweige zu suchen; nun hab' ich Zaubergewalt.
Geh', zornig ist dir Wodan, zornig der Asenfürst!
Dich soll auch Fro befeinden, so du nicht freundlich wirst.

Du überübles Mädchen, du hast den Zauberzorn
Empfangen aller Götter und ihre Huld verlor'n.
So hört es, alle Riesen! Hört's, Frostestursen hier!
Hört es, Söhne Suttungs, so hört es, Asen ihr,
Wie ich dahier verbiete, verbanne weit und breit
Der Jungfrau Männerminne, Männerliebe der Maid!
Rimgrimm heißt der Turse, der einst dich haben soll
Vor dem Leichengitter in tiefer Hölle wohl,
Wo feile Knechte mögen im Weidenwurzelstrunk
Geißenharn dir geben zu deinem Labetrunk.
Und andern Trank empfange du nimmer alle Zeit,
Maid, nach deiner Minne, nach meiner Minne, Maid!
Ich ritze dir Durstrunen und drei der Stäbe zum Schluß:
Ärger, Wut und Ungeduld, daß alles dich treffen muß.
Abritzen aber will ich die harten Runen gern,
Wenn sich dein Sinn, dein Spröder, noch beuget meinem Herrn.«

Da sprach die holde Gerda: »So sei dir lieber Heil,
O Knappe! Nimm den Eiskelch voll firnen Mets zuteil,
Obgleich mir niemals ahnte, daß ich jemals wohl
Den Fro, den edlen Waning, in Wahrheit minnen soll.«
Da nahm den Becher Schirner und sagte zu der Klaren:
»So will ich auch zu Ende erst mein Geschäft erfahren,
Eh' ich nach Hause reite. Wann findest du dich ein
Mit jenem rüstigen Sohne Niords zum Verein?«
Da sprach die holde Gerda: »Im luftstillen Hain
Barau, den wir kennen, wir beide, find' ich mich ein.
Doch erst nach neun der Nächte wird dort dem Wanensohne
Gerda Wonnen gönnen, seiner Liebe zum Lohne.«
So fuhr Schirner von dannen; er hatte jene Maid
Dem rüstigen Fro geworben, er hatte von ihr den Eid,
Daß sie neun Nächte später nach Barau kommen solle
Und von da mit dem Gotte zum Brautlauf gehen wolle.

So kam Schirner nach Hause. Fro, der vorm Tore stund,
Forschte nach der Zeitung aus seines Knappen Mund:
»Nun sag' mir das, mein Schirner, eh' du den Sattel legst
Von deines Rosses Rücken und einen Fuß nur regst:
Was wirktest du in Riesenheim zu deiner und meiner Minne?«
Da sprach der schnelle Schirner ganz nach der Jungfrau Sinne:
»Barau, so ist geheißen der luftstille Hain,
Den wir wohl beide wissen. Dahin kommt zum Verein
Lieb Gerda; Wonnen gönnen wird sie dem Wanensohne
Dort nach neun der Nächte seiner Liebe zum Lohne.«
So sagte Schirner lachend. Da sprach der edle Frei:
»Lang dünkt mich eine Nacht schon, noch länger gar sind zwei;

Wie überdaure ich dreie? Oft hab' ich zugebracht
Viel kürzeren Mond als diesmal eine halbe Heuernacht.«
So kam zu seiner Geliebten der edle Fro fürwahr.
Doch ward er seines Rosses und seines Schwertes bar.
Drum war er ohne Waffen, als er mit Gimers Sohn,
Dem Riesen Bele kämpfte; doch scheut' er nicht sein Droh'n.
Er schlug ihn mit einem Hirschhorn, das er im Walde fand'
Er hätt' ihn töten mögen auch mit der bloßen Hand.
Doch wird es einst geschehen, daß schwer ihm fehlt sein Schwert,
Wenn zu der Götterdämmerung Muspels Heerschar fährt.

Gerdas Vater aber, der Gimer ist genannt
Und der als Lee und Ägir im Meere ist bekannt,
Der wohnte auf der Insel, die nunmehr Leeau heißt;
Er war klug und verständig und zauberkundig zumeist.
Als Gerda, seine Tochter, sollt' Fros Gemahlin sein,
Da luden ihn die Asen zu dieser Hochzeit ein.
Er weigerte nicht die Ladung und fuhr nach Asgard aus.
Da ward er wohl empfangen in Wodans hohem Haus.
Zu diesem Mahle war auch Wodan wieder gekommen,
Er hatte Widar und Wale, die Söhne, mitgenommen.
Den Met des Riesen Suttung auch hatt' er mitgebracht;
Auch Brage war mit Idun entstiegen Helas Nacht.
Da wurde denn gerüstet ein wundergroßes Mahl;
Da war auch viel des Zaubers dort in der Götter Saal.
Und als am Abend endlich das Trinken beginnen sollt',
Ließ Wodan Schwerter bringen, die glänzten gleichwie Gold
Und machten hell die Halle des Hehren, daß man nicht,
So lang man saß und zechte, gebrauchte anderes Licht.
Da gingen nun die Asen den Hallengolf hinauf;
Auf seinen Hochsitz setzte sich Wodan erst, darauf
Die hehren zwölf Tingmänner, die hießen aber so:
Donner, Heimdall, Brage, Zio, Niord und Fro,
Widar, Wale, Uller, Loke, Hain, Forsete.
Die Asinnen saßen desgleichen an derselben Stätte:
Fricka, Freia, Gefion, Fulla und Sigun,
Die Braut des Gottes, Gerda, und Brages Weib, Idun.
Dem Agir dünkte herrlich alles, was er sah;
Bedeckt mit schönen Schilden waren die Wände da.
Da war auch kräftigen Trankes nimmer Mangel und Not.
Als nächster Mann an Agir saß Brage, der Sängergott;
Und sie unterhielten sich beide mit Trinken und weisem Wort;
Und Brage sang von manchen Geschichten der Asen dort.
Er sang, wie die drei Asen auszogen über Land,
Wie Idun von Thiasse im Walde ward entwandt,
Wie Skade zu den Göttern aus Riesenheim herkam
Und wie der Krieg der Wanen den ersten Ursprung nahm,

Wie Kwaser ward getötet von bösen Zwergen dort
Und wie Allvater wieder zurückgebracht den Hort.
Er sang, wie Donner kämpfte mit Rungner und Gerot,
Wie einst die Zwerge wirkten manch köstliches Kleinod,
Von Fafners Golde sang er, von Siegfried und Brünhilde,
Er sang von Frode's Frieden, von Hetel und von Hilde.
Und das gefiel dem Ägir, dem Riesen, also gut,
Daß er die Asen alle zu sich nach Leeau lud,
Um dort sein Bier zu trinken nach dreier Monde Frist,
Wie zwischen neuen Verwandten es recht und ziemlich ist.
Darauf am andern Tage fuhr Ägir wieder fort
Und Fro genoß der Liebe mit seiner Gattin dort.

Ägirs Wahl

Ägir hat die Asen zu sich geladen; es fehlt aber das Bier, da kein Braukessel vorhandes ist. Donner und Zio gehen aus, den Kessel den Riesen Hymer zu holen; dabei kommt es auch zum Kampf mit der Mittgardschlange. Als das Trinkgelage bei Ägir in vollem Gang ist, kommt Loke dazu und schmäht alle Götter. Er flieht vor Donner, wird aber trotz seiner Listen gefangen und gefesselt.

Als Ägir, Gerdas Vater, damals in Asgard war
Bei Fros und Gerdas Hochzeit, da hatte er das Paar
Und dazu alle Götter geladen in sein Haus;
Das lag im Meeresgrunde im fernen Westen draus.
Nun war die Zeit gekommen; es fuhren mit heit'rem Sinn
Die Götter fort aus Asgard zu Ägirs Eiland hin.
Bei dieser Fahrt war Wodan, Niord, Zio, Frei
Und Brage, Wodar, Loke; die Asinnen auch dabei:
Fricka, Freia, Gefion, Skade, Sippe, Idun.
Auch Donner kam zum Mahle, doch nicht um dort zu ruh'n.
Ägir, der auch Gime und Lee ist zubenannt,
Hatte die Ran zum Weibe; da ward den Asen bekannt,
Daß sie ein Netzwerk hatte, darein fing sie von je
Alle jene Menschen, die umkamen zur See.
Neun Töchter hatte Ägir, die so geheißen sind:
Himmelsglanz und Woge, Blutgriff, Hebring, Wind,
Flut, Welle, Bara, Kolga; die waren auch im Saal
Und kochten wohl die Speisen zu Ägirs großem Mahl.
Als aber die Götter saßen auf ihren Sitzen dort,
Ließ Ägir Leuchtgold bringen zum Hallengolf sofort,
Das glänzte und erleuchtete die weite Halle ganz;
Noch heller als das Feuer schien dieses Goldes Glanz.
Es trugen auch durch Zauber die Speisen selbst sich dar
Und alles war in Fülle, wes man bedürftig war.

Doch als der Götter Scharen das Wild gegessen hatten
Und schon der reichen Speise genügend war den Satten,
Da sie nun trinken wollten endlich vom Bier und Äle,
Da fand sich's, daß dem Ägir der Bierbraukessel fehle.
Der Bergbewohner Ägir sah lächelnd drein wie ein Kind;
Gar sehr glich er dem Sohne des üblen Nebelblind.
Da blickte ihm in die Augen Donner fest und sprach:
»Willst du uns nicht zu trinken geben, der Sitte nach?«
Sorge schuf dem Riesen der redebarsche Mann;
Den Gott in Not zu bringen, dachte er sodann:
»So schaff' mir einen Kessel, da ich den meinen verlor!
Dann will ich Bier euch brauen, doch kann ich's nicht zuvor.«
Da wußten die hehren Asen und Wanen keinen Rat,
Wie sie so großen Kessel erlangten in der Tat,
Bis gute Liebesräte Zio in der Not
Dem starken Donner treulich mit diesem Wort entbot:
»Es wohnt im fernen Osten der Eiseswogen dort
Mein Pflegevater Hymer an des Himmels äußerstem Ort.
Ich weiß, der weise Riese hat einen Kessel noch,
Eine gar geräumige Kufe, wohl eine Raste hoch.«
Da fragte der hehre Donner den Gott berühmt im Streit:
»Glaubst du, daß wir erlangen den Saftsieder bei Zeit?«
Da gab zur Antwort Zio dem hehren Donner dies:
»Wenn wir nur List anwenden, ist uns der Kessel gewiß.«

Die fuhren schleunig vorwärts von da den ganzen Tag,
Bis sie am Abend kamen zu Egils hohem Hag.
Donner stallte die Böcke, die horngeschmückten, ein;
Sie gingen in Hymers Halle, die hochgebaute, hinein.
Da fand Zio die Ahne, die ihm gar leidig war;
Neunhundert Häupter hatte die Riesige fürwahr.
Allgolden und weißbrauig kam aber aus dem Gemach
Hymers Weib mit dem Biertrank, bot ihn dem Sohn und sprach:
»Euch beide, Riesinnensöhne, ihr mutigen, euch zwei
Will ich unterm Kessel verstecken, bis Hymer günstig sei.
Es ist mein lieber Friedel gar manches Mal nicht gut
Gesinnt den fremden Gästen und oft von kargem Mut.«
Der wundergeschaffene Riese kam spät am Abend her,
Der hartgesinnte Hymer; vom Weidwerk kehrte er.
Er ging hinein in die Halle; wie von Gletschern donnert es laut.
Der Kinnwald war ihm gefroren fest an der harten Haut.
Da sprach die schöne Frille die Worte sanft und gut:
»Es sei dir Heil, o Hymer, es sei dir guter Mut!
Mein Sohn ist angekommen zu deinen Sälen da,
Den wir von weiten Wegen erharrten lange ja.
Ihm folgt der Feind der Schlange, als Sohn der Erde bekannt,
Der Freund des Menschenvolkes, Donner ist er genannt.

Sieh nur, wie sie da sitzen unter des Saales Dach!
Es deckt sie noch die Säule; sie fürchten Ungemach.«
Da blickte hin der Riese; vor seinem scharfen Blick
Zersprang die scharfe Säule in manches kleine Stück.
Da brach entzwei der Balken, acht Kessel sprangen auch;
Nur einer fiel ganz vom Pfosten, mit hartgeschlagenem Bauch.
Da kamen aus der Ecke die beiden Götter vereint;
Mit Blicken geleitete Hymer den Donner, seinen Feind.
Sein eigner Mut weissagte ihm Gutes nicht voraus,
Als er den Betrüber der Riesen sah kommen in sein Haus.
Doch er gebot, drei Stiere herbeizubringen gleich
Und alle drei zu schlachten. Mit gewaltigem Streich
Machten sie die dreie kürzer um einen Kopf
Und trugen sie zum Feuer in einem riesigen Topf.
Da aß der Mann der Sippe, bevor er schlafen ging,
Zwei ganze Ochsen völlig, die waren nicht gering.
Dem Riesen Hymer dünkte die Mahlzeit doch zu stark;
Da sagte er zu Donner, als er noch sog das Mark:
»Wir werden morgen müssen von frischem Weidwild leben,
Wenn du so mächtig issest; es wird nichts anderes geben.«

Am anderen Morgen zeitlich stund Riese Hymer auf,
Er rüstete sich zum Fischfang und ging zur See darauf.
Zugleich erwachte Donner, er kleidete sich froh,
Ging hin zum Riesen Hymer und sprach zu diesem so:
»Laß mich auch mit dir rudern! Ich fischte mit dir gern.«
Da gab zur Antwort Hymer dem starken Donnerherrn:
»Ich denke, wenig Beistand wird mir von dir da sein.
Du siehst aus wie ein Junge und dünkst mich allzu klein.
Und frieren wird dich, Donner, wenn wir sitzen so lang
Ferne von der Küste bei unserm Fischefang.«
Doch Donner gab zur Antwort: »Ich rud're dir so weit,
Da du noch wirst verlangen nach Hause vor der Zeit.
Du wagst es, mich zu höhnen; das würde dir vergeh'n,
Ließ ich den Hammer schallen; da solltest du bald seh'n,
Ob ich zu klein zum rudern! Doch bin ich mehr bedacht,
Nunmehr auf andere Stätte zu prüfen meine Macht.
Ich will nun mit dir rudern hinaus aufs weite Meer.
Gib nur, du mächtiger Riese, einen guten Köder her!«
Da sprach der Riese Hymer: »Wenn deinem Mut du traust,
So kehre denn zur Herde, ob du dort wohl erschaust
Einen passenden Köder; es wird dir leicht der Fang,
Wenn dir vor meinen Ochsen nicht etwa wird zu bang.«
Schnell wandte sich Gott Donner zurück zur Hürde da,
Wo er die Rinderherde des Riesen weiden sah.
Sein Auge schweifte eilig bis hin zum Waldesrand,
Wo ein rabenschwarzer, mächtiger Ochse stand.

Auf! - Nach Walhall

Das war von Hymers Herde der allergrößte Stier:
Himmelsbrecher hieß er. Donner packte schier
Den Hochturm beider Hörner und riß mit einem Ruck
Das Haupt vom Nacken des Stieres mit seinem Hörnerschmuck.
Den Rumpf ließ er dort liegen und brachte das Haupt zum Strand,
Wo schon des Riesen Nachen hinabgestoßen stand.
Im Schifflein saß nun Donner hinten im Schöpferaum
Und ruderte mit zwei Rudern hin durch den Brandungsschaum.
Hymer aber ruderte im andern Teile vorn,
Er suchte schnell zu rudern in vollem Riesenzorn.
Er war auch bald gekommen jener Stelle zu,
Wo er gewohnt war zu bleiben und zu fischen in Ruh'.
Doch Donner wollte rudern noch weiter immerfort.
Da ruderten sie fürder, bis Hymer sprach das Wort:
»Nun sind wir schon gekommen soweit ins hohe Meer,
Daß vor dem Mittgardwurme Gefahr zu bleiben wär'.«
Da rief der Herr der Böcke: »Du Abkömmling der Affen,
Das Balkenpferd, das gute, willst du es weiterschaffen!«
Der Riese Hymer aber zeigte geringen Eifer,
Noch länger fort zu rudern im wilden Wogengeifer.

Da ruderte Donner selber allein noch eine Weile,
Bis daß ihn bat der Riese, zu hemmen seine Eile.
Da legte Donner die Ruder hin auf des Riesen Kahn;
Mächtige Angelschnüre entrollte er sodann.
So groß war auch die Angel, daß man es schwerlich glaubt.
Er steckte an die Angel des großen Stieres Haupt.
Da zog nun vorne Hymer, der mutige, allein
Zwei Wale an seiner Angel bereits ins Schiff herein,
Während Donner noch immer die Angel hielt bereit
Hinten am Stern des Schiffes; und als es ihm schien an der Zeit,
Warf er über Bord die Angel; sie fuhr zum Grund sofort.
Da rächte sich nun Donner am Mittgardswurme dort,
Der einst bei Ausgardloge ihm schuf so starken Spott;
Denn an der Angel spürte den Mittgardswurm der Gott.
Die mächtige Mittgardschlange, sie, die die Götter hassen,
Die sie am Grund des Meeres die Welt umgürten lassen,
Gähnte gegen den Köder, das Ochsenhaupt, mit Gier;
Da spießte sich im Gaumen dem Wurm die Angel schier.
Als dies der Wurm erkannte, riß er daran sofort,
Daß Donner mit beiden Fäusten schlug gegen des Schiffes Bord.
Da wurde Donner zornig; er zeigte die Asenmacht
Und sperrte sich gar heftig, ob auch das Schifflein kracht'.
Mit beiden Füßen stemmte er sich gegen den Grund
Und zog herauf zum Borde die Schlange angelwund.
Gar tüchtig zog da Donner, der rasche, immerfort;
Die eiterfarbene Schlange kam endlich nah' dem Bord.

Das mag man wahrlich sagen, daß keiner je geseh'n
So fürchterliches Schauspiel, wie damals ist gescheh'n.
Es schärfte seine Augen Donner auf den Wurm;
Der blies ihn an von unten mit eitergiftigem Sturm.
Dem Riesen Hymer selber die Lebensfarbe schwand;
Er bleichte und erbebte, als er vorm Wurme stand
Und sah, wie ein- und auswärts im Nachen wogte die See.
Doch Donner griff zum Hammer und schwang ihn in die Höh' –
Da tappte aber der Riese nach seinem Angelsax,
Zerhieb die Schnur des Donner am Bord des Schiffes stracks;
Da senkte sich die Schlange wieder hinab in das Meer.
Doch Donner warf den Hammer ihr nach im Schwunge schwer,
Zerknirschte mit dem Malmer dem üblen Spielgesell
Des Wolfs den festen Hochberg des Schuppenhaares schnell,
Daß Felsen drob erdröhnten; es ertönten die Höhlen mit Brausen,
Es fuhr die alte Erde in sich zusammen voll Grausen.
Der ungeheure Meerfisch versank darauf in die See,
Nicht tot zwar, doch verwundet zu seinem grimmen Weh.
Unheiter war der Riese, da beide fuhren zurück;
Er sprach nichts, bis sie waren vom Land ein kleines Stück.
Da sprach er und schwang das Ruder hin auf des Bootes Rand:
»Nun magst du mit mir wirken das halbe Werk zuhand.
Den hölzernen Fluthirsch magst du befestigen am Ort,
Oder trage die Wale mir heim zum Baue dort!«
Doch seine Faust schwang Donner, schlug sie dem Riesen ans Ohr,
Daß über Bord er stürzte, die Fersen hoch empor;
Dann faßte er den Steven, wand aus dem Wasser herauf
Das Meerroß samt den Rudern und trug's zum Bau im Lauf.
Ingrimmig tappte Hymer sich aus dem Wasser heraus
Und folgte dem starken Donner langsam in das Haus.

Dort wollte der Riese streiten noch um die Probe der Kraft,
Der trotzgewohnte Hymer, mit Donner reckenhaft:
»Wohl verstehst du zu rudern, doch bist du kein kräftiger Mann,
Wenn deine Hand allhier nicht den Kelch zerbrechen kann!«
Da nahm den harten Steinkelch der Gott und sah hinein.
Er dachte zu zerbrechen wie Glas den harten Stein.
Er schlug zuerst ihn sitzend gen eine Säule nieder,
Doch unzerbrochen brachten den heilen Kelch sie wieder.
Da lehrte die freundliche Frille Liebesrat mit Fleiß:
»Hör' meinen Rat, o Donner, den ich allein nur weiß!
Wirf ihn an Hymers Schädel, denn der ist härter zumal
Dem nahrungssatten Riesen, als Bein und Stein und Stahl.«
Da bog sich in den Knieen der starke Böckeherr,
Mit grimmer Asenstärke warf er den Kelch da her
Nach Hymers Riesenhaupte; heil blieb dem Kerl das Hirn,
Der runde Weinbecher zerbrach nur an der Stirn.

Da sprach der Riese Hymer: »All Gut ist mir geraubt,
Weil ich den Kelch muß schauen zerbrochen an meinem Haupt.
Ein Schuft hat mich verraten; nun soll das Bier so traut
In meinem Hause ewig nicht wieder werden gebraut.
Doch nun zur letzten Probe prüft eure Kraft noch aus,
Ob ihr den großen Kübel bringt aus meinem Haus!«
Zio versuchte zweimal, den Kessel zu rühren vom Ort;
Doch stund die große Kufe allemal ruhig dort.
Da stieg Donner zum Kessel, ergriff ihn an seinem Rand
Und kam damit zum Golfe des Tals hinabgerannt.
Er hub sich dann den Kessel aufs Haupt. Ein lautes Klingen
Scholl um seine Fersen von schallenden Kesselringen.
Sie liefen lange vorwärts, ehe Wodans Sohn
Begann zurück zu blicken; da sah der Gott, wie schon
Vielhäutige Volkesmenge vom ganzen Osten her
Den Felsen war entquollen, Hymers Riesenheer.
Da hub sich von den Schultern Donner den Kessel weg,
Den mordgierigen Malmer schwang er vorwärts keck.
Die Felsenungeheuer stürzten Schock auf Schock.
Dann fuhren sie wieder weiter, bis daß der eine Bock
Halbtot erliegen mußte; er war ja lahm am Bein,
Das hatte traun verschuldet der böse Loke allein.
Aber ihr habt es vernommen – es kann ja keiner fürwahr
Der Göttergelehrten erschöpfen alles ganz und gar –,
Wie ihm vom Bauer wurde die Buße nicht gering,
Als Donner beide Kinder dafür zu eigen empfing.

Zum Ting der Götter kehrte der Kraftbewußte da;
Den Bierbraukessel Hymers, den hatte Donner ja.
Nun konnten die hehren Götter fröhlich trinken alle
Bier genug zum Herbste dort in Ägirs Halle.
Denn Ägir ließ nun brauen im Kessel groß und weit
Des Bieres Fülle den Asen; es war die höchste Zeit.
Da setzten sich auch wieder die Götter mit fröhlichem Sinn
In Ägirs herrlicher Halle zum Trinkgelage hin.
Da setzte sich erst Wodan und Fricka, seine Frau,
Nur Donner blieb noch draußen nach Riesen auf der Schau.
Sippia saß in der Halle, Donners edles Gemahl,
Und Brage mit seinem Weibe, der edlen Idun zumal.
Auch Zio, der Einhändige, war beim Gelage dabei
Und Niord mit Göttin Skade, und Freia sowie Frei.
Auch Widar, Sohn des Wodan, und Loke saßen dort,
Fros Diener, Brauer und Gerste, fehlten nicht am Ort.
Viel waren da der Asen und Alben bei dem Mahl;
Funkenfang und Feurer dienten dort im Saal,
Die beiden Diener Ägirs; doch Diener brauchte man nicht;
Denn selbst trug sich das Bier auf, vom Leuchtgold war es licht.

Heilige Friedensstätte war an demselben Ort.
Die Götter lobten alle die gute Gastung dort;
Nur Loke wollte nicht hören den ewigen Lobgesang,
Er zankte mit den Göttern und schlug den Funkenfang.
Da schüttelten die Asen die Schilde schnell und schrien
Und jagten hinaus den Loke bis an den Markwald hin.
Dann kehrten sie zum Gelage wieder in das Haus.

Da kam auch Loke wieder und fand den Feurer draus.
Er sprach zu diesem also: »Sag' du das, Feurer, schnell –
Doch rühr' dich keinen Fußbreit weiter von der Stell'! –
Sag', was die Schar der Götter bei Ägirs Trinkgelag
Für Bierreden da drinnen im Hause haben mag?«
Da gab zur Antwort Feurer: »Von Waffen und Heldentum
Sprechen die Sieggötter Söhne, von hochem Schlachtenruhm.
Jedoch von allen Asen und Alben, die hier sind,
Ist keiner, der in Worten dir freundlich sei gesinnt.«
Und Loke sagte weiter: »Ich will in die Halle geh'n,
Um dort das Trinkgelage der Götter anzuseh'n.
Schimpf und Schande bring' ich den Asensöhnen all,
Den Met will ich nun allen mischen mit Gift und Gall'.«
Zur Antwort gab da Feurer: »Willst du zur Halle geh'n,
Um das Trinkgelage der Götter anzuseh'n,
Wenn auf die holden Richter du gießest Ruf und Rüge,
An dir werden sie wieder abwischen alle Lüge!«
Ihm gab zur Antwort Loke: »O Feurer, wenn wir zwei
Uns hier messen sollen mit spitzen Worten frei,
Reicher wollt' ich wahrlich an mancher Antwort werden,
Machst du auch viele Worte mit ängstlichen Gebärden.«

So ging denn Loke wieder in Ägirs Halle hinein.
Doch als die Götter sahen, daß er vom Waldeshain
Zurückgekommen wäre, verstummten plötzlich alle.
Da redete zu den Göttern Loke in der Halle:
»Durstig bin ich gekommen zu dieser Halle her,
Ich, Luft bei Göttern geheißen. Gar klein ist mein Begehr.
Ich will die Asen bitten, daß sie mir geben nur
Einen Trunk des teuren Mets in Ägirs Flur.
Warum verstummt ihr also, ihr traurigen Götter da?
Vermögt ihr nicht zu sprechen ein Nein oder ein Ja?
So wählt mir Sitz und Stätte zum Festgelage aus,
Oder heißt mich gehen von hinnen aus dem Haus!«
Ihm gab zur Antwort Brage: »Es wählen nimmer dir
Die Asen Sitz und Stätte in Ägirs Halle hier,
Dieweil die Asen wissen, welchem der Männer wohl
Man solches Lustgelage mit Fug gewähren soll.«

Von neuem sprach da Loke: »Gedenkst du, Wodan, wie gut
Wir zwei in der Urzeit Tagen zusammenmischten das Blut?
Nimmer das Bier zu kosten, war da der Schwur gemacht,
Außer wenn es wäre uns beiden zugebracht.«
Ihm gab zur Antwort Wodan: »Steh' auf vom Hallengolf,
Mein Widar, und laß sitzen bei dir den Vater des Wolf,
Auf daß nicht Loke spreche allhier in Ägirs Hallen
Nur lose Lasterrunen den lieben Göttern allen.«
Da stund vom Sitze Widar und schenkte dem Loke das Äl.
Eh' aber Loke austrank, sprach er den Spruch noch schnell:
»Heil euch, ihr edlen Asen, und Heil, ihr Asinnen, euch!
Und euch, hochheilige Götter, Heil sei euch allen gleich!
Außer dem einen Asen, der auf der Bank dort sitzt
Im langen Barte, Brage, der nie mir hat genützt.«

Zur Antwort gab da Brage: »Ich geb' von meinem Gut
Dir Schwert und Ring und Mähre, was Brage sonst nicht tut,
Auf daß du nicht den Asen ausgießest alle Galle.
Mach' dir nicht gram die Götter hier in Ägirs Halle!«
Ihm gab zur Antwort Loke: »Des Rosses und Rings, der beiden,
Wirst du, o guter Brage, wohl immer Mangel leiden.
Von allen Asen und Alben, die nur hier innen sind,
Bist du als der Scheuste vor Schüssen und als Kriegsfeigster gesinnt.«
Ihm gab zur Antwort Brage: »Dies sag' ich dir heraus,
Wenn wir zusammen kämen vor Ägirs hohem Haus,
Wollt' ich dein Haupt wohl tragen jetzt in meiner Hand.
Wie wenig ich dir lüge, das ist dir wohl bekannt.«
Zur Antwort gab ihm Loke: »Gilt's hier im Sessel zu ruh'n,
Du Bänkeschmuck, o Brage, dies ist dein rühmlichstes Tun.
So komm heraus zum Kampfe, bist du zornig so sehr!
Ein rascher Mann bedenkt sich so lange nicht vorher.«
Da sagte Idun, Brages Weib: »Das bitt' ich, Brage, dich,
Bei unserer Kinder Sippe und Magen sicherlich,
Daß du nicht weiter mit Loke sprichst in Ägirs Halle
In losen Lasterrunen und reizest seine Galle.«
Da sprach zu Idun Loke: »Idun, bleib' in Ruh'!
Manngierigste der Weiber! denn wahrlich, das bist du,
Seitdem du deine Arme, die reinen, wonnesam
Um deines Bruders Töter legtest ohne Scham.«
Ihm gab zur Antwort Idun: »Mit Loke red' ich nicht
In losen Lasterrunen, was auch der Böse spricht.
Den Brage will ich nur kirren, den bierzornigen Mann.
Ich will nicht, daß ihr streitet im heiligen Friedensbann.«
Das Wort erhob nun Gefion: »Was wollt ihr immerfort
Euch spotten mit spitzen Worten hier am Friedensort?
Loke weiß mit nichten, wie mit ihm wird gespielt,
Und daß der Lebenden Liebe ihm selbst am mindesten gilt.«

Ihr gab zur Antwort Loke: »Verstumme, Gefion, nun,
Denn des will ich gedenken und allen kund es tun,
Wie jener weiße Bursche dich verlockte zur Lust
Und du zum Lohn des Halsschmucks ihn schlossest an deine Brust.«

Das Wort erhob nun Wodan: »Irrwitzig, ohne Scham,
O Loke, suchst du Gefion zu höhnen, dir zum Gram.
Der Menschen Urlog weiß sie ja ebenso gut als ich
Und trägt's in ihrem Herzen; das wisse sicherlich!«
Ihm gab zur Antwort Loke: »Wodan, bleib in Ruh'!
Nie teiltest du nach Rechten den Sieg den Männern zu.
Schon oft gabst du dem Schlechtern zur Gabe deinen Sieg
Und ließest unterliegen die Besseren im Krieg.«
Ihm gab zur Antwort Wodan: »Was weißt du, ob ich Sieg
Den Schlafferen gab im Kampfe und übel teilte den Wig!
Acht Winter warst du, Arger, unter der Erde nieden
In der Gestalt der Stute, von allen Göttern gemieden,
Wo dir fürwahr ein Kindlein gar geboren ward.
Ich denke, das ist wahrlich nur eines Argen Art.«
Ihm gab zur Antwort Loke: »Daß du in Samsau hast
Gezaubert und als Wala warst wilder Wichte Gast,
Daß du in Zauberers Weise zu Menschen fuhrst die Fahrt,
Ich denke, das ist wahrlich auch eines Argen Art.«
Das Wort erhob nun Fricka: »Ihr solltet wahrlich nie
Vor Göttern noch vor Menschen so laut verkünden hie,
Was ihr für Dinge triebet in früher Urzeit Tagen:
Nie sollen die alten Geschichten die Menschen zu tadeln wagen.«
Ihr gab zur Antwort Loke: »Verstumme allbereit!
Die Männergierigste warst du, Fricka, alle Zeit,
Seit du dem Weih und Wille, du, des Wetterers Weib,
Beiden nicht verwehrtest deinen edlen Leib.«
Da rief die edle Fricka: »O hätt' ich noch einmal
So einen Sohn wie Balder, du würdest aus dem Saal
Nicht heil von dannen kommen vor all den Asensöhnen;
Die Halle würde vom Kampfe der Zornigen ertönen.«
Ihr rief entgegen Loke: »Willst du, daß ich noch mehr
Meiner Taten erzähle hier vor den Asen hehr?
Ich selber bin's gewesen, der dazu riet einmal,
Daß du seither nicht schauest den Balder reiten zum Saal.«

Die Rede hub nun Freia: »Irr bist, o Loke, du,
Daß du deine leidigen Taten mit Fleiße trägst herzu.
Bedenke wohl, daß Fricka um alles Urlog weiß,
Wenn sie's auch selbst nicht sage; sie rächt es noch mit Fleiß!«
Doch Loke rief zur Antwort: »Verstumme, Freia, hier!
Dich kenn' ich ganz, an Lastern ist nimmer Mangel dir.

Der Asen und der Alben, die hier im Saale sind,
Ist jeder dein Buhle gewesen, du schönes Wanenkind!«
Ihm sprach entgegen Freia: »Du lügst mit scharfer Zungen;
Doch denk' ich, daß nichts gutes dir ferner wird gesungen.
Zornig sind dir die Asen, zornig die Asinnen dir,
Traurig wirst du fahren von diesem Mahle hier.«
Ihr gab zur Antwort Loke: »Verstumme, Freia! du bist
Die übelste der Götter, und voll von Laster und List.
Als dich die Götter fanden bei deinem Brüderlein,
Da wußtest du vor Schrecken weder aus noch ein.«
Da hub Niord die Rede: »Kein Wunder ist's, beileib,
Daß sich die Männer nehmen dies oder jenes Weib.
Das ist ein größeres Wunder, daß zu uns, schurkisch gesinnt,
Ein Ase ist gekommen, der hat manch schmählich Kind.«
Ihm gab zur Antwort Loke: »Schweig, Niord! Von hier zu Land
Warst du zu seligen Göttern als Geisel einst gesandt.
Gimers Maide benutzten dich hier als Wasserfaß
Und gossen dir das Wasser wohl in den Mund zum Spaß.«
Ihm gab Niord zur Antwort: »Ward ich von hier zu Land
Als Geisel zu den Göttern nach Asgard hingesandt,
So hab' ich mir zum Troste doch einen Sohn erzeugt,
Den besten aller Asen, vor dem sich alles beugt.«
Zur Antwort gab ihm Loke: »Hör' auf und halte Maß,
Sonst werd' ich's nicht verbergen, nein, offen sag' ich das:
Mit deiner Schwester hattest du solchen Sohn fürwahr,
Und doch ist er nicht schlimmer, als zu erwarten war.«

Nun hub die Rede Zio: »Der beste aller Reiter
Ist Fro in der Asen Gärten; stets ist er sanft und heiter.
Kein Mädchen macht er weinen und keines Mannes Weib,
Er löst aus Haft und Banden jedes Gefangenen Leib.«
Zur Antwort gab ihm Loke: »Schweig, Zio! du kannst nie
Einen Zwist beilegen zwischen zwei Männern hie.
Denn jener Hand, der rechten, sollst immer du gedenken,
Die dir der Wolf einst abbiß, als ihr ihn wolltet kränken!«
Zur Antwort gab ihm Zio: »Ich bin beraubt der Hand,
Des Sohnes du; so haben wir beide gleichen Stand.
Der Wolf, dein wilder Sprosse, hat es auch nicht gar wohl,
Der auf die Götterdämmerung in Banden harren soll.«
Zur Antwort gab ihm Loke: »Schweig, Zio; denn dein Weib
Verdankt mir einen Sprossen, den mir gebar ihr Leib.
Doch weder Elle noch Pfennig büßt' ich dir dafür je,
Du wehseliger Ase, für dieses schmähliche Weh!«
Fro stand nun auf und sagte: »Wohl muß der Wolf dort stehn
Vor jenes Flusses Mündung, bis daß die Götter vergehn.
Du wirst demnächst noch selber liegen an jenem Ort,
Unheilschmied, unseliger, schweigest du nicht sofort!«

Zur Antwort gab ihm Loke: »Du ließest um Goldeswert
Dir Gimers Tochter kaufen und gabst dahin dein Schwert.
Wenn aber Muspels Söhne über den Markwald reiten,
Weißt du dann, Fro, wehseliger, womit du dann wirst streiten?«
Da sprach Fros Diener, Brauer: »Hätt' ich nur halb den Witz
Wie Ingo-Fro und den Adel und also seligen Sitz,
Weicher als Mark zermalmt' ich dann diese böse Krähe,
Und lähmte all' ihre Glieder, so wahr als ich da stehe!«
Ihm gab zur Antwort Loke: »Was ist's, was ich das seh'
Um Schnappkost hungern und lungern, du kleiner, in göttlicher Näh'?
An deines Herren Ohren willst du nur immer sein.
Hinweg mit dir; zur Mühle gehörst du nur hinein!«
Ihm gab zur Antwort Brauer: »Brauer bin ich genannt,
Bei Göttern und bei Menschen bin ich als hurtig bekannt.
Wenn des Ruhmgotts Freunde Bier trinken allgesamt,
Bin ich es, der da brauet; das rühm ich als mein Amt.«
Zur Antwort gab ihm Loke: »Schweig, Brauer, denn das Mahl
Kannst du doch niemals richten, wie sich's geziemt im Saal.
Doch wenn die Männer kämpfen, da kann man deine Spur
Nirgend anderswo finden als unterm Stroh der Flur.«
Nun hub die Rede Heimdall: »Irrwitzig bist du gar
Und trunken, übler Loke! Laß von der Götter Schar!
Denn das verschuldet an jedem die Übertrunkenheit,
Daß er nicht seine Reden bedenkt zur rechten Zeit.«
Ihm gab zur Antwort Loke: »Schweig, weiser Heimdall du!
Dir ward gelegt in Urzeit dies Leben ohne Ruh'.
Mit nassem Rücken mußt du ewig draußen sein
Und als der Götter Wärter bewachen ihren Hain.«

Nun hub die Rede Skade: »Leicht geht dir dieses hin;
Du wirst doch nicht mehr lange so spielen mit losem Sinn.
Ich seh' mit den Gedärmen deines kalten Sohns
Dich schon ans Schwert gebunden zum Lohne deines Hohns!«
Zur Antwort gab ihr Loke: »Weißt du denn, daß zum Lohn
Mich an das Schwert soll binden der Götter Macht und Drohn,
So wisse, der erste und letzte war ich beim Tode doch,
Den wir dem Thiasse legten: dies eine sag' ich dir noch!«
Ihm gab zur Antwort Skade: »Hör', was ich sagen muß:
Warst du der erste und letzte bei Thiasses Lebensschluß,
So sollen von meinen Hainen und Weihetümern dir
Stets kalte Räte kommen in Asgard sowie hier!«
Zur Antwort gab ihr Loke: »Du warst mir holder zwar
Damals, als du mich ludest zu deiner Minner gar.
Wenn wir aufzählen sollen alles, was wir vollbracht,
So sei denn dieser Sache auch von uns gedacht!«
Nun ging hervor Frau Sippia und bot dem Loke den Met
Im Eiskelch an gar züchtig mit diesem frommen Gebet:

»Heil sei dir stets, o Loke! Nimm diesen Eiskelch an,
So voll des alten Metes; ich biete dir ihn an,
Damit du bei den Söhnen der Asen mich allein
Nur ohne Rede lässest und ohne Laster sein.«
Und Loke nahm das Trinkhorn, trank es aus und sprach:
»Du wärst allein voll Tugend, o Sippia, und ohne Schmach,
Wenn du nur also wärest, wie du doch nimmer bist;
Denn einen glaub' ich zu kennen, der ward durch lose List
Verbrecher an Gott Donner, deinem mächtigen Mann,
Und das war ich selber, Loke, der sich des rühmen kann!«
Nun rief das Weib des Brauer, die Gerste war genannt,
Fros Dienerin; voll Schrecken kam sie hereingerannt:
»Hört ihr's von Ferne donnern! Alle Berge beben!
Ich denke, auf der Heimkehr nach Haus ist Donner eben.
Er wird zur Ruhe bringen den Bösen, der hier rügt
Alle Götter und Menschen und fälschlich so viel lügt.«
Ihr rief entgegen Loke: »Verstumme, schmutziges Weib!
Mächtig gemengt mit Makel ist ja dein ganzer Leib.
Ein ärgeres Ungeheuer kam zu den Asen nie;
Ganz bist du schmutzig, Dirne! Weiche von dannen hie!«

Da Loke noch so schmählte, kam in die Halle schnell
Dröhnend Donner geschritten und sprach zum üblen Gesell:
»Verstumme nun, und rede, du schurkischer Wicht, kein Wort;
Sonst soll mein mächtiger Malmer dich schweigen machen sofort.
Den Schulterfelsen schlag' ich vom Hals dir, daß er bricht
Und dir das Leben entfahre; hinweg, du schurkischer Wicht!«
Da gab zur Antwort Loke: »Der Erda Sohn ist gekommen!
Was prahlst du also, Donner? Man hat dich schon vernommen.
Doch wenn der Wolf einst loskommt und schlingt den Wodan in Wut,
Und du dann mit ihm kämpfen sollst, dann zeigt sich erst dein Mut.«
Und wiederum sprach Donner: »Verstumme, Wicht, sofort,
Sonst soll mein mächtiger Malmer dir gleich benehmen das Wort!
Zum Himmel will ich dich schleudern und nach dem Osten hin,
Auf daß dich weiter keiner mehr sehe fürderhin!«
Ihm gab zur Antwort Loke: »Du sollst dich rühmen nie
Ob deiner Osterfahrten vor Asen und Alben hie,
Seitdem du dich verkrochest im Handschuhdäumling klein
Und du vergessen hattest, der Donnerer zu sein.«
Wieder sagte Donner: »Verstumme, Schurke, sofort,
Sonst soll mein mächtiger Malmer dir gleich benehmen das Wort.
Treff' ich mit Rungners Töter, meinem Hammer, dich,
Zerbrech ich dir das Beine jedes sicherlich!«
Zur Antwort sagte Loke: »Drohst du mir prahlend auch,
Noch langes Alter glaub' ich doch zu erleben, Gauch!
Scharf dünkten dich doch damals des Riesen Riemen zu sein;
Du konntest sie nicht lösen, du Schwächling, du allein.«

Wieder sprach nun Donner: »Verstumme, Wicht, sofort;
Sonst soll mein mächtiger Malmer dir schnell benehmen das Wort.
Rungners Töter wird dich zu Hela bringen sogleich
Tief vor das Leichengitter in deiner Tochter Reich!«
Und Donner schwang den Hammer und drang auf Loke ein.
Doch der entzog sich schleunig und rief in die Halle hinein:
»Ich sprach nun vor den Asen und Asensöhnen hier,
Wozu mein Herz mich reizte. Und nur allein vor dir
Und deinem Hammer weich' ich aus Ägirs hohem Haus.
Ich weiß ja, was du redest, das fichst du wirklich aus.
Bier hast du uns bereitet, Ägir; nimmermehr
Wirst du's hinfort bereiten den Göttern hoch und hehr.
Denn über all dein Eigen spielt bald die Lohe dir
Und brennt dir auf dem Rücken in kurzer Frist allhier!«

So sagte Spott den Göttern Loke in Ägirs Haus.
Drauf lief er von dannen; er scheute den Donner überaus.
Er war sich bewußt des Leides, das er den Göttern gebracht;
Denn Balders Tod, des guten, hatt' er zuerst erdacht
Und daß er nicht aus Helas Gewalt entlassen ward;
Drum fürchtete auch Loke die Rache grausester Art.
So lief er fort und hehlte sich im Gebirge dort.
Er machte sich eine Wohnung auf hochgelegenem Ort
Und machte darein vier Fenster mit überschlauem Sinn,
Auf daß er lugen könne nach allen Seiten hin.
Und über Tag verbarg er sich gar in Lachses Gestalt
Im Wasserfall Frananger, aus Furcht vor der Asen Gewalt.
Er sann dort alle Tage mit Sorgen und mit Bangen,
Ob nicht die Asen dennoch ihn finden könnten und fangen.
So saß er einst im Hause, nahm Leingarn mit Bedacht
Und wirkte daraus Maschen, sowie man Netze macht.
Er wollte nur versuchen, ob es mit solchem Dinge
Wohl möglich wäre, daß man im Wasserfall ihn finge.
Und vor ihm brannte Feuer. Da sah er auf einmal,
Wie sich dem Hause nahte der Asen ganze Zahl.
Denn Wodan hatte ersehen aus seinem Luginsland,
Wo sich bei Nacht und Tage Loke nun befand.
Als Loke die Asen erblickte, warf er ins Feuer dort
Das Netz und lief zum Flusse und barg sich drein sofort.

Als nun die Asen kamen, da ging hinein zuhand
Der Weiseste von ihnen, der Kwaser ist genannt.
Und er ersah im Feuer von jenem Netze nur
Die Asche; doch das gab ihm sogleich die rechte Spur.
Denn er verstand zur Stelle, dies Ding wäre getan,
Fische damit zu fangen, und sagt' es den Asen an.

Da nahmen sie Flachs und hatten alsbald ein Netz gemacht
Nach dem verbrannten Vorbild, das Loke hatte erdacht.
Und als es war vollendet, da gingen die Asen all'
Zu jenem Fluß und warfen das Netz in den Wasserfall.
Tor hielt an einem Ende, jedoch am anderen Ende
Hielten alle Asen und zogen das Netz behende.
Doch Loke schwamm nach vorwärts, legte sich nieder dort
Inmitten zweier Steine und regte sich nicht fort.
Da zogen ob ihm die Asen leer das Netz empor,
Sie sahen aber deutlich den Lachs, der lag davor.
So gingen zum zweitenmale die Asen hinauf zum Fall
Und warfen dort das Netz aus, doch banden sie dies Mal
Daran so schwere Steine, daß nichts darunter mehr Wegschlüpfen konnte.
Loke schwamm aber wieder her
Vorm Netz; und da nur wenig des Raums zur See mehr war,
Sprang er über das Netz hin und schwamm nun aufwärts gar.
Nun hatten ihn wieder die Asen geseh'n zu ihrem Gewinn;
Sie gingen nochmals aufwärts zum Wasserfalle hin.
Auf beide Ufer verteilten sie ihre Schar nunmehr;
Donner aber watete inmitten des Stroms daher.
So ging er bis zum Meere hinter dem Netz herbei.
Da blieben zur Flucht dem Loke nur noch zwei Mittel frei,
Lebensgefährlich das eine: zu springen in das Meer;
Über das Netz zu springen, das zweite, kaum weniger schwer.
Er wählte jedoch das zweite und hüpfte schnell empor;
Doch Donner griff nach dem Lachse und haschte ihn noch zuvor.
Er suchte sich zu entwinden, doch Donner hielt ihn behende;
Drum sind seitdem die Lachse viel schmäler am Schwanzesende.

Kaum war der böse Loke nun in der Asen Gewalt,
So hatte er gänzlich wieder die frühere Mannsgestalt.
Er war nun ohne Gnade friedlos von ihnen gefangen.
So kamen sie mit dem Frevler zu einer Höhle gegangen.
Da nahmen sie drei Felsen, stellten sie grad' auf,
Schlugen in jeden Felsen ein tiefes Loch darauf,
Dann nahmen sie gefangen Lokes Söhne dort,
Wale und Narwe, zauberten die beiden alsofort
In Wolfsgestalt; und Narwe zerriß beim ersten Schritt
Den Bruder; da nahmen die Asen die Därme und banden damit
Den Loke auf die Felsen, die drei, aufs allerbest;
Da wurden Wales Gedärme zu Eisen hart und fest.
Der eine dieser Steine trug unter den Schultern ihn,
Der andere unter den Lenden, der dritte unter den Knien.
Und Göttin Skade setzte einen Giftwurm drüber so dicht,
Daß sein Gift herabrann in Lokes Angesicht.
Doch Sigun, Lokes Gattin, ging hin mit treuem Sinn
Und hielt ein Becken stetig unter den Giftwurm hin.

Nur wenn das Becken voll ist, leert sie aus das Gift,
Indes des Wurmes Eiter Lokes Antlitz trifft.
Er sträubt sich dabei so gräßlich, daß all die Erde bebt:
Erdbeben heißen's die Menschen, wenn er sich so erhebt.
Bis zu der Götterdämmerung liegt er gebunden so
Im dunklen Quellenhaine, der Bande wenig froh.
Des eignen Sohnes Därme zerreißt er nicht so bald;
Zu fest sind seine Hafte, zu groß ist ihre Gewalt.
Da sitzt beim Gatten Sigun, doch nicht erfreut um den Mann.
Wißt ihr auch noch das Weitre, bis an das Ende dann?

Götterdämmerung

Beim Nahen der Götterdämmerung wird erst Freia mit ihrem geliebten Oder vereinigt. Beide erfragen von der Riesin Hundla die Kunden über das Götter- und Heldengeschlecht und über den nahenden Untergang. Die Riesenmächte werden frei und rücken gegen die Götter. Weltkampf, Weltuntergang und neue Welt unter einer reineren, erhabeneren Gottheit.

Es nahet nun den Zeiten der Götterdämmerung,
Wo alle Schicksalsprüche gelangen zur Endigung.
Da muß auch Oder endlich zu seiner holden Braut,
Der schönen Freia kommen, die lang er nicht geschaut,
Die ihn so heiß ersehnt hat die überlange Zeit,
Die ihn in allen Landen einst suchte weit und breit,
Die soviel gold'ne Tränen um ihn einst hat geweint,
Umsonst, denn nimmer wurden früher sie vereint.
Dann endlich wird nun Oder zum Grab der Mutter geh'n,
Wird sie vom Tod erwecken und also zu ihr fleh'n:
»Wach' auf, o Mutter Groa, wach' auf, du gutes Weib!
Hier an der Toten Tore weck' ich deinen Leib.
Kannst du dich noch erinnern, wie du dem Sohn gesagt,
Er möge zum Grabeshügel kommen unverzagt?«
Da spricht die tote Mutter: »Was quält mein einziges Kind?
Welch Übel hat dich betroffen? Verkünde mir's geschwind!
Warum rufst du die Mutter, die längst schon fuhr ins Grab
Und aus dem Heim der Menschen zur Grube schied hinab?«
Dann spricht der edle Oder: »Gar üblen Zauberspruch
Hat über mich gesprochen Stiefmutter mir zum Fluch.
Sie bannte mich ins Elend, in Irrfahrt und in Weh,
Auf daß ich nimmer Freia, die goldenfrohe, säh'.«
So spricht darauf die Mutter: »Lang war die Irrefahrt,
Lang ist auch dein Verlangen nach jener Jungfrau zart.
Doch endlich wird's geschehen, daß sich dein Wunsch erfüllt
Und dein Geschick, dem Schicksal fügsam, sich enthüllt.«

So spricht darauf der Sohn nun: »So sing' mir Zaubersang,
Der wirksam sei und schütze den Sohn auf seinem Gang!
Ich fürchte, viele Fahrten droh'n mir noch fürwahr;
Ich bin ein junger Geselle, kann wenig Zauber gar.«

So spricht darauf die Mutter: »Den ersten Zaubersang,
Den nützen, will ich dir singen, den Rinda dem Sohne sang,
Auf daß du über die Schulter wirfst, was lästig scheint
Und selbst dich selber leitest und fürchtest keinen Feind.
Den zweiten Zauber sing' ich: wenn du zu deinem Leid
Wonnelos umherirrst von jener Göttin weit,
Mög' Urdas Schluß dich wahren, daß niedre Minne nicht
Dein Herz vergessen lasse der hohen Göttin Licht!
Den dritten Zauber sing' ich: wenn Flüsse höllentsprossen
Dich auf deiner Reise drohen niederzustoßen,
Dann sollen Horn und Rud zurückkehren zu Hel,
Auf daß der beiden keine sich weit're Beute wähl',
Den vierten Zauber sing' ich: wenn deine Hasser dich
Zum Galgenwege treiben, ergrimmt und eiferlich,
So mög' ihr Mut sich wenden zur Gunst dir liebereich,
Es möge zur Versöhnung ihr Herz sich wenden sogleich!
Den fünften Zauber sing' ich: umschließt dich Fessel und Band,
So sollen deine Glieder frei sein allzuhand.
Es springe von den Armen und Händen alle Haft
Und von den Füßen springe sogleich der Fesseln Kraft!
Den sechsten Zauber sing' ich: kommst du auf die See,
Und stürmen wilder die Wogen, als Menschen sahen je,
So sollst du Wind und Woge in einen Schlauch einschließen,
Daß sie dich ferner ruhig von dannen fahren ließen.
Den siebenten Zauber sing' ich: auf hohem Bergesjoch
Wenn dich der Frost erfasset grimm und grimmer noch,
So möge die Todeskälte dein Fleisch dir nicht verderben,
Daß nicht dein Leib ermatte, nach weitrer Fahrt zu werben.
Den achten Zauber sing' ich: kommt über dich die Nacht
Auf dunklem Nebelwege, so hab' des Zaubers acht,
Daß dir nicht schaden möge das tote Zauberweib,
Und sie dir nicht verderbe deinen blühenden Leib!
Den neunten Zauber sing ich: wenn du in weisem Wort
Mit jenem hornbegabten Riesen kämpfst alldort,
So stehe Wort und Weisheit in Fülle dir bereit,
Damit du nicht dem Klugen unterliegst im Streit.
So fahr nun, Sohn, von dannen, wenn dir auch Schrecken droht!
Es treff dich nicht, statt Wonne, Unheil oder Tod!
Auf erdfestem Steine stand ich am Grabtor lang,
Während ich dir starke Zaubersänge sang.
So nimm der Mutter Worte, mein trauter Sohn, nun hin
Und laß sie treulich wohnen dir in Herz und Sinn!
Das Heil wirst du besitzen nun und immerfort,
So lang du nicht vergissest der Mutter gutes Wort.«

Und Oder geht von dannen; von bösem Zauber los,
Sieht er vor sich liegen der schönen Freia Schloß.
Es steht vor ihren Toren der Wächter Vielgeschwind;
Der frägt den Fremdling also, mißtrauisch gesinnt:
»Was für ein Balg klimmt draußen den Berg herauf zu Roß
Und schwankt um die Waberlohe beim Vorwall unterm Schloß?
Wen suchst du? Wen erspürst du? Was willst du wissen, Gesell?
Kehre die kotigen Wege, du Bettler, rückwärts schnell!
Keine Gabe erhältst du allhier in unserm Schloß.«
Da gibt zur Antwort Oder herab von hohem Roß:
»Was für ein Balg ist dieser, der hinterm Walle steht
Und nicht dem Wandrer Gastrecht gewährt, der darum fleht?
Dir fehlet recht Sitte; unschicklich sprichst du, keck.
Geh' darum heim, Herdsitzer, scher' von der Tür dich weg!«
Ihm gibt der Wächter die Antwort: »Ich heiße Vielgeschwind;
Klug bin ich wohl, doch Fremden wenig mild gesinnt.
Innerhalb der Mauern kommst du ewig nie;
Drum hebe dich, Elender, schnell von hinnen hie!«
Ihm gibt zur Antwort Oder: »Es sehnt sich immerdar
Nach Schönem der, dem Schönes zu schau'n vergönnt einst war.
Um güldene Säle scheinen die Wälle mir zu glüh'n;
Hier möcht' ich mich erlaben, denn hier muß Edles blüh'n.«
Nun spricht zu ihm der Wächter: »So rede, Junge, zu:
Von wem bist du geboren, aus welchem Stamm bist du?«
Ihm gibt zur Antwort Oder: »Als Windkalt bin ich bekannt.
Lenzkalt ist mein Vater, Vielkalt mein Ahn genannt.
So sag' mir, was ich zu wissen wünsche, Vielgeschwind:
Wer hier der Herrschaft waltet und wes die Säle sind?«
Zur Antwort gibt der Wächter: »Goldfrohe heißt die Maid;
Schlafdorns Sohn erzeugte sie einst. In Herrlichkeit
Waltet sie der Herrschaft im goldprunkenden Saal.«

Nun fragt noch weiter Oder den Wächter allzumal:
»Sag' mir, was ich zu wissen wünsche, Vielgeschwind:
Wie heißt die Gittertüre? Denn größere Schrecken sind
Wohl bei den seligen Göttern nimmermehr zu seh'n.(
Da läßt der Wächter Freias die Antwort drauf ergeh'n:
»Donnerschall geheißen ist dieses Gittertor;
Das schufen die drei Söhne Sonnenblinds zuvor.
Zur Fessel wird sie jedem, der rühren will daran.«
Zu Vielgeschwind, dem Wächter, spricht Oder weiter dann:
»So sag' mir, was zu wissen ich wünsche, Vielgeschwind:
Wie heißt der Wall am Schlosse? denn größre Schrecken sind
Wohl bei den seligen Göttern nimmermehr zu seh'n.«
Vielgeschwind, der Wächter, läßt drauf das Wort ergeh'n:
»Gastwehrer heißt die Gürtung, ich habe sie selbst erhöht
Aus Brimers Risengliedern, wie stark gestützt sie steht.

Ostara

Nimmer wird sie vergehen, so lang noch lebt ein Mann.«
Zu Vielgeschwind, dem Wächter, spricht Oder weiter dann:
»Nun sag' mir, was zu wissen ich wünsche, Vielgeschwind:
Wie wohl die Hunde heißen, die also grimmig sind
Und auf der Hut vor Gästen dort vor dem Tore steh'n?«
Vielgeschwind, der Wächter, läßt drauf das Wort ergehn:
»Geifrig heißt der eine, der andre ist Gierig genannt.
Sie haben hier zu wachen bis zum Weltenbrand,
Bis daß die Götterdämmerung grauend rückt heran.«
Zu Vielgeschwind, dem Wächter, spricht Oder weiter dann:
»Nun sag' mir, was zu wissen ich wünsche, Vielgeschwind:
Ob jemand wohl vermöchte zu jenem Götterkind
Hinein zu kommen, ehe vom Schlaf die Hunde ersteh'n?«
Vielgeschwind, der Wächter, läßt drauf das Wort ergeh'n:
»Wechselschlaf ward ihnen zur strengen Pflicht gemacht,
Seit sie hier Wächter waren; der eine schläft zur Nacht,
Der andere schläft des Tages, so kommt niemand heran.«
Zu Vielgeschwind, dem Wächter, spricht Oder weiter dann:
»Nun sag' mir, was zu wissen ich wünsche, Vielgeschwind;
Gibt's keine Kost, nach welcher sie so begierig sind,
Daß man, indem sie fressen, könnt' in die Halle geh'n?«
Vielgeschwind, der Wächter, läßt drauf das Wort ergeh'n:
»Zwei Bratenstücke liegen in Baumwunders Leib,
Des vielberühmten Hahnen, bekannt bei Mann und Weib;
Die gib den Hunden zu fressen und spring' ins Haus alsdann!«

Da fragt noch Oder weiter den weisen Wächtersmann:
»Nun sag' mir, was zu wissen ich wünsche, Vielgeschwind,
Wie heißt der Baum, des Zweige so licht und glänzend sind,
Daß man von allen Landen und Marken ihn mag seh'n?«
Da läßt der Wächter Vielgeschwind die Antwort drauf ergeh'n:
»Mimameid so heißt er, des Wurzeln wenige kennen;
Ihm kann nicht Eisen schaden, ihn kann nicht Feuer brennen.
Ein einzig Ding nur gibt es, das jenem schaden kann.«
Doch Oder fragt nun weiter den weisen Wächtersmann:
»Nun sag' mir, was zu wissen ich wünsche, Vielgeschwind,
Wenn weder Feuer noch Eisen dem Baume schädlich sind,
Was ist's, woraus dem Baume Schaden mag ersteh'n?«
Da läßt der Wächter Vielgeschwind die Antwort drauf ergeh'n:
»Von seinen Früchten kann man ein Feuerlein entfachen
Vor siechen Erdenweibern, das wird gesund sie machen;
Drum ist er bei dem Menschen Lebensbaum genannt:«
Da fragt nun Oder weiter den Wächter allzuhand:
»Nun sag' mir, was zu wissen ich wünsche, Vielgeschwind;
Wie heißt der Hahn, des Federn ganz goldigglühend sind,
Und der auf jenem Hochbaum im Wipfel ist zu seh'n?«
Da läßt der Wächter Vielgeschwind die Antwort drauf ergeh'n:

»Baumwunder heißt er, Wetterglanz auch noch;
Er sitzt auf den höchsten Zweigen des Baums; kein Schade doch
Kann jemals ihm erstehen, eh' Surter rückt heran.«
Darauf frägt Oder weiter den weisen Wächtersmann:
»Nun sag' mir, was zu wissen ich wünsche, Vielgeschwind,
Ob keine Waffen bestehen, die wohl im stande sind,
Den Hahn zu Hel zu senden, der dort am Baum ist zu seh'n?«
Drauf Vielgeschwind, der Wächter, die Antwort läßt ergeh'n:
»Schadenzweig heißt die Waffe; Loke brach ihn allein
Wohl vor den Totengittern, ihn birgt in eisernem Schrein
Sinmara und ihn halten neun schwere Schlösser dort.«
Darauf spricht Oder weiter zum Wächter dieses Wort:
»Nun sag' mir, was zu wissen ich wünsche,Vielgeschwind,
Ob es wohl möglich wäre einem Menschenkind,
Den Zweig dort zu gewinnen und lebend wieder zu kehren?«
Worauf der Wächter Vielgeschwind ihn läßt die Antwort hören:
»Der kann den Zweig erlangen und lebend wiederkehren,
Der das, was wenige haben, hingibt zum Lohn der Hehren,
Die in der Burg Urglaser friedsam lebt alldort.«
Darauf spricht Oder weiter zum Wächter dieses Wort:
»Nun sag' mir, was zu wissen ich wünsche, Vielgeschwind,
Das jene fahle Riesin vielleicht erfreuen kann?«
Und Vielgeschwind, der Wächter, gibt ihm die Antwort dann:
»Die leuchtende Sichelfeder aus jenes Hahnen Schwanz
Bring' ihr in einer Tasche! Es freut sie so der Glanz,
Daß die Sinmara gerne das Zweiglein gibt dafür.«

Darauf fragt Oder weiter vor Freias hoher Tür:
»Nun sag' mir, was zu wissen ich wünsche, Vielgeschwind:
Wie heißt der Saal, unfahrbar jedem Menschenkind,
Der von der Waberlohe so gut umschlungen ist?«
Darauf gibt ihm die Antwort der Wächter zu dieser Frist:
»Lur heißt der Saalbau; er wird auf ewige Zeit
Von Feuers Flamme umwoben; von ihm so groß und weit
Soll nur nach seinem Rufe vernehmen jeder Mann.«
Zu Vielgeschwind, dem Wächter, spricht Oder weiter dann:
»So sag' mir, was zu wissen ich wünsche, Vielgeschwind:
Wer wohl die Asenkinder, die vielgewaltigen sind,
Die diesen Bau umgürteten, so herrlich anzuseh'n?«
Da läßt der Wächter Vielgeschwind die Antwort drauf ergeh'n:
»Unc, Ire, Bare, Ore, sowie War,
Wegroß, Dorre, Ure und Delling auch fürwahr,
Der schlaue Alb hält Wache am Riegel unverwandt.«

Da fragt nun Oder weiter den Wächter allzuhand:
»Nun sag' mir, was zu wissen ich wünsche, Vielgeschwind,
Wie ist der Berg geheißen, drauf ich das schöne Kind,
Das weltberühmte schaue so wunderherrlich steh'n?«
Da läßt der Wächter Vielgeschwind die Antwort drauf ergeh'n:
»Lebensberg so heißt er, der jedem Tröstung zeigt
Gegen Zauber und Wunden; die Frau, die ihn ersteigt,
Wird sicherlich gesunden,der guten Heilung froh.«
Zu Vielgeschwind, dem Wächter, spricht Oder darauf so:
»Nun sag' mir, was zu wissen ich wünsche, Vielgeschwind,
Wer wohl die hehren Jungfraun am Lebensberge sind,
Die froh beisammen sitzen vor Goldfreudes Knien?«
Drauf wird dem edlen Oder diese Antwort verlieh'n:
»Hilfe heißt die eine, Hilftursa sah' ich da,
Dietwarta, Berta, Milde und Mildheit sind ihr nah,
Urboda, Heil und Frieda, so sind die neun genannt.«
Es frägt nun Oder weiter den Wächter vielgewandt:
»So sag' mir, was zu wissen ich wünsche, Vielgeschwind,
Ob jene Jungfrau'n allen bereit zum Schutze sind,
Die ihnen Opfer bringen und Hilfe von ihnen erfleh'n?«
Da läßt der Wächter Vielgeschwind die Antwort drauf ergeh'n:
»Jede der heiligen Jungfrau'n schützt die Menschen dort,
Die ihnen Opfer bringen am heiligen Weiheort;
Aus Krankheit und aus Nöten erretten sie den Mann.«
Zu Vielgeschwind, dem Wächter, spricht Oder weiter dann:
»Nun sag' mir, was zu wissen ich wünsche, Vielgeschwind:
Ist wohl auf Erden zu finden ein seliges Menschenkind,
Das in Goldfreudes Armen, den süßen, ruhen soll?«
Drauf gibt zur Antwort Vielgeschwind, der Wächter, weisheitsvoll:
»Kein Mann ist, der da dürfte im Arme süß und rein
Goldfreudes wonnig ruhen, als Schwingtag nur allein.
Dem ward verlobt vor Zeiten die sonnenprächtige Braut.«
Als Oder solches hörte, da ruft der Recke laut:
»Reiß auf die hohen Türen! Tu mir das Gatter auf!
Hier kannst du Schwingtag schauen. Zur hohen Halle lauf'
Und frag die Jungfrau, ob sie noch meiner Liebe begehrt!«
Als dies der Wächter höret, ruft er zur Burg gekehrt:
»Hör' an, hör' an, Goldfreude; ein Mann ist angelangt!
Geh', diesen Gast zu schauen, an dem dein Herze hangt!
Es wedeln die grimmen Hunde und springen froh herbei.
Das Tor springt auf; ich denke, daß Schwingtag draußen sei!«

Sobald die schöne Freia vernimmt dies frohe Wort,
So eilt sie aus dem Hause und spricht zum Wächter dort:
»Schwarze Raben mögen die beiden Augen dir,
O Vielgeschwind, aushacken am hohen Galgen hier,
Wenn du mich hast belogen, daß nun mein Bräutigam

Von weiten Wegen endlich zu meinen Sälen kam.
Doch du sag' an, o Fremdling, wie bist du denn genannt?
Woher bist du gekommen, da du dich hergewandt?
Aus Sippe und aus Namen nehm' ich gewißlich wahr,
Ob ich dir wohl vor Zeiten zur Braut versprochen war.«
Drauf gibt Oder Antwort, auf daß er würde erkannt:
»Mein Vater, der hieß Solbert, Schwingtag bin ich genannt.
Auf kalten Wegen komm' ich, denn Urdas Schicksalsspruch
Ändert niemand, traf auch ungerecht ihr Fluch.«
Nun spricht die frohe Freia, die lange hat gebangt:
»So sei mir denn willkommen? Den Wunsch hab' ich erlangt.
Ich grüße dich und küsse dich; so unverhofftes Schauen
Beseligt mich, die treulich dein harrte mit Vertrauen.
Lang auf dem Lebensberge saß ich bange hier;
Ich harrte deiner täglich bei Nacht und Tage schier.
Nun ist denn, was ich hoffte, doch gescheh'n einmal,
Da du mir heimgekehrt bist, o Freund, zu meinem Saal.«
Zu seiner Freundin Freia spricht Oder so nunmehr:
»Ein sehnliches Verlangen hat uns getrieben so sehr,
Mich nach deiner Liebe, nach meiner Minne dich;
Nun werden wir zusammen leben ewiglich!«

So wird Freia mit Oder vereint nach langer Zeit;
Doch währet auch nicht lange der Liebe Seligkeit.
Nah' ist der Zeiten Ende, die Götterdämmerung;
Es ahnt der hehren Freia des Glückes Endigung.
Auf ihrem Eber reitet sie mit ihrem Freunde hin
Zur weisen Wala Hundla, um von der Seherin
Kunde zu erhalten über das Schicksal der Welt
Und über Oders Schicksal; denn Sorge schuf ihr der Held.
Sie kommt zu Hundlas Höhle und ruft mit Macht hinein:
»Erwache, Maid der Maide, erwache, Freundin mein,
Bewohnerin der Höhle, Hundla, Schwester du!
Es naht die Götterdämmerung; nun reite mit mir zu
Nach Walhalls heiliger Stätte! Bitten wir, daß dort
Heervater uns gewähre unsrer Herzen Hort.
Er gönnt und gibt dem Würdigen gern, was er begehrt,
Dem Hermut gab er Brünne und Helm, dem Siegmund das Schwert.
Er gibt den Sieg den Söhnen, den Tapferen reiches Gut,
Beredsamkeit den Berühmten, den Männern Witz und Mut.
Fahrwind gibt er den Fürsten, den Sängern aber Lied,
Mannheit manchem Recken, der ihn darum beriet.
Dem Donner will ich opfern, ich will darum fleh'n,
Daß er sich dir, o Schwester, freundlich lasse seh'n,
Obwohl er sonst nicht freundlich den Riesenmaiden war.
So wähle deiner Wölfe einen mit zottigem Haar
Aus deinem Stall und laß ihn rennen mit meinem Tier?«

Die Riesenjungfrau Hundla spricht also drauf zu ihr:
»Wie langsam ist dein Eber, zu ziehn den Götterweg!
Er wäre meinem Rosse, dem schnellen, allzu träg'.
Wie falsch bist du, o Freia, daß du mich so versuchst
Und uns aus dieser Höhle hinaus zu locken suchst!
Du hast doch auf dem Eber sitzen deinen Mann,
Oder, Innsteins Sprossen, der deine Liebe gewann.«
Zur Antwort gibt ihr Freia, die Göttin hold und fein:
»Verblendet bist du Hundla; du träumest, wie ich mein',
Sagst du, daß mit mir reite mein Friedel und mein Mann
Auf meinem Eber Hildschwein, den ich dereinst gewann
Von Dain und Nabbi, den Zwergen; die haben mir mit Kunst
Bereitet den Goldborstigen für meine Huld und Gunst.
Laß uns im Sattel sitzend plaudern beide mitsammen
Von jenen Heldengeschlechtern, die von den Göttern stammen.
Denn darum haben gewettet um hohes Gut und Gold
Oder und Angandeo, die beiden Helden hold.
Man soll dem edlen König verhelfen zu seinem Recht,
Daß er das Erbe habe nach seinem Stammesgeschlecht.
Er hat mir ja aus Steinen ein Heiligtum erhöht,
Das gleich dem Glase glänzend hoch aufgerichtet steht.
Er rötete es immer von neuem mit Opferblut;
Den Asinnen vertraute immer Oders Mut.
So zähl' uns denn die alten Heldengeschlechter auf!
Wer sind die Schildungen, die Schilbungen darauf?
Wer sind die Odelinge, die Wölfinge sodann?
Wer sind, die edelgeboren zur Welt man heißen kann?«

Zur Antwort gibt nun Hundla, die weise Riesenmaid:
»Von Innstein bist du, Oder, geboren zu seiner Zeit.
Der war von Alb dem alten, und Alb von Wolf gezeugt.
Von Seefahr Wolf, und Seefahr von Schwan dem roten gezeugt.
Leedis, die hehre Godin, war deine Mutter genannt,
Frode war ihr Vater, die Mutter hieß Friand.
Das alles ist in Wahrheit edles Königsgeschlecht.
Von Wodan leiten den Ursprung die Schildungen mit Recht.
Ale ward vor Zeiten der Männer stärkster genannt,
Als hehrster der Schildungen ist Halbdan, der alte, bekannt.
Die Kämpfe, die sie fochten, sind wohlbekannt der Welt;
Es drang der Ruhm der Taten bis zu des Himmels Zelt.
Es schlug den König Siegtreu Halbdan mit kaltem Schwert;
Durch König Eimund ward er gar mächtig und gar wert.
Er freite dessen Tochter Almweig, die höchste der Frau'n;
Die beiden Edlen hatten wohl achtzehn Söhne traun.
Daher sind die Schildungen, die Schilbungen daher,
Daher die Odelinge, die Inglinge daher,
Daher die Edelgebornen und die von freier Art,

Die höchste Wahl der Männer im mären Mittegard.
Almweigs Mutter aber war Hildegund genannt,
Swawas Kind und jenes Seekönigs auserkannt.
Das alles sind deine Geschlechter, du blöder Oder, du!
Das wisse und bewahre; willst du noch mehr dazu?
Tag, der Sohn des Halbdan, hatte die Tora zum Weib;
Ihm trug die ersten Kämpfer der Heldenmutter Leib:
Fradmar, Gyrd und Freche, Am, Isurmar hehr,
Dazu Alb den Alten; willst du noch wissen mehr?
Kessel, Klypes Erbe, so war ihr Freund genannt;
Er war als Muttervater deiner Mutter bekannt.
Dann ward Kare früher als Frode noch geboren;
Alb aber war der älteste der Degen auserkoren.
Nanna war die nächste, Nöckwes Tochter fein;
Die Schwester deines Vaters freite ihr Sprößling rein.
Ich kannte beide Helden, Brodd und Hörfe ja,
Sie waren an dem Hofe Rolfs des Alten da;
Sie stammten alle beide vom König Ermanrich,
Siegfrieds Schwiegersohne; nun höre wohl auf mich!
Siegfried stammte von Welsung; seine Mutter hieß
Herdis, die Tochter Eilimes, des Vater Raudung hieß.
Den Odelingen zählt sich König Eilime zu:
Das alles sind deine Geschlechter, du blöder Oder du!
Gunther, Gernot, Geiselher waren von Gibichs Art;
Krimhilde, die berühmte, hieß ihre Schwester zart.
Nicht war der grimme Hagen von Gibichs hehrem Geschlecht,
Doch hieß er wohl ein Bruder der Könige mit Recht.
Dem Roderich war Harald Hildezahn geboren,
Dem Ringverschleuderer, Audes Sprößling auserkoren.
Die überreiche Aude Iwars Tochter war,
Randwers Vater aber war Radbart fürwahr.
Das alles waren Helden, den hehren Göttern geweiht.
Dies alles, blöder Oder, ist dein Geschlecht so weit.

Elfe waren der Asen bei Balders Tode gezählt;
Das rächte Wodans Sprößling, Wale, der junge Held.
Burs Erbe wird geheißen Balders Vater mit Recht;
Dies alles, blöder Oder, dies alles ist dein Geschlecht.
Fro hat zum Weibe Gerda, Gimers Tochter fein,
Dazu der Aurboda; mit ihr verwandt mag sein
Thiasse, der prächtige Riese, des Tochter Skade war.
Das alles ist dein Geschlechtes, du blöder Oder fürwahr.
Vieles hab' ich gekündet, ich weiß noch weitere Mär'.
Achte wohl meiner Worte; willst du wissen noch mehr?
Hake war von Wednas Söhnen der beste wohl;
Aber Wednas Vater war Herwart ruhmesvoll.
Er und Heid und Roßdieb sind Rimners Kinder genannt.

Das alles, blöder Oder, ist dein Geschlecht zuhand.
Von Widolf stammen die Walen, die Zauberer von Wilmeid,
Die Sudkünstler von Schwarzhaupt, von Imer die Riesenheit.
Viel hab' ich dir gekündet; ich weiß noch manche Mär.
Achte wohl meiner Worte! Willst du wissen noch mehr?
Einer ward geboren, in Urzeit einst geboren,
Von wunderbarer Stärke, von göttlichem Stamm erkoren.
Neun der Riesentöchter am fernen Erdenrand
Gebaren den Friedeberühmten, der Heimdall ist genannt.
Gelf, Greif, Ergeba, Eistla, Angela hat ihn geboren,
Imd, Wolfrun, Eisensaxa und Atla auserkoren.
Mit der Kraft der Erde ward er genährt gar gut,
Dazu mit eiskaltem Wasser und heißer Sonnenglut.
Viel hab' ich dir verkündet; ich weiß noch manche Mär.
Beachte meine Worte! Willst du noch wissen mehr?
Mit Angerboda zeugte Loke den Wolf fürwahr.
Schleifner den Hengst der Arge dem Swadelfar gebar.
Das allerabscheulichste Untier, das je zur Erde kam,
Das ward von Bileists Bruder erzeugt, wie ich vernahm.
Das Herze eines Weibes aß Loke halbverbrannt,
In der Asche gebraten, wo es der Arge fand.
Von jenem schlimmen Weibe kam Lokes Sprößling da;
Davon kam alles Unheil, das auf der Erde geschah.
Das Meer erhebt sich mit Sturme gegen den Himmel schon,
Es geht hin über die Lande, kalt wird die Luft davon.
Dann kommen Schneegestöber und scharfe Winde fegen;
Dann ist im Rat beschlossen, daß aufhört der Regen.
Einer ward geboren, größer als alle an Kraft,
Der ward genährt mit der Erde kräftemehrendem Saft.
Den rühmen sie den reichsten Herrscher auf der Welt,
Durch Sippe allen Völkern gesippt auf dieser Welt.
Bald wird ein anderer kommen, noch mächtiger als der;
Doch wag' ich nicht zu nennen den Herren überhehr.
Wenige sehen weiter vorwärts in die Zeit,
Als bis Wodan dem Wolfe begegnet ihm zum Leid.«

So spricht die Riesin Hundla zu Freia und Oder dort,
Worauf die holde Freia entgegnet dieses Wort:
»So reiche das Bier der Erinnerung meinem edlen Mann,
Auf daß er deine Worte genau bewahren kann.«
Doch Hundla gibt zur Antwort, die alte Riesin schnell:
»Nun macht euch fort von hinnen, Freia und dein Gesell!
Denn mich gelüstet zu schlafen; nichts erhältst du mehr.
Du lauf', nach Liebe schmachtend, bis zur Wut umher!«
Ihr gibt zur Antwort Freia: »So will ich denn mit Feuer,
Iwidie, dich umgeben, du Waldesungeheuer!
Du selber, edle Freundin, lauf' draußen nächtelang,

Wie in der Herde die Ziege rennt, in Liebe bang!«
Ihr gibt zur Antwort Hundla: »Feuer seh' ich brennen,
Die Erde aber flammen; nun müssen wir uns trennen.
So reiche denn dem Oder das Trinkhorn in die Hand!
Es ist mit Gift gemenget, mit Runen ist's gebannt.«
Zur Antwort gibt ihr Freia: »Dein böser Zauberspruch
Soll nicht dem Oder schaden; vergebens ist dein Fluch.
Zu seinem Segen trink' er das treffliche Getränk;
Ihm geben alle Götter die Hilfe zum Geschenk!«

Nun sind noch große Mären und mächtige zu sagen
Wohl von der Götterdämmerung und von den letzten Tagen.
Es gellt Garm, der Mondhund, vor der Klippenhöhle dort;
Die Fessel wird zerschleißen, es rennt der Freche fort.
Doch vieles weiß ich Weises, noch weiter seh' ich zumal,
Ich seh' die Götterdämmrung und der Sieggötter Fall.
Es fällt ein Fluß von Osten in die Gifttale hinein,
Mit Saxen gefüllt und Schwertern, Schlid ist der Name sein.
Es steht auf Nidersfelde im Norden der reiche Saal
Für Sinds Geschlecht, aus Golde bereitet allzumal.
Sinter ist er geheißen, er glänzt vom roten Gold,
Gute und fromme Männer wohnen darin so hold.
Auf Unkalt in den Bergen die andere Halle gleißt,
Der riesengroße Biersaal, der Brimers Biersaal heißt.
Dort ist es gut zu trinken; jedoch am Leichenstrand
Steht einer, die Türen nach Norden, der Sonne abgewandt.
Der Saal ist ganz umflochten mit Wurmesrücken allein,
Die blasen Gift und Eiter in diesen Saal hinein.
Meinschwürige Männer, Mordwölfe, trunken vom Mord,
Seh' ich starke Ströme mühsam durchwaten dort.
Am übelsten doch ist es in Wergelmer zu Haus;
Da saugt Nidhacker, der Drache, die Leichen der Toten aus,
Die des andern Freundin verlockten sich zur Lust.
Der Wolf auch schlingt sie hinunter. Ist euch noch mehr bewußt?
Es sitzt die Alte im Osten, im dunklen Eisenwald
Und füttert dort die Kinder des Wolfs in Wolfsgestalt.
Es wird von diesen allen einer nur allein
In Trollsgestalt des Mondes mächtiger Mörder sei.
Vom Leben feiger Männer labt er seinen Mut,
Er rötet den Sitz der Richter mit ihrem roten Blut.
Schwarz wird davon im Sommer darauf der Sonne Schein.
Alle Wetter wühlen. Wißt ihr, was weiter mag sein?
Er sitzt am hohen Hügel und schlägt die Harfe traut,
Der Riesin heitrer Hirte Egther froh und laut.
Es gellt im Vogelwalde bei ihm vom hohen Stand
Der schönrote Hahn, der Fialar ist genannt.
Es gellt dort bei den Asen Güldenkamm der Hahn,

Der weckt die hehren Helden bei Heervater sodann.
Doch unter der Erden nieden da gellt ein dritter gar;
Rostrot ist er zu schauen in Helas Saal fürwahr.
Es gellt vor der Klippenhöhle der Mondhund Garm alldort;
Die Fessel wird zerschleißen, dann rennt der Freche fort.
Noch vieles weiß ich Weises, noch weiter seh' ich zumal
Als bis zur Götterdämmerung, der Siegesgötter Fall.

Dies ist das erste Zeichen, daß jener Winter kommt,
Der Schreckenswinter genannt ist, der nicht der Welt mehr frommt.
Da treibt von allen Seiten der Schnee; groß ist der Frost.
Hart wehen alle Winde, klein ist der Sonne Trost.
Denn dieser Winter werden gar drei zusammen sein;
Kein Sommer fällt inmitten zur Tröstung mehr hinein.
Doch werden auch noch früher drei andre Winter geh'n.
Da werden mächtige Kriege in allen Landen ersteh'n.
Da werden Brüder sich treffen, einander zu Mördern werden
Und alle Sippe wird sich spalten noch auf Erden.
Und keiner wird da schonen des Sohns und Vaters mehr,
Sippenmorde erstehen und Schlachten rings umher.
Indessen mehrt sich Ehbruch und es beginnt auf der Welt
Das Beilalter, Schwertalter; Schilde werden zerspellt.
Windalter, Wolfsalter, so heißt die Zeit,
Eh' daß zerstäubt die Erde und ihre Herrlichkeit.
Da wird kein Mann des andern auf Erden schonen mehr;
Der Grund ergellt vom Streite, Bergriesinnen fliegen umher.
Gegen den Himmel selber erhebt sich im Sturm das Meer
Und wälzt sich über die Länder; Sturm stürzt darüber her.
Schneestürme, scharfe Winde kommen heran zu Hauf;
Doch endlich hört der Regen nach Schicksals Ratschluß auf.
Noch vieles weiß ich Weises, weiter noch seh' ich zumal
Bis zu der Götterdämmerung, der Sieggötter Fall.
Es gellt vor der Klippenhöhle Garm, der Wolf, alldort.
Die Fessel wird zerschleißen, dann rennt der Freche fort.
Dann wird auch Fenrir ledig, der lang gefesselt sich wand.
Das Meer will sich ergießen über alles Land,
Weil sich die Mittgardschlange umwälzt im Riesenmut;
Sie sucht ans Land zu kommen hinauf in ihrer Wut.

Das Totenschiff wird ledig, Nagelfahr genannt,
Das ist gemacht aus den Nägeln von toter Männer Hand.
Drum soll man, zu beschleunigen nicht diese letzten Leiden,
Der toten Männer Nägel sorgsamlich beschneiden.
Rimm fährt von Osten; er hält vor sich den Schild;
Die Weltenschlange wälzt sich im Riesenzorne wild.
Der Wurm zerdrückt die Wogen, es krächzt der Leichenaar

Und schlitzt die fahlen Toten; los ist Nagelfahr.
Es fährt der Kiel von Osten, da werden über die See
Muspels Leute kommen; Loke steuert zum Weh.
Es fahren die Schreckensmächte mit Frech, dem Wolf, geschart;
Mit diesen ist der Bruder Bileists auf der Fahrt.
Fenrir fährt im Wüten daher mit gaffendem Mund,
Den oberen Kiefer am Himmel, den untern am Erdengrund.
Noch weiter würde er gaffen, wenn Raum dazu noch wär';
Feuer brennt aus der Nase und seinen Augen her.
Zur andern Seite des Wolfes schlingt sich die Mittgardschlange;
Sie bläst so viel des Giftes auf ihrem Schreckensgange,
Daß ganz davon erfüllt ist die Luft und all das Meer.
Im Riesenmute schlingt sich das Weltenwunder daher.
In diesem Schreckensgetöse klafft der Himmel weit,
Muspels Söhne reiten daraus hervor zum Streit.
Surter reitet von Süden voraus, um ihn brennt Feuer;
Sein Schwert ist gut und mächtig, es gleißt gar ungeheuer,
Prächtiger als die Sonne. So reiten diese zur Schlacht
Über den Regenbogen; der bricht unter ihrer Macht.
Was ist es nun mit den Asen? Was mit den Alben licht?
Es beben alle Welten; die Götter sind im Gericht.
Es stöhnen schon die Zwerge der Felsenwände dort
Vor ihren steinernen Türen. Wißt ihr's noch weiter fort?
Heimdall, der treue Wächter der Götter, stund schon auf,
Blies mächtig in das Gellerhorn, weckte die Götter auf.
Nun sind die Götter beisammen und halten ein Gericht,
Um Rat und Rettung zu finden; doch Rettung zeigt sich nicht.
Vergebens ritt schon Wodan zu Mimers Bronnen hin,
Vergebens erfragt er Kunde von Mimers weisem Sinn.
Es wimmert die alte Esche; nun wird der Riese los;
Da zittert der Weltbaum selber, so hoch, so stark und groß.
Da schauern alle Mannen, von Todeswegen umringt,
Eh' daß des Surter Seele, das Feuer, alles verschlingt.

Wie heißt das Feld, wo sich müssen erreichen zum letzten Wig
Surter und die Götter, die seligen, im Krieg?
Wigried ist's geheißen; hundert Rasten lang
Dehnt sich's nach jeder Seite, geeignet zum Waffengang.
Muspels Söhne kommen schon vorwärts an das Feld;
Der Wolf, die Mittgardschlange sind schon zum Kampf gestellt.
Schon ist auch angekommen Loke und Rimm alldort,
Mit ihnen alle Riesen aus jedem Weltenort.
Doch Muspels Söhne haben allein für sich ein Heer
Voll Pracht und Stärke. Loke führt Helas Schar daher.
Nun rüsten sich die Asen und die Einheerer all';
Sie suchen vorwärts zu kommen an jene Stätte der Wahl.
Zuvörderst reitet Wodan; sein roter Goldhelm gleißt,

Er hat die gold'ne Brünne, den Ger, der Gungner heißt.
Er schreitet gegen Fenrir tapfer hin zum Streite.
Donner wandelt vorne an seiner anderen Seite.
Doch kann er ihm nicht helfen im Kampf, dieweil er ja
Selbst Mühe hat zu stehen dem Mittgardswurme da.
Was aber wird aus Wodan dort zum Weltenschluß,
Wenn alle Götter vergehen und alles sterben muß?
Das wird der edlen Fricka anderer Harm so schwer,
Da Wodan mit dem Wolfe zu kämpfen fährt daher.
Es wird der Wolf verschlingen den Weltenvater dort;
Doch Widar wird es rächen sogleich am Kampfesort.
Du, Widar, sollst nun kommen, Siegvaters mächtiges Kind;
Gegen das grause Waltier fichtst du dann geschwind.
Den kalten Rachen wirst du zerklieben jenem Tier!
So bleibt dem edlen Widar der letzte Sieg allhier.
Er steigt in den Unterkiefer dem Wolf mit einem Fuß,
Daran er jenen Lederschuh, den großen, haben muß,
Wozu durch alle Zeiten gesammelt werden soll
Vom Leder, das die Menschen wegwerfen ihm zum Zoll.
Und mit der Hand nimmt Widar das Oberkiefer jetzt:
So reißt er auseinander des Wolfes Kehle zuletzt.
Er läßt dem Wetterungssohne im Munde steh'n das Schwert
Bis in das Herz; gerochen ist so der Vater wert.

Garm heult zum letztenmale vor der Klippenhöhle dort;
Die Fessel ist zerschlissen, der Freche rennt nun fort.
Er ist los geworden, jener gellende Hund,
Der sonst gebunden gelegen vor der Klippenhöhle Grund.
Der ist das größte Unheil, er wird auf Zio traben.
Da werden beide fallen, den Sieg wird keiner haben.
Heimdall hat mit Loke zu kämpfen auf dem Feld'
Sie fällen beide einander und jeder sinkt als Held.
Fro schlägt sich mit dem Surter dort auf dem Wigriedfeld;
Gar hart wird dieser Waffengang, bis daß der Gott doch fällt.
Das wird sein Tod noch werden, daß er nicht haben mag
Das Schwert, das er dem Schirner einst gab vor manchem Tag.
Über die Mittgardschlange erringt wohl Donner den Sieg;
Doch mehr nicht als neun Schritte tut er nach diesem Krieg;
Dann fällt er tot zur Erde, erstickt vom Eitergift,
Das aus des Wurmes Rachen, des sterbenden, ihn trifft.
Dahin ist so der starke Donner, Wodans Sohn,
Ludanas Kind; er scheute nicht sehr des Wurmes Droh'n.
Tot ist Berguns Geborner; der Neid nahte ihm nie.
Nun müssen alle Menschen die Heimstatt räumen hie.
Es brennen alle Heime, die ganze Erde zerfällt;
Denn Surter schleudert Feuer über die ganze Welt.
Nun wird der Wolf, der andre, die helle Himmelsbraut

Am Himmel noch verschlingen, die süße Sonne traut.
Das wird die Menschen dünken das größte Übel und Weh;
Drauf wird der Wölfe zweiter den Mond verschlingen so jäh.
Vom Himmel aber fallen die schönen Sterne all,
Es bebt die Erde, da stürzen die Berge in krachendem Fall,
Es lösen sich die Bäume aus der Erde heraus,
Es brechen alle Bande und Fesseln in dem Graus.
Felsenberge knicken, Bergriesinnen stürzen im Streit,
Die Männer betreten den Helweg, der Himmel klafft so weit.
Vor seinem Fall erbebet der Weltenbaum zuletzt;
Kein Ding in Himmel und Erde ist, das sich nicht entsetzt.
Es gischt das hohe Feuer bei des Weltennährers Baum,
Es spielt die hohe Hitze hinauf zum Himmelsraum.

Noch vieles weiß ich Weises, weiter noch seh' ich zumal
Als bis zur Götterdämm'rung, der Siegesgötter Fall.
Was wird nun, da zu Asche verbrannt ist all die Welt
Und tot sind alle Götter und alle Einheerer gefällt
Und alles Geschlecht der Menschen? Ist dann ein Gott noch nah
Und ist da irgend Erde, ist noch ein Himmel da?
Aufsteigen seh' ich wieder die Erde, aus der See
Zum andern Male kommen, so grün und schön wie eh.
Es fallen die Wassermengen, es fliegt darüber der Aar,
Der an dem Felsen Fische weidet immerdar.
Da finden sich die Asen wieder auf Idafeld
Und richten wieder mächtig über den Kreis der Welt,
Erinnern sich der alten Macht und Herrschaft wieder
Und an des Hauptredners frühere Runen und Lieder.
Da werden wieder die Asen zum alten heiteren Spiel
Wundersam güldene Tafeln im Grase finden, so viel,
Wie sie zur Urzeit hatten; das war das ewige Recht
Den volkwaltenden Göttern und allem Menschengeschlecht.
Da werden die Äcker wachsen ungesät fortan.
Das Böse wird alles gebessert. Balder kommt sodann.
Es setzen sich die Götter froh zusammen alle,
Erzählen sich und gedenken dort in der neuen Halle
Alter Runen und Mären, die einst geschehen sind
Vom Wolf und von der Schlange und manchem Riesenkind.

Welche Asen herrschen nun über der Götter Eigen,
Wenn Surters Lohe erloschen ist und alle Stürme schweigen?
Widar und Wale bewohnen der Götter Weihstatt dann,
Wenn Surters Lohe erloschen ist und neu die Welt begann.
Sie leben beide wieder wie immerdar und eh';
Nicht schadete ihnen weder Surter-Loke noch See.
Sie bauen neue Wohnung auf jenem Idafeld,

Wo früher Asgard ragte. Und ihnen treu gesellt
Kommen die Söhne Donners, Mut und Macht zumal,
Die sollen den Malmer haben nach Donners herbem Fall.
Auch Balder kommt mit Hader versöhnt aus Hel zurück,
Des Ruhmgotts Siegesdächer erbauen sie mit Glück.
Der Walgötter Weihstatt bewohnen die Brüder hehr.
Wißt ihr noch weitere Mären? Ich weiß noch manches mehr.
Nach eignem Willen kann nun Hain sich Lose wählen,
Da werden die zwei Brüder mit ihrer Söhne Seelen
Das weite Windheim füllen weiter als vorher.
So weit kann ich noch schauen. Wißt ihr noch weiter mehr?

Wer wird von den Menschen leben, da Frost und Hitze doch
Alles hat getötet, was eh'mals lebte noch?
Lebenskraft und Leben, so sind die beiden genannt,
Die in Hortmimers Haine verborgen hielten stand.
Selbst Surters Lohe schadete dem guten Paare nicht;
Morgentau nur hatten zum Trank sie und Gericht,
Die Kost, von der die Menschen sich künftig nähren werden.
Von diesen beiden füllt sich bald jedes Land auf Erden.
Wird eine Sonne wieder am hohen Himmel sein,
Nachdem der Wolf die alte so wütend schlang hinein?
Die schöne Tochter Albrot gebar die Sonne fein,
Eh' sie der Wolf, der grimme, schlang in sich hinein.
Nicht minder schön ist die Tochter, als ihre Mutter war;
Die wird der Mutter Wege befahren immerdar.
Schöner als die Sonne seh' einen Saal ich steh'n,
Mit Gold bedeckt am Himmel, herrlich anzuseh'n.
Da soll die Schar der Guten wohnen alle Zeit
Und Wonne dort genießen ewig ohne Leid.

Vieles hab' ich verkündet, ich weiß noch manches mehr;
Ihr sollt es treulich halten. Wollt ihr noch wissen mehr?
Einer ward geboren größer als alle an Kraft,
Der war genährt mit der Erde kräftereichem Saft.
Gesippt allen Völkern durch der Sippe Band,
Überreich, ein Stiller über allem Land.
Dann soll ein anderer kommen noch mächtiger im Gericht;
Doch diesen schon zu nennen, getrau ich mich noch nicht.
Wenige sehen wahrlich weiter vorwärts jetzt,
Als bis dem Wolfe Wodan begegnen wird zuletzt.
Dann kommt jener Reiche mächtig zum Richtertum,
Der Kraftvolle von oben, der richtet dann mit Ruhm.
Er sammelt Urteile und legt die Zwiste bei,
Weihschaften setzt er, die währen sollen neu.
Dann schwebt der dunkle Drache Nidhacker hoch herab,

Es fliegt die glänzende Natter vom Niderberg zu Grab,
Er trägt sich in den Federn, fliegt übers Leichenfeld.
Nun ist seine Macht zu Ende; er sinkt dahin entseelt.
Vieles hab' ich verkündet, was allen Menschen frommt.
Wißt ihr noch weiter zu fragen, ich weiß nicht, was noch kommt.
Von allen Weltgeschicken, die je sich zugetragen,
Hört' ich noch keinen Menschen größere Sage sagen.

Inhaltsverzeichnis

Nordmännersagen

Göttersagen